JN260811

松本芳男　論文集

経営学と組織論の探究

松本　芳男

学文社

はしがき

　本書は，私が日本大学商学部に40年間勤務した間に発表した論文の中から15編の論文を選んで編集したものである。

　第1部では，研究方法論に関わる論文5編を収録した。第1章「有事における科学者・学会の果たすべき使命」は，福島第一原子力発電所事故があった2011年の10月に開催された日本経営教育学会(現・日本マネジメント学会)において会長の基調講演として行った内容を，『経営教育研究』第15巻第2号(2012年)に掲載したものである。自然災害や事故だけでなく，企業不祥事や企業犯罪などを防ぐためには科学者・研究者は過去の経験と歴史から教訓を学び，「自然は過去に忠実である」という寺田寅彦の箴言を深く胸に刻む必要があることを主張している。

　第2章「認識進歩のための経営経済学方法論について」は，K. ポパーの批判的合理主義をベースとしながらも，その批判主義・反証主義を建設的に発展させたG. シャンツやE. イエーレの経営経済学方法論を検討し，方法論の論点が，かつての「科学的基礎付け」の論理から「認識進歩」の論理へと発展してきていることを明らかにしている(『商学集志』日本大学商学部，第47巻第2号，1977年所収)。

　第3章「組織論におけるコンティンジェンシー・セオリーについて」は，1960年代から1980年代にかけて注目されたコンティンジェンシー理論の方法論的特徴と問題点を考察し，理論化への道を情報処理パラダイムに見出そうとした内容である(『商学集志』第48巻第3号，1979年所収)。

　第4章「組織デザインにおけるパラダイム・シフト」は，近代産業社会からいわゆる「ポスト・モダン」社会へと移行するに伴い，組織デザインのパラダイムも，「機能優先」(生産者の論理)から「意味の充実」(生活者の論理)へ，行動を誘引する要因も「欠乏動機」から「差異動機」へ，社会が求める人間も「効率型人間」から「付加価値型人間」へ，組織の機能も「管理システム」から

「支援システム」へ，組織構造も「ピラミッド型ヒエラルキー」から「ネットワーク型」へ，設計思想も「社会統合」から「社会編集」というコンセプトに変わらざるを得ないことを指摘し，これからの組織デザインにおいては，仕事に「自由と遊び性」を持たせることが必要になることを主張している(『商学集志』日本大学商学部創設100周年記念号，2004年所収)。

　第5章「マシーン対オルガニックの相克を超えて」では，「機械的組織観」と「有機的組織観」の対立は，K. E. ボールディングの「システムの階層性」という考え方を応用することで，「有機的システムは機械的システムを内包する」という形で超克可能であることを指摘している(『経営力創生研究』東洋大学経営力創生センター，第6号，2010年所収)。

　第2部，はマネジメントと組織デザインに関わる論文を集めている。第6章「『ファブレス経営』の光と影」では，工場を持たない「ファブレス経営」を標榜して成長してきた金型商社のミスミと，室内空気清浄機「クリアベール」でトップシェアを取りながら経営破綻してしまったベンチャー企業カンキョーのビジネスモデルを比較・分析している(『情報科学研究』日本大学情報科学研究所，第13号，2004年所収)。

　第7章「マネジメントの経営実践論」は，マネジメントの本質が「実践」にあり，それを有効に遂行するためのカギは「パラドックス」にあるという視点から，対立する基軸価値の両方を取り入れながら機能するパラドックス・マネジメントの重要性を指摘している。特定の基軸価値が一面的に強調されるとモノカルチャー化に起因する様々な問題症候群が発生するが，それを回避するためのチェックリストを提示している(『講座／経営教育第1巻実践経営学』中央経済社，2009年所収)。

　第8章「優れた経営者の言葉に学ぶ経営理念」は，松下幸之助，早川徳治，井深大，ジャック・ウェルチ，スティーブ・ジョブズ，小倉昌男，堀場雅夫，田口弘，酒井邦恭，アニータ・ロディックら10名の優れた経営者の言葉を通じて，その根底にある経営理念・企業哲学を読み取ろうとしたものである(『経

営教育研究』日本マネジメント学会，第18巻第2号，2015年所収）。

　第9章「GMのサターン・プロジェクトの意味するもの」は，小型車市場において日本車に圧倒され続けてきたアメリカの自動車メーカーにとって「最後の望みをかけた試み」として注目されたゼネラルモーターズ社のサターン・プロジェクトを通して，当時アメリカで展開されつつあった労使協調，従業員参加，チーム方式などいわゆる Japanization の流れに沿った組織改革の動向を考察している（『現代経営研究　研究報告集』日本大学商学部現代経営研究会，1987年所収）。

　第10章「ネットワーク論考」では，情報通信ネットワーク論，ネットワーク社会論，ネットワーク運動論（ネットワーキング），ネットワーク産業組織論，ネットワーク組織論など多様な分野で展開されているネットワーク論を検討し，ネットワーク組織論は近代社会の支配的パラダイムであった官僚制モデルに取って代わる組織パラダイムというよりは，官僚制組織の不備を補完する手段という性格を持つが，「隷属の器」としての官僚制機構を変革する重大なモメントとなりうることを指摘している（『情報科学研究』第5号，1995年所収）。

　第11章「情報ネットワーク社会と『信頼』」は，社会資本としての「信頼」という概念を基軸として，情報ネットワーク社会における信頼概念の持つ意味・重要性を考察し，情報倫理教育の徹底，違反・不正・犯罪などを防止するための組織・システム開発の必要性を提言している（『情報科学研究』第7号，1997年所収）。

　第12章「中国企業における組織と個人」は，中国天津市で行った工場における意思決定権限やパワー分布などに関する調査データを用いながら，中国企業（特に国有企業）の組織上の特徴と，中国社会における組織と個人のかかわり方の特徴を考察している。「望ましい組織」をデザインするためのアイディアを，「組織デザインのパラドックス・アプローチ」の観点から，中国思想，特に「両面思想」や「中庸」などの概念に求めることの意味を考察している（『組織科学』組織学会，Vo.28, No.4, 1995年所収）。

第3部は，経営教育に関わる論文を収録している。第13章「異文化経営と経営教育」は，アジアに進出した日系企業が，現地従業員・管理者・労働組合などとの間にどのようなコンフリクトを経験し，それらに対してどのように対応しているのかを中国，台湾，韓国，タイ，マレーシアなどのアジア各国の日系合弁企業500社に対するアンケート調査に基づいて考察し，コンフリクトを有効に解決し異文化経営を展開するためには経営教育上いかなる配慮が必要であるかを検討している（森本三男編『多次元的経営環境と経営教育』日本経営教育学会創立20周年記念論文集第2巻，学文社，1999年所収）。

　第14章「経営者能力とその育成」は，「経営者格差が業績格差を生む」という視点から，これからの経営者に求められる能力とはどのような能力であり，それは測定・育成可能か，育成可能であるとすればどのような方法が有効かについて考察している。

　第15章「女性経営者・管理者の育成」は，アベノミクスの成長戦略の中で国家的政策課題としても強調されている女性の戦略的活用について，日本における女性経営者・管理者の現状と課題を分析し，女性活用のための制度・仕組みの整備だけでなく，経営者・管理者・男性社員・女性社員・パートナーなどの意識改革の必要性を指摘している（東洋大学経営力創生センター編『日本企業の経営力創生と経営者・管理者教育』学文社，2014年所収）。

　本書は，40年以上にわたり経営学や経営組織論を研究してきた私の研究の軌跡であるが，一番古い論文と最新の論文との間には40年近くのタイムラグが存在している。そのため読まれていて違和感を感じる部分があると思われるが，時代的背景を考慮して読んでいただければ幸いである。

2016年1月

松本　芳男

目　次

第1部　経営学研究方法論

1章　有事における科学者・学会の果たすべき使命 ——— 2
1．「有事」とは何か　2
2．地震，津波，原発事故などに対して科学者や学会が果たすべき使命・役割は何か　3
3．企業不祥事や企業犯罪などへの対応　9

2章　認識進歩のための経営経済学方法論について
　　　　—G.シャンツとE.イェーレの所論を中心にして ——— 14
1．序　14
2．シャンツの経営経済学方法論の概要　15
3．イェーレによる経営経済学の認識・方法批判的分析　21
4．シャンツとイェーレの方法論の特徴・意義と若干の問題点　32

3章　組織論におけるコンティンジェンシー・セオリーについて ——— 46
1．コンティンジェンシー・セオリーの方法論的特徴　48
2．コンティンジェンシー・セオリーの意義　50
3．コンティンジェンシー・セオリーの問題点　53
4．今後の展開方向：理論化への道　65

4章　組織デザインにおけるパラダイム・シフト ——— 79
1．組織デザインの諸アプローチ　80
2．組織デザインの価値前提とその変容　84

3．組織デザインにおけるパラダイム・シフト　89

5章　マシーン対オルガニックの相克を超えて
　　　──組織デザインの観点から── ──────────────── 105
　　1．人間機械論　106
　　2．機械論的組織モデルと有機的組織モデル　108
　　3．システムのヒエラルキー　111
　　4．ハイブリッド・モデルを求めて　113

第2部　マネジメントと組織デザインの諸課題

6章　「ファブレス経営」の光と影 ──────────────────── 120
　　1．ミスミのビジネスモデル　122
　　2．ベンチャー企業「カンキョー」の成功と挫折　136

7章　マネジメントの経営実践論 ──────────────────── 156
　　1．マネジメントは実践である　156
　　2．論理的パラドックス　158
　　3．社会学的パラドックス　158
　　4．マネジメント実践の鍵はパラドックスにある　159
　　5．組織デザインのパラドックス・モデル　162
　　6．問題症候群回避のための自己診断チェック・リスト　164

8章　優れた経営者の言葉に学ぶ経営理念 ─────────────── 169
　　1．「モノを作る前にまず人をつくる」「適正利潤を確保する義務」　169
　　2．「真似をするな，真似される商品を作れ」「ひとと違ったモノをひとよ

　　　　り先に」　170
　3．「自由闊達にして愉快なる理想工場の建設」「企業にとって重要なのは発明よりも革新なのだ」　173
　4．「『人を切るのを楽しむ』人間や，『人を切れない』人間は，会社を経営すべきではない」　174
　5．「Stay hungry , stay foolish.」　175
　6．「経営はロマンだ」「やれば分かる」　177
　7．「おもしろおかしく」「最もスピードが乗っているときにパスを」　178
　8．「Small is strong」「象にダイヤは磨けない」　180
　9．「魂を持った商人たれ」「腹を立てるという感情は，パワーと創造性の源だ」　182

9章　GMのサターン・プロジェクトの意味するもの
　　　　──組織デザインの観点から── ───────── 186
　1．サターン・プロジェクトの概要　187
　2．GMにおける組織開発の歴史　193
　3．アメリカにおける職務・組織再編成の動向　201

10章　ネットワーク論考 ─────────────── 221
　1．物理的ネットワークと社会的ネットワーク　221
　2．情報通信ネットワーク論　223
　3．ネットワーク社会論　225
　4．ネットワーク運動論（ネットワーキング）　229
　5．ネットワーク産業組織論　233
　6．ネットワーク組織論　237

11章　情報ネットワーク社会と「信頼」——————————— 249
　1．「社会資本」としての「信頼」　250
　2．企業間信頼関係の決定要因　254
　3．組織形態と信頼関係　260
　4．電子情報ネットワークと「信頼」　264
　5．高度信頼社会の構築に向けて　269

12章　中国企業における組織と個人—組織デザインの観点から— 279
　1．中国の企業組織の特徴　280
　2．中国社会における組織と個人　290
　3．中国思想と組織デザイン　293

第3部　経営教育の諸課題

13章　異文化経営と経営教育 ——————————————— 302
　1．問題の所在　302
　2．アジア進出日系企業が直面するコンフリクトとそれに対する対応策　303
　3．日系企業・日本人管理者に対するイメージと相互の認識ギャップ　308
　4．異文化経営教育の必要性　311
　5．結論と課題　316

14章　経営者能力とその育成 ——————————————— 319
　1．経営者能力とは何か　320
　2．経営者能力は測定可能か　323
　3．経営者能力の育成　324
　4．人間教育　328

15章　女性経営者・管理者の育成 ——————————— 336
　1. 「女性の戦略的活用」は国家的政策課題　336
　2. 日本における女性経営者・管理者の現状　337
　3. 女性経営者・管理者が少ない理由　338
　4. 女性経営者・管理者を増加させるために何が必要か？　344

索　引 ————————————————————————— 353

第1部
経営学研究方法論

1章 有事における科学者・学会の果たすべき使命

1.「有事」とは何か

1.1 「有事」とは何か

「有事」とは,平常と変わった大事件があることを意味している。日本の「有事法制」では「自衛隊が防衛出動する事態」を指しているが,一般的には戦争や武力衝突などの軍事的危機だけでなく,テロ,社会的大事件,大規模な自然災害,経済危機などさまざまな危機を包摂している。近年発生した主な有事としては,阪神・淡路大震災(1995.1.17),地下鉄サリン事件(1995.3.20),アメリカ同時多発テロ(2001.9.11),スマトラ沖地震・津波(2004.12.26),東日本大震災・福島第一原子力発電所事故(2011.3.11)などが記憶に新しい。

「有事」を発生させる原因となるのは,次のような多様な「リスク」である。[1]
① 自然災害リスク:地震,津波,噴火,台風,洪水,火事など
② 環境リスク:土壌汚染,大気汚染,水質汚濁,温暖化など
③ 感染症リスク:BSE,SARS,鳥インフルエンザ,新型インフルエンザなど
④ 組織事故リスク:飛行機事故,列車事故,製造物責任,食中毒など
⑤ セキュリティ・リスク:誘拐,盗難,サイバーテロなど
⑥ 労働災害・人事・労務リスク:セクハラ,パワハラ,過労死など
⑦ カントリーリスク:革命,民族紛争など

こうした多様なリスクへの対応として,リスクマネジメントやクライシスマ[2]

ネジメント³⁾の重要性が高まってきている．リスクマネジメントは，リスクを発生させないようにするための予防・分析が中心であるのに対し，クライシスマネジメントは，リスクが発生した直後の迅速な対応により被害の拡散を防止したり，二次的被害を回避したり，復旧後の対応を講じることに重点がある．

1.2 主題の限定

上記のような非常に多様な事象のすべてについて検討することはできないので，ここでは考察の対象を次の2つに限定する．第1は，2011年3月11日に発生した東日本大震災と福島原発事故に鑑みて，地震，津波，原発事故などの自然災害である．今回の福島原発事故は，地震と津波という自然災害が直接的な契機となり発生したが，組織事故の性格も強い．

第2は，国家的危機というほどの大事件ではないが，企業を存亡の危機に追い込む可能性のある企業不祥事や企業犯罪などである．いつの時代，どこの国でも企業不祥事や企業犯罪は存在するが，とくに90年代以降における日本の企業社会では，あまりにも多くの企業不祥事や企業犯罪が頻発してきた．国際的に見て日本は犯罪発生率がとくに高いわけではないのに，こと企業社会に限定するとこれほど多くの不祥事が続発するということは，何か経営の仕組みや制度・慣行などに問題があると考えざるをえない．こうした企業不祥事や企業犯罪を防止したり減少させるためにわれわれに何ができるか，何を為すべきかを検討する．

2．地震，津波，原発事故などに対して科学者や学会が果たすべき使命・役割は何か

2.1 東日本大震災，福島原発事故に対する科学者・学会などの対応

1） 地震・原発関係

日本学術会議は震災直後に「東日本大震災対策委員会」を立ち上げ，2011（平成23）年3月25日に「東日本大震災に対応する第一次緊急提言」を発表した．

ここでは，①専門家を招いた公聴会・国会審議などを通じて国民の心配や疑問に応えるとともに，事態に対する国民の理解を深め，適切な行動の基盤を早急に整えること，②自治体間の水平的連携の立場に立ち，「ペアリング支援」を講じること，③原発施設外の環境モニタリングとそのデータ評価について，一元的かつ継続的な体制を至急構築することなどが指摘されている。

これに続き第二次緊急提言「福島第一原子力発電所事故後の放射線量調査の必要性について」(2011年4月4日)，第三次緊急提言「東日本大震災被災者救援・被災地域復興のために」(同年4月5日)，第四次緊急提言「震災廃棄物対策と環境影響防止に関する緊急提言」(同年4月5日)，第五次緊急提言「福島第一原子力発電所事故対策等へのロボット技術の活用について」(同年4月13日)，第六次緊急提言「救済・支援・復興に男女共同参画の視点を」(同年4月15日)，第七次緊急提言「広範囲にわたる放射性物質の挙動の科学的調査と解明について」(同年8月3日)などを立て続けに発表した。

また東日本大震災対策委員会の「被災地域の復興グランド・デザイン分科会」は，次のような復興の目標と7つの原則をまとめた提言を発表した(同年6月8日)。

1．復興の目標「いのちと希望を育む復興」
2．復興に向けての原則
　(1)「原発問題に対する国民への責任及び速やかな国際的対応推進」の原則
　(2)「日本国憲法の保障する生存権確立」の原則
　(3)「市町村と住民を主体とする計画策定」の原則
　(4)「いのちを守ることのできる安全な沿岸域再生」の原則
　(5)「産業基盤回復と再生可能エネルギー開発」の原則
　(6)「流域自然共生都市」の原則
　(7)「国民の連帯と公平な負担に基づく財源調達」の原則

また「エネルギー政策の選択肢分科会」は，「日本の未来のエネルギー政策の選択に向けて―電力供給源に係る6つのシナリオ―」という提言をまとめ

た(同年6月24日)。ここでは,日本のエネルギー政策に関する6つの選択肢を示し,それぞれについて供給の安定性,環境への影響,経済性などの指標に基づき,国民生活への影響,国民の安全性保護,産業経済への影響,転換のための投資速度などの論点について,定量的なデータに基づく分析を行っている。

個別の学会レベルにおいても非常に多くの学会が地震・原発事故に関する活動を展開してきている。たとえば日本地震学会は,ホームページ上で一般の人々からの質問に応える他,広報紙を通じて関連情報を提供し続けている。同学会の会長は「『宮城県沖』にとらわれ,その周辺でより大きな規模の地震の準備が進んでいたことを見抜けなかったのは地震学者の責任。痛恨の極みだ」と述べている。

日本原子力学会も緊急シンポジウム(同年5月25日),特別シンポジウム(同年9月19日)等を開催した。「原子力専門家の過信で(安全)神話が一人歩きしてしまった」[4]と自己批判している研究者もいるが,全体的に自己防衛的発言が多いように感じられる[5]。

2.2 学者・識者たちからの復興への提言

学会レベルでの対応とは別に,学者・識者たちによる復興への提言をまとめた書籍も6月頃から次々に刊行されている。

① 養老孟司他『復興の精神』(新潮新書,2011年6月10日):養老孟司,茂木健一郎など9名の識者が,3.11以降われわれがどのように考え,行動すべきかについて論じている。

② アスキー新書編集部編『明日の日本をつくる復興提言10』(アスキー新書,2011年6月20日):経済,政治体制,エネルギー,IT,カルチャーなど多方面にわたる識者が3.11後の日本が進むべき進路について提言している。

③ 内橋克人編『大震災のなかで―私たちは何をなすべきか―』(岩波新書,2011年6月21日):大江健三郎をはじめ33人の作家,学者,医師,ボランティアなどが3.11の意味,支援,復興の形を綴っている。

④ 伊藤滋他編『東日本大震災　復興への提言―持続可能な経済社会の構築―』(東京大学出版会，2011年6月30日)：各界50人の学識者が，「地域再生」「日本経済の課題」「復興と日本社会」に関する提言を行っている。
⑤ 香山リカ『3.11後の心を立て直す』(ベスト新書，2011年7月20日)：震災で露わになった日本人の二分化思考の危険性に警鐘を鳴らしている。
⑥ 西部邁・佐伯啓思編『危機の思想』(NTT出版，2011年8月4日)：9人の論客が「大震災が日本人に突きつけたもの」「文明にたいする被害か，文明による被害か」「日本沈没を止めるために」というテーマに沿って日本国家の危機統治について論じている。

2.3　「想定外」を想定する想像力をもつことが科学者や専門家の責務

「想定」とは「考え方の枠・前提条件を決めること」であり，計画立案には不可欠である。重要なのは，前提条件を絶対視せず，想定された前提条件を超えた事態が発生した場合に，その被害規模などを想像する豊かな感性・思考力をもつことである。東京電力の社長は，地震の2日後の2011年3月13日の夜の記者会見で「想定を大きく超える津波だった」と語ったという(柳田，2011：10,19)。東電が施設の耐震設計の前提として想定していた地震規模はM7.9であり，これは関東大震災の規模であった。しかし柳田によれば，大津波への警告は存在していたという。

2009年6月，電力会社が実施した耐震性再評価の中間報告を検討する経済産業省の審議会で，岡村行信委員(産業技術総合研究所活断層・地震センター長・当時)が，平安時代の古文書に記録されている西暦869年の宮城県沖を震源とするM8以上と見られる「貞観の地震」について報告した。岡村は，慶長年間の1600年にも東北から関東を巨大津波が襲った痕跡があることを報告し，東電が原発の安全対策でそれらの大津波の危険度についてまったく触れていないのは納得できないと指摘した(柳田，2011：20-21)。

その後まとめられた報告書では「(貞観地震と同規模の揺れと津波は)想定内」

と書かれ(実際には貞観津波はデータ化できず計算外となった)福島原発の耐震構造及び津波対策は今のままで問題なしとされた。その大きな根拠となったのは，日本土木学会原子力土木委員会津波評価部会が 2002 年にまとめた「原子力発電所の津波評価技術」という津波波高を計算する方式に関する報告書であった。東京電力は，その方式に基づいて，福島第一原子力発電所における想定津波最高水位を 5.7 メートルと計算した。原子炉建屋の敷地は海面より 10 メートルの高さになっていたので，津波対策は十分であると考えられたのである。

津波研究者の中には，「津波評価技術」の波高計算の前提としている明治以降の地震津波とは異質の巨大津波が千年に一遍くらいの周期で発生する可能性があり，その場合の安全対策が必要であると警告する意見があったが，東電などの電力会社はそういう警鐘を考慮に入れなかった。今回実際に襲ってきた大津波は 14 メートルを超えたために浸水してしまったのである(後に 13 メートルに訂正されたが，一部では 17 メートルに達していた)。

2006 年，衆議院内閣委員会で吉井英勝委員(共産)が，原発で非常用電源が失われた時にどういう事態になるのかを質問した。当時の原子力安全委員長の鈴木篤之氏は「日本の(原発の)場合は，同じ敷地に複数のプラントがあることが多いので，他のプラントと融通するなど，多角的な対応を事業者に求めている」と応えて，安全性が確保されていることを強調した。

2007 年 2 月，中部電力の浜岡原発を巡る訴訟で，東大教授であった班目春樹氏(原子力安全委員長・当時)は中部電力側の証人として出廷し，原発の非常用電源がすべてダウンした場合の想定の有無を原告側から問われて，次のように証言した。「非常用ディーゼル 2 個の破断も考えましょう，こう考えましょうと言っていると，設計ができなくなっちゃうんですよ」「ちょっと可能性がある，そういうものを全部組み合わせていったら，ものなんて絶対造れません。」[6]

2.4 自然は過去に忠実である

今回の M 9.0 というのは日本の観測史上最大の地震であり，それに続く大津波，

福島第一原発のメルトダウンといった事態は多くの人にとって想定外であり，「未曾有の出来事」という表現がしばしば用いられた。しかし畑村によれば，「未曾有」とは「歴史上かつてないこと」であり，「個人的に未体験」という意味で使うような言葉ではない。「未曾有の出来事」という表現は，「だから仕方がない」として物事の本質を隠してしまう危険性があるという（畑村，2011：15）。

三陸地方は100年余りの間に4回も大津波に襲われており，三陸から関東沿岸にまで及ぶ津波は，100年のタイムスパンではなかったが，869年の「貞観地震」による大津波は仙台平野で海岸線から3〜4キロの地点まで冠水したとされている。こうしたことを踏まえて畑村は，「1200年のスパンで考えると，今回の震災は決して『いまだかつてないこと』でも『きわめて珍しいこと』でもないのです。地震や津波の専門家ならこの規模の災害が起こることは当然考えておかなければならなかったことなのです」と述べている（畑村，2011：16-17）。

「天災は忘れた頃にやってくる」という箴言は寺田寅彦の言葉として伝えられているが，その寺田は，「……『自然』は過去の習慣に忠実である。地震や津浪は新思想の流行などには委細かまわず，頑固に，保守的に執念深くやって来るのである。……自然ほど伝統に忠実なものはないのである」（寺田，1933, 2011：141）と述べている。忘れっぽい存在である人間は，この箴言を改めて肝に銘ずる必要がある[7]。

このように震災後，学会，科学者，学識者など多様な人々がそれぞれの立場から復興に関する提言を行っていること自体は意味のあることであるが，提言は政策や行政の施策に反映されてこそ意味がある。

復興事業を統括する復興庁がスタートしたのが大震災発生から1年近く経過した2012年2月10日ということが象徴しているように，政府の対応はあまりにも遅いと言わざるを得ない。

3. 企業不祥事や企業犯罪などへの対応

3.1 後を絶たない企業不祥事

斎藤憲監修の『企業不祥事事典』(2007)には，1945～2007年1月までの主だった企業不祥事150件について，事件の背景，発端，経緯・経過，企業の対応，警察・検察の動き，裁判などが時系列で記載されている。また有森隆の『日本企業モラルハザード史』(2003)には，「白木屋乗っ取り事件」(1953)から「りそな特別支援・事実上の国有化」(2003)まで，戦後発生した代表的な企業不祥事・企業犯罪30件が解説されている。

村上信夫によれば，「不祥事」を『読売新聞』『朝日新聞』のデータベースで検索すると，1980年代前半までは年間10件以下であるが，80年代後半から頻繁に現れるようになり，証券会社の損失補填問題が起きた1991年に急増している。その後一時減少するが，総会屋への利益供与や不正融資などが起きた97年に再び急増している。雪印乳業の集団食中毒事件の起きた2000年には，2紙合計で4,000件を超える報道が為された。

このように企業不祥事の報道が増えた理由として，情報開示を強制する仕組みの登場，従来であれば問題とならなかったような業界慣行などが社会規範と乖離し，世論に糾弾されるようになったこと，市民意識の変化などに加え，マスコミ報道にとって企業不祥事のニュースバリューが増したことがあげられている（村上，2010：20-22）。

3.2 コンプライアンス体制構築の必要性と限界

企業不祥事が続発する中で多くの企業がコンプライアンス経営の重要性を痛感し，不祥事を未然に防止するためのさまざまな制度・施策を実施してきている。それらは概ね次のような内容である。

① 企業行動基準，企業倫理規定，コンプライアンス・マニュアルなどの制定

② コンプライアンス担当役員の任命，コンプライアンス担当部署の設置
③ ホットライン，ヘルプラインなどの設置
④ コンプライアンス研修・訓練，啓蒙活動の実施

　こうしたコンプライアンス体制を整備することは重要であるが，その限界を認識することも必要である。企業不祥事が多発した1991年，日経ビジネス誌は上場企業の部長に対して次のようなアンケートを実施した。[8]

　「あなたの業界には非倫理的習慣があるか？」という質問に対し，「ある」が42.9％，「ない」が48.6％とかろうじて「ない」が上回っているが，「言えない」との回答が8.5％あることを考慮すると，ほぼ半数の業界に非倫理的習慣があると考えられる。

　「会社の成績を上げるために上司から不正を命じられたら？」という質問に対して，「黙って従う」が3.8％，「抵抗するが従う」が18.1％，「発覚しないと思えば従う」が10.5％であった。これらを合計すると32.4％が不正な命令に従うことになる。「あくまで断る」としたのが30.5％，「社内の管理部署などに訴える」が28.6％，「言えない」が8.5であった。

　たとえ業務上の命令であろうと，反社会的な命令には「断固として拒否する」回答が70～80％くらいにならないと，企業不祥事は減少しないであろう。

3.3　「悪事は必ず露呈する」ことを実感させる必要がある

　先の日経ビジネス誌によるアンケート調査で，「発覚しないと思えば(不正な命令に)従う」という回答があったように，多くの場合，発覚しないと思うから不正に走るのが一般的であろう。そうであるとすれば，「不正を働けばいずれ必ず発覚する」ことをケーススタディなどで経営者やビジネスマンに実感させることが企業不祥事を防止するために有効であろう。次のようなフォード社のピント事件は，格好の教材となるであろう。

　1960年代，日本の小型車攻勢の巻き返しを図ったリー・アイアコッカ(Lee Iacocca)社長(当時)は，通常，デザインから生産まで43カ月かかるところをわ

ずか25カ月で「ピント」を開発・生産した。当時，後部の衝撃テスト基準はなかったので，そのテストは省略された。完成後のテストで，時速20マイル以上で追突されると，バンパーのボルトで燃料タンクに穴が開き，ガソリンが漏れ，爆発する恐れがあることが判明した。

対策として燃料タンクとバンパーの間に隔壁をつければ安全になるが，1台につき6.5～11ドルのコストがかかる。ここでフォード社は信じられないような「悪魔の計算」を行った。死亡事故で告訴された場合と，追加の修理コストを比較し，隔壁をつけない方が安上がりと判断したのである。

ところが発売後事故が続出し，1976～77年の1年間で後部座席の衝突火災事故が13件(同型車の3倍)，補償金額は5,000万ドルとなり，隔壁追加コストの2,000万ドルを大きく上回ってしまい，結局，78年にリコールせざるを得なくなったのである。しかもひとりの重役が辞職してこの件を告発，ラルフ・ネーダー(Nader, Ralph)もこれに同調し，損害賠償訴訟へと展開した。フォード社の信用が地に落ちたことは当然であった(宮本，2002：19-20)。

おわりに

かつてビスマルク(Bismarck, Otto von)は「愚者は経験から学び，賢者は歴史から学ぶ」と言ったとされている。科学者・研究者は経験と歴史の両方から学び，「天災は忘れた頃にやってくる」という警句を人々の胸に刻みつける責務がある。自然の摂理に対する謙虚な姿勢，真実に対する誠実さ，人間の弱さの自覚・啓蒙が求められるのであろう。

【注】

1) ISOによれば「リスク」は次のように定義されている。①「危害の発生する確率および危害のひどさの組合せ」(Combination of the probability of occurrence of harm and the severity of the harm) (ISO Guide 51：1999)，②「事象の発生確率と事象の結果の組合せ」(Combination of the probability of an event and its consequence) (ISO/IEC Guide 73：2002)，③「目的に対する不確かさの影響」(Effect of uncertain-

ty on objectives）（ISO Guide 73：2009）　損保ジャパン・リスクマネジメント編（2010）『リスクマネジメント実務ハンドブック』日本能率協会マネジメントセンター，p. 17，一部修正。
2）　ISO の定義によれば，リスクマネジメントとは「リスクについて組織を指揮統制するための調整された活動」（coordinated activities to direct and control an organization with regard to risk）（ISO Guide 73：2009）であり，その中心活動は，① リスクコントロール（危険制御）：リスクの発生を防止し，万一リスクが発生した場合の損害規模を減少させる。② リスクファイナンシング（危険財務）：リスクが発生した場合に備えて損害保険などによって資金面の準備を行う。前掲書，pp. 22-23，一部修正。
3）　クライシスマネジメントは，キューバ危機のときにアメリカが始めたことに由来するが，これが産業界に応用され，緊急事態が発生したときの組織的対応やマスコミや住民に対する対応を意味するようになった。インターリスク総研・小林誠（2011）『ISO31000 規格対応　初心者のためのリスクマネジメント Q ＆ A100』日刊工業新聞社，p. 40。
4）　『日本経済新聞』平成 23 年 9 月 20 日。
5）　2011 年 9 月 1 日に開催された日本記者クラブでの会長記者会見において，フリージャーナリストから次のような質問を投げかけられている。「検証委員会に対する要望は，個人の責任追及を目的としないことを求めているが，これは当たり前のことであるのに，学会があえてこのような声明を出した狙いは何か。畑村委員長は個人の責任は一切追及しないと言っているのに，何を恐れているのか」。これに対し会長は「声明については，誤解を生んでいるので早急に，学会としてやるべきことを追加の発信をすべく準備している」と応えている。
6）　大震災後の 2011 年 3 月 22 日の参議院予算委員会で，班目氏は「割り切り方が正しくなかった」と言い，前記の法廷での証言を訂正した。柳田，2011，p. 22。
7）　畑村によれば，人間の忘れっぽさには法則性があり，個人は 3 年で忘れ，組織は 30 年，地域では 60 年で忘れられ，300 年もすると社会から記憶が消え，1200 年も経つと起こったこと自体知らないことになるという。畑村，2011，pp. 18-21。
8）　「汚れたエリートたち」『日経ビジネス』1991 年 9 月 23 日号。

【参考文献・資料】
アスキー新書編集部編（2011）『明日の日本をつくる復興提言 10』アスキー新書。
有森隆（2003）『日本企業モラルハザード史』文春新書。
伊藤滋他編（2011）『東日本大震災　復興への提言―持続可能な経済社会の構築―』東京大学出版会。
インターリスク総研・小林誠（2011）『ISO31000 規格対応初心者のためのリスクマネジメント Q ＆ A100』日刊工業新聞社。
内橋克人編（2011）『大震災のなかで―私たちは何をなすべきか―』岩波新書。
香山リカ（2011）『3.11 後の心を立て直す』ベスト新書。

河村幹夫（2011）『3.11 東日本大震災に学ぶ―図解　統合リスクマネジメントの実践―』多摩大学統合リスクマネジメント研究所。
斎藤憲監修（2007）『企業不祥事事典―ケーススタディ150―』日外アソシエーツ。
損保ジャパン・リスクマネジメント（2010）『リスクマネジメント実務ハンドブック』日本能率協会マネジメントセンター。
KPMGFAS 監修，有限責任あずさ監査法人（2011）『不正防止のための実践的リスクマネジメント』東洋経済新報社。
寺田寅彦（2011）『天災と国防』講談社学術文庫。
西部邁・佐伯啓思編（2011）『危機の思想』NTT 出版。
日本経済新聞社編（2011）『東日本大震災　その時企業は』日経プレミアムシリーズ。
『日本の論点』編集部編（2011）『巨大地震　権威16人の警告』文春新書。
畑村洋太郎（2011）『未曾有と想定外―東日本大震災に学ぶ―』講談社現代新書。
宮本一子（2002）『内部告発の時代』花伝社。
村上信夫（2010）『会社をつぶす経営者の一言―「失言」考現学―』中公新書ラクレ。
柳田邦男（2011）『「想定外」の罠―大震災と原発―』文藝春秋。
養老孟司他（2011）『復興の精神』新潮新書。

2章 認識進歩のための経営経済学方法論について
―― G. シャンツと E. イェーレの所論を中心にして ――

1. 序

　ある科学の科学的基礎に関する哲学的・科学論的考察は，その科学の発展段階に応じてさまざまな意義をもつ。たとえばクーン(T. S. Kuhn)の言うパラダイム(paradigm)に導かれた通常科学(normal science)の状況では，そのような考察は重要でない，というよりも，その必要性が自覚されることはない。これに対して，従来支配的であったパラダイムへの信頼が揺らぎ，さまざまな理論が対立しているような多元論的状況においては，その科学の哲学的分析・方法論的考察が焦眉の問題になる。現在経営経済学は研究構想の顕著な多元性によって特徴づけられており，それが理論的多元論(theoretischer Pluralismus)，方法論的多元論(methodologischer Pluralismus)の状況にあることは一般的に知られている。[1]したがって，現在経営経済学にとって方法論的考察の重要性が増大してきていることは明らかである。

　今日経営経済学において研究方法の多様性は，さまざまな観点から現象を眺めこれに接近することによってその現象に関して一層広範で豊かな認識を得るのを可能にするとして一般的に認されている。その結果，しばしばあらゆる方法限定の非合理性・非科学性が主張される傾向がある。しかしシャンツ(G. Schanz)によれば，そのような無条件な方法多様性の是認は一見民主的に思われるが，それによって方法を相互に批判する可能性が限定されることを考えれば，むしろ科学の発達にとって阻害的でさえあるという。というのは，あらゆ

る方法論的構想が科学の発達にとって同じように適していると考えることはできないからである[2]。そうであるとすれば，それらの中でいずれの方法論的構想が豊かな理論的成果を生み出すうえでより有効かということを判定できなければならない。その場合よく，その時々の問題に適した研究方法が用いられるべきであるということが言われる[3]。このような問題適切性(Problemadäquanz)という基準自体はもっともらしく思われるが，それは直ちに，本来いかなる研究方法がある問題に適しているのかというさらに困難な問題を生み出す。というのは研究者は皆，自分の研究プログラムの基礎にある方法こそ最も彼の問題に適していると確信しているであろうからである[4]。

　こうした現在の多元論的状況が抱える問題を克服するためにシャンツは，さまざまな方法論を相互に比較できるようにする"架橋の原理"(Brücken-Prinzip)として"メタ原理"(Meta-Prinzip)ないし"メタ方法論的規則"(meta-methodologische Regeln)を設定する必要性を説き，それを「ある方法論が進歩する潜在的能力や認識を増大させる可能性をどれだけもつか」ということに求め[5]，さらにそのような認識の進歩を促進するための経営経済学方法論を展開している。またイェーレ(E. Jehle)も同様に「科学的な認識進歩を促進する能力」[6]という基準に基づいて経営経済学の歴史的発展過程を検討し，その結果に照らして現行のさまざまな研究構想の潜在的な進歩能力を批判的に分析している。そこで本章では彼らの所論を通じて，現代の経営経済学方法論の新たな動向について考えてみたい。

2．シャンツの経営経済学方法論の概要

2.1　基礎的理念と方法論の課題

　シャンツの方法論の基礎には次のような3つの理念が存在している。第1は"認識進歩の理念"(Idee des Erkenntnisfortschritts)であり，これが科学における最高の価値基準として設定されている。これは，科学は進歩するべきであり，あらゆる科学の目的は認識を増大し進歩させることでなければならないという

考えである[7]。この認識進歩の理念は科学的思考の道徳とみなされており，したがってこの理念を志向するということは彼の方法論がもはや価値的に中立ではありえないことを意味している[8]。第2は"批判的合理主義"(kritischer Rationalismus)の理念である。これは，認識の進歩は批判的テストを通じて可能になり，批判的態度こそ合理的・科学的態度であるとする考えである。この理念に基づいて，徹底した多元論的認識プログラムが展開されている。第3は"反証主義"(Falsifikationismus)の理念である。これは，ある理論の批判的テストが可能であるためにはその理論は経験的事実に基づいて反証可能なものでなければならないという考えである。この反証可能性(Falsifizierbarkeit)の概念は科学的言明と非科学的言明，経験科学と非経験科学を区別する基準であると共に，後述する如く，言明の経験的情報内容を規定する基準としても用いられている。これら3つの理念がいわゆる批判的合理主義，合理的批判主義(rationaler Kritizismus)，批判的現実主義(kritischer Realismus)の科学論に基づいていることは明らかであり，シャンツ自身序文において，彼が具体的には特にアルバート(H. Albert)，ブンゲ(M. Bunge)，ファイヤーアーベント(P. K. Feyerabend)，ポパー(K. R. Popper)らの研究に依拠していることを明らかにしている[9]。

シャンツによれば，このような認識進歩の促進という理念を志向する方法論は，次に示すような2つの課題を果たさなければならない[10]。第1は，各々の研究方法や研究成果が認識の進歩を促進するうえで有効か否かを検討するという批判的課題である。すなわち，実施されている方法や，その方法を用いて得られた，あるいは得られる可能性がある認識などを記述し，それらが認識の進歩にいかに貢献することができるかを批判的に評価することである。この課題を遂行するためにはさまざまな研究方法やその成果の有効性を評価するための基準が必要になるが，既述の如く，シャンツはそれを"進歩能力や認識増大の可能性"(Potential an Fortschrittsfähigkeit, an Erkenntniswachstum)というメタ原理に求めている。この基準を用いて彼は1973年の論文「経営経済学に於る多元論：現在の研究プログラムに対する論評」において，1971年にサン・ガレン(St.

Gallen)で開かれた国際経営学会で報告された研究構想のいくつかを批判的に検討している。また後述するイェーレ(E. Jehle)の著書『経営経済学における進歩と進歩の基準について』(1973)の狙いも，同様な立場からこのような批判的課題を一層広範かつ詳細に遂行することにあるといえよう。

第2の課題は，その時々の認識状態を改善し，認識の進歩を最適に促進するための条件や方法を提案するという建設的課題である。シャンツの著書『経営経済学方法論入門』(1975)の重点もここにある。紙幅の関係上本章でその全体を検討することはできないが，彼の方法論の特徴をよく表している部分として，認識進歩を促進するために理論的言明が満たすべき論理的要件を扱った部分と，実際に理論が受けるべきテストについて述べている部分を次にみてみよう。

2.2 認識進歩を促進するために理論的言明が満たすべき理論的要件
1） 理論の情報内容と確実性

シャンツによれば，ある科学が示す認識進歩の度合いはその科学の"理論有高"(Theorienbestand)の増加に基づいて推論されるが，それは結局"対象領域に関する理論の(経験的)情報内容の増大"〔Zunahme des (empirischen) Informationsgehalts von Theorien über den Objektbereich〕として現れる[11]。ただしここで重要なのは単なる情報の量的拡大ではなく，意味論的な情報内容の増大である。ここに理論の"情報内容"(Informationsgehalt)というのは，その理論と両立しえない論理的に可能な事例と定義される。一方，理論の"論理的範囲"(logischer Spielraum)とは，その理論と両立しうる論理的可能性のクラスと定義される[12]。

普遍言明から成る理論は，論理上，存在命題の否定形に変形できるから，理論は少なくともあるひとつの事態が存在ないし発生しえないことを主張するものであり，もしそのように禁止ないし排除された事態が生ずれば，その理論は論理的には(決定的に)反証されたことになる。したがって，ある理論によって排除される可能性の範囲が広くなればなる程，それが反駁される危険性(反証

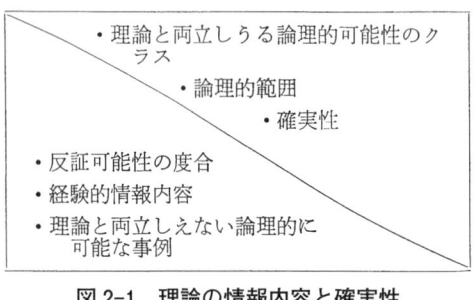

図2-1 理論の情報内容と確実性

・理論と両立しうる論理的可能性のクラス
・論理的範囲
・確実性

・反証可能性の度合
・経験的情報内容
・理論と両立しえない論理的に可能な事例

可能性の度合)が大きくなるが，反面その理論が伝える経験的情報内容も大きくなる。逆に，論理的に可能な事態をほとんど排除しないような理論は，それだけ反証される危険は少なく，したがって確実になるが，経験的情報内容をほとんど持たないことになる(図2-1参照)。これらの関係から，経験科学は確実な理論を求めるのではなく，高度の情報内容を持った理論(反証可能性の度合の高い理論)の獲得を目指すべきであるという規則が導かれる。[13] この場合，ある理論的言明が高度の情報内容を持つということは，必ずしもその言明が経験的に真理であることを意味するものではないということに注意しなければならない。

2) 理論の普遍性，正確性と情報内容

次に理論の普遍性(Allgemeinheit)，正確性(Präzision)と情報内容の関係をみてみよう。理論は一般的な Wenn-Dann 命題(p ならば q である)から成るが，他の要素を不変とすれば，Wenn 要素と Dann 要素の一方の内容が変化することによって，理論の普遍性や正確性や(意味論的)情報内容は次のように変化する。Wenn 要素の内容が増大すると，Dann 要素において主張される内容は一層限定された条件下でのみ妥当性を持つことになるから，言明全体の普遍性は減少し(反証可能性のクラスが制限され)，したがってその情報内容も減少する(逆も成り立つ)。次に Dann 要素の内容が減少すると，それだけそこで主張されている関係を規定する厳密さが減少することになるから，言明全体の正確性は減少し，その情報内容も減少する(逆も成り立つ)。これらの関係は表2-1のように表されるであろう。この表から，理論の普遍性や正確性が大きい程，その反証可能性の度合が高く，情報内容も大きくなることが分かる。したがってここ

から，科学的活動において
は，たえず，より普遍的で
正確な理論を追求するべき
であるという規則が導かれ
る[14]。

以上の論述から明らかな
ように，高度の反証可能性

表2-1 理論の普遍性，正確性と情報内容

	変化	普遍性	正確性	情報内容
Wenn要素の内容	増大	減少	——	減少
	減少	増大	——	増大
Dann要素の内容	増大	——	増大	増大
	減少	——	減少	減少

を持つということは高度の情報内容を持つ理論的言明の論理的特質を示している。すなわち，反証可能性という概念は言明体系の経験的内容の基準として導入されており，現実科学の言明の不可欠な論理的特質を示しているのであるから，それは実際の反証(Falsifikation)とは区別されねばならない。理論の実際の反証については，次のような特別な規則が必要になる[15]。

2.3 理論のテスト

シャンツによれば，理論は想像力の産物であるが厳格なコントロールが必要であり，具体的には次のような一連のテストを受けなければならない[16]。第1は"内的無矛盾性のテスト"である。理論とは一定の対象領域に関する合法則性の体系であるが，まずその体系内の言明相互に論理的矛盾が存在しないことが必要である。というのは，矛盾した言明体系からは真実の言明や虚偽の言明など任意の言明が演繹されうるからである。第2は"情報内容の有無の検討"である。現実科学の理論は単に論理的に矛盾が無いというだけでなく，現実に関する情報を伝えなければならないが，それはその理論が論理的に可能な事例を排除していなければならないことを意味している。

第3は"事実に基づくテスト"である。この場合，理論と適合するような事例を集めて理論を実証(verifizieren)しようとするのではなく，理論と対立するような事例を探すことによって積極的に反駁に努めるという所に批判的合理主義におけるテストの特徴がある。というのは，ある理論を裏付けるような事例

を探すことは常に可能であるが，そのような個別的事例をいくら枚挙してもそれは有限であるから，その理論の真理性は保証されないからである。これに対して，ある理論はただひとつの反証事例によって論理的には決定的に反証される。そこで，まず反証可能な理論(法則・仮説)と初期条件から成る説明項(Explanans)から，予測されるべき事態を記述した被説明項(Explanandum)が論理的に演繹され，これが実際に観察ないし実験された結果と矛盾するかどうかテストされる。このような反証努力にもかかわらずその理論を反駁する事例が見出せない場合には，その理論は未だ反駁されていないものとして暫定的に受容され，さらにテストの条件を厳格にして反証努力が反復される。理論と経験ないし現実が矛盾して反証が成功したとしても，その理論は直ちに排除されるべきではない。というのは，経験や観察言明には常に理論が浸透しており，現実は常に理論を通して理解されるから，経験的事実がさまざまにあるいは不適切に解釈される可能性がいつも存在しており，理論と経験ないし観察言明が矛盾した場合，その原因がいずれの側に帰せられるべきかを即座に決定することはできないからである。こうした事情から多元論的検証モデル(pluralistisches Prüfungsmodell)が導かれるのであり，それによって現実科学の理論をテストする第4の可能性が与えられる。

　第4は"他理論との比較によるテスト"である。それによればある理論は，それが説明できる事態よりも広範な事態を説明できるような一定の剰余内容(Überschußgehalt)を持つ，より内容豊かな代替的理論によってのみ排除される。すなわち，ただ理論と現実が矛盾することを証明するような純粋に否定的な批判だけではその理論を排除することはできないのであり，より良い理論・より高度の情報内容を持つ理論が利用できる場合に初めて，その理論の反証が受け入れられることになる。したがって，たとえ現行の理論の反駁に努めると共に，より良い代替的理論の開発に努めることが必要になる。ここから，たとえ一般的に受容されている理論が表面上いかに十分確証されていようとも，新しいアイデアを導入し，この理論と(少なくとも部分的に)矛盾するような代替的理論

を開発する必要があるという"増殖の原理"(Prinzip der Proliferation)が導かれる[17]。ある理論と矛盾する事実はしばしばその理論と競合する構想を用いて初めて確認されるということや，科学史の示すところによれば，理論はみな常にある程度までしか事実と一致するにすぎないということを考えれば，このように代替的理論を開発する重要性は容易に理解される。

他方，代替的理論によって取って代わられた理論を科学から全く排除してしまうことは依然としてためらわれる。というのは，理論は改善されうるのであり，元の形では全く説明できなかったような事態を漸次克服し，現在受容されている理論に対する新たな競争相手へと成長することも可能だからである。したがって，発展力ある理論が早まって除去されたり，反駁された理論が即座に，そして究極的に除去されてしまうのを防ぎ，そのような理論を積極的に利用できるようにするために，たとえある理論が相当な困難に直面しても(すなわち，それと矛盾するデータが存在しても)それを維持することが許されるような"固執の原理"(Prinzip der Beharrlichkeit, principle of tenacity)ないし"維持の原理"(Erhaltungsprinzip)，"保護の原理"(Bewahrungsprinzip)が，増殖の原理と並んで考慮されなければならない[18]。

3．イェーレによる経営経済学の認識・方法批判的分析

イェーレは序文の冒頭で次のように述べている。「今日では一般的に《科学》という表現は，明らかに進歩するような認識の企てについてだけ承認される。このような基準が科学を基礎づけるうえで重要であるということから，認識進歩の理論としての方法論の性格が現れる。役に立つ方法論というのは，ある科学の認識の増加をできるだけ促進するようなものである。認識進歩を要求するということは，最大限の批判を要求するという意味を含んでいる。こうしたことから，科学理論的研究や分析を歴史的に関連づけることが必要になる」[19]。具体的には，彼の研究は次のような3つの目標を持っている。

① 認識進歩という観点から経営経済学の歴史的発展過程を概観し，その研

究プログラムを認識・方法批判的に検討する。
② 経営経済の歴史記述を選別・純化し，現在の研究プロセスを批判的に検討する根拠にする。
③ 現在経営経済学において競争している認識進歩の理論を歴史的な研究構想と批判的に対照し，経営経済学の科学的認識進歩を促進するうえでそれらがどの程度適切であると思われるかということを批判的合理主義の見解に基づいて検討する。

このようにイェーレは，認識・方法批判の観点を批判的合理主義の見解，特にその中核を成すと理解される認識進歩の理念に求める一方，経営経済学の歴史的発展過程を分析するフレームワークとしては，クーンによって示された科学の発展図式を用いている。[20]

3.1 経営経済学の歴史的発展過程の分析
1) 前パラダイム期

イェーレによれば，経営経済学の発達史における15世紀末から20世紀初頭の50年に至る長い期間は「我々が今日十分成熟した科学に要求するのに慣れている程にはその研究活動が首尾一貫性や厳密性を示しておらず，また，通例その研究成果が余り目覚ましくないような長い局面」[21]を表しており，彼はこの時期をクーンに倣い"前パラダイム期"(Vorparadigma-Periode)と呼んでいる。この時期はさらに次のような4つの時代に区分される。

① 決疑論的記述の時代：理論的規範としての確証された実務(Die Periode der kasuistischen Deskription: die bewährte Praxis als theoretische Norm, 1482-1675)

この時代には，伝統的な空理空論を排し商人の実務に役立つ知識を提供することを課題として，確証された実務の領域ではすでにしばしば知られていたが秘密保持の理由から一般の人々には知らされなかったような事柄が記述的に編集され，説明された。これは協力と認識進歩を目指す現代の科学観の歴史的根

源を成すものであるという。しかし当時の研究者の多くは実務家出身でアカデミックな知識を欠いていたために，思考によって経験的事実を超え，体系構成理念や理論によってそれを整序することはできなかった。またその研究は決疑論的で偶然に強く支配されており，論拠の論理的厳密さや客観性を欠いていた。この時代の主な研究としては，U. Wagner, J. Widmann von Eger, L. Pacioli, D. Manzoni, J. Ympyn, W. Schweicker, L. Meder, S. Stevin, G. D. Peri 等のものが挙げられている。

② 体系的記述の時代：批判的規範としての確証された理論(Die Periode der systematischen Deskription: bewährte Theorien als kritische Norm, 1675-1804)

この時代の研究者は，従来専ら無関連的に述べられていた商人の知識を体系的に秩序づけ，伝承された知識や自らの経験を確証された理論に照らして批判的に解明した。ただし，経営経済学の認識発展に対するこの時代の意義は，学問の体系的分類を示すというようなメタ言語的研究ではなく，理論の抽象による普遍化とか，批判的，反省的認識活動等の対象言語的研究に見出されるべきであるという。この時代の研究としては，J. Savary, C. Ludovici, M. Leuchs 等のものが検討されている。

以上2つの発展段階に関して，イェーレは伝統的な標準的見解とは異なり，当時の経営経済学は若い，開かれた，進歩的な学問であり，認識増加は累積的であったが，近代及び現代の科学観を成立させるうえで経営経済の研究者が決定的な貢献をしたと解釈している。すなわち，彼によれば，近代的科学観の意味における進歩の理念は15世紀ないし16世紀に初めて完全に科学にもたらされたが，その際に経営経済学者が先駆者的役割を演じたのであり，これは，進歩の理念を科学に導入する精神的刺激はまず第1に経済的要因に求められるというチルゼル(E. Zilsel)の命題の正しさを裏付けているという。[22]

③ 決疑論的記述の新時代：再び理論的規範としての確証された実務(Eine neue Periode der kasuistischen Deskription: noch einmal die bewährte Praxis als theoretische Norm, 1898-1918)

この時代の研究者は，科学的に基礎づけられた決定の援助を与えることを課題とし，そのために必要とされる情報を確証された実務に求めた。彼らは大抵通常科学的習慣を保持し，体系的・演繹的というよりは決疑論的・記述的研究方法を用いた。というのは，このような方法だけが実務の不満足な状況を迅速に改善することを約束したからである。しかし研究活動において理論的関心よりも実務的あるいは教育的関心が重視されたために，当時の商業学は多くの有効な行動勧告をもち，かなりの認識水準にあったにも拘らず，それ以後全く衰退し，単なる簿記論，帳場学，貨幣学，度量法などに退化してしまった。

④ 理論的解釈から説明的理論へ移る過程の経営経済学(Die Betriebswirtschaftslehre auf dem Weg von der theoretischen Interpretation zur erklärenden Theorie, 1918-1950)

この時代の研究者は経営経済理論の開発という共通の目的を持ちながらも，イデオロギーや方法論上の分化によっていくつかの学派を形成し，各々が異なった科学的観点や経営観に基づいて研究を進めた。イェーレはこの時代の経営の考察様式を次のように整理し，各々を検討している。

A．機械論的経営観(mechanistische Betriebsauffassung)：E. Schmalenbach
B．有機体的経営観(organizistische Betriebsauffassung)
　a．普遍主義的・有機体的(universalistisch organizistische)：H. Nicklisch
　b．生気論的・有機体的(vitalistisch-organizistische)：F. Findeisen
　c．機械論的・有機体的(mechanistisch-organizistische)：F. Schmidt, M. R. Lehmann, W. Rieger
　c'．機能分析(Funktionsanalyse)：K. Mellerowicz

この第4の発展段階全般にわたって，注目に値する認識進歩は経営計算制度や費用論の分野でのみ記録されており，この間における認識進歩は累積的であ

り，深さというよりは広さにおける進歩（水平的認識進歩）といえるにすぎないという。また投入された努力に比べて理論的な認識進歩の収穫が比較的少なかったのは，その顕著な学派的性格にも原因があるが，それだけでなく，当時認識の確実性が情報内容や認識進歩より重視されていた等，方法論にも問題があったということが指摘されている。[23)]

2) 通常科学的研究段階における経営経済学

前パラダイム期のように諸学派が対立し競争している状況では，認識の進歩は各々の学派の内部でしか認識されえないのであり，一般的な科学の進歩とか発展について語ることはできない。このような状況に耐えられなくなると，人々は何か頼るべき支配的な権威を求める。諸学派の中のひとつが競争に勝ち残り人々に支配的な定説として受け入れられるようになると，それは"パラダイム"として機能するようになる。ここにパラダイムとは，クーンによれば，「一定期間専門家集団に対して問題や解決策のモデルを与えるような，一般的に認められた科学的業績」を意味している。[24)]

ひとたびパラダイムが確立すると，後続の研究者はもはや出発点に立ち帰り学問の基礎について議論する必要がなくなり，当該パラダイムを手本としてその路線に沿って研究を進めることができるようになるから，革命的な進歩は生じない代わりに，着実な累積的な進歩が可能になる。このような「ある特定の科学者集団が，その研究を進行させるための基礎を与えるものとして承認するようなひとつないしそれ以上の過去の科学的業績に基づく研究」のことをクーンは"通常科学"と呼んでいる。[25)] 通常科学においては新しい問題や現象を発見するのが目的ではなく，すでにパラダイムによって与えられている問題を汲み尽し深化させること，すなわち，パラダイムを応用する範囲と精度を増すことが狙いであり，その研究活動は，いわゆる"パズル解き"(puzzle-solving)の性格を持っている。[26)] クーンによれば，基礎科学の圧倒的多数の活動はこの種の活動であり，科学の従来の成果豊かな発展も，本質的にはこの種の研究活動に負う

ていたと考えられる。このようにパラダイム理論を獲得して通常科学化することは科学の進歩にとって不可欠であり，さらにそれは，ある専門領域を明確に科学と呼ぶための条件とさえみなされている[27]。

イェーレによれば，ある理論が本質的な認識進歩を示すためには，それが ① 重要な点において支配的理論と対立し，② 問題解決能力の点で古い理論を凌ぎ，③ 厳格に，独立してテスト可能であり，④ 実際に確証されている，という条件を満たす必要がある。このような条件を完全に満たすような経営経済理論は未だ存在していないが，少なくともこの条件に近づくものがあるとすればそれはグーテンベルク(E. Gutenberg)の企業理論であり，これこそ経営経済学における最初のパラダイム理論であるとして，イェーレは次のように述べている。「我々の命題によれば，経営経済学は50年代の初め以来，初めてパラダイムに導かれた研究活動を持つようになった。このような関係で，グーテンベルクの≫原理≪の出現は，こうした経営経済研究の新たな段階の誕生とみなされうる。」「よく知られているように，経営経済学の最初のパラダイム理論は，グーテンベルクによる国民経済学的収益法則との批判的対決の中から生まれてきた。」[29]

その場合イェーレは，グーテンベルクが≫原理≪の第1版では伝統的な収益法則を批判しながらも≫g要素≪を用いてそれを修正するに留まっていたが，第2版では結局それは工業的生産にとって典型的でないとして退け，それに代わって工業的給付生産に決定的な結合法則として≫B型生産関数≪を置いたという理論の推移を重視し，これこそ，グーテンベルクの構想がパラダイム理論へと成長できた鍵であるとみなしている。しかもそのような理論の推移が可能になったのは，≫原理≪第1版出版後に惹起された方法論争において，グーテンベルクが方法論的考察を行わざるをえなかったことに由来しているとして次のように述べている。「収益法則についてグーテンベルクが当初計画したように，ただ理論の現状の末梢的な改良に満足することによって，科学においてある理論の問題解決能力が増大することは殆どない。」「グーテンベルクは，彼の最初

の解決の手掛りが彼の方法論的信条と殆ど一致しえないこと，むしろよい理論化のために彼が要求した妥当性条件に照らしてみるとつぎはぎ細工のように思われるに違いないということに注目していた。」[30]

クーンによる通常科学の概念は自然科学の発達史から導かれたものであり，それを経営経済学に適用するのは一定の制限付きでのみ許されるということはイェーレ自身認識しており，グーテンベルクのパラダイムもそれを基礎とする結びつきや拘束力は必ずしも強くないが，「ある科学の研究プロセスが専らある一定の理論によって与えられる関係枠組の中で行われるという事態だけが通常科学が存在するために決定的に重要であるとすれば，現代の経営経済学に完全に統合された通常科学の地位を認めても正当であるように思われる」[31] と述べている。

いずれにしても，要素投入量と要素産出量の比率として理解される"生産性関係"(Produktivitätsbeziehung)を中心テーマとするグーテンベルクの企業理論は，事実多くの経営経済研究者を惹きつけ，何らかの形で彼らの研究に広範な影響を及ぼしてきている。すなわち，生産論，費用論，企業成長論，消費関数の理論，費用計算，ORその他の分野で，後続の研究者が解決すべき多くの問題を提供し，パラダイムとしての機能を果たしてきた。

さて確立された通常科学の枠内では説明できないような現象(反対事例や変則性)が頻繁に起こり，しかもそのような困難が根本的な性格のものであると認識されるとパラダイムの危機が意識され，その結果，パラダイムに基づく拘束の緩和，諸見解の乱立，科学の基礎に関する論争や哲学的・方法論的省察といった現象が生ずる。これはクーンのいう"異常科学"(extraordinary science)の段階である[32]。経営経済学は60年代の中頃までは本質的にグーテンベルクによって示された問題領域の中で展開されてきたが，最近になって，既述のような危機の徴候が大きくなってきており，イェーレによればそれは，グーテンベルクのパラダイムが問題解決能力の点で次のような欠陥を持っていることが起因しているという。すなわち，① 調達・販売・財務等の領域における代替プロ

セスの優越，②これらの領域において要素投入量を抽出したり生産性関係を定量化することの困難さ，③生産性関係によっては経営内の人間行動を説明できない，ということである。[33]

かくて，今日経営経済学においては認識論的・方法論的議論が復活し，研究構想の顕著な多元性が見出される訳であるが，このような多元論的状況は必ずしも全ての研究者によって是認されている訳ではなく，それは科学としての経営経済学の存在を脅かすものであると考える研究者もいる。[34]しかしイェーレやシャンツを初めとする多くの研究者は，このような多元論的状況は経営経済学の一層の認識進歩のために必要であるという見解をとっている。

3.2 経営経済の研究プログラムにおける認識進歩の理論とその潜在的進歩性の検討

イェーレはシャンツと同様に，見解の単なる多様性は，なるほど科学の発展にとって必要ではあるが，そのための十分条件ではないとして次のように述べている。「我々が見る限り，経営経済学において現在広く言われている理論的多元論の中では，まだ重要な認識進歩は現われてきていない。恐らくそれは，経営経済学においては今日未だ進歩的・批判的方法論が欠けているからである。≫見解の多様性が認識進歩に役立つのは，理念の競争としての観点の対決が組織化され，それを通じて最善の理論が選択され，役に立たない理論が排除されるような場合だけである≪。」[35]

そこでイェーレはまず，現在のさまざまな経営経済の研究プログラムに含まれている認識進歩の理論を抽出し，それらがグーテンベルクの研究プログラムからどの程度それているかということを基準にして次のように分類し，各々を検討している(表2-2参照)。[36]

A．認識進歩の非理論的及び反理論化的モデル(Atheoretische und enttheoretisierte Modelle des Erkenntnisfortschritts)

  a．実用主義的モデル(Das praxeologische Modell)

表 2-2 経営経済の研究プログラムにおける認識進歩の理論

非理論的・反理論化的研究モデル	実用主義的モデル	没理論的科学としての経営経済学の課題は，追求すべき目的を所与とし，それを実現するための合目的な手段の投入，目標に適した問題設定や言語体系や研究方法を演繹し，計画することである。進歩の基準は，最適モデルの複雑性，モデルに含まれる情報の密度，モデル構成や数学的演繹の単純さ，仮定の適用領域の現実関連性，モデルの実現可能性等に求められる。
	約束主義的モデル	設定という行為を通じて理想的な思考上の構成物としての正確かつ確実な法則を発見し，それを正確に実現することを課題とする。理想的法則という構成物にとって，実現可能性ということが決定的に重要な真実性基準となる。理論が事実に基づいて反証されるのを回避するように努める（約束主義的戦略）。
	道具主義的モデル	サイバネティックスやブラックボックス・アプローチあるいは意思決定志向的経営経済学において見られるように，言明や理論を選択する究極的基準を，理論の適用成果・予測の結果に求める。したがって，真理性基準ではなく，有効性基準が問題になる。
退化的研究モデル	経験的・非理論的モデル	経験というものは複雑・多様で，しばしば1回限りで矛盾に満ちて構成されているために，あらゆる種類の一般的言明を帰納的に得ることは本来不可能であり，正確な言明は個々の事例についてだけ得られるとして，個別的事例の研究・モノグラフを中心とした特殊経営経済学を主張する。
	一般的・規定的理論モデル	経済的関係には不変性が欠けているために，理論的分析は，傾向や変化の内容に関する一般的命題だけを含む一般的・規定的方法を用いる事ができるだけであり，意思決定の結果を数値で示すような具体的・計算的方法を用いることはできない。
	現象学的理論モデル	経営経済理論を再定式化せずに直接適用できるような抽象度の低いものにするために，その言明を専ら，経験が直接近づきうるような観察可能な現象領域に限定させることを意図している。経験的仮説(Leinfellen)，第1段階の法則(Juhos)，中範囲の理論(Merton)，低い水準の理論(Lakatos)等。
	準法則論的理論モデル	経済現象は原則的に不安定であり，不変的なものは全く一定の歴史的・文化的に限定された時空領域に関してのみ確定されうるとして，いわゆる準法則や準理論といった，厳密な普遍性はもたないにしてもある程度一般的な，歴史的に相対化された言明が追求される。
	確率的言明体系・理論モデル	現代の確率論を用いて経営の意思決定状況における不確実性の問題に対処し，できるだけ高度の確からしさ（できるだけ低い反駁の危険性）をもった言明を追求する。
発展中の理論的研究プログラム		（還元主義的研究プログラム）連合としての経営の解釈を媒介として，程度の差こそあれ確証された行動科学的理論を受容することによって経営経済学の理論的内容を拡大させる。 （経験科学的・批判主義的研究プログラム）経営の意思決定行動に関する説明理論を追求し，ポパーの科学論によく一致する。 （システム論的方法）複雑なシステムの行動を分析する。(例) Forrester

b．約束主義的モデル(Das konventionalistische Modell)
　　　c．道具主義的モデル(Das instrumentalistische Modell)
　B．経営経済学の研究プログラムにおける退化的発展(Degenerative Entwicklung in Forschungsprogrammen der Betriebswirtschaftslehre)
　　　a．経験的(表2-2)・非理論的モデル(Das empirisch-atheoretische Modell)
　　　b．一般的(表2-2)・規定的理論モデル(Das Modell generell-bestimmender Theorien)
　　　c．現象学的理論モデル(Das Modell phänomenologischer Theorien)
　　　d．準法則論的理論モデル(Das Modell quasi-nomologischer Theorien)
　　　e．確率的言明体系—理論モデル(Das Modell probabilistischer Aussagesysteme und Theorien)
　C．発展中の理論的研究プログラム(Theoretische Forschungsprogramme in der Entwicklung)

表2-3　経営経済学における認識進歩の理論の潜在的進歩性の検討

既存の科学実践に与える価値を基準とする	記述的, 順応主義的認識進歩の理論	現在行われている科学の実践から, 方法論上望ましい事柄(将来の研究のための基本方針)を導き出す。歴史主義的な反理論的評決が, こうした見解を正当化する根拠となっている。しかし現在まで社会科学には一般的で情報内容をもった理論が大幅に欠如しているということから, そのような理論を得ることが本来不可能であると結論することはできない。
	規範的・反順応主義的認識進歩の理論	現代の科学理論によって立てられた科学的認識活動の理想を追求することによって, 経営経済研究の理論的現状を根本的に情報内容や説明力をもつ理論を獲得する方向へ導く。ある方法論の認識論的・方法論的要求が既存の科学実践から解放される程, その方法論の進歩する力は大きくなる。というのは, そのような方法論によって研究プロセスに導入される当為と存在の緊張関係から初めて, 認識を最適に増加させるのに必要な刺激が生じてくるからである。
認識の増加率を基準とする	認識進歩の逓減理論	最適な全体モデルの形成を意図する意思決定科学としての経営経済学は, 相対的に減少する認識増加率をもつ。というのは, 今日, 経営の全体最適化の理論的問題はほとんど解決されているとさえいえるのに対し, こうした理想的目標を実現する問題ははるかに困難だからである。理論的最適モデルをうまく実現する数が多くなるにつれて, 現実の抵抗も同様に大きくなる。逓減理論は, あたかも認識獲得に関する我々の可能性がすでに標示されているかの如き印象を与えるが, 実際,

2章 認識進歩のための経営経済学方法論について

		我々の無知は無限であり,我々の知識と無知は同じ意味で,増大する。
	認識進歩の漸進理論	真理を探求する,すなわち,事実であると同時に情報を含み,技術的にも利用できる理論を探求する経験的・理論的科学としての経営経済研究は,非常に高度の潜在的進歩性を示し,事実,その成長率はたえず前進してきていることを科学史が示している。
認識の確実性に対する要求を基準とする	認識進歩の確実な不可誤的理論	①実用主義的モデルの主張者は,言明体系の合理化をおし進めることによって確実性を確保しようとする。公理主義は専ら基礎づけ,正当化の思考であり,それによって我々の認識の疑わしい仮説的部分を,基礎づけの必要でないような部分に安定化させようという試みであるが,それは可能な限り理論の反証可能性を求めることとは一致しない。また現在の研究状況を見れば,ささいな事実しか含まない公理への傾向が目立つ。 ②約束主義的モデルの主張者は,意識的な措置という行為を通じ,法則言明を約束と解することによって確実性を確保しようとする。理論に補助仮説を加えたり,概念の定義を変えたり,反証実験の権威を否定したりすることによって理論と実験結果の矛盾を回避することは確かに可能である(コンベンショナリストの術策)。しかし科学的認識を進歩させるためには,我々の理論が危機に直面した場合でも,それをそのような術策によって救うことをしないという決心を,全ての科学者が遵守すべき規約として,方法論的規則として定めておくことが必要である。 ③道具主義的モデルの主張者は,経営経済理論の計算的解釈と形成によって,すなわち法則言明を現実的に解釈することを放棄し,科学の認知機能を観察現象に限定することによって,名目的に確実な立場へ退却することを通じて確実性を確保しようとする。しかし誤った理論から正しい予測を引出すこともありうるのであり,理論の適用成果というものは,その理論が真であることの証拠としては非常にあてにならない。ある現象を予言できるということとその現象を説明する理論をもつということは別問題であり,単なる予言は我々の知的欲求を満足させない。 ④確率モデルのように,理論の情報内容を削減することによっても認識の確実性は達成される。しかしその場合には,確実であるが内容のない理論しか得られない。
	認識進歩の可誤的理論	最適の認識増加を達成するためには我々は不確実性と共に生きることを学ばねばならない。すなわち,経験に照らして反駁されうるような理論が必要であり,ある理論が反駁される危険性(不確実性)が大きくなる程,それは科学の成長に貢献することになる。
認識進歩の仕方を基準とする	認識進歩の累積理論	認識の進歩は,部分的には修正されても本質的には変わらない古い理論を基礎として,新しい認識を累積することによって進化的に行われるという考え方である。しかし経営経済学や社会科学一般の歴史を参照して,革命的な認識の発展がこれまで存在しなかったとか,それは本来不可能であると結論するのは間違っている。そのような事はア・

		プリオリに知ることもできないし，事実の研究によって確定することもできない。
	認識進歩の革命理論	認識の進歩は，新しい理論と古い理論の交替を通じて(パラダイムの変革を通じて)革命的に行われる。社会科学においても部分的には革命的な認識発展が存在しし，グーテンベルクの企業理論は経営経済学にとってミニ革命のようなものであった。

　次にイェーレは，このように整序された経営経済学の認識進歩の理論のうち，特に実用主義的モデル，約束主義的モデル，道具主義的モデルを中心にして，それらが当該科学にできるだけ大きな認識増加をもたらすうえでどれほど適しているかということを，次のような4つの観点から検討している[37](表2-3参照)。

1．経営経済学における認識進歩の記述的理論と規範的理論(Deskriptive und normative Theorien des Erkenntnisfortschritts in der Betriebswirtschaftslehre)
2．経営経済学における認識進歩の逓減理論と漸進理論(Degressions-und Progressions-theorien des Erkenntnisfortschritts in der Betriebswirtschaftslehre)
3．経営経済学における認識進歩の確実な・不可誤的理論と可誤的理論(Certistische, infallibilistische und fallibillistische Theorien des Erkenntnisfortschritt in der Betriebswirtschaftslehre)
4．経営経済学における認識進歩の累積理論と革命理論(Kumulations-und Revolutions-theorien des Erkenntnisfortschritts in der Betriebswirtschaftslehre)

　結局イェーレは，認識進歩の理論としては規範的・反順応主義的で，漸進的で，可誤的で，革命的な研究プログラムを支持しており，具体的には経験的・理論的研究モデル(特に，経営の意思決定行動に関する説明理論)に最大の潜在的進歩性を，すなわち，普遍的で高度の情報内容と説明力を備えた理論を獲得する可能性を見出している。この結果はまた，シャンツによる批判的検討の結果ともほぼ一致する[38]。

4．シャンツとイェーレの方法論の特徴・意義と若干の問題点

　これまでシャンツとイェーレの所論の概要を紹介してきたが，最後に彼らの

方法論の特徴と意義を明らかにし，同時に若干の問題点について言及する。

　彼らの方法論の第1の特徴は，彼らが"認識進歩の理念"を明示的に科学における最高の価値基準として設定し，これを最適に促進するための方法論を提唱している所にあり，ここにまた彼らの研究の大きな意義が認められる。科学は進歩しなければならないとか進歩を目指すという考え方自体は目新しいものではないし，それはまたポパーの科学論の中心的テーマでもある。そしてポパーの科学論に基づく経営経済学方法論もすでにケーラー(R. Köhler)の『経営経済学の理論体系』(1966)やフィッシャー＝ヴィンケルマン(W. F. Fischer-Winkelmann)の『経営経済学方法論』(1971)において展開されてきている。しかしこれらの研究においては，本章で述べられたような認識進歩の理念は明示的にはほとんど考慮されていない。たとえばケーラーの場合このような理念の扱いは全く欠如している。一方，フィッシャー＝ヴィンケルマンの場合，確かに次のような論述は見受けられる。「競争する理論を発見することが認識進歩のために重要であるということは，しばしばそれによって初めて科学者は既存の理論と両立しえない現象を確認したり実験的に作り出すことができるようになるということから理解される。これは同時に，理論的多元論に賛成し理論的一元論に反対する論拠を与える。反証する理論あるいは一般的には競争する理論の発見に関して認識進歩ということを言う場合，それは我々の理論的知識は誤謬の明確化やテストされた理論の反証や排除を通じて客観的(絶対的)真理へ接近するということを意味している。[39]」ここで述べられていることは確かに認識進歩の理念に通じるものである。しかし残念ながら彼の場合，この理念を積極的に取り上げ，彼の方法論においてそれを展開させるまでには至っていないのである。

　シャンツやイェーレの方法論の第2の特徴は，彼らが理論の"基礎づけ連関"(Begründungszusammenhang)だけでなく"発見連関"(Entdeckungszusammenhang)の問題も方法論の考察に含めるべきであるとしていることである。現代の方法論的文献においては，ラッセル(B. Russell)，カルナップ(R. Carnap)，ラ

イヘンバッハ(H. Reichenbach)らの影響によって，前記2つの問題は明確に区別され，方法論は専ら理論の基礎づけや正当化の問題を扱うものとされ，科学者はいかにして理論を獲得するかという発見連関の問題は，合理的に説明のできない心理学ないし社会学の問題として方法論の考察から排除されてきている。このような見解はまた，ケーラーやフィッシャー＝ヴィンケルマンにおいても見出される。「理論の成立，いわゆる発見連関については決して論理的基礎に支えられた≫処方箋≪を示すことはできない。科学論理学は，科学者がいかにして，またいかなる条件の下で実りある着想や理論的構想を得るのかということを示すことはできない（この種の創造的行為は心理学の分野の研究対象になるかもしれない）。科学論理学の課題は，立てられた仮説を厳密にテストし，設定された科学の目標に照らしてその有効性を評価できるようにさせる基準を作り出し，適用することにある。したがって方法論的に重要なのは基礎づけ連関だけとなる。」(ケーラー)[40]，「アモン(A. Amonn)と彼の継承者によって表明されているのは，すでにくり返し批判されたように，しばしば≫理論形成≪によって表される事の内部における発見連関と基礎づけ連関の問題の混同である。」[41]「科学論理学の研究目標をポジティブに表そうとする場合，その本質は，どのような場合に，また果たして，一定の種類の言明及び言明体系に＞科学的＜という賓辞が認められうるのかという事を確認（確定）することにある」[42]（フィッシャー＝ヴィンケルマン）。

これに対してシャンツやイェーレは，ポパーの科学論における発見連関，認識進歩の合理的ヒューリスティックの側面にも注目して次のように述べている。「…彼（ポパー：筆者注）は，我々の認識の成長ないし増大という方法論的問題を解決すれば，基礎づけ連関という最も重要な側面も同時に解決されることを示すのに成功した。」[43]「今日では≫科学的発見の論理≪は経営経済学で大抵引用される科学哲学上の業績とみなされうる。新しい方法論的研究の多くは明示的にこれに基づいている。それにも拘らず今日まで経営経済学の方法論は専ら基礎づけの論理学に留まっており，そこでは現在の知識状態の論理的及び認識批判

的分析が重きをなしている。ポパーの意図に反し経営経済の方法論の課題設定をそのような基礎づけ連関に加えられる問題に比較的厳密に限定することによって，体系的な経営経済の認識進歩の理論の発達が阻害されてきた。」(イェーレ)[44]，「基礎づけ連関で意図されているように形式的な関係に限定することによって，恐らく方法論的構想はユートピア的な理念に退化し，そのために科学の実践に対して影響力のないものに留まることになる。しかしこれは(たとえば認識進歩の促進というような)一定の価値観を志向し，既述の如く中立的たりえないしそのつもりもないような科学論の目標とはならない。このような理由から，ヒューリスティックな問題設定もできるだけ科学理論の考察に含める必要があることが分る」(シャンツ)[45]。

　かくてシャンツは著書の章のひとつを"科学者はいかにして理論を得るか"と題してこの問題を扱っている。彼によれば，観察と帰納法によって理論が得られるとする経験主義的解決策(empiristische Lösung)も，直観と演繹によって理論に到達できるとする主知主義的解決策(intellektualistische Lösung)もそれ自体としては問題がある。すなわち理論というのは人間の想像力の産物・発明であるから，それを獲得する段階では利用可能なあらゆる方法が用いられるのであり，新しい理論を獲得するために従うべき一義的な方法を指示できるような論理的方法は存在しえないと考えられる。しかし，これは方法論が発見連関において重要ではないということを意味するものではない。というのは方法論は，認識努力の方向に関する決定について価値ある指示を与えるというヒューリスティックな機能を果たすことができるからである。このような理由から，彼は認識論においてヒューリスティックな問題が一層大きな意義を持つようになると期待しているのである[46]。

　シャンツとイェーレの方法論の第3の特徴は，それが基本的にはポパーの科学論に拠りながらも，さらにその批判主義・反証主義を建設的に発展させたファイヤーアーベントやラカトス(I. Lakatos)の徹底した多元論的認識プログラムを取り入れることによって，社会科学の方法論として一層建設的で受け入れや

すいものになっているということである。ポパーの科学論に対してはさまざまな立場からの批判があるが[47]，典型的なもののひとつに，次のようなマッテジッヒ(R. Mattessich)の批判がある。それによれば，ポパーの科学論によって示される科学的言明に対する妥当性基準は余りに厳格であり，これによって経営経済学の言明を評価すればほとんどの理論やモデルが無効なものとして拒絶され，経営経済学にとって破滅的な結果になるであろうということから，ポパーの認識プログラムは自然科学には適しているが社会科学には適していないとされる[48]。

しかしこのような批判はポパーの科学論への誤解に基づくものであり[49]，ポパーは理論的言明の妥当性を確定するような基準を示しているわけではないし，また，理論を反証するには単一の基礎言明や1回限りの観察では十分でないことも明らかにしている[50]。それにもかかわらず，ポパーの科学論においては批判の否定的性格，反証による理論の排除という点が強調されていることは事実である[51]。そこでラカトスは，① テストにおける対決は理論と実験の間でのみ行われ，② そのような対決の興味ある唯一の結果は決定的反証である，という考え方によって特徴づけられる反証主義を"素朴な方法論的反証主義"(naive methodological falsificationism)と呼び，これに対して，そのような素朴な反証主義の持つ否定的・破壊的性格を緩和し，これをより建設的な方向へ改善し発展させた彼の構想を"洗練された方法論的反証主義"(sophisticated methodological falsificationism)と呼び，これこそポパーの本来の構想に忠実なものであるとしている[52]。両者の主な特徴を示せば次のようになる(表2-4参照)。

洗練された反証主義においては，反駁とか矛盾の証明といった純粋に否定的な批判だけでは理論や研究プログラムを排除することはできないのであり，より良い理論，すなわち，より高度の確証された情報内容を持つ理論が利用できる場合に初めてある理論の反証が受け入れられる。このような洗練された反証主義に立脚する方法論に対しては，急進的であるとか破壊的であるという理由で，それが社会科学には適用できないとか不適当であるとする批判は，もはや当を得ないものになる。

表 2-4 素朴な反証主義と洗練された反証主義

	素朴な反証主義	洗練された反証主義
理論受容のルール(区画基準)	理論が実験によって反証可能とみなされる場合	理論が、それに先行する(競合した)理論を上回る確証された経験的内容をもつ場合
反証・排除のルール	ある理論と対立するとみなされる裏付けられた観察言明による。	次のような、より高度の確証された内容をもつ理論によって取って代わられた場合。すなわち、① 先行理論が説明できることは全て説明でき、② 先行理論によってはありそうもないとされるか、あるいは禁じられているような事実を予測し(剰余内容)、③ そうした剰余内容のいくつかが確証されている場合、である。
知的誠実さ	反証可能なものをテストし、反証不可能なものや反証されたものを拒否する。	物事を異った観点から見るように努め、新しい事実を予想するような新しい理論を提唱し、より強力な理論に取って代わられた理論を拒絶する。
批判の性格	否定的・破壊的：反証事例を強調 反証された仮説をより良い仮説によってとりかえる必要性を主張	建設的：代替的理論開発の積極的意義を評価、剰余情報の確証事例を強調 いかなる仮説も、より良い仮説によってとりかえる必要性を主張

　シャンツとイェーレの方法論の第4の特徴は、彼らが経営経済学におけるさまざまな方法論や研究プログラムを相互に比較するためのメタ原理として"認識の進歩を最適に促進する潜在的可能性"という基準を設定していることに求められる。これは現在の経営経済学におけるような多元論的状況において、さまざまな構想の間の建設的な相互批判を可能にし促進するという意味で大きな意義を持っている。この基準の基礎にある考え方自体はもっともなものであり、大方の異論の無いところであろう。問題があるとすれば、それが現実にさまざまな構想を比較・評価する際のオペレーショナルな基準としてどれだけ有効かということと、その基準を用いて行った彼らの評価が妥当であるか否かということであろう。

彼らによれば，ある方法論の有効性・適切さはそれが認識を進歩させる能力や可能性をどれだけ持っているかによって判断されるが，認識の進歩は理論の情報内容の増大によって示され，この情報内容は理論の反証可能性の度合と共に増大するとされた。したがって，ある理論や言明の情報内容を比較するということは，それらの反証可能性・テスト可能性の度合を比較することを意味している。しかし彼らは，この情報内容や反証可能性の度合が具体的にいかにして測定され比較されうるのかということについては何も述べていない。この点についてポパーは，理論や言明の経験的内容(反証可能性・テスト可能性)を比較する方法として，部分集合関係による方法と理論の次元(dimension)による方法を提示しているが[53]，シャンツやイェーレがさまざまな理論的構想や研究プログラムをこれらの方法を用いて比較し評価しているとは思われない。またポパーの示している方法自体，実際に理論や言明の経験的内容を比較する方法として未だ問題がある。このように，彼らが提示するメタ原理は，その基本的な考え方には問題はないが，さまざまな方法論や研究構想を現実に比較・評価するためのオペレーショナルな基準としては，未だ一定の限界を持っているように思われる。

次に彼らの批判的評価自体の妥当性についてであるが，ここではそれらを細部にわたって逐一検討することはできないので，その結論的部分だけを対象にする。彼らは結論的にはいずれも，経験的・理論的構想に最大の認識進歩の可能性を見出しているが，これは彼らがポパーの科学論を基礎としていることから当然予想される帰結である。すなわちポパーの科学論によれば，我々の知識を増進させるという科学の目的を満たすためには理論の経験的内容(したがってまたその反証可能性の度合)をできるだけ増大させる必要があり，それはまた最高度の普遍性と正確さを備えた理論を追求することを要求する[54]。そしてこのような方法論的要求に従えば，説明課題を第一義とするような理論科学志向の研究プログラムに優先権が与えられるのは当然である。たとえば，現代の経営経済学における支配的傾向たる意思決定志向的研究プログラムとシステム志向

的研究プログラムも，それらが説明課題を二義的なものとみなさない限りにおいて積極的な評価が与えられている[55]。確かに，シャンツも述べているように，ある理論の広範な利用可能性や実用価値は決して即座には知られないのであるから，その直接的な実践的効果によって理論を評価するのは近視眼的であり，認識の進歩にとって好ましくないであろう[56]。イェーレの歴史的分析も，19世紀の商業学において実務的関心が一方的に強調されたためにそれ以後商業学が衰退の道を歩んだことを明らかにしている[57]。その反面，彼の分析はまた，15～16世紀に認識進歩の理念が科学に導入される際に経済的要因が直接的刺激を与えたことを示している[58]。このように実践的関心が理論の発展に刺激を与える側面があることも否定できない事実である。シャンツも，「理論の構築は決して自己目的ではない」として，個別的事実や一般的事実を説明するという事の他に，現象の予測，工学的利用，社会状況の批判的分析等の理論の利用法を考察し，理論の応用や実践的関心が，理論の形成や改良のためのヒューリスティックな機能やテストの機能を果たしうることを確認している[59]。要するに，理論の説明課題と形成課題は各々目的─手段関係や上位─下位関係ではなく，相互補完的・共生的関係として理解されうるのであり，理論は実践に利用されるべきで，それによって認識進歩のための刺激が与えられるが，利用上の便宜や実務的関心のために理論的研究が拘束されることがあってはならないのである。

　最後に，シャンツやイェーレの方法論の特徴として，その理想主義的性格があげられるであろう。これは次のような彼らの言葉の中に端的に示されている。「このような関連において，社会的問題を解決するためのユートピア的思考がまた重要性を持つ。ユートピアは行われている構想の弱点に注意を向けさせるのに適している……成程ユートピアは積極的な解決の手掛りを全く含まないか，非常に漠然と暗示的にしか含まないが，それは社会的事実をいかなる方向に改善しなければならないかを提示する[60]」(シャンツ)。またイェーレは，「実際，所与のものを超越し，当為の名によって現実を問題にすることができるような思考だけが，制度的な定着によって安定化した実際の科学の営みを変えることが

できる。こうした思考はユートピアとして始まり，実践にとっての理想となり，幸運な場合には新たな実践となって終る」というスピナー(H. F. Spinner)の言葉を引用し，さらに次のように述べている。「ある方法論の進歩する力は，それがその認識論的及び方法論的要求において，確立された科学実践から解放されればされる程大きくなる。というのは，そのような方法論と共に研究プロセスに導入される当為と存在の緊張関係から初めて，あらゆる科学にとってその認識を最適に増大させるのに必要な原動力が生じてくるからである。」

　もちろん彼らも現実性に対する配慮を全く欠いている訳ではないが，それ以上に理想や当為の望ましさや可能性を強調しているのであり，ここに彼らの科学論とクーンの科学論の性格の顕著な相違を見出すことができる。このような理想主義的な方法論を最初から非現実的なものとして拒絶する人は，次のようなイェーレの言葉に耳を傾けるべきであろう。「ポパーの認識プログラムに含まれている科学的活動のための要件を受け入れ，経営経済学を構築する際に考慮しようとする経営経済研究者は決して夢想家ではない。反対に，それが達成不可能であることが確定しない限りどうしてもそれを止めないような理想をもった現実主義者である」。

　彼らが提唱する方法論もあくまで経営経済学にとって可能ないくつかのルールの中のひとつであるにすぎない。それは一種のコンベンションであり，決して不変のドグマとみなされてはならない。しかも彼らの研究はまだその途についたばかりであり，詳細に検討すれば幾つかの問題点を含んでいる。しかし今後さらに批判的に検討してこれらの問題点を漸次克服し，これを改善していくことは可能であるしまた是非とも必要である。彼らの方法論がいかに有効であるかは，それによっていかに豊かな理論的成果が得られ認識の進歩がもたらされるかにかかっており，その判断は結局，将来の科学史家に委ねられる。現時点で言えるのは，彼らが提唱する方法論的規則は，認識を進歩させるうえで潜在的可能性が大きく，したがって研究者がその方法論的要件に沿うように努力してみる価値があるように思われるということだけである。

【注】

1) Schanz, G. (1973) "Pluralismus in der Betriebswirtschaftslehre: Bemerkungen zu gegenwärtigen Forschungsprogrammen," *Zeitschrift für betriebswirtschaftliche Forschung*, 25 (以下〔Pluralismus〕と略す), S. 131-154.
2) Schanz, G. (1975) *Einführung in die Methodologie der Betriebswirtschaftslehre*, Kiepenheuer & Witsch, (以下〔Einführung〕と略す), S. 22.
3) たとえばシュミット (R. B. Schmidt) は, 多元論においては各々の問題に適した方法が選択される必要があると述べている。この場合彼も, 方法の多元論を無制限に認めることの危険性を指摘し, 全ての方法についてその時々の科学目標を達成するのに適しているか否かを検討する必要があるとしているが, これは方法を相互に比較する基準としては依然として曖昧である。Schmidt, R. B. (1969) *Wirtschaftslehre der Unternehmung*, Band 1, Grundlage, C. E. Poeschel, S. 27.
4) Schanz, G.〔Pluralismus〕, S. 148.
5) Schanz, G., a. a. O., S. 132, 149.
6) Jehle, E. (1973) Über Fortschritt und Fortschrittskriterien in betriebswirtschaftlichen Theorien: Eine erkenntnis-und methodenkritische Bestandsaufnahme betriebswirtschaftlicher Forschungsprogramme, C. E. Poeschel, S. 139.
7) Schanz, G.〔Pluralismus〕, S. 131,〔Einführung〕, S. 7.
8) Schanz, G.〔Einführung〕, S. 20.
9) Schanz, G., a. a. O., S. 8.
10) Schanz, G., a. a. O., S. 19.
11) Schanz, G.〔Pluralismus〕, S. 139, 132.
12) Schanz, G.〔Einführung〕, S. 54 ff., なおポパーによれば, ある理論が経験的ないし反証可能と呼ばれるのは, それが全ての可能な基礎言明のクラスを, ①「理論と両立しない (理論が排除・禁止する) 全ての基礎言明のクラス」すなわち「潜在的反証者」(potential falsifier) のクラスと, ②「理論と矛盾しない (理論が許容する) 基礎言明のクラス」という2つの空でない部分クラスにはっきりと分割できる場合である。Popper, K. R. (1972) *The Logic of Scientific Discovery*, Hutchinson, p. 86.
13) Schanz, G.〔Einführung〕, S. 55, なおこの部分の叙述に関しては次も参照されたい。Fischer-Winkelmann, W. F. (1971) *Methodologie der Betriebswirt-schaftslehre*, Goldmann, S. 35-38, Popper, K. R., op. cit., p. 113, p. 119, p. 121, p. 124.
14) Schanz, G.〔Einführung〕, S. 50-53, Fischer-Winkelmann, W. F., a. a. O., S. 38-40, Popper, K. R., op. cit., pp. 121-123.
15) Schanz, G., a. a. O., S. 56, Fischer-Winkelmann, W. F., a. a. O., S. 56, Popper, K. R., op. cit., p. 86.
16) Schanz, G., a. a. O., S. 69-74, Fischer-Winkelmann, W. F., a. a. O., S. 55-60, Popper, K. R., op. cit., pp. 32-34.
17) Feyerabend, P. K. (1970), I. Lakatos & A. Musgrave (eds.), "Consolation for the

Specialist" in: *Criticism and the Growth of Knowledge*, Cambridge (以下〔Criticism〕と略す)，p. 205, p. 210, Schanz, G.,〔Pluralismus〕S. 137,〔Einführung〕S. 73-74.
18) Feyerabend, P. K., op. cit., pp. 203-204, p. 210, Schanz, G.,〔Pluralismus〕S. 137-138,〔Einführung〕, S. 74.
19) Jehle, E., a. a. O., Vorwort.
20) クーンによる科学の発展図式は，単純化すれば次のように表される：前パラダイム期→パラダイムの確立→通常科学期→矛盾・変則的事例の頻発；パラダイムの危機→異常科学期→新・旧パラダイムの交替→科学革命→新パラダイムの確立→通常科学期…Kuhn, T. S. (1970) *The Structure of Scientific Revolutions*, 2nd ed. Enlarged, Chicago. (以下〔Structure〕と略す)
　　科学の発展に関するポパーとクーンの理解は非常に相違しており，特にパラダイムや通常科学の概念をめぐって両者の間で論争が続けられていることを思えば，果たしてイェーレのこのような方法が妥当であるか否か疑問が生ずるかもしれない。クーンにとっては通常科学こそ科学の進歩を可能にし科学を他の活動から区別する特質である。革命は例外的・臨時的であり，支配的理論の批判や代替的理論の提唱は稀な危機的状況においてのみ許される。一方，ポパーにとっては科学は永遠の革命であり，批判は科学的活動の核心を成す。彼もクーンの言う通常科学の存在やその意義を認めてはいるが，それが科学の"正常な"状態であるとする考え方の中に，科学にとってのみならず，我々の文明の進歩にとっての危険性を読みとっている。
　　このような両者の見解の相違を克服する鍵は，通常科学と科学革命，理論への固執と理論の増殖とを，クーンのように科学史の連続した時期としてではなく，同時存在的，相互作用的なものと考えることにあると思われる。こうすることによって，科学は代替的見解の相互批判によって進歩するというポパーの見解と，ある理論に一定期間固執することが科学の進歩にとって必要であるとするクーンの見解が結びつけられる。
　　これは後述するラカトスやファイヤーアーベントの"洗練された反証主義"の考え方であり，イェーレもこの立場をとることによって，ポパーの科学論とクーンの科学史分析のシェーマを結びつけることができるようになっていると考えられる。この点に関しては，I. Lakatos & A. Musgrave ed.,〔Criticism〕中の次の論文を参照されたい。Popper, K. R. "Normal Science and its Dangers", Kuhn, T. S. "Logic of Discovery or Psychology of Research ?".
21) Jehle, E., a. a. O., S. 20-21.
22) Jehle, E., a. a. O., S. 16, ref., Zilsel, E. (1960) "The Genesis of the Concept of the Scientific Progress," in: *Roots of Sceintific Thought*, P. P. Wienen & A. Noland (eds.) 3. Auflage, New York, p. 275, Zilsel, E. (1966) "The Sociological Roots of Science," in: *Origins of the Scientific Revolution*, H. F. Kearney (ed.) 2. Auflage, London, p. 87.
23) Jehle. E., a. a. O., S. 96.
24) Kuhn, T. S., op. cit., viii, クーンのパラダイム概念に対しては従来から科学哲学者によってその多義性・曖昧さが批判されてきている。たとえば次を参照されたい。Mas-

terman, M. "The Nature of a Paradigm," in:〔Criticism〕I. Lakatos & A. Musgrave (eds.).

　クーンのパラダイム概念は確かに多義性をもつが，科学の発展過程を考慮するうえでの有用さには否定できないものがある。この点について次のような中山茂氏の見解は注目に値する。「このようなパラダイムは，既成の科学方法論の上では抽象されて原理とか，法則とかいわれるものにあたる。そこをそういわずに，あえてパラダイムといったのは，現実の学問の研究では，抽象化された法則の厳密で機械的な適用によって進むのではなく，実際に行なわれた具体的仕事をモデルとして，もっと試行錯誤的で，弾力性にとむ進行の仕方をするものだからである」「現場の研究というものは，科学哲学，科学方法論の意識的適用よりも，何らかの具体的，先例的お手本を想定しながら行なわれるものであるから，分析家の満足のゆえ首尾一貫性よりも，一つの著作，一つのお手本，一つの道具という具体的なものを未分析のまま全体としてパラダイムと見なす方が，現場の研究者の感覚に密着したものといえよう」中山茂（1974）『歴史としての学問』中央公論社，p. 34, 79。

25) Kuhn, T. S., op. cit., p. 10.
26) Kuhn, T. S., op. cit., pp. 35-42.
27) Kuhn, T. S. (1978) "Logic of Discovery or Psychology of Research ?" in:〔Criticism〕I. Lakatos & A. Musgrave (eds.) p. 4, 6.
　このようなクーンの通常科学の概念に対してはポパーを初めとする科学哲学者から痛烈な批判が投げかけられている。この点に関しては〔Criticism〕の中のJ. W. N. Watkins, S. E. Toulmin, L. P. Williams, K. R. Popperらの論文を参照されたい。
28) Jehle, E., a. a. O., S. 96.
29) Jehle, E., a. a. O., S. 76.
30) Jehle, E., a. a. O., S. 78.
31) Jehle, E., a. a. O., S. 87.
32) Kuhn, T. S.,〔Structure〕p. 82.
33) Jehle, E., a. a. O., S. 93.
34) たとえばイレチコ（L. L. Illetschko）の次の論文を参照されたい。Illetschko, L. L. (1966) "Konzeption in der Betriebswirtschaftslehre," in: *Gegenwartsfragen der Unternhmensführung: Festschrift zum 65. Geburtstag von W. Hasenack*, hrsg. von H. J. Engeleiter, Berlin, S. 24.
35) Jehle, E., a. a. O., S. 97, Spinner, H. F. (1971) "Theoretischer Pluralismus, Prolegomena zu einer kritizistischen Methodologie und Theorie des Erkenntnisfortschritts," in: *Sozialtheorie und soziale Praxis, E. Baumgarten zum 70. Geburtstag*, hrsg. von H. Albert, Meisenheim am Glan, S. 32.
36) Jehle, E., a. a. O., S. 105-125.
37) Jehle, E., a. a. O., S. 139 ff.
38) シャンツは5つの研究構想を次のように整理している。① 経験的・理論的（em-

pirisch-theoretisch)：ハイネン（E. Heinen）の「意思決定志向プログラム」とアルバッハ（H. Albach）の「企業の経験的理論」，② 道具主義的（instrumentalistisch）：ウルリッヒ（H. Ulrich）の「システム志向的プログラム」，③ モデルプラトン的（modell-platonistisch）：コッホ（H. Koch）の「行動分析としての経営経済理論」，④ 新規範的（neo-normativ）：ロイトルスベルガー（E. Loitlsberger）の「新規範的プログラム」。シャンツによれば，これらの中で特に経験的・理論的構想が次のような点で他に勝っているという。① その言明は現実と関連しており，適切な理論によって説明される。② 間主観的にテスト可能な言明だけが是認される。③ 当面重要とみなされる形成目標だけが考察されることによって理論の帰結が制限されることがない。Schanz, G., 〔Pluralismus〕, S. 140-147, S. 151.
39) Fischer-Winkelmann, W. F., a. a. O., S. 65.
40) Köhler, R. (1966) *Theoretische System der Betriebswirtschaftslehre im Lichte der neueren Wissenschaftslogik*, C. E. Poeschel, S. 24.
41) Fischer-Winkelmann, W. F., a. a. O., S. 147.
42) Fischer-Winkelmann, W. F., a. a. O., S. 16.
43) Jehle, E., a. a. O., S. 104.
44) Jehle, E., a. a. O., S. 105.
45) Schanz, G., 〔Einführung〕S. 57.
46) Schanz, G., a. a. O., S. 66-68.
47) ポパー及び批判的合理主義に対する批判に関しては特に次の書を参照されたい。
 ・Henke, W. (1974) *Kritik des kritischen Rationalismus*, J. C. B. Mohr.
 ・Adorno, T. W., Albert, H., Darhrendorf, R., Habermas, J., Pilot, H. & Popper, K. R. (1976) *The Positivist Dispute in German Sociology*, trans-lated by G. Adey & D. Frisby, Heineman.
 ・Cornforth, M. (1968) *The Open Philosophy and the Open Society*, a Reply to Dr. Karl Popper's Refutation of Marxism, London.
48) Mattessich, R. (1969) "Neue erkenntnistheoretische Probleme der Betriebswirtschaftslehre," in: *Betriebswirtschaftliche Forschung in internationaler Sicht, Festschrift für Erich Kosiol zum 70, Geburtstag*, hrsg. von H. Kloidt, Duncker & Humbolt, S. 17-32, 特に S. 18, S. 23-25.
49) このような広く普及した，ポパーの科学論の誤った解釈をラカトスは"ドグマ的ないし自然主義的反証主義"（dogmatic or naturalistic falsificationism）と呼んでいる。Lakatos, I. (1978) "Falsification and the Methodology of Scientific Research Programms," in: 〔Criticism〕I. Lakatos & A. Musgrave (eds.) pp. 95-103.
50) Popper, K. R., op. cit., pp. 86-87.
51) ラカトスは前記論文の脚注で次のように述べている「経済学者や他の社会科学者がポパーの方法論を受け入れるのを嫌うのは，ひとつには，素朴な反証主義者が，芽を出しかけている研究プログラムに対して及ぼす破壊的効果によるのかもしれない。」

2章　認識進歩のための経営経済学方法論について　45

Lakatos, I., op. cit., p. 179.
52) Lakatos, I., op. cit., p. 116, Jehle, E., a. a. O., S. 134.
53) Popper, K. R., op. cit., pp. 112-135.
54) Popper, K. R., op. cit., pp. 121-122.
55) シャンツもイェーレも，意思決定志向的研究プログラムが説明機能を形成課題の補助機能とみなさない限りにおいて，それらに豊かな認識進歩の可能性を見出している。Jehle, E., a. a. O., S. 150-153, S. 127, Schanz, G., 〔Pluralismus〕, S. 141-142. またシャンツは1974年の論文でシステム志向的経営経済学を検討し，その給付能力を改善するためには，① 対象領域の複雑性，② 説明要求の削減，③ 形成的・統制的関心の優位，④ 独自の科学論による正当化等の特徴を有し，システム志向的研究プログラムと密接に結びついている"科学の機能化" (Funktionalisierung der Wissenschaft) という考え方から解放される必要があると述べている。

　　Schanz, G. (1974) "Funktionalisierung der Wissenschaft ?: Marginalien zum Systemdenken in der Betriebswirtschaftslehre," *Zeitschrift für betriebswirtschaftlichen Forschung*, 26, S. 544-560.
56) Schanz, G. 〔Einführung〕S. 102.
57) Jehle, E., a. a. O., S. 35-39, S. 98.
58) Jehle, E., a. a. O., S. 5, S. 15-16, S. 94.
59) Schanz, G., a. a. O., S. 75 ff.
60) Schanz, G., a. a. O., S. 108.
61) Jehle, E., a. a. O., S. 137.
62) Jehle, E., a. a. O., S. 149.
63) Jehle, E., a. a. O., S. 135.

3章 組織論における
コンティンジェンシー・セオリーについて

はじめに

　近年，組織論や管理論においてコンティンジェンシー・セオリー(contingency theory)と呼ばれるアプローチが多くの研究者の注目を集めてきており，すでにこの理論に関して多くの論文や著書が発表されてきている。そこで本章ではこのコンティンジェンシー・セオリーをとりあげ，現時点でこの理論に与えられているさまざまな評価を整理し，これらを参考にしながらコンティンジェンシー・セオリーの意義と問題点を明らかにしたうえで，この理論がさらに組織論や管理論の発展に貢献しうるためには，今後どのような方向に展開されるべきかについて若干検討する[1]。本論に入る前に，まずここでコンティンジェンシー・セオリーの意味とそれが登場してきた背景について簡単に触れ，次節ではこの理論の方法論的特徴を明らかにする。

　コンティンジェンシー・セオリー[2]の意味するところも論者によって必ずしも同じではないが，ここではそれを次のようなものとして捉える。すなわちコンティンジェンシー・セオリーとは，①1960年代以降，アメリカやイギリスで展開されてきている組織論・管理論の新しいアプローチであり，②あらゆる状況に普遍的・無限定的に妥当する唯一最善の組織や管理の方法は存在しないのであり，有効な組織や管理の方法は環境状況に応じて異なるという考え方の下に，③一定の環境状況に最もよく適合し，組織目的を最も有効に達成できるような組織構造や管理方法を明らかにすることを目的として，④実証的研

究に基づいて一定の状況変数と組織変数との間のコンティンジェント（contingent）な適合関係を確認しようとするものである。

　次に，こうしたコンティンジェンシー・セオリーが登場してきた背景について考えてみると，第1に環境の動態化ということが指摘される。環境が比較的に安定していた時代には，組織の主な関心は資源の効率的利用や規模の経済の追求にあり，そのような場合には古典的なビューロクラティックなモデルが適合性をもっていた。しかし今日の如く環境の変化が激化し，環境が不安定化してくるにつれて，組織の内部効率と並んで，環境への適応ということが組織の存続にとって極めて重要になり，ここにオープン・システム観に立つ環境適応の理論が要請されるに至るのである。

　第2に組織研究の対象の多様化ということがあげられる。従来，組織論において主に研究対象とされたのは企業組織や行政組織など比較的僅かな種類の，しかもかなりの規模の組織であった。しかし《現代は組織の時代である》といわれるように，社会のあらゆる分野で組織的活動の重要性が増大し，したがってまた組織研究が進展するにつれて，組織論の研究対象は漸次拡大し，学校・病院・政党・宗教団体・慈善団体その他多くの種類の組織が分析されるようになってきている。また企業組織についても，非常にさまざまな業種の，さまざまな規模の組織が研究されるようになってきている。このように研究対象が多様化するにつれ，活動分野・技術・規模などの違いによる組織の構造や行動様式の違いが研究者に強く意識されるようになったと思われる。

　第3に，伝統的理論に対する批判を克服する努力ということがあげられる。伝統的な組織論や管理論に対しては，それらがあまりに抽象的で，実践的に役立たないというような不満がしばしば実務家によって表明されてきた。また理論家からも多くの批判が投げかけられたが，特に注目すべきはH. A. Simonによる批判である。すなわち，諺と同様に大抵の管理原則には，それと矛盾するがまた同じようにもっともらしく容認できそうな対になった原則が存在し，しかも現実の状況においてそのいずれを採用するべきかを指示するような理論が

存在しない,という批判である[3]。そこでSimonは,真に有効な管理論を樹立するためには,①管理の状況を診断するための全ての基準を識別し,②この全ての基準に照らしてそれぞれの管理状況を分析し,③いくつかの基準が相互に矛盾する場合には,それらをウェイトづけるための研究を開始することが必要であるとして,自らは意思決定を中心概念として[4]*"Administrative Behavior"*(1945)を著わしたわけである。しかし,彼自身述べているように,「この著書は管理論再構築の第一歩—すなわち適切な用語と分析体系の構築—を試みているにすぎない」[5]。しかも彼自身の関心は,その後次第に組織論や管理論からコンピュータ・サイエンスの分野に移ってしまったため,このような批判に応え実際に理論を発展させるという課題は他の研究者に残されたわけであるが,コンティンジェンシー・セオリーは,このような努力のひとつの顕われとして捉えることができるであろう。

1. コンティンジェンシー・セオリーの方法論的特徴

コンティンジェンシー・セオリーの方法論的特徴としてまず第1に,それが相対主義に立つということがあげられる。すなわちuniversalismを否定し,あらゆる状況に無条件に適用できる組織化の"one best way"は存在しないのであり,対処すべき環境状況が異なれば有効な組織も異なるという考え方(contingency view)[6]である。このような考え方によれば,伝統的組織論や行動科学的組織論はそれぞれ特定の状況下でのみ有効な特殊理論として位置づけられることになる[7]。

第2の特徴は,それが特殊理論(special theories)ないし中範囲理論(theories of middle range)という性格をもつことである。個人—集団—組織—環境という組織現象のあらゆるレベルの運動を統一的に説明する理論を組織の一般理論(general theories)と呼ぶとすれば,組織現象の特定レベルを中心に組織変数と上位のレベルの状況変数との関係を特定化する理論を組織の特殊理論ないし中範囲理論と呼ぶことができるであろう[8]。このような中範囲理論によって,抽象

的な一般理論と,こまごまとした調査・事例研究の橋渡しが行われ,観察可能な事実や状況とつき合わせることのできるオペレーショナルな理論が得られるとともに,理論と実務のギャップの橋渡しが可能になると期待されている。[9][10]

第3の特徴は,それが open, socio-technical system approach をとるということである。すなわち,コンティンジェンシー・セオリーは L. von Bertalanffy によって展開された open system 観と,1950年代以降,Tavistock 研究所の F. E. Emery & E. L. Trist, E, J. Miller & A. K. Rice その他を中心に展開された socio-technical system 論に基づいている。物理システムのように環境との間でエネルギーや情報の交換を行わない closed system は,外部からの変化によって均衡状態(equilibrium)が破られるが,外部からの変化がやめば再び均衡状態が回復する。したがって,均衡状態を維持するためには外部からの影響を全て断つ必要がある。一方,有機体のような open system は環境との間でエネルギーや情報を交換しながら環境変化に自律的に適応し,その安定状態(stationary or steady state)を維持していく。また同じく環境適応といっても,有機体のような natural system はすでに仕組まれた構造での適応を行い,その意味で homeostatic adaptation といえるのに対し,組織という artificial system は意識的な構造変革による適応,すなわち組織構造や technical system の変化を通じての環境適応が可能であるという特徴がある。[11]また組織を social system と technical system から成るとする考え方自体は新しいものではないが,人間関係論以降,どちらかといえば social system の側面に研究の重点が偏っていたのに対し,socio-technical system 論の展開により,social system と technical system の相互作用が明示的に取り上げられ,分析されるようになったといえる。コンティンジェンシー・セオリーは,このような open system 観と socio-technical system 論とに依りながら,組織を open, socio-technical system として捉え,環境状況や技術と組織構造・組織プロセスとの間の関係を分析する。

コンティンジェンシー・セオリーの第4の特徴は,それが環境要因と組織現

象の間の適合関係を解明するということである。F. Luthans によれば，これは《もし〜であれば…である》という仮言命題の形(if 〜 then term)で定式化される。[12] すなわち，《もし一定の環境条件が存在すれば，一定の組織構造や管理方法が他のものより目標達成にとって一層有効である》という形である。また D. J. Moberg & J. L. Koch はコンティンジェントな適合関係を次のように表している。$Y = f_i(X)$ at Z_i (i = 1,2,3, …n) ここに Y_i は規準変数，X は組織変数，Z はコンティンジェンシー変数と呼ばれ，この式は Z の違いにより関数 f の形が変わることを意味している。[13] いずれにしてもここで注意しなければならないのは，このような形で示される諸変数間のコンティンジェントな関係は，厳密な意味において因果関係とはいえないということである。というのは，Luthans も述べているように環境が原因となって特定の組織構造や管理方法を発生させるわけではないからである。したがってこのような関係はむしろ適合関係あるいは機能的関係と呼ぶ方が適当であろう。[14]

コンティンジェンシー・セオリーの第5の特徴は，それが多変量解析その他の近代的統計手法を駆使した事例研究・比較研究に基づく実証的研究であるということである。ちなみに *Administrative Science Quarterly* 誌に発表されるコンティンジェントな研究の多くは，まず研究の意図を述べ，用語を規定し，仮説を立て，調査の目的や対象や方法を明らかにし，その結果を示すとともにその信頼性を検討し，結果の解釈をする，という手続きをとっている。

2．コンティンジェンシー・セオリーの意義

これまでの論述においてコンティンジェンシー・セオリーの意味や特徴が明らかにされた。そこでここでは，このようなアプローチに対してこれまでどのような評価が与えられてきているかということを見ながら，このアプローチがもつ意義を検討する。

まずコンティンジェンシー・セオリーの意義としてほとんどの研究者が指摘するのは，それが普遍主義を否定し，相対主義に立つ contingency view を展

開したということである。すでに述べたところから明らかなように，この考え方自体は特に目新しいものではなく，ある意味では常識的でさえあるかもしれないが，それは実際に理論を適用して組織の改革を行おうとしている経営者に対する警告としては意味があるであろう。理論的観点からはむしろコンティンジェンシー・セオリーの意義は，組織の研究者に対して中範囲理論の効用や必要性を認識させることによって，組織論の理論的内容を豊富にするために努力を集中すべき研究方向を明らかにしたことに求められるべきであろう。具体的には，組織現象の特定の分析レベルを中心にして組織―環境間の適合関係を解明するという研究方向である。

　次に，コンティンジェンシー・セオリーが統合理論構築のための一般的な理論的枠組みを提示してくれるとして，これを評価する見解がある。たとえばLuthans は，コンティンジェンシー・セオリーは management theory jungle を抜け出てシステム論の立場から諸学派を統合するたの有力な方法であるとしており[15]，Luthans & Stewart は，限定された理論的情報しかもたない要素を統一的な知識体系に統合するコンティンジェンシー・セオリーのメタ理論的性格に注目し，これを《管理の一般的コンティンジェンシー・セオリー》(general contingency theory of management 略して GCT) と呼んでいる[16]。北野利信もコンティンジェンシー・セオリーが伝統的組織論と近代組織論をそれぞれしかるべき場所に位置づけ統合化するとみなし，「……統合理論を立てるための素材はすでにそろっている。欠けているのは，それらの素材を矛盾を来たすことなく整理するための枠組である。条件理論はそうした目的にとって格好の枠組を提供している。環境類型のマトリックスを作り，集積されている知識を割り振れば，クーンツのいう『経営理論のジャングル』は切り開かれ，肥沃な耕地が展開されることになるであろう」[17]と述べている。赤岡功も，コンティンジェンシー・セオリーが「伝統的組織論と行動科学による組織論の両理論を下位理論として含む統一的な理論的枠組を提示しえた」[18]ことにこの理論の大きな貢献を見出している。さらに野中郁次郎も，コンティンジェンシー・セオリーは本来異

なるレベルの間の対応関係を分析対象とするが，分析単位を組織のレベルで捉えることによって，組織―環境関係の特定理論と，個人・集団現象に関する特定理論とが連結されるとし，それが包括的コンティンジェンシー理論として統合理論の先兵の役割を果たすことを期待している。[19]

このような組織や管理の統合理論の構築ということは魅力的な響きをもっており，確かに組織や管理の研究者が目差すべき努力目標であることに違いないにしても，後述するように，それに先立って解決すべき問題点が山積しているのが現状であり，現時点でコンティンジェンシー・セオリーに組織論や管理論の統合理論構築のフレームワークを期待するのは非現実的であるし，それはまたコンティンジェンシー・セオリーが本来担うべき課題を上回る過大な要求であるといわざるをえないであろう。われわれは R. Merton がその著 *On Theoretical Sociology* の冒頭で，「初期の発達段階にある科学の特徴は，その目標において志が遠大であり，その細目の取り扱いにおいて平々凡々だということである。」(It is characteristic of a science in its early stages … to be both ambitiously profound in its aims and trivial in its handling of details.)[20] という A. N. Whitehead の言葉を引用していることの意味を想い起こす必要があるであろう。

次に，コンティンジェンシー・セオリーが，open, socio-technical system 観に基づく組織構造の設計論を展開しているとして，これを評価する見解がある。[21] 古典的組織論においては管理原則・組織原則の定立という形で組織構造設計の指針を提示することに研究上の重点が置かれていた。しかし人間関係論の台頭以来，組織心理学的アプローチが優勢になり，個人や集団の動機づけやリーダーシップの研究が重視されたのに対し，組織構造に対する関心はどちらかといえば後退してしまった。また C. I. Barnard や Simon 以降のいわゆる近代組織論は，一般的な傾向として，現実の組織行動を記述・説明できるような理論の開発を目差して，システム論・意思決定論・行動科学などの成果を取り入れながら組織行動の分析を精緻化する方向へと展開されてきており，そこでは組織設計の問題は欠如しているか，あるいは極めて不十分にしか扱われていない。[22]

確かに Barnard, Simon, March & Simon, Cyert & March らを中心に展開された近代組織論の成果には目覚ましいものがあるが，それは変動的な環境の下で，より有効な組織を求めて積極的な組織変革を行うことを余儀なくされている現代の経営者に対して，実践的に有益な指針を提供しているとは言い難い。組織設計の問題に体系的・計画的にアプローチするものとしては，現在，B. R. Blake & J. S. Mouton, E. H. Schein, W. G. Bennis その他の行動科学的組織論者を中心にして，いわゆる組織開発論(Organizational Development 略して OD)が展開されてきているが，そこでの主な関心はやはり組織における人間集団の行動変革であり，組織構造面の扱いは依然として欠如している。これに対してコンティンジェンシー・セオリーは，組織のパーソナリティーを変更するのではなく組織構造を操作することによって組織行動を変化させ，変動的環境に適応していくことができるということを強調するものであり，そこでは環境状況と組織構造の適合関係を明らかにすることが中心問題になっている。このように，今やコンティンジェンシー・セオリーによって，再び組織構造設計の問題が組織論における重要な問題領域として注目されるに至ったという意味で，これを組織構造論・組織設計論の復権と言うことができるであろう。しかもそれは，① 実証的研究に基づいており，② open, socio-technical system 観に立っている，という点で，従来の組織構造設計論とは決定的に異なっている。ここに組織論に対するコンティンジェンシー・セオリーの最大の意義があるように思われる。

3．コンティンジェンシー・セオリーの問題点

ここではコンティンジェンシー・セオリーに対する否定的な評価や批判をみながら，このアプローチの問題点を検討する。

3.1 実践論，説明力の欠如

一寸木俊昭は，コンティンジェンシー・セオリーというのは「……組織の本質に関する体系的な理論ではなく，それの設計や運営の効率化をめざす実践的

な理論であって，その意味で伝統的な組織原則論の系列に属するものである」[24]
と述べている。確かにコンティンジェンシー・セオリーは，組織と環境状況の適合関係を明らかにすることによって，有効な組織構造を設計するための手引きを与えるという実践的関心に導かれているが，このこと自体はこのアプローチの研究上の関心や志向の問題であって，必ずしも理論的欠陥ということはできない。またこのアプローチが伝統的組織原則論の系列に属するとしても，それは伝統的組織原則論の単なる延長ではなく，すでに述べたように，普遍主義を否定し，open, socio-technical system approachをとり，実証研究に基づいて，組織と環境状況の適合関係を明らかにするなどの点で，このアプローチの研究方法はずっと精緻化されたものになっているのである[25]。

また小松陽一は，コンティンジェンシー・セオリーは管理原則という経験的一般法則を実践論的な見地から分類・整理することを目指しているが，そのような経験的一般法則が何故成立するのかということに対しては全く無関心であり，その点漢方医学のようなものである，と批判している[26]。コンティンジェンシー・セオリーが説明ということに全く無関心であると断定することには問題があるが[27]，現状では状況適合的関係の発見に研究上の重点が置かれる傾向があり，なぜそのような関係が成立するのかを説明することに対して，必ずしも十分な努力が払われていないことは事実である。しかしコンティンジェンシー・セオリーではそのような説明が本来的に不可能な構造になっていると考える理由はない。したがって，今後も事実発見的調査を従来通り継続するとともに，そのような調査によって明らかにされた諸関係を説明するために多くの努力を払う必要があるが，この点に関して注目されるのは，J. R. Galbraithらを中心にして展開されてきている《情報処理モデル》である。このモデルについては次節で概説する。

3.2　環境・技術の概念・測定方法の混乱

コンティンジェンシー・アプローチをとる研究者の多くは，多数の環境要素

を不確実性の問題に転換しているが，研究者の間で不確実性概念の操作化や測定方法が不統一であるために，同じ問題についての調査であってもそれらを相互に比較することが難しく，互いに対立した結論さえ生じている。たとえばP. R. Lawrence & J. W. Lorsch はトップ・マネジメントとのインタビューと質問表から，環境の不確実性を ① 環境条件の変化率，② 因果関係の不確実性，③ フィードバックの時間幅という3つの次元で捉えているが[28]，H. Tosi, R. Aldag & R. Storey はこのような環境不確実性の捉え方を，客観的な外部環境のデータに基づいてテストし，その方法上の不適切さを指摘しているし[29]，R. B. Duncan も Lawrence らによる環境の捉え方自体が不十分であることを指摘している[30]。加護野忠男はこのような環境不確実性概念の操作化に関する議論を広範に検討したうえで，従来の研究が環境不確実性を，① タスク環境特性のレベルで操作化し，それを客観的に測定するか，② タスク環境特性を認知的に測定するか，③ 環境に対する構成員の心理的状態というレベルで操作化してこれを認知的に測定する，という3つのグループに分けられるとし，これらのうちいずれの方法が妥当かということは，結局，コンティンジェンシー・セオリーが本来果たすべき課題は何かという観点から答えられなければならないとしている。加護野の主張の要点を示せば次のようになる[31]。

(1) 条件適合理論は，① 組織構造の選択や形成を規定する状況要因の因果的説明，② さまざまな状況に適合した機能的な組織構造の解明，という2つの課題をもつ。

(2) 理論の課題を構造選択の因果的説明に求めれば，不確実性の測定に組織自身の評価を含めるのは当然であり，したがって，環境不確実性の概念を構成員の心理的状態というレベルで操作化し，認知的に測定する方法が一定の妥当性をもつ。しかしこの方法には，① 構成員の心理的状態として認知された不確実性は組織構造を規定するのか，構造によって規定されるのかが不確定であり，② 個人の心理的状態として認知された不確実性を組織や部門について集計するのは技術的に困難である，という問題がある

ので，このような方法は組織—環境関係の分析よりは，むしろ組織構造と構成員の行動との分析に適している。

(3) 構造の適合性如何は組織の意思ではなく，タスク環境の特性によって規定されるのであるから，理論の課題を構造の機能性の解明に求める場合には，不確実性概念をタスク環境の特性のレベルで操作化するのが妥当である。また因果的説明の観点からも，この方法の方が危険が少ない。

(4) タスク環境の特性を客観的に測定する方法は，① 組織の活動領域や戦略は必ずしも明示されているとは限らないから，タスク環境の範囲と合致した的確な客観的指標を作ることが難しく，② 客観的に測定できる特性は限られており，③ 組織と環境との相対的関係として規定される不確実性の特徴を捉えられない，という問題点をもっている。

(5) タスク環境の特性を認知的に測定する方法は，上記の問題点をある程度克服できるものの，依然として，① 認知スコアの集計に際して組織構造の相違が反映される危険性や，② 特性認知に組織や構成員自身の評価が介入する可能性がある。

結局，環境不確実性概念を操作化する方法の妥当性に関して，加護野は，現時点では既述のような暫定的な結論しか得られないが，さらに組織—環境関係の研究上の混乱を解決するために，一般環境や分析単位の相違，技術や規模など他の状況要因の差，組織有効性基準の相違などを検討する必要があることを示唆している。[32]

次に，コンティンジェンシー・セオリーにおいて環境不確実性と並んで組織構造の規定要因とされる技術についても，概念上・操作化上の混乱が存在する。たとえば D. S. Pugh, D. J. Hickson らのアストングループの研究者は技術を作業技術に限定して考えているのに対し，C. Perrow は技術を「個人がある対象(人間その他の生物，記号，物体：筆者注)に何らかの変化を起こすために，道具あるいは機械装置を使ったり，あるいはそれらを使わずに，その対象に対して行う行為」[33]と広く定義しているように，技術概念そのものの捉え方に相当な

違いがある。またJ. Woodward[34]は技術をその複雑性に基づいて、① 単品生産および小規模なバッチ生産、② 大規模なバッチ生産および大量生産、③ 装置生産、に分類し、J. Thompson[35]は技術をその相互依存性に基づいて、① 連続技術、② 媒介技術、③ 集約技術、に分類し、C. Perrow[36]は技術のルーティン性に注目してこれを、① ルーティン、② エンジニアリング、③ クラフト、④ ノン・ルーティン、に分類しているというように、技術を類型化する仕方もさまざまである。このように技術の概念規定や類型化がさまざまであることを考えれば、技術と組織構造の関係に関する多くの調査の結果が必ずしも整合性を示していないとしても当然であろう。技術を組織構造の規定要因とする極端な《技術決定論》的見解は、Pughを初めとするアストングループの研究を通じて次第に修正され精緻化されてきているが、技術が一定のレベルの組織構造や組織構造の一定の次元に対して影響力をもっていることは否定できない。その意味で技術―組織構造の関係を中心に分析するいわゆる技術学派は今後も組織論の発展において一定の重要な役割を演ずることが期待されるわけであるが、そのためには何よりもまず、技術の概念規定や操作化の方法についての混乱を収拾し、分析ツールを整備する必要がある。

3.3 組織構造の測定方法上の混乱

環境不確実性や技術の概念規定や操作化に混乱が見られることは上で述べた通りであるが、組織構造についても同じことがいえる。組織構造の諸次元のうち、特に集権化と専門化と形式化が重要であることについては大方の意見の一致があるが、それらの間の関連(特に集権化と形式化の関係)については矛盾した調査結果がある。V. Satheはこの点に注目し、このような矛盾した結果が生ずる原因を組織構造の測定方法の違いに求め、経験的研究において2つの測定方法を明確に区別すべきことを強調する[37]。ここに2つの測定方法とは、① 組織図や文書の組織の主要な代弁者との面接などに基づいて組織構造の諸次元を測定する《制度的アプローチ》と、② サンプルとなる組織メンバーの回答を集

計することによって組織構造を測定する《質問表によるアプローチ》である。制度的アプローチは，①使用する組織図や文書が陳腐化していたり，②情報提供者が間違いを犯したり，③面接者のバイアスが入ったりする危険がある。一方，質問表によるアプローチは，①情報が個人的見解や態度や役割の特質によってバイアスを被ったり，②個人の回答を集計するという困難な問題をかかえている。P. M. Blau & R. A. Schoenherr (1971), J. Child (1972)など制度的測定を用いた研究では集権化と形式化の間に負の関係が発見されているのに対し，R. H. Hall (1963), J. Hage & M. Aiken (1967)など質問表による測定を用いた研究では集権化と形式化の間に正の関係が見出されている。また制度的測定と質問表による測定の両方を用いた J. Pennings の研究では，従来の研究で暗黙裏に仮定されていた両測定方法の収斂ということは経験的に支持されなかったし，集権化と形式化に関する矛盾した調査結果はそのままであった。そこで Sathe は Pennings の調査を参考にしながら，これをさらに方法論的に精緻化し，制度的測定と質問表による測定の両方を用いて保険会社の22の部門を対象に調査を行い，その結果，①2つの測定の収斂の度合いは低く，②制度的測定によれば集権化と形式化の関係は負であり，③質問表による測定によれば両者の関係は正であることを確認した。彼はこのような調査結果がサンプリングや操作化のまずさや，分析単位の規模・地位などの要因によって影響されているものでないことを示した後に，制度的測定は一般的にフォーマルな，あるいはデザインされた構造 (formal or designed structure) を捉え，質問表による測定は日常の仕事に関連した活動において組織メンバーが経験する構造の度合い，すなわち創発的構造 (emergent structure) を捉えるものとみなし，この2つの構造概念を区別することによって，集権化と形式化に関する調査結果に見られるような経験的研究の矛盾を説明できるとしている。すなわち制度的測定を用いれば2つの次元が負の関係を示すということは，構造デザインの観点からは，それらの次元が調整や統制を達成するための代替的メカニズムを示していると解される。また質問表による測定における両次元の正の関係は，日常活

動における組織メンバーの経験を反映していると解される。このようなSatheの主張は未だ仮説の域を出ないが，彼は将来の経験的研究においてデザインされた構造と創発的構造という次元を概念的に明確に区別し，両者を適切に測定すれば，組織構造に関する既存の定式化をさらに厳密なものにできるし，組織構造編成のプロセスをよりよく説明できる理論の開発が促進されると述べている[44]。

3.4 戦略的選択・政治的要因の無視

　J. Childは，コンティンジェンシー・モデルが戦略的選択(strategic choice)の意義や，組織政策に関する意思決定における政治的要因の役割を十分強調していないと批判している[45]。すなわちコンティンジェンシー・モデルは，状況変数と組織構造の機械的な関係を仮定し，状況的諸条件を組織設計上の機能的至上命令(functional imperative)とみなしているが，状況変数は構造の設計に関する限定的な要件を示しているのにすぎないのであり，組織の意思決定者あるいは支配的連合(dominant coalition)は業績を大して損なわずに，気に入った構造を保持するために状況に修正を加えることもできるし，組織スラックがある場合には，業績の一部を犠牲にして自分たちの趣味にあった構造様式を採用することさえできるのである。このようにChildは，環境と組織の関連は直接的ではなく，その間に組織上の意思決定者による選択という政治的プロセスが介在しているのであるから，環境―組織構造の関係も図3-1に示すような戦略的選択論の中で捉える必要があるとしている。

　またR. E. Miles, C. C. Snow & J. Pfefferらも同様に，特定の戦略や技術の要求を満たすことのできる組織構造やプロセスにはさまざまなものがありうるのであり，それらの中からどれを選ぶかは結局，管理者の判断によるのであるから，一定の環境・技術変数と特定のタイプの組織構造の間の厳密な直接的関係を求める努力は見込みがないとしている。彼らは，むしろ活動領域の選択が基本的実行戦略に，戦略が技術に，技術が構造にといった具合に，ある決定が

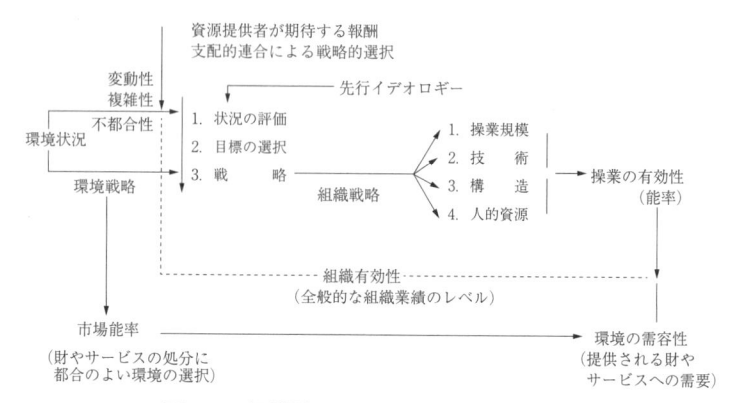

```
                    資源提供者が期待する報酬
                    支配的連合による戦略的選択
        変動性         ┌─── 先行イデオロギー ───┐
        複雑性       1. 状況の評価        ┌ 1. 操業規模
        不都合性      2. 目標の選択       ─┤ 2. 技　　術    ──→ 操業の有効性
 環境状況              3. 戦　　略        │ 3. 構　　造           (能率)
                                  組織戦略  └ 4. 人的資源
 環境戦略
              ┌──────── 組織有効性 ────────┐
              │         (全般的な組織業績のレベル)    │
        市場能率                           環境の需容性
   (財やサービスの処分に                    (提供される財や
    都合のよい環境の選択)                    サービスへの需要)
```

図 3-1　組織論における戦略的選択の役割

出所）J. Child, (1972) "Organizational Structure, Environment and Performance: The Role of Strategic Choice," *Sociology*, 6, p. 18

それに続く決定に課す要求，すなわち管理者の選択が制約される度合いに注目すべきであり，そうすることによって，組織は同じような環境の要求に対してさまざまな形で反応するという，しばしば観察される事態が説明できるようになる，と述べている。また，コンディンジェンシー・セオリーは，システム論でいう等結果性(equifinality)を考慮するべきであるという P. N. Khandwalla や R. H. Hall らの主張も，これらの指摘と軌を一にするものであろう。いずれにしても組織はその構造の決定に関して一定の自由裁量の余地をもつことは明らかであり，Child が統計的モデルに基づく組織の比較分析の有用性に関して重大な誤解をしていると批判する W. Tyler も，その他の点では Child の指摘の妥当性を認めている。しかし組織構造選択における政治的要因のみを強調すれば，組織間の構造の相違は支配的連合の気まぐれという要因によって場当たり的にしか説明できなくなる。そこで Tyler は結論として次のように述べている。「"制約の鉄則" と "連合の気まぐれ" を両立させる明白な方法は，意思決定における合理的選択のためのよりフォーマルな地位に見出されるであろう。一方でこれは定量化可能なペイオフ価値の達成に対するさまざまな戦略の効果を知る

ことによって管理者の行動を理論的に予測する方法に道を開く。他方，それは状況変数が戦略形成に課す制約を予測することによって，状況変数を含むであろう」。[49]

3.5 静態論

占部都美は J. Woodward や P. R. Lawrence らの研究が環境変化に対する企業の革新的な動態的適応のメカニズムを追求するのではなく，単に一定の技術や環境と一定の組織構造の間の適合関係を考察する静態的分析に終始していることを批判しており[50]，C. Argyris も J. D. Thompson と C. Perrow の研究がその基本的構想において静態的であり，新しい組織形態についての考察を行っていないことを批判している。[51]また Miles, Snow & Pfeffer らも，従来のコンティンジェントな研究が組織を静態的に扱い，組織が長期にわたり環境にいかに適応するかについてほとんど説明しないと批判している。Miles らによれば，真のコンティンジェンシー・モデルはさまざまな環境条件の下における適切な組織構造やプロセスの範囲を示すだけでなく，それらが選択された場合，適切な適応能力のレベルを維持するための方法やそのコストと便益をも明らかにするべきであるという。というのも，組織が環境適応能力をもつことは望ましいに違いないが，過度の適応能力をもてば非能率になり，逆に十分な適応能力をもたなければ有効性を損なうからである。[52]

確かに《組織は戦略に従う》のであり，組織による環境適応行動を全体的に把握するためには戦略論や組織変革論を展開する必要がある。しかし赤岡も述べているように，本来コンティンジェンシー・セオリーの目的は，ある環境や技術が選択された下ではいかなる組織が適切であるかを明らかにすることにあったのであり，戦略的選択論や組織変革論は当面の研究対象になっていなかったというだけのことである。[53]あるアプローチに対して，それが本来意図していないような問題の解決を求め，過大な要求をすることは，発展中の成長力あるアプローチの芽をつんでしまう危険性がある。その意味で，コンティンジェ

シー・セオリーが本来担うべき課題をしっかりと確認しておく必要がある。[54]

3.6 保守的性格

占部はWoodwardの組織論を保守的組織論として性格づけ，それは組織の現状を打破して新しい組織に改革したり，新しい組織を開発しようとする組織改善や組織開発の努力を無駄とみなすものであり，「危険な組織の惰性化を理論的に妥当化するという有害性をもつ」[55]と述べている。またChildも，コンティンジェンシー・セオリーは現在の組織形態を維持するためにイデオロギー的に利用される恐れがあり，不当に保守的であると批判している。[56] 赤岡も，コンティンジェンシー・セオリーが現在比較的多く成功しているケースを余りに重視しすぎるという危険性を指摘している。[57] 確かに，赤岡のいうように発見された適合関係が組織の効率をあげるための唯一の方法であると考える理由はないし，現在多くの企業で成功している方法が将来も成功するとは限らないのであるから，現在多くの組織が成功している事例を調べて環境と組織の適合関係を明らかにするという方法では，新しい組織構造の試みを把握し，それを正しく評価することは難しくなる。そこで，先に述べたように，このような方法と並んで，計画的な組織変革論を展開することが必要になるのである。

3.7 調査結果の統合の困難さ

D. J. Moberg & J. L. Kochはコンティンジェンシー・セオリーの成果を統合する困難さを指摘し，① 理論に固有な知識の範囲が明確に規定されているか，② その範囲内で諸単位間の相互作用の法則が確認されうるか，③ 実践的価値をもつか，という観点から，安易な統合化の試みを批判している。[58] まず範囲確認の問題について，彼らは，普遍主義的モデルも暗黙裏に一定の仮定に条件づけられており，コンティンジェンシー・セオリーとの違いはただ $Y = f_1(X)$ at Z_1 と $Y = f_i(X)$ at Z_i というだけであり，しかもいくつかの普遍主義的モデルは同一の現象に関する異なった仮定(同じZの次元の異なった値)に基づいて

3章　組織論におけるコンティンジェンシー・セオリーについて　63

いるのであるから，これらのモデルの仮定をひとまとめにして考えれば，それらはコンティンジェンシー・モデルを示しているとして，結局，コンティンジェンシーな見解はそうでない見解と明確に区別されえないのであるから，統合モデルを構築したり，それらをコンティンジェンシー・モデルと名づける正当な理由はないと述べている[59]。確かに普遍主義的モデルも何らかの仮定に立っているはずであるが，その仮定を明示的に扱っていないことと，各々異なった仮定に立つモデルが自らの正当性を主張して譲らないという点において，コンティンジェンシー・セオリーと明確に区別されるであろう。

　次に相互作用法則確認の問題について，Moberg & Koch はコンティンジェンシー・セオリーの諸発見を統合する3つの戦略を検討する[60]。第1は全てのコンティンジェンシー変数を含む(たとえば環境不確実性のような)幅広い抽象的な領域を確認し，それでくくる戦略であり，コンティンジェンシー変数の類似性を確認することによってさまざまな研究の概念上の収斂が期待されている(図3-2のa)。しかし既述の如く，環境不確実性の概念や測定尺度は研究者によって異なっているから，そのような概念によって統合することは困難であると考えられる。第2は組織というシステムのさまざまなレベルの間の相互作用をモデル化するために，組織の各レベルにわたって組織変数(X_s)とコンティンジェンシー変数(Z_s)の関係を整合的に接合するという戦略である(図3-2のb)。しかしこのような戦略によってもたらされるのは，統合された全体というよりは，諸発見のつぎはぎ細工であり，これを接合することによって理論の正確性が大いに犠牲にされるという。第3は有機的―機械的という連続体の両極に組織変数やコンティンジェンシー変数の値を分類するという戦略である(図3-2のc)。しかしこの戦略では，有機的―機械的の連続体と関係のない変数(たとえば組織の規模)を無視したり，両極の中間的性格をもつ組織の存在を無視することになるから，全てのコンティンジェンシーな発見を2極に分類することには無理があると考えられる。また適用上の問題としては，実務家は適用可能性の範囲を考慮しない傾向があることや，まだ明らかにされていない重要な変数あ

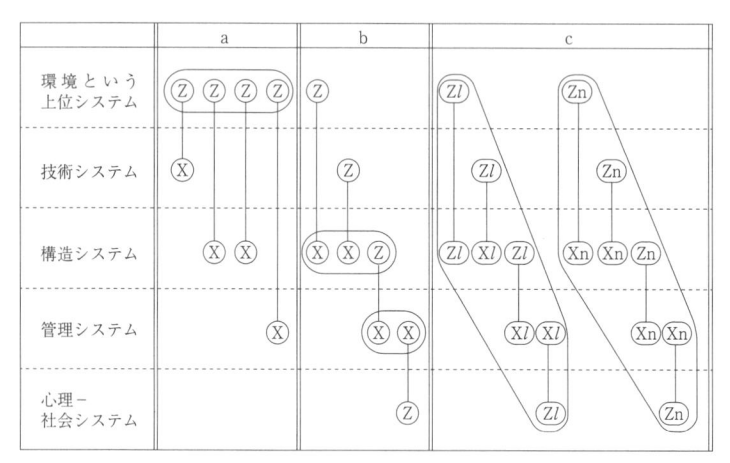

	a	b	c
環境という上位システム	ⓏⓏⓏⓏ	Ⓩ	Ⓩl　　　Ⓩn
技術システム	Ⓧ	Ⓩ	Ⓩl　　　Ⓩn
構造システム	ⓍⓍ	ⓍⓍⓏ	ⓏlⓍlⓏl　ⓍnⓍnⓏn
管理システム	Ⓧ	ⓍⓍ	ⓍlⓍl　　ⓍnⓍn
心理-社会システム		Ⓩ	Ⓩl　　　Ⓩn

Z＝コンティンジェンシー変数
X＝組織変数

図 3-2　既存の集合的モデルにおいて相互作用確認のために用いられている戦略

出所）D. J. Moberg & J. L. Koch, (1995) "A Critical Appraisal of Integrated Treatments of Contingency Findings" *Academy of Management Journal*, 18-1, p. 114.

いは時間の次元などを導入する必要性，また組織変数とコンティンジェンシー変数のいずれを操作するべきか必ずしも明示していない，といった点が指摘されている[61]。彼らは，「結局，コンティンジェンシーな調査結果の集合的モデルは諸変数の人為的収斂に基づいており，それらは，大まかに規定され統合化された諸関係の体系のために正確性を犠牲にしている。たとえその結果が，試験的な集合として興味をそそるとしても，それらはまだ発展の初期の段階にある研究を時期尚早に形式化する危険を冒している[62]」と述べているが，彼らも結局，コンティンジェンシーな発見を統合化する意図そのものを否定しているのではなく，理論の正確さを損なわずに統合化するために，① 主要なコンティンジェンシー変数の影響をさらに徹底的に検討するとともに，② 成熟した社会科学に要求される方法論的厳密さを遵守することを要求しているものと理解できるのである[63]。

以上において，これまでコンティンジェンシー・セオリーに対して与えられてきた積極的評価や批判などを参考にしながら，コンティンジェンシー・セオリーのもつ意義や問題点を検討し，今後の具体的な課題として，① 説明力の強化，② 環境・技術・組織構造などの概念の尺度化・測定方法の改善と統一，③ 戦略的選択論や組織変革論との結びつき，④ 方法論的厳密さの遵守，といったことが指摘された。これらのうち ② はかなり技術的な問題であり，また大筋の発展方向はすでに示されてきている。③ の問題はコンティンジェンシー・セオリー本来の課題であるよりは，それによってカバーできない問題領域を扱う研究との相互補完的関係を要求しているものと解せられる。そこで以下においては，特に ① と ④ の点を中心にして，コンティンジェンシー・セオリーが組織論や管理論の進歩に貢献しうるためには今後どのような方向に展開されるべきかを考える。

4．今後の展開方向：理論化への道

4.1 情報処理パラダイム

従来コンティンジェンシー・セオリーにおいては組織と環境との適合関係の発見に重点が置かれ，そのような関係が何故成立するかを説明する努力に欠けていたが，この点に関して，いわゆる《情報処理パラダイム》が注目されてきていることについてはすでに述べた通りである。そこで，ここでは J. R. Galbraith の提唱する情報処理モデルをとりあげて概説する。

Galbraith は，近代組織論を組織設計の問題に適用するという立場から，「組織を情報処理のネットワークとみなし，何故またどのようなメカニズムを通じて不確実性や情報が構造と関連しているのかを説明すること[64]」を目的として情報処理モデルを展開する。彼によれば組織設計とは「組織の存在目的・目標と，分業や単位間の調整パターン，および仕事をする人々との間に一貫性を生み出すための決定プロセス[65]」とみなされ，彼が提示するモデルは「これらの選択に際してどんな代替案があり，政策変数は何であり，その変数が変化した場合予

想される結果は何か,ということを確認するためのフレームワークである。このフレームワークは一貫性(coherence)こそ成功の主な決定要因であるという仮定に基づいている。一貫性というのもまたさまざまな方法で達成されうる。全ての政策変数は独立変数であるとともに従属変数でもある。普遍的に選好される組織化の形態というものは存在しないし,技術的命令のように適切な形態を直接決定するような組織化の命令といったものも存在しないと仮定される。その代わりに,効果的に機能する形態を生み出すように戦略や構造や報酬やそれらの組合せを適合させるために,さまざまな行為を選択することができる。……中略……組織設計とは目標,構造,報酬の間の適合性をたえず監視し,評価し,適合していない場合には代替的行為を生み出し,選択し,実行することである」[66]と述べている。Galbraith は組織設計の概念を図3-3のように表している。

Galbraith の情報処理モデルの基本的命題は,「仕事の不確実性が大きくなればなるほど,一定水準の業績を達成するために仕事の遂行過程で意思決定者の間で処理されねばならない情報の量も一層増大する」[67]と表される。ここに不確実性とは,「特定の仕事を遂行するために要求される情報の量と,組織がすでに持っている情報量との差」[68]として定義される。ある仕事を遂行するために要求される情報量は,分業,目標の多様性,目標業績水準などの関数であり,一方,組織が保持する情報量は,主にサービス・製品・顧客のタイプ・技術などに関して組織が予め持っている経験の関数とみなされる[69]。必要な

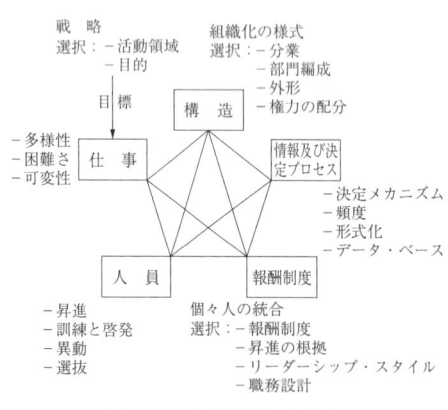

図 3-3 組織設計の概念

出所) J. R. Galbraith, (1977) *Organization Design*, Addison-Wesley, p. 31.

情報を持っていない時には，組織は実際に仕事を遂行しながら情報を獲得し，決定を行っていかねばならない。そして組織が持つ情報処理能力は限定されているところから，組織は仕事の不確実性を処理するために異なった組織化の様式を用いると仮定される。すなわち，観察される組織形態上の変化は，実際には，①組織の計画能力を増大させるか，②突発的事柄に対する組織の弾力性・適応力を増大させるか，③存続のため最低限必要とされる業績水準を低下させる，ための代替的な組織化様式の変化であるとみなされる[70]。Galbraithの説明による組織設計戦略は図3-4のように示される。この図は，組織は初め，①権限の階層，②ルール・プログラム・手続き，③計画化や目標設定，④スパン・オブ・コントロールの狭隘化などのメカニズムをもつ機械的モデル（mechanistic model）を通じて不確実性に対処し，調整された相互依存的行為を確保しようとするが，例外の数が増え，不確実性が増大するにつれてこのようなモデルでは対処できなくなり，代わって，①処理される情報量を減少させるか，②情報処理能力を増大させるようなメカニズムを開発するようになることを示している。

以上概説したような情報処理パラダイムは，不確実性増大に伴う情報負荷増大への対処という観点から組織化様式の相違や変化を説明するものであり，こ

権限の階層
ルールや手続き
計画化や目標設定
スパン・オブ・コントロールを狭くする

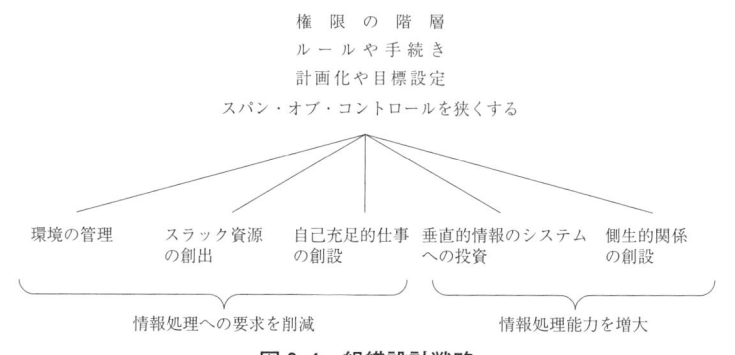

| 環境の管理 | スラック資源の創出 | 自己充足的仕事の創設 | 垂直的情報のシステムへの投資 | 側生的関係の創設 |

情報処理への要求を削減　　　　情報処理能力を増大

図3-4　組織設計戦略

出所）J. R. Galbraith, op. cit., p. 49.

れは《環境と組織の間の適合・不適合がなぜ生じるのかをより特定的に説明・予測しうる分析的枠組み》を与えるものとして期待されている[71]。しかし Galbraith 自身が，「現在のところ，仕事の情報処理負荷や組織の情報処理能力を正確に測定することはできない[72]」と述べているように，このモデルは他のコンティンジェンシー・モデル同様，中核概念の測定上困難な問題を残している[73]。

4.2 調査結果の理論的統合化のために

理論とは「経験的に検証可能な諸命題の体系的に関連づけられた定式化[74]」であるが，この理論を構成する命題は，それがもつ情報価値の多寡によって通常命題(ordinary proposition)と理論的命題(theoretical proposition)に分けられ，また経験的検証の有無によって未証命題ないし仮説(hypotheses)と既証命題ないし定説(invariances)とに分けられる(表3-1 参照)[75]。ここに通常命題とは，具体的であるが限定された情報しか含んでいない特殊命題であり，理論的命題とは，抽象度は高いが多くの情報を含んでいる一般命題である。あらゆる科学は《法則》すなわち「高度な情報内容を持ち，経験によって十分に裏づけられた命題[76]」を獲得することであるといえる。コンティンジェンシー・セオリーは，従来，一定の分析レベルで特殊仮説を立て，これを実証的研究によって裏づけ，《調査結果》を確認することに努力を集中してきた。その結果，多くの調査結果が蓄積されてきているが，それらは単なる《経験的一般化》すなわち，「2つないしそれ以上の変数間に観察される斉一的関係を要約したばらばらの命題[77]」のレベルにある。このような調査結果を単に積み重ねることによって法則(理論的定説)が得られるわけではない。法則に到達するためには，ばらばらの命題をより一般的な概念図式の中で相互に関係づける

表 3-1　命題の区分

経験的検証 \ 情報価値	低	高
	通常命題・特殊命題	理論的命題・一般命題
無	未証命題（仮説）	通常仮説 特殊仮説	理論的仮説 一般仮説
有	既証命題（定説）	通常定説 調査結果	理論的定説 法則

とともに，より普遍性の高い，高度の情報価値をもつ命題へと転換していく必要がある。このような概念図式としては既述の情報処理パラダイムが注目されるべきであろう。コンティンジェンシー・アプローチによる諸発見を統合化する試みはこれまでにもいくつかなされてきているが，それらは概して方法論的厳密さに欠けていたことはすでに指摘した通りである。そこでこのような現状を脱し，コンティンジェンシー・アプローチが意図する組織の中範囲理論を構築しうるためには，当面，① 用語や概念の整理，② 調査結果として得られた命題の整理・体系化，③ 命題の情報価値の高度化といったことが必要になると思われる。

　用語や概念の整理についてはすでに述べた。次に調査結果の整理・体系化という点については，かつて J. G. March & H. A. Simon がその著 *Organizations* (1958) においてそれまでの組織研究の成果を一連の命題に整理し，また J. L. Price がその著 *Organizational Effectiveness:An Inventory of Propositions* (1968) において組織有効性に関する60の研究成果に基づいて命題の目録を作成したように，既存の研究を体系的に整理するような努力が法則的認識を得るための準備的作業としてコンティンジェンシー・セオリーについても必要とされるであろう。その意味で，P. N. Khandwalla がその著 *Design of Organizations* (1977) において既存の研究や自ら実施した実態調査から134の命題を導き出し，整理していることは一応注目に値する。彼は命題の大部分を「～すればするほど……である(傾向がある)」という形で定式化しており，また，同一の決定要因についていくつかの従属変数をリスト・アップして結果の棚卸し表を作ったり，逆に，ある現象に影響するいくつかの要素を決定要因の棚卸し表の形で示すなどの方法で命題を整理しているが，[78] 方法論的に一層厳密に既存の命題を整理し，体系化するためには，命題を構成する変数間のパターンをさらに明確に識別する必要があるように思われる。

　変数間の関係には，単に一方が変われば他方が変わるという《共変関係》(co-varience)と，影響関係の方向が独立変数─従属変数という形で示される

《因果関係》があり，後者はさらに次のような多様な関係を含んでいる。[79] ① 可逆的関係(もしXならばYであり，YならばXである)と不可逆的関係(もしXならばYである。しかしYであってもXについては何ともいえない)，② 決定的関係(もしXならば常にYである)と蓋然的関係(もしXならば多分Yである)，③ 継起的関係(もしXならば次にYが現れる)と同時的関係(もしXならば同時にYが現れる)，④ 十分な関係(もしXならば他の何物にも関係なくYである)と条件つき関係(もしXならばZである時に限ってYである)，⑤ 必要な関係(Xである時に限ってYである)と代替可能な関係(もしXならばYであるが，ZであってもYである)，⑥ 相互依存的関係(Xが変化するとその時に限りYも変化する。そしてYが変化するとその時に限りXも変化する)。コンティンジェンシー・セオリーの命題はまさに条件つきの関係で，またその多くは蓋然的な関係から成っているが，他の関係パターンについてもさらに明確に識別する必要があるであろう。こうして通常命題における変数間の関係が同じパターンに属し，しかもそこで用いられている用語の間に共通性があることが明らかになれば，方法論的厳密さを損なわずに命題を相互に関連づけ，体系化できるのみならず，通常命題を理論的命題に包摂することによって命題の情報価値を高めることが可能になる。[80] このような方法で経験的一般化のレベルにあるばらばらの命題を相互に系統だて関連づけるとともに，それらをより高度の情報価値をもつ普遍性の高い命題へ統合していくことによって，法則的一般化・理論的定説へ到る道が開けるのである。森岡清美は「今日，必要なことは，特殊仮説の証明に没頭する前に，一般仮説をたてる努力をすることである。これこそが社会学を煩瑣科学から救い出す道である」[81]と述べているが，これはまた現在のコンティンジェンシー・アプローチにとってもあてはまる。これまで蓄積されてきている種々雑多な調査結果を整理・体系化するとともに，これらの命題に既述の如き論理的操作や推論を加えて，より高度の情報価値をもつ命題を形成していくことが，コンティンジェンシー・アプローチを理論的に発展させるために，今後ますます必要になると思われる。

結びにかえて

　本章では組織論や管理論において近年注目を集めているコンティンジェンシー・セオリーをとりあげ，現在までそれに対して与えられてきているさまざまな評価を参照しながらこのアプローチの意義と問題点を検討したうえで，今後の研究課題について若干の方向づけが示唆された。今後の研究課題としては，環境不確実性・技術・組織構造などの概念の尺度化・測定方法の改善・統一や，情報処理パラダイムによる説明力強化ということと並んで，特にこれまでの調査を通じてかなり蓄積されてきている種々雑多な命題を整理・体系化し，その情報価値を高めるような理論的統合化のための努力の必要性が指摘された。もちろんこのような論理的研究は理論構築を行ううえで不可欠であるが，そのような研究だけによって組織現象に関するわれれの認識が増大し，深化するわけではない。このような努力と並行して，組織の特定の分析レベルに焦点を合わせ，仮説を立て，実証的研究によってそれをテストするという研究が従来通り継続して行われる必要があることはいうまでもない。このように，あくまで実証的研究を重視しながらも，本章であえて命題の整理・体系化・高度化という論理的操作を中心とする研究の必要性を強調したのは，*Administrative Science Quarterly* 誌を中心に展開されているコンティンジェンシー・セオリーの動向を見ていると，それが実証的研究を重視するあまり，あまりにもこまごまとした case study や comparative study に没頭し，あたかもそのような調査を積み重ねさえすれば理論に到達できると考えられているかのごとき印象を受け，少なからず疑問と不安を感じたからにほかならない。

　さきに述べたような論理的操作によって，これまでのコンティンジェンシー・セオリーの成果がどの程度うまく整理・体系化され高度化されるかに関し，現時点ではっきり述べることはできないが，恐らくそれが大変な労力と細心の慎重さを要する困難な仕事であることは予想できる。それにもかかわらず，確かにそれはなされなければならないことである。最後に，「理論がもつ救済的性

格は，多数の方法論的に不完全な調査結果を，少数の，情報に満ちた文章や方程式の形で，信頼のおける全体へと統合するということにある」[82]という H. L. Zetterberg の言葉を借りて，本章の結びにかえる。

【注】
1) 本章は，日本大学商学部研究委員会主催の研究発表会（1978年3月）での報告に基づいている。当日，多くの先生方から貴重なコメントを頂いたことを感謝致します。
2) 小松陽一は，「…『組織の条件理論』は，けっして，それ自体，特定の理論的立場を指すものではない。それは，一定の管理原則，あるいは，組織，管理のパターンが，実践的有効性を発揮する条件を実証的・分析的に発見しようとするひとつの研究方法上の立場を指すにすぎないのである。したがって，『組織の条件理論』というよりは，『組織の条件分析』あるいは『組織の条件研究』と呼ぶ方が誤解をまねかないであろう」と述べている。小松陽一（1974）「現代経営組織論の動向に関する一考察(1)―『組織の条件理論』をめぐって―」『甲南経営研究』15(2)，p.113。筆者もこの点については同意見であり，現段階ではコンティンジェンシー・セオリーの成果は，さまざまな調査から得られたばらばらな命題の寄せ集めの感があり，理論以前の状態にある。その意味でむしろこれはコンティンジェンシー・アプローチと呼ぶべきであろう。しかし後述する如く，現在までに蓄積されてきているばらばらな命題をより大きな一般的枠組みの中で相互に関連づけ，体系化し，また命題の情報価値を高めることによって，環境状況と組織構造の適合関係を中心とした組織の環境適応理論として理論化することは可能であり，また（実証的研究の継続と並んで）今後の課題でなければならないと考える。またコンティンジェンシー・セオリーは「条件適応理論」「条件理論」「状況適合理論」などと訳されることがあるが，本章では「コンティンジェンシー・セオリー」と表記する。
3) Simon, H. A. (1965) *Administrative Behavior: A Study of Decision-Making Processes in Administrative Organization*, 2nd ed., Free Press, p. 20.
4) Simon, H. A., op. cit., p. 36.
5) Simon, H. A., op. cit., p. 44.
6) ref., Kast, F. E. & Rosenzweig, J. E. (1973) *Contingency Views of Organization and Management*, Science Research Associates, Part 3.
7) 北野利信（1974）「組織の条件理論―その展開方向―」『組織科学』Vol. 8, No. 1, p. 18, 赤岡功（1974）「組織のコンティンジェンシー・セオリーについて」『経済論叢』第114巻第3, 4号, 京都大学, p. 33。
8) 野中郁次郎（1976）「コンティンジェンシー理論の構造・展開・意義」『組織科学』Vol. 10, No. 4, p. 15, p. 23, 野中郁次郎（1974）『組織と市場―市場志向の経営組織論―』千倉書房, pp. 11-19。
9) Merton, R. K. (1967) "On Sociological Theories of the Middle Range" in Merton, R.

K., *On Theoretical Sociology: Five Essays, Old and New*, Free Press, p. 39, 北野利信 (1976)「条件理論の現代的意義」『組織科学』Vol. 10, No. 4, p. 5。
10) Luthans, F. (1976) *Introduction to Management: A Contingency Approach*, McGraw-Hill, p. 35.
11) 降旗武彦 (1976)「環境状況と組織化適応(2)—Contingency Theory をめぐる若干の検討—」『経済論叢』第113巻第6号, 京都大学, p. 8, 小松陽一 (1974)「現代経営組織論の動向に関する一考察(2)—『組織の条件理論』をめぐって—」『甲南経営研究』15 (3) pp. 115-117。
12) Luthans, F., op. cit., p. 47.
13) Moberg, D. J. & Koch, J. L. (1975) "A Critical Appraisal of Integrated Treatments of Contingency Findings," *Academy of Managemet Journal*, p. 111.
14) Luthans, F., op. cit., p. 31. 野中郁次郎は, コンティンジェンシー・セオリーを新機能主義（ネオ・ファンクショナリズム）として位置づけている。野中郁次郎 (1987)「統合的コンティンジェンシー理論に向かって」『組織科学』Vol. 12, No. 2, p. 16。

　後述する如く, 一般的に因果関係といわれているものにもさまざまなパターンがある。坂下昭宣によれば, コンティンジェンシー・セオリーの因果論的意味は, 2つの独立変数, すなわち政策的原因変数 x_1 と第3変数 t（これはモデレータ変数と呼ばれる）が結果変数 x_2 に対して交互作用をもつということであるが, コンティンジェンシー・セオリーはその交互作用の効果を直接推定するのではなく, モデレータ変数を一定のカテゴリーに固定し, それぞれのカテゴリーの下で最も有効な政策的原因変数の値やカテゴリーを明らかにするという実践的志向をもつ相対的分析視角をとり, これはエラボレーション (elaboration) 問題におけるスペシフィケーション (specification) の視角に外ならないとしている（坂下昭宣 (1978)「条件理論および条件理論的視角の因果論的意味―線型関係の場合を中心に―」『岡山大学経済学会雑誌』第9巻第3号）
　いずれにしてもコンティンジェンシー・セオリーの因果的構造や機能主義的説明との関係については今後さらに厳密な論理的分析が必要である。
15) Luthans, F. (1973) "The Contingency Theory of Management: A path out of the jungle", *Business Horizon*, Vol. 16, No. 3, pp. 69-70.
16)《管理の一般的コンティンジェンシー理論》については次を参照されたい。Luthans, F. & Stewart, T. I. (1977) "A General Contingency Theory of Management," *Academy of Management Review*, Vol. 2, pp. 181-196.

　なお, このような Luthans らの見解に対し, Longenecker, J. G. & Pringle, C. D. は「一般理論としてコンティンジェンシー概念を提唱する人は, "全て状況次第" とか "状況変数" という曖昧な項目から, 統一された思想体系を構築するという困難な離れ業を試みている」と述べ, 次のような批判を加えている。(Longenecker, J. G. & Pringle, C. D. (1978) "The Illusion of Contingency Theory as a General Theory," *Academy of Management Review*, Vol. 3, No. 3, pp. 679-682) ① 組織というシステムの業績はほとんど無数の変数に依存しており, ただ状況変数・管理変数・業績基準変数が相互作用し

ていると述べるだけでは意味がない。諸変数間の関係がどのような性質であるかが重要である。② Luthans らはせいぜい分類上の図式の構築に着手しているにすぎず，それは理論構築の1ステップとして有用であるとしても，未だ理論的構築物とはいえない。③ 図式に含まれるシステムの業績変数の集合が明確に定義されていない。④ 環境変数が所与とみなされ，環境から組織への影響力だけが考察され，組織から環境への働きかけが欠落している。

　このような批判に対して，Luthans らは次のように反論している (Luthans, F. & Stewart, T. I. (1978) "The Reality or Illusion of a General Contingency Theory of Management: A Response to Longenecker and Pringle Critique," *Academy of Management Review*, Vol. 3, No. 3, pp. 683-687)。まず ① の批判に対しては，コンティンジェンシー・セオリーは"全て状況次第"という素朴な状況アプローチとは異なり，状況変数・管理変数・業績基準変数などの，明示的かつオペレーショナルに定義されたシステム変数間の機能的関係を扱うものであると反論している。この点については Longenecker らによるコンティンジェンシー・セオリーの理解が不十分であるといわざるをえない。② の批判については Luthans らもこれを認め，GCT はすでに確立されているわけではなく，彼らが示したのはただ概念的フレームワークとそれをオペレーショナル化する方法であり，現在は GCT を実際にオペレーショナル化する研究過程にあるとしている。③ の批判に対しては，組織の業績は多数の補完的次元によって測定されるのであり，売上高，利潤，投資利益，成長，欠勤その他，オペレーショナルに定義されたそれぞれの尺度は，可能性としては無数の資源・環境・管理変数の結合と関連しているが，実際的には理論家・調査者・実務家は，特定の業績基準に最も重大な影響を及ぼす限定された数の変数に関心をもつにすぎない，と述べている。④ については，Luthans らも組織と環境の関係が共生的で相互に影響し合うことを認めているが，特に，管理者や組織によってコントロールされる変数（資源）と，それらによって影響される可能性はあるが直接的にはコントロールされない変数（環境変数）を区別することが重要であるとしている。いずれにしても，Luthans らの主張は未だ可能性や期待の議論の域を出ていない。

17) 北野利信. (1974) 前掲稿, p. 18, p. 21。
18) 赤岡功. (1974) 前掲稿, p. 33。
19) 野中郁次郎. (1976) 前掲稿, pp. 22-23。
20) Merton, R., op. cit., p. 1. (Source, Whitehead, A. N., The Organization of Thought)
21) たとえば次を参照されたい。降旗武彦, 前掲稿 (1974), pp. 7-11。
22) Cyert & March は，たとえいかに現在の組織モデルが不正確で不完全であろうと，それは設計問題に対して何らかの妥当性をもつであろうし，また純粋科学的モデルだけでなくエンジニアリング・モデルをも用いた方が組織論の発展が促進される，などの理由から組織設計の研究の必要性を説き，組織の意思決定の研究を組織設計の問題に適用する方向づけを与えているが，それは未だ試論の域を出ず，具体的な展開はなされていない。この点で，後述する J. R. Galbraith らの《情報処理モデル》が注目され

3章　組織論におけるコンティンジェンシー・セオリーについて　75

る。Cyert, R. M. & March, J. G. (1964) "Organizational Design" in Cooper, W. W., Leavitt, H. J. & Shelly II, M. W. eds., *New Perspetives in Organization Research*, Wiley, p. 566.
23) 野中郁次郎.(1976) 前掲稿, p. 22。
24) 一寸木俊昭 (1974)「コンティンジェンシー・セオリーの検討」『現代経営学の課題—中村常次郎先生還暦記念論文集—』有斐閣, p. 293。
25) たとえば Child は次のように述べている。「コンティンジェンシー・セオリーの主要な論及点はそれ以前の論及点と変わっていない。すなわち有効性の論理である。しかしながら, 今やこの目的を達成するための手段は, 先験的な原則の単なる適用よりも技術的にずっと複雑であり, それぞれの状況の詳細で精緻化された評価を伴っている」Child, J. (1973) "Organization: a Choice for Man" in Child, J. ed., *Man and Organization: The Search for Explanation and Social Relevance*, George Allen & Unwin, p. 238.
26) 小松陽一 (1974)「現代経営組織論の動向に関する一考察(1)—『組織の条件理論』をめぐって—」『甲南経営研究』15(2), p. 112。
27) たとえば Lawrence & Lorsch がコンティンジェンシー・セオリーとしてとりあげる基準のひとつを, その研究内容が「異なった状況の下で組織がいかに機能するかを理解し説明しようとするという意味でコンティンジェントである」としているように, それは必ずしも説明課題を放棄しているわけではない。Lawrence, P. R. & Lorsch, J. W. (1967) *Organization and Environment: Managing Differentiation and Integration*, Harvard Univ. Press, p. 186.
28) Lawrence, P. R. & Lorsch, J. W., op. cit., pp. 28-29.
29) Tosi, H., Aldag, R. & Storey, R. (1973) "On the Measurement of the Environment: An Empirical Assessment of Lawrence and Lorsch Environmental Subscale", *Administrative Science Quarterly*, Vol. 18, No. 1, pp. 17-36.
30) Duncan, R. B. (1972) "Characteristics of Organizational Environments and Perceived Environmental Uncetainty," *Administrative Science Quarterly*, Vol. 17, No. 3, pp. 313-327.
31) 加護野忠男 (1977)「環境の不確実性と組織—不確実性概念とその測定をめぐって—」『国民経済雑誌』第 136 巻 6 号, pp. 85-89。
32) 加護野忠男. (1977) 前掲稿, p. 89。
33) Perrow, C. (1973) "A Framework for the Comparative Analysis of Organizations," in: Kast, F. E. & Rosenzweig, J. E. eds., *Contingency Views of Organization and Management*, S. R. A., p. 139.
34) Woodward, J. (1965) *Industrial Organization: Theory and Practice*, Oxford Univ. Press.
—— *Industrial Organization: Behavior and Control*, Oxford Univ. Press, 1970.
35) Thompson, J. (1967) *Organization in Action*, McGraw-Hill.
36) Perrow, C. (1967) "A framework for comparative organizational analysis," *Ameri-*

　　　 can Sociological Review.
　　　 ―――(1970) Organizational Analysis: A sociological view, Wadsworth.
37) Sathe, V. (1978) "Institutional Versus Questionnaire Measures of Orgnizational Structure," Academy of Management Journal, Vol. 21, No. 2.
38) Sathe, V., op. cit., pp. 227-228.
39) Blau, P. M. & Schoenherr, R. A. (1971) The Structure of Organizations, Basic Books.
　　　 Child, J. (1972) "Organizational Structure and Strategies of Control: A Replication of the Aston Studies", Administrative Science Quarterly, Vol. 17 No. 2.
40) Hall, R. H. (1963) "The Concept of Bureaucracy: An Empirical Assessment," American Journal of Sociology, Vol. 69.
　　　 Hage, J. & Aiken, M. (1967) "Relationship of Centralization to Other Structural Properties," Administrative Science Quarterly, Vol. 12. No. 1
41) Pennings, J. (1973) "Measures of Organizational Structure: A Methodological Note," American Journal of Sociology, Vol. 79.
42) ここでは創発的構造という語は，組織構造のさまざまな次元における組織メンバーの実際の行動を意味している (Sathe, op. cit., p. 235)。A. D. Chandler, Jr. の歴史的研究が示すように，環境変化に対応して構造のデザインを変えるのは難しいのであるから，デザインされた構造の変化は新しい環境に適応する際の組織の長期的反応を示すのに対し，創発的構造の変化は短期的変動に適応するメカニズムになりうると考えられる (Sathe, V., op. cit., p. 236)。
43) Sathe, V., op. cit., p. 236.
44) Sathe, V., op. cit., pp. 236-237.
45) Child, J. (1972) "Organizational Structure, Environment and Performance: The Role of Strategic Choice," Sociology, 6.
46) Miles, R. E., Snow, C. C. & Pfeffer, J. (1974) "Organization-Environment: Concepts and Issues," Industrial Relations, 13, pp. 263-264.
47) Khandwalla, P. N. (1977) Design of Organizations, Harcourt Brace Jovanovich, p. 227, p. 249.
　　　 Hall, R. H. (1977) Organizations: Structure and Process, 2nd. ed., Prentice-Hall, p. 62.
48) Tyler, W. (1973) "Child on Organizational Structure," Sociology, pp. 125-126.
49) Tyler, W., op. cit., p. 126.
50) 占部都美 (1971)『現代経営組織論（現代経営学全集 5)』白桃書房，p. 162, p. 208。
51) Argyris, C. (1972) The Appricability of Organizational Sociology, Cambridge Univ. Press, p. 34, pp. 44-45.
52) Miles, R. E. et al., op. cit., pp. 262-263.
53) 赤岡功．(1974) 前掲稿，pp. 30-31。
54) コンティンジェンシー・セオリーの課題については前述の加護野氏の見解を参照されたい。

55) 占部都美.（1971）前掲書, pp. 164-165。
56) Child, J. (1973) "Organization: a Choice for Man," in Child, J. ed., *Man and Organization: The Search for Explanation and Social Relevance*, George Allen & Unwin, pp. 247-248.
57) 赤岡功.（1974）前掲稿, p. 28。
58) Moberg らはこのような統合化の試みを, aggregative perspectives of contingency views あるいは the integrated, holistic models of contingency findings と呼んでいる。Moberg, D. J. & Koch, J. L. (1975) "A Critical Appraisal of Integrated Treatments of Contingency Findings," *Academy of Management Journal*, 18-1, p. 110.
59) Moberg, D. J., et al., op. cit., pp. 111-112.
60) Moberg, D. J., et al., op. cit., pp. 112-119.
61) Moberg, D. J., et al., op. cit., pp. 119-122.
62) Moberg, D. J., et al., op. cit., p. 119.
63) Moberg, D. J., et al., op. cit., p. 110.
64) Galbraith, J. R. (1977) *Organization Design*, Addison-Wesley, p. 39.
65) Galbraith, J. R., op. cit., p. 5.
66) Galbraith, J. R., op. cit., pp. 6-7.
67) Galbraith, J. R., op. cit., p. 36.
68) Galbraith, J. R., op. cit., pp. 36-37.
69) Galbraith, J. R., op. cit., p. 38.
70) Galbraith, J. R., op. cit., p. 36.
71) 加護野忠男（1978）「事業部制と職能制―組織形態選択の実証的分析―」『国民経済雑誌』第137巻6号, p. 69, また Parke, E. L. は, Galbraith の前掲書に対する書評において, 個々の問題の取り扱いではなく, 一見ばらばらで不整合な広範な組織現象を統合するためのフレームワークを提示しようとする努力に, Galbraith の貢献の意義を見出している。Parke, E. L. (1978) Book Reviews "Galbraith, J. R., Organization Design," *Academy of Management Review*, Vol. 3, No. 3, p. 690.
72) Galbraith, J. R., op. cit., p. 38.
73) Tushman, M. L. & Nadler, D. A. は情報処理モデルの今後の研究課題として次のような点を指摘している。① 組織（あるいはその下部単位）が直面する情報処理の要求と組織構造がもつ情報処理能力との適合・調和は, 組織の有効性と本当に関連しているかどうかをテストする。② 仕事の特性・環境・相互依存性が下部単位の構造に及ぼす相対的影響, 調整や統制のためのさまざまな代替的メカニズムの有効性, 組織構造の選択に対する管理者の意思決定の影響などをさらに調査する。③ 時間の経過に伴う構造の発展, 下部単位の情報処理能力を増大させる構造以外のメカニズムなどを検討する。Tushman, M. L. & Nadler, D. A. (1978) "Information Processing as an Integrating Concept in Organizational Design," *Academy of Management Review*, Vol. 3, No3, p. 622.

74) 西田春彦・新睦人編（1976）『社会調査の理論と技法（Ⅰ）アイデアからリサーチへ』川島書店, p. 60。
75) 命題のもつ情報価値について H. L. Zetterberg は次のように述べている。「一般的に言って，ある命題が誤りであることを証明できると思われる種々の方法が多く存在すればするほど，その命題の情報価値は高い。換言すれば，ある命題のもつ情報価値が高ければ高いほど，その命題が説明できる出来事の種類が多いのである。低い情報価値しかもたない多数の命題を，高い情報価値をもつ少数の命題に包摂することは，いかなる科学領域における理論家にとっても決定的に重要な課題である。」（Zetterberg, H. L. (1963) *On Theory and Verification in Sociology*, revised ed., Bedminster Press, p. 21）。命題の区分については，Zetterberg, H. L., op. cit., pp. 35-36 を参照されたい。
76) Zetterberg, H. L., op. cit., p. 36.
77) Merton, R. K., op. cit., p. 41.
78) 仮説的命題を整理する方法として Zetterberg は次の6つをあげている。① 決定要因の棚卸し表，② 結果の棚卸し表，③ 命題の連鎖型，④ 命題の行列，⑤ 定義の縮小を伴う公理方式，⑥ 命題の縮小を伴う公理方式。（Zetterberg, H. L., op. cit., Chapter Ⅲ, pp. 26-34）。
79) Zetterberg, H. L., op. cit., pp. 14-17. なお変数間のパターンについては次も参照されたい。西田春彦他編（1976）前掲書, pp. 67-72。
80) R. Boudon は,「A ならば B であることが多い」と「B ならば C であることが多い」という命題から,「A ならば C であることが多い」という命題は必ずしも生まれないことを示し，厳密な論理的包含関係「もし…ならば，その時（いつも）…」を弱い包含関係「もし…ならば，その時（一般に，より多く，等々）…」で置き換えた時には議論の構造が変わるということから，理論化のために諸命題を公理化しようとする Zetterberg の方法は，厳密な包含関係の場合にだけ可能になり，社会科学における多くの命題が示す弱い包含関係の場合には不可能であるとして，それに代わって,「弱い含意の理論」を展開している。Boudon, R. (1971) *Les Mathématiques en Sociologie*, Presses Universitaires de France.（岡本雅典・海野道郎訳（1978）『社会学のロジック』東洋経済新報社)。いずれにしても，さまざまな調査結果から因果関係を厳密に推論するために，変数間の含意関係の論理的分析が必要になることは既述の通りである。
81) 森岡清美（1974）「理論構成への接近」山根常男・森岡清美編『現代社会学の基本問題』有斐閣, p. 236。
82) Zetterberg, H. L., op. cit., Preface to the second edition.
　小松陽一・野中郁次郎両氏の訳によって，J. Hage (1972) *Techniques and Problems of Theory Construction* (in Sociology, John Wiley & Sons.) の邦訳書（『理論構築の方法』白桃書房, 1978 年）が出版された。本書は，本稿でその必要性が強調された理論構築のための方法を具体的に示すものとして社会科学一般の研究者にとって参考になるが，特に組織論や管理論の研究者にとって注目に値するように思われる。

4章 組織デザインにおけるパラダイム・シフト

はじめに

　現代は「組織の時代」であり，政治，経済，教育，軍事，宗教などほとんどすべての領域における活動が組織を通じて遂行されている。われわれはさまざまな組織に所属し，さまざまな組織と関わりながら生活している。したがって組織のあり方如何がわれわれ個人の生き方や社会のあり方に大きな影響を及ぼすことになる。「組織デザイン」とは，われわれにとって望ましい組織を形成することであり，具体的には，「望ましい組織の条件」を明らかにするとともに，そのような条件を充足する「組織化の諸方策」を考案することを課題としている。

　組織は，個人では実現できないことを複数の人々の協働により実現するために形成される。したがって望ましい組織の第1の条件は，組織が実現しようとする目的や使命が達成されることである。個人が組織に参加する理由・動機はさまざまであるが，組織が存続するためには組織成員の個人的動機が充足されることが不可欠であり，これが望ましい組織の第2の条件となる。組織はまた，社会を構成するサブ・システムとして，その存在の正当性を社会的に認知されなければ存続できない。したがって，社会的正当性が望ましい組織の第3の条件となる。

　「組織目的の達成」「組織成員の満足」「社会的正当性」の3つは，望ましい組織であるための形式的条件として普遍性を持つが，その実質的内容や，これ

らの条件を充足する具体的な組織化方策は時代や国により，さらには個人によっても異なる。しかしマクロ的に見ればその時々の人々に共有された時代精神・価値観・信念，ライフスタイルなどを背景に「望ましい組織づくり」に関する一定のフレームワークが存在する。本章ではこれを「組織デザインのパラダイム」と呼び，その今日的特徴を考察する。

1．組織デザインの諸アプローチ

1.1 原則論アプローチ(principles approach)

これは有効かつ効率的な組織をデザイン・管理するための指針として役立つ「組織原則」や「管理原則」を定式化しようとするアプローチであり，管理過程論の始祖アンリ・ファヨール(Henri Fayol)に始まり伝統的組織論に継承された(H. Fayol：1916, J. D. Mooney & A. C. Reiley：1931, L. Urwick：1943, W. H. Newman：1951, G. R. Terry：1953, H. Koontz & C. O'Donnell：1955, A. Brown：1963)[1]。たとえばファヨールは，分業，権限・責任，規律，命令一元性，指揮の一元性，個人的利益の全体的利益への従属，報酬，集権化，階層組織，秩序，公正，従業員の安定，創意，団結心など14の原則を列挙し，ブラウンは『経営組織』において96の原則を提示している。

多くの論者が多様な原則を提示してきたが，職能的専門化，命令一元性，管理範囲，管理階層，職務・権限・責任の対応などは，今日でも言及されることが多い組織原則である。しかしこのような原則を定式化しようとするアプローチに対して，サイモン(H. A. Simon)は痛烈な批判を行った。彼の批判のポイントは，①用語・概念が曖昧で，管理に対する統一的概念が欠如していること，②原則相互間に矛盾する内容が含まれており，ウエイト付けの統一的基準も存在しないこと，③科学的・経験的検証が欠如しており，実践的有効性と科学性に劣ること，などである[2]。

こうしたサイモンの批判に対して，実証的データに基づき，一定のコンテクストの下で有効な組織や管理のあり方を明らかにしようとするのが次のコンテ

ィンジェンシー・アプローチである。

1.2　コンティンジェンシー・アプローチ(contingency approach)

　これは，組織が置かれているコンテクストや組織特性をいくつかの次元(dimension)に分解し，コンテクストと組織特性の間に「適合関係」を確立することを目指すアプローチである。これは「コンテクストと組織特性の間に適合性があれば，高い成果を実現することができる」という仮説に基づいている。コンテクストとしては，環境の不確実性(T. Burns & G. M. Stalker : 1961)，戦略のタイプ(A. D. Chandler, Jr. : 1962)，技術(J. Woodward : 1965)，規模(D. S. Pugh : 1998)，文化(G. Hofstede : 1980)などが取り上げられてきた。

　このアプローチの方法論は要素還元主義であり，組織を，それぞれ別個に検討しうる独立した要素に分解可能なものとして扱っており，それぞれの要素について得られた知識を合計すれば組織全体を理解できるとする機械論的組織観に基づいている。このような方法論に立脚するコンティンジェンシー・アプローチは，多変量解析など統計的分析手法になじみやすく，定量的データを基礎に実証的理論を展開できるという利点がある。その反面，このアプローチは，組織としての一貫性や整合性を軽視しているという問題点がある。多様なコンテクストからの要求に個別的に対応すると，結果的に，組織としての一貫性や整合性を欠いたモザイクのような組織になってしまう恐れがある。また，多様なコンテクストからの要求が相互に対立した場合，どのように対応すべきかが明らかではない。

1.3　形態アプローチ(configuration approach)

　これは組織をホーリスティック(全体論的)なシステムとしてとらえ，構成要素は全体として一貫した形態を生み出すように相互に有機的に関連づけられているとして，その全体的なパターンを確立することを目指すアプローチである。すなわち，このアプローチは「組織としての内部的一貫性を持つ形態を確立で

きれば，高い成果を実現できる」という仮説に基づいている[3]。高い成果を実現する組織は，あらゆるコンティンジェンシー要因に対応しようとするのではなく，組織の支配的グループや組織デザイナーにより戦略的に選択された要因に対して優先的に対応し，内部的に一貫した組織形態を持つのに対し，低い成果しか実現できない組織は，多元的なコンティンジェンシー要因の要求にすべて対応しようとして，結果的に，一貫性を欠いた組織構造を生み出しているのである。

このアプローチの方法論は全体論(holism)であり，組織は相互依存的・相互補完的要素から成る有機的システムであり，要素間の調和や一貫性を実現しなければならないとする有機的・調和的組織観に基づいている。

形態をカテゴリー化する方法に次の2つのやり方がある[4]。ひとつは「類型論」(typology)であり，研究者の思索や直感に基づき主観的に組織モデルが構築される。ウェーバー(M. Weber)が定式化した官僚制の理念型やミンツバーグ(H. Mintzberg)による組織構造の5類型などがこれに当たる。研究者の価値視角から見て本質的に重要と思われる要素が抽出され，頭の中で論理的に再構成されて組織モデルが構築されるため，類型の数も少なく，相互に体系的に異なっており，構成要素間に調和・一貫性が見られる。したがって，論理的に理解しやすいが，経験的データによる裏付けはない。

もうひとつは「分類法」(taxonomy)であり，データベースから定量的方法により組織モデルが構築される。ピュー(Pugh)，ヒクソン(Hickson)らによる官僚制の7つのタイプの分類，ミラー(Miller)とフリーセン(Friesen)らによる成功企業・不成功企業のタイプの分類などがこれに該当する。分類法により構築された組織モデルは，類型論として構築された組織モデルと比べて，形態の数も多く，相互の違いも必ずしも明確ではないが，客観的なデータベースに基づいているため，他の研究者による追試・検証が可能であるという利点がある。

類型論にせよ分類法にせよ，構成要素間の一貫したパターンを明らかにすることにより，組織全体のイメージや特徴を全体的・総合的に把握しやすく，組

織診断や組織デザインのツールとして役立つ。しかし，現実の組織はいくつかの形態的特徴が混在した混合型であり，混合の度合いが強くなると，形態アプローチの有用性は低下せざるを得ない。

1.4 パラドックス・アプローチ(paradox approach)

これは，従来の理論が合理性や論理的一貫性を要求するあまり矛盾する見方を駆逐してしまったことに対する反省・批判を背景に登場してきたアプローチであり，「組織が有効であるためには，矛盾し相互に排他的でさえある属性を同時に持たなければならない」という仮説に基づいている。[5]

パラドックス(paradox)という概念は，語源的にはギリシャ語で「〜に反する」という意味の「パラ」と，「一般的に正しいとされている見解」という意味の「ドクサ」が結びついた合成語であり，「一般的に正しいとされている見解には反するけれどもやはり正しい見解」を指す言葉であった。[6]またラテン語の語源では，パラドックスは「対立するアイデア」あるいは「明白な矛盾」を意味し，哲学や論理学では「矛盾した要素が同時に存在し，同じように作用している」状態を意味している。類似語に「ジレンマ」(dilemma)という概念があるが，これは「相反する二つの事柄の板挟みになって，どちらとも決めかねる状態」(広辞苑)を意味している。また「アンビバレンス」(ambivalence)という概念は，たとえば愛と憎しみのように「相反する二つの衝動が同時に作用し，その一方を選択することができないことから生ずる精神の不安定な状態」(小学館ランダムハウス英和辞典)を意味している。これらの類似語と比べた場合，パラドックスは，矛盾したものの間で選択をする必要がないという点で異なっている。パラドックスにおける矛盾する要素は，いずれも受け入れられ存在し，両方とも同時に作用しているのである。[7]

組織や管理におけるパラドックスの重要性は，1980年代からクイン(R. E. Quinn, 1981)，キャメロン(K. S. Cameron)らを中心に提唱され，ピータースとウォーターマン(T. J. Peters & R. H. Waterman, 1982)，コリンズとポラス(J. C.

Collins and J. I. Porras, 1995)，ハンディ(C. Handy, 1995)らもパラドキシカルな思考の重要性を指摘している。わが国では，伊丹(1987)，松本(1994)，大月(1999)らがパラドックスに注目した論考を展開している[8]。

　パラドックス・アプローチにおいては，価値多元論・価値相対主義の立場から，組織有効性を実現するためには対立する価値が生み出す両極性の創造的緊張が不可欠であり，対立する価値の間にダイナミックなバランスを生み出すことが求められる。組織が明確な基軸価値を持たないと組織活動の焦点が定まらず有効性を発揮できないが，ある価値を一面的に追求し，それと対立する価値を無視し続けると，両極性の創造的緊張が失われ，さまざまな危機や失敗が生じるのである[9]。対立・競合する価値に対するパラドキシカルな対応というアイディアを最初にモデル化したのはローボー(J. Rohrbaugh)やクインであるが，彼らの「競合価値モデル」(Competing Values Model)のアイデアを修正・発展させた「組織デザインのパラドックス・モデル」については，結語で考察する。

2．組織デザインの価値前提とその変容

　組織デザインは，環境の不確実性，戦略，技術，規模，発展段階(ライフサイクル)，文化などさまざまな要因によって規定されるが，これらの要因はあくまで組織デザインの制約要因であり，現実の組織は，経営者の戦略的選択によって主体的に決定される[10]。したがって，組織デザインはまず第一義的には経営者の価値観や信念により大きく規定される。また，組織は共通目的を実現するための複数の人々の協働システムであるから，組織に参加する人々の価値観や信念によっても規定されている。極論すれば価値観や信念は個人ごとに異なるが，マクロ的に見れば，ある時代に生きる人々に共有された価値観や時代精神(ethos)といったものがあり，その時々の組織デザインを規定している。そこで次に，このような組織デザインをマクロ的に規定する価値前提とその変容について考察する。

2.1 近代産業社会を支えた価値観
1） 機能的合理性（手段的合理性）

　近代産業社会は，一定の目的を達成するために最適な手段を選択する「機能的合理性」（手段的合理性）を徹底的に追求する社会であった[11]。手段それ自体には何の価値もなく，手段はただ望ましいとされる目的達成にどれくらい貢献するかによってのみ評価される。目的達成の効率性が求められ，効率を確保するためにさまざまな管理メカニズムが生み出された。

　作業から徹底的に無駄を排除して"One Best Way"を追求したテイラー（F. W. Taylor）やギルブレス夫妻（F. B. Gilbreth & L. M. Gilbreth），計算可能・予測可能な規則に基づく業務処理を中核とする官僚制組織の理念型をモデル化したウェーバー（M. Weber），管理機能の要素的分析と管理原則の定式化により管理過程論を切り開いたファヨール（H. Fayol）らは，それぞれ「作業の合理化」「組織の合理化」「管理の合理化」に先鞭をつけ，近代産業社会を支える合理的システムの確立に貢献した。このような機能的合理性の追求は「豊かな社会」の実現に大いに貢献したが，その反面，徹底した合理化の結果，労働の非人格化・脱人間化などさまざまな非合理性を生み出した[12]。

2） 欠乏動機，成長志向

　近代産業社会は，満たされない欲求の充足を求めて行動する人間を前提とし，そのような「欠乏動機」（今田，1987：30-33）を梃子に成長を志向する社会であった。国は「豊かな社会」の実現を政策として掲げてGNP（国民総生産）の拡大を追求し，企業はより大きな売上高，利益，シェアを求めて巨大化し，個人も「豊かな生活」を手に入れるために一心不乱に働いた。大きいこと，成長すること，物質的に豊かになることは無条件に良いこととされ，結果的に大量生産・大量消費・大量廃棄の社会を生み出してきた。

　国も企業も個人も「欠乏動機」に突き動かされ行動し，管理メカニズムもこのような欠乏動機を前提にしてデザインされた。マズロー（A. Maslow）の欲求

段階説が象徴的に示しているように，人間は「生理的欲求」が満たされれば「安全への欲求」を求め，安全が確保されれば「集団への帰属や愛情」を求め，それが満たされれば「自我・自尊の欲求」を求め，それも満たされれば「自己実現の欲求」が追求される。最高位に位置づけられる自己実現の欲求に限界はないとしても，より高次の欲求が存在しない限り，豊かな社会が実現すれば欠乏動機がうまく機能しなくなるのは論理的必然である。

3） 勤勉の哲学，禁欲的労働倫理，仕事中心主義，会社人間

人が働く理由はさまざまである。「生活の糧を得るため」という経済的理由は，いつの時代においても，どこの国においても人々が働く主要な理由であるが，産業化の初期には，勤勉の哲学，禁欲的な労働倫理が確かに存在していた。ヨーロッパやアメリカではプロテスタンティズムの倫理に基づく「天職・使命」としての労働観があり，日本にも「農業即仏行なり」と説いた禅宗の鈴木正三や，商業道徳を説いた石田梅岩の石門心学などがあった。[13] 国や宗教は異なっても，「どんな仕事でも一生懸命遂行することが人間としての義務である」という勤勉の哲学や，事業・仕事のために快楽を犠牲にすることが良いことであるとする禁欲的労働倫理が存在していた。

また近代産業社会では，人生や生活の中で仕事が占めるウエイトが極めて高い「仕事中心主義」が見られ，仕事をする場としての会社に全人格的に一体化し，会社のため，仕事のために私生活を犠牲にすることすら厭わない「会社人間」[14] も多く存在した。会社と個人の利益が一致している限り，このような仕事中心主義や会社人間的生き方は個人にとっても合理的なことであった。

4） 立身出世主義

近代産業社会では，人々がより高い所得やステータスを持つ職業，より高い組織内地位を求めて努力する立身出世主義，上昇志向，成功志向が強く見られた。「偉くなりたい」「出世したい」という強い願望が，人々を強く動機付け，

組織や社会の活力を生む原動力となっていた。[15]

2.2 ポストモダン的価値観

「ポストモダン」という概念はさまざまな分野でいろいろなコンテクストにおいて用いられているが，渡辺(1994)は，1960年代後半以降，脱産業化を中心とする経済構造の変化と相関して進行した社会制度における変化，特に先進産業社会における仕事や組織に関わる価値観の変化を総合的に表現する概念として用いている。[16] 本章でもこれにならい，「ポストモダン的価値観」を，脱工業化社会，高度情報化社会，豊かな消費社会における組織デザインの価値前提という意味で用いる。

1） 意味の充実，差異動機，自分らしさの追求

「豊かな社会」においては，人々は飢えから解放され豊かな消費生活を満喫するとともに，自分の行為や生活に「意味」を求めるようになる。目的に対するたんなる手段的存在に甘んずることに異議を唱え，自分の行為や生活に自分なりの主観的な意味を付与することで自己の生活世界の意味の充実を図ろうとするようになる。豊かな社会を実現するために手段的役割を果たすことに満足するのではなく，そもそも「何のための豊かさか」を問い，生活手段としての労働ではなく，労働それ自体に意味を求めるようになり，「生きがい」「働きがい」を強く求めるようになる。[17]

意味の充実を求める豊かな社会では，人々は欠乏動機ではなく，いかに自分らしくあるかという「差異動機」によって強く動機づけられるようになる。[18] 最高次の欲求とされる自己実現欲求では，それより上位の欲求が存在しないのであるからもはや欠乏動機は機能せず，いかに自分らしく個性的に自己実現するかが関心事になる。

2) 余暇中心主義，私生活中心主義，快楽肯定主義

　かつて働くことは人間として当然の義務・使命であり，人格形成のための修行であるとする禁欲的な労働倫理が存在した。しかし，豊かな社会では労働の尊厳や禁欲的倫理は希薄化し，働き過ぎは非人間的であるとされ，「余暇中心主義」「私生活中心主義」が強くなってきている。また，他人に迷惑さえかけなければ，快楽を追求することは何らやましいことではなく正当なことであるという「快楽肯定主義」も強くなってきている。[19]

3) 自己実現至上主義

　先に述べたように，豊かな社会では，目的達成のためのたんなる手段としての労働は次第に敬遠され，仕事それ自体に主体的な意味を求めるようになってきている。機械的労働や単調労働は非人間的労働として嫌悪され，仕事は人々に生きがいや働きがいを与え，自己実現の機会を提供するものでなければならないという「自己実現至上主義」が強く意識されるようになってきている。[20]

4) 持続可能な開発

　経済活動は必然的に資源の消費やさまざまな環境負荷を伴う。経済活動が小規模のうちはこのような問題は特に強く意識されることはないが，経済活動が大規模化しグローバル化してくると資源問題や環境問題は深刻化する。1972年，ローマ・クラブの報告書『成長の限界』が出版され，歯止めなき成長に警鐘が鳴らされた。1980年には国際自然保護連合により「持続可能な開発」(sustainable development)の概念が提唱され，これ以降，地球環境問題を論ずる際のキーコンセプトになった。「大きいことはよいことだ」という考え方から「small is beautiful」(E. F. Schumacher, 1973/1993)[21]という考え方に人々の認識が変わってきている。

3. 組織デザインにおけるパラダイム・シフト

豊かな消費社会の出現により，近代産業社会を支えてきた価値観が，ポストモダン的価値観へと変容し始めた結果，組織デザインにおいても人間観，仕事観，組織観の転換が不可避となり，次のようなパラダイム・シフトが求められてきている。

3.1 人間観の転換

組織や管理は人間を対象とする以上，人間をどのような存在としてとらえるかによって，有効な組織や管理のあり方は当然異なる。労働者は仕事が嫌いで，主体的な判断力に欠け，経済的な誘因をもっとも重視するという人間観に立てば，科学的管理法のような「アメとムチ」の管理が有効となる。しかし，人間にとっては集団帰属欲求こそ根元的な欲求であり，職場での人間関係を通じて社会的欲求を充足することが最も重要な関心事であるという人間観に立てば人間関係論的管理が有効になる。一方，人間は主体的な意思決定能力を持ち，仕事を通じて成長や自己実現を追求するという人間観に立てば，参加をベースにした人的資源管理が有効になる。渡辺(1994)も指摘しているように，近年，この自己実現至上主義が顕著に台頭してきており，組織としては「やりがい・働きがいのある仕事や職場」を提供することが大きな課題となってきている。[22]

もうひとつ重要な変化が，個人と組織の関係のあり方に認められる。太田肇(1997)は，個人が「組織」と「仕事」のいずれに強くコミットするかによって「組織人」と「仕事人」(プロフェッショナル)を区別し，各種の調査から，仕事人志向が増加傾向にあることを指摘している。[23] 野村総合研究所の調査でも，「自分の能力や専門性を高めることで社会的に認められたい」という意見に賛成の人が，就業者(パート・アルバイトも含む)全体の75％を占めており(30歳代までの層では約8割を超えている)，「自分の仕事の目的は会社を発展させることである」の60％を上回っている。[24]

組織に強く一体化し，組織特殊的知識・技能を身につけ，組織に貢献することを通じて組織内で昇進することを目指す「組織人」の存在が，戦後の日本経済の高度成長を支えてきた面があることは否定できない事実であろう。しかし，太田(1994, 1997)が指摘しているように，このような組織人に代わって，仕事に強く一体化し，外部に通用する汎用性・専門性ある能力を身につけ，その専門的な仕事を通して自己の目的を追求する仕事人のウエイトが高まってきているとすれば，それに対応した組織のデザインとマネジメントが必要になる。[25]「仕事人」に対しては，専門家としての能力を育成するためのキャリア・ディベロップメント，良好な仕事環境の提供，専門家としての貢献に対する正当な処遇などが重要である。

　組織と仕事に対するコミットメントの強弱で組織内の成員を類型化すれば，上記の「組織＝強，仕事＝弱」(組織人)，「組織＝弱，仕事＝強」(仕事人)の組み合わせの他に，「組織＝強，仕事＝強」「組織＝弱，仕事＝弱」という組み合わせも存在する。前者を「エリート社員」，後者を「パラサイト社員」と呼ぶことにする。会社の中枢を担いピラミッドを駆け上ってゆくのは，組織にも仕事にも強く一体化した「エリート社員」に他ならない。このような人々は仕事のチャンスさえ与えられれば自ら進んで仕事に取り組み，組織の発展に貢献するはずである。一方，解雇されない程度に仕事はするが，組織に対しても，仕事に対しても特に一体化しない「パラサイト社員」も存在する。

　エリート社員や仕事人は，適切な条件さえ提供すれば自ら進んで仕事に取り組む。一方，これからの日本企業にとって大きな課題となるのは，組織人とパラサイト社員に対する対応であろう。こうした観点から懸念されるのは，特にバブル経済崩壊後，社員と企業の間の信頼関係が揺らぎ，組織人が会社との一体感を失い，パラサイト化するのではないかということである。入社以来30有余年，会社を運命共同体として寝食を忘れ，家庭を顧みる暇もなく働き，会社を支えてきた従業員に対し，時流を利用した過酷なリストラを行い，従業員をゴミくずのごとく扱った経営者に対して抗議し，社長室で割腹自殺した大手

タイヤメーカーの元社員の行動は，個人と会社の冷めた関係を象徴的に表している。[26]

会社に対する信頼感の揺らぎに加え，余暇志向の高まりや出世意欲の減退も「パラサイト社員」を生み出す要因となっている。NHK放送文化研究所の調査によれば，「余暇と仕事のどちらに生きがいを求めるか」という問いに対して，「余暇志向」とする回答は1973年には32％であったが，1998年には37％に増加しており，「仕事志向」は44％から26％に減少している。[27] また，社会経済生産性本部と日本経済青年協議会による『平成11年度新入社員「働くことの意識」調査報告書』(1999)によれば，「どのポストまで昇進したいか」との質問に対し，「社長」(19.3％)，「重役」(11.0％)，「部長」(8.4％)であるのに対し，「専門職(スペシャリスト)」(28.7％)，「役職にはつきたくない」(6.9％)，「どうでもよい」(15.6％)である。「部長」以上の昇進を望む新入社員が38.7％であるのに対し，昇進を望まない，あるいは無関心な新入社員が51.2％となっている。[28]

会社への忠誠心に動揺の見られる「組織人」，会社や仕事以外に生きがいを求める「パラサイト社員」をどのようにして仕事に燃えさせることができるか。そのためには次に述べるように，仕事の意味それ自体の再構築が求められる。

3.2 労働観・仕事観の転換

働きがいや生きがいを云々する以前に，生きていくために働かざるを得ない人が相当存在するのが現実であろう。しかし生きるため，生活のために働かざるを得ない人々も，自分の労働に意味を求めていることも事実である。ロボットと異なり，人間は自分の行為に意味を求めることを放棄できないのである。

「労働の人間化」はイデオロギー的観点からも，管理の実践的要請からも長らく論じられてきたテーマではあるが，これまで経営の場で実践されてきたことといえば，職務拡大・職務充実，多能工化，ジョブ・ローテーション，半自律的作業集団編成，目標による管理などである。[29] これらは作業の単調感を多少軽減する効果は期待されるものの，「労働の人間化」という観点からすれば極

めて限定的である。そこで本章では,「仕事に対する自発的・主体的取り組み」と「遊技性の付与」という2つの要件を提言したい。

どのような仕事であれ,会社や上司から「強制され働かされている」という意識がある限り,仕事に積極的な意味を見出すことは難しい。仕事に対して自発的・主体的に取り組んでいるという意識・姿勢があってこそ仕事へのモチベーションや責任意識も高まる。したがって,自発性・主体性という要素をどのように仕事の仕組みに組み込むかが重要な課題となる。目標による管理,自己申告制,社内公募制,社内FA制,フレックスタイム制,裁量労働制などは個人の自発性・主体性を生かそうとする制度であるが,重要なのは制度それ自体というより,その運用方法,あるいはその背後にある理念である。その意味で参考になるのは「ファブレス経営」で知られる金型商社ミスミの事例であろう。

ミスミは1994年以来,戦略的タスクごとに社内公募によりチームを編成するユニットチーム型組織を採用してきたが,その根底には,「仕事は会社から与えられるものではなく,自らの力で作り出し,勝ち取る」という考え方が存在している。同社では,毎年2～3月に,役員が自分で企画した次年度のタスク(事業プログラム)をトップマネジメントチームに提案し,採用されればそのタスクのユニットリーダーになる。ユニットリーダーは自分の企画を社内に公表し,チームリーダーとメンバーを公募する。チームリーダーに立候補する社員(主に部課長クラスであるが,年齢・入社年次に関係なく誰でも手を挙げられる)は,担当しようとするタスクの実行計画を作成し,プレゼンテーションを行い,ユニットリーダーの目にかなった計画の提案者がチームリーダーに指名される。チームメンバーも公募され,社員は自分が参加したいチームを第3希望まであげ応募し,チームリーダーにより選抜される。このようにミスミでは,役員から一般社員まで,「自分のアイデアで仕事を勝ち取る」という理念が浸透しており,これが同社の活力を生む源となっている。[30]

「仕事に遊技性・ゲーム感覚を与える」というと一見不見識のように思われるかもしれないが,これからの組織作りのひとつのポイントになると思われる。

今村仁司(1988)は，人間が生物的に生きるために行わねばならない活動を「労働」(labour)と呼ぶ一方，遊技性と結合した「労働」を「仕事」(work)と呼び，次のように述べている。[31]「近代では，人間的諸活動が労働一般に解消する傾向が強いが，この傾向を逆転させて『労働の仕事化』を構想するのが『労働からの解放』の理念であった。」(今村，1988：215)，「遊技的実践は労働と結合することで，労働の機械的・無意味的性格を転換させる。労働観の類型的比較からみてとれることは，遊技性と労働との結合が決して将来のユートピアではなく，過去の歴史のなかに事実として存在したことである。」(今村，1988：214)

生活手段としての労働を拒否し，仕事自体に意味を求める価値観の「コンサマトリー化」(今田，1987：20)が進む現代社会においては，仕事の中に「遊び・遊技性」の要素やある種の「ゲーム感覚」を組み入れることが有効になるであろう。独特の分社哲学の下に細胞分裂型組織戦略を展開している大陽工業グループの社主(当時)酒井邦恭は次のように述べている。「各人の自由裁量の幅をできるだけ大きくし，自分で責任をもって行うことができるようになれば労働は苦役ではなくなり，ゲーム感覚で仕事に熱中できる。」(酒井，1986：26)[32]，「使われているとか，やらされているという気分のうちは，人間は創造的な仕事はできない」(酒井，1996：107)[33]のであり，「積極的に自分から仕掛けてゆく面白さ，自ら創造してゆく面白さ，これが大切」(酒井，1996：124)なのであり，「社員の能力を引き出せなかったり，社員の能力を殺してしまったり，社員が働いていてもちっとも面白くなかったりしたら，いくらもうかろうとその経営者は失格である。」(酒井，1996：107)

ドン・キホーテの社長(当時)安田隆夫も「仕事を面白くするカギは，どこまで(仕事に)ゲーム性と創造性を持たせるかにある」[34]と述べている。同社の「スタッフ商店主システム」では，売り場担当者は会社の金で自由に仕入れをし，その運用実績をゲーム感覚で競い合っている。社員は商店経営の疑似体験をするとともに，作業・労働という義務感から解放され，ゲームのプレーヤーという感覚で仕事に取り組むようになる。こうしたゲーム性を盛り上げ，競争意識

を高めるために，営業成績，目標達成度，人材育成，ディスプレー技術その他さまざまなランキング発表やイベントを実施している。

日本青少年研究所長の千石保(1991)は，東京ディズニーランドのカストーディアル，JR新宿駅の駅ビルルミネのクリーンガールのように，掃除という作業をパフォーマンス化している姿を，労働に遊技性を付与した象徴的な事例としてあげている。[35]

このように「仕事に楽しさを」という考え方は，独特の「独法経営」を展開している前川製作所社長の前川正雄，「おもしろおかしく」を社是とする堀場製作所会長(当時)の堀場雅夫をはじめ，一部の経営者の間に広がり始めている。[36]

3.3 組織観の転換

自律的・主体的な個人を前提とすれば，組織にはコントロールよりもサポートの機能がより強く求められるようになる。伊丹(1999)は，従来の「ヒエラルキーパラダイム」に代えて，新たに「場のパラダイム」を提唱している。[37]

「ヒエラルキーパラダイム」は，企業組織を「意思決定する個人の集合体」とみる近代組織論のパラダイムであり，組織を階層としてとらえ，タテの命令系統を中心に中央集権的にマネジメントするアメリカ流の考え方である。そこでは，経営行動の焦点はシステム設計とリーダーシップであり，マネジャーは先頭に立って意思決定し，部下に命令し，動機付け，部下は上司の決定に従い仕事を遂行し，想定外の事項が生じれば上司と相談する。

これに対し「場のパラダイム」は，「ヒトは自律的な存在であると同時に協力的な存在でもある」(伊丹，1999：53)という人間観，「情報的相互作用の束」としての組織観に立脚した経営の新パラダイムである。ここでは，「場の生成とかじ取り」が経営行動の焦点となり，マネジャーは場のプロセスの流れを見ながら方向を示し，土壌を整え，承認し，仕事の細部は部下に任せる。想定外の事態に直面した場合，部下は，まわりと相談しながら自分で動く。

また今日，人々が仕事を通じて人間的に成長することを支援するような組織

デザインが求められており，太田(2001)は，個人が自発的に自己の能力を向上・発揮し，成果を上げられるよう支援することを本来の役割とするような組織を「インフラ型組織」と呼んでいる。[38]個人の成長を支援する人事制度としては，OJT や Off-JT の他，職能資格制度，キャリア・ディベロップメント・プログラム，ビジネス・キャリア制度，社内大学，教育訓練休暇制度などが実践されてきている。

このように，従来のコントロールを主体としたヒエラルキー型組織から，自律的・主体的・自己成長的個人を前提としたサポート型組織へのパラダイムシフトが求められているのである。

おわりに

対立・競合する価値に対するパラドキシカルな対応というアイディアを最初にモデル化したのはローボー(J. Rohbaugh)やクインであるが，彼らの「競合価値モデル」(Competing Values Model)のアイディアを修正・発展させたのが図4-1 の「組織デザインのパラドックス・モデル」である。

すでに述べたように，組織は何らかの明確な基軸価値を持たないと活動の焦点が定まらず有効性を発揮できないが，ある価値だけを一面的に追求し続けるとさまざまな危機や失敗が生じる。たとえば，規則遵守，ヒエラルキー，文書主義などの特徴を持つ「官僚制組織モデル」は，本質的に安定志向・内部志向・集権志向が強く，定型的な業務処理の確実性・効率性・継続性・公平性などの点で優れている。しかし，これらの価値が一面的に追求されると，過度の先例主義(先例墨守症候群)や過度の形式主義(レッドテープ症候群)に陥り，組織が硬直化し，いわゆる「大企業病」として知られる官僚制の逆機能が生じる。

官僚制組織モデルの対極に位置するのが，変化志向・外部志向・分権化志向の「オープン・システム・モデル」である。この組織モデルは，環境変化への適応能力，イノベーションの創造能力が高く，外部環境に積極的に働きかけ，外部から支援や資源を獲得する能力に長けている。しかし，これも行き過ぎれ

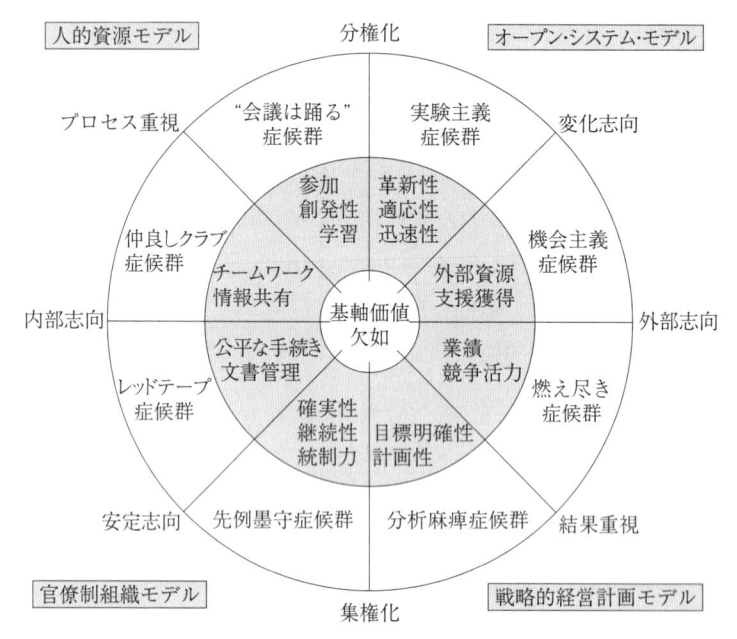

図 4-1　組織の基軸価値と組織モデル

出所）松本芳男(2004)「価値観の変容と組織デザイン」経営能力開発センター編
『現代経営の課題』(経営学検定試験公式テキスト)中央経済社，p.202

ば，技術を過信して市場ニーズを無視した製品開発に走ったり(実験主義症候群)，贈収賄事件，ヤミカルテル，談合などの企業不祥事を生むことにもなりかねない(機会主義症候群)。

結果志向・外部志向・集権志向が強い「戦略的経営計画モデル」は，明確な目標設定と戦略策定，詳細な計画・手続き，厳格な業績評価と信賞必罰の報酬制度などにより組織内に競争活力を生み，高い業績を達成することが可能になる。その反面，計画作りや分析自体が自己目的化してしまったり(分析麻痺症候群)，業績至上主義や競争が行き過ぎて従業員が疲弊してしまうことにも成りかねない(燃え尽き症候群)。

戦略的経営計画モデルの対極に位置するのが，プロセス志向・内部志向・分

権志向の「人的資源モデル」である。これは人間関係への配慮，集団的討議や和の尊重，意思決定への参加や学習機会の提供などにより，チームワークや協調性，参画意識，情報共有などの点で優れている。その反面，議論ばかりで一向に結論が出なかったり（会議は踊る症候群），誰も業績に対して責任を負わない無責任体制にもなりかねない（仲良しクラブ症候群）。

　要するに，上記4つの組織モデルのいずれを基軸として経営するにせよ，特定価値への行き過ぎに絶えず注意し，それと対極にある価値とのダイナミックなバランスや緊張関係を維持することが重要である。行き過ぎが生じているかどうかを判定する「魔法の方式」はないが，組織の健康状態を定期的に調べる「組織診断」は可能である[39]。

　近代産業社会は，個人・企業・国家の欠乏動機をバネに成長・発展を遂げてきたが，21世紀には「持続可能な成長」(sustainable development)の理念に沿って，地球規模での全体的調和・共生を考えなければならない。組織デザインにおいても，有効性や能率などの単一価値だけを追求するのではなく，革新性，創造性，労働生活の質，働きがい，社会正義，公正など，ますます多元的な価値を考慮することが求められてきている。安易な二者択一的態度を廃し，多元的な価値を考慮しながらも行動不能に陥ることなく，ダイナミックなバランスを追求していくところに「人間の顔をした組織社会」の実現がかかっているのである。

【注】

1) Fayol, H. (1916) "Administration industrielle et generale," *Bulletin de la Societe de l'Industrie Minerale.*（山本安次郎訳（1985）『産業ならびに一般の管理』ダイヤモンド社）。
　　Mooney, J. D. & A. C. Reiley (1931) *Onward Industry!.*
　　Urwick, L. F. (1943) *The Elements of Administration,* Harper.（堀武雄訳（1961）『経営の法則』桂林書房）。
　　Brown, A. (1947) *Organization of Industry,* Prentice-Hall.（安部隆一郎編（1963）『経営組織』日本生産性本部）。

Newman, W. H. (1951) *Administrative Action: The Technique of Organization and Management*, Englewood Cliffs.
Terry, G. R. (1953) *Principles of Management*, Homewood.
Koontz, H. & C. O'Donnell (1955 [1968]) *Principles of Management: An Analysis of Management Functions*, McGraw-Hill. (大坪檀・高宮晋・中原伸之訳 (1965-67)『経営管理の原則 第1巻 経営管理と経営計画』ダイヤモンド社)
2) Simon, H. A. (1945) *Administrative Behavior: A Study of Decision-Making Processes in Administrative Organization*, 2nd ed., Macmillan, pp. 20-36. (松田武彦・高柳暁・二神敏子訳 (1965)『経営行動』ダイヤモンド社, pp. 25-45)
3) Khandwall (1973) は,構造変数間の内部的一貫性が組織成果と正の関係があることを明らかにしている。Khandwalla, P. N. (1973) "Viable and Effective Organizational Design of Firms," *Academy of Management Journal*, Vol. 16, No. 3, pp. 481-95.
4) 形態をカテゴリー化する方法については,次の文献を参考にした。Miller, D. & H. Friesen (1984) *Organizations; A Quantum View*, Prentice-Hall, pp. 64-65.
5) Cameron, K. S. (1986) Effectiveness as Paradox, *Management Science*, 32, pp. 539-553.
6) 森下伸也・君塚大学・宮本孝二 (1998)『パラドックスの社会学(パワーアップ版)』新曜社, pp. 21-22。
7) Cameron, K. S. & R. E. Quinn (1988) "Organizational Paradox and Transformation," in Cameron, K. S. & R. E. Quinn ed., *Paradox and Transformation; Toward a Theory of Change in Organization and Management*, Ballinger, p. 2.
8) Quinn, R. E. (1981) "A Competing Values Approach to Organizational Effectiveness," *Public Productivity Review*, 5, pp. 122-140.
Quinn, R. E. & J. Kimberly (1984) "Paradox, Planning, and Perseverance: Guidelines for Managerial Practice," in Kimberly, J. & R. E. Quinn ed., *Managing Organizational Transitions*, Dow Jones-Irwin.
Cameron, K. S. & R. E. Quinn ed. (1988) *Paradox and Transformation; Toward a Theory of Change in Organization and Management*, Ballinger. Cameron, K. S. (1986) "Effectiveness as Paradox", *Management Science*, 32, pp. 539-553.
Peters, T. J. & R. H. Waterman, (1982) In *Search of Excellence: Lessons from American's Best-Run Companies*. Harper & Row. (大前研一訳 (1983)『エクセレント・カンパニー』講談社)
Collins, J. C. & J. I. Porras (1994) *Built To Last*. (山岡洋一訳 (1995)『ビジョナリーカンパニー』日本BP出版センター)
Handy, C. (1994) *The Empty Raincoat*, Hutchinson. (小林薫訳 (1995)『パラドックスの時代』ジャパンタイムズ).
伊丹敬之 (1987)「経営戦略のパラドックス」『マネジメント・ファイル'88』筑摩書房, pp. 24-25。

松本芳男 (1994)「組織デザインの基本問題—3つのキーコンセプトとアプローチ—」日本経営学会編『経営学論集第64巻：世界の中の日本企業』pp. 277-282。

松本芳男 (1994)「組織価値診断のパラドックス・モデル」『商学集志』(日本大学商学部) 第64巻第1/2/3合併号, pp. 339-353。

大月博司 (1999)『組織変革とパラドックス』同文舘。

9) Rohbaugh, J. (1981) "Operationalizing the Competing Values Approach," *Public Productivity Review*, 2, pp. 141-159.

Quinn, R. E. (1981) "A Competing Values Approach to Organizational Effectiveness," *Public Productivity Review*, 5, pp. 122-140.

Quinn, R. E. & J. Rohrbaugh (1983) "A Spatial Model of Effectiveness Criteria: Toward a Competing Values Approach to Organizational Analysis," *Management Science*, 29 (3), pp. 363-377.

Quinn, R. E. (1988) *Beyond Rational Management: Mastering the Paradoxes and Competing Demands of High Performance*. Jossey-Bass.

10) Child, J. (1972) "Organizational Structure, Environment and Performance: The Role of Strategic Choice," *Sociology*, 6, pp. 1-22.

Hrebiniak, L. G. & W. F. Joyce (1985) "Organizational Adaptation: Strategic Choice and Environmental Deternimism," *Administrative Science Quarterly*, 30 (3), pp. 336-349.

11) 村上泰亮 (1975)『産業社会の病理』中央公論社, p. 85。

今田高俊 (1987)『モダンの脱構築：産業社会のゆくえ』中央公論社, pp. 18-19。

12) ジョージ・リッツアーは, テイラーやウェーバーにより先鞭をつけられた「世界の合理化」過程が現代社会の隅々にまで及んできている現象を「マクドナルド化」と呼び, その危険性に警鐘を鳴らしている。Ritzer, G. (1993/1996) *The McDonaldization of Society*. (正岡寛司監訳 (1999)『マクドナルド化する社会』早稲田大学出版部)

13) Weber, M. (1920) *Die protestantishe Ethik und der ≫Geist≪ des Kapitalismus, Gesammelte Aufsaetze zur Religionssoziologie*, Bd. 1. (大塚久雄訳 (1988)『プロテスタンティズムの倫理と資本主義の精神』岩波書店)。

また, 小笠原真 (1994)『近代化と宗教：マックス・ヴェーバーと日本』(世界思想社) では, 浄土真宗, 禅宗, 儒教, 石門心学, キリスト教などの宗教と「家」イデオロギーが日本の近代化に及ぼした影響が分析されている。

14) 田尾雅夫 (1997)『「会社人間」の研究—組織コミットメントの理論と実際—』京都大学学術出版会。

田尾雅夫 (1998)『会社人間はどこへ行く—逆風下の日本的経営の中で—』中央公論社。

宮坂純一 (2002)『企業社会と会社人間』晃洋書房。

内橋克人・奥村宏・佐高信 (1994)『会社人間の終焉』岩波書店。

Sampson, A. (1995) *Company Man, The Rise and Fall of Corporate Life*. (山岡洋二

訳（1955）『カンパニーマンの終焉』TBS ブリタニカ）

15) 小笠原真（1994）によれば，二宮金次郎に象徴される近代日本の立身出世主義と，近代ヨーロッパ創生期のプロテスタンティズムの倫理は，プロセスにおける行為自体の倫理化による日常生活の組織化という点で共通点を持つが，日本の場合，他者の目の監視下でいわば「期待の意識」「恥の意識」により制御されていたのに対し，ヨーロッパのカルヴィニズムの場合，内面的な良心の監視下で「原理の意識」「罪の意識」により制御されていたという点で異なっているとされる。

16) 渡辺聡子（1994）『生きがい創造への組織変革：自己実現至上主義と企業経営』東洋経済新報社，pp. 14-15。

17) 村上（1975：86）や今田（1987：18-23）は，目的のための手段ではなく，行動それ自体の価値を求める傾向を「コンサマトリー」（consummatory）という社会学上の概念で表現している。

18) 今田（1987），pp. 30-32。

19) 渡辺聡子（1994），p. 30。

20) 渡辺（1994）は「自己実現至上主義」を「仕事の第一義的意味は自己実現であるとする仕事観であり，仕事は何よりもまず生きがいを与え，自己発展のプロセスとなるものでなければならないという考え方」（p. 21）と説明している。

21) Schumacher, E. F. (1973/1993) *Small is Beautiful: A Study of Economics as if People Mattered*, Vintage Books.（小島慶三・酒井懋訳（1986）『スモール　イズ　ビューティフル：人間中心の経済学』講談社学術文庫，p. 211）

22) ライフデザイン研究所の『ライフデザイン白書』の調査（1999年1-2月，18-69歳の男女3,000人対象）によれば，「望ましい職場」の条件として，1位が「給料がよい」（74.7％），2位が「雇用が安定している」（74.6％）であり，デフレ不況下の厳しい経済環境を反映している。しかし注目すべきは3位が「能力が生かせる」（73.5％）であり，これと「仕事の内容が面白い」（70.7％），「責任ある仕事ができる」（69.3％）など，自分の能力が生かせる仕事を責任をもって遂行する姿勢が強く見られることである。加藤寛監修（1999）『ライフデザイン白書2000-01：生活満足度向上のための個性豊かな生き方を考える』ライフデザイン研究所，pp. 59-60。

また，電通総研の『第1回「価値観国際比較調査」報告書』（1997）は，日本（東京），中国（北京），タイ（バンコク），シンガポール（シンガポール），インドネシア（ジャカルタ），インド（ボンベイ）6カ国（6都市）在住の18-69歳の個人を対象に価値観の調査・分析（1996年11月～1997年1月）を行っているが，ここでも同様の傾向が見られる。「仕事・会社に求めること」を尋ねると，「給料が良いこと」が日本も含め各国とも最高になっているが，それ以下の回答で，日本では「やりがいがあること」（69％）が他国に比べ飛び抜けて高く，「自分の能力を発揮できること」（59％）も中国（60％）とともに飛び抜けて高くなっている。電通総研（1997）『第1回「価値観国際比較調査」報告書―東京とアジア5都市から見た多様性と共通性―』電通総研，p. 107。

23) 太田肇（1997）『仕事人の時代』（新潮社，P. 86）によれば，学生の47.8％が「組織

に属するが，専門職として能力を発揮したい」と回答し，「組織の中で昇進し，高い地位に就きたい」はわずか25.9%であるという。
24) 野村総合研究所社会・産業研究本部編（1988）『変わりゆく日本人：生活者1万人に見る日本人の意識と行動』野村総合研究所，p.65。
25) 太田（1994）は「仕事人」の増加を前提とした組織デザインとマネジメント手法として，以下のようなものをあげている。
　【キャリア形成】1．雇用管理　(1)採用：職種別採用，契約社員制度，中途採用，(2)配置：自己申告制度，社内人材公募制度，転出支援，専門職制度，派遣社員，フリーター，2．能力開発　留学制度，資格・免許取得支援，労働省「職業能力習得制度（ビジネス・キャリア制度）」，個人の自己啓発に対する支援
　【誘因と貢献】1．報酬と労働時間：年俸制，フレックスタイム制，裁量労働制，在宅勤務，営業の無出社勤務制度，2．評価制度：自己評価制度，加点主義評価，3．仕事上の諸条件：自由な研究の容認，勤務地限定制度，研究室制度
　太田肇（1994）『日本企業と個人—統合のパラダイム転換—』白桃書房，p.192。
26) 朝日新聞，1999年3月26日。
27) NHK放送文化研究所編（2000）『現代日本人の意識構造』第5版，日本放送出版協会，p.148。
28) 社会経済生産性本部・日本経済青年協議会（1999）『平成11年度新入社員「働くことの意識」調査報告書』社会経済生産性本部・日本経済青年協議会，p.14，p.38，p.74。
29) 1980年代のアメリカにおける職務・組織再編成の動向については次を参照されたい。松本芳男（1987）「GMのサターン・プロジェクトの意味するもの—組織デザインの観点から—」『現代経営研究　研究報告集』日本大学商学部現代経営研究会，pp.33-65。組織民主主義という観点から組織再編成の世界的動向を考察した研究として次の書を参照されたい。奥田幸助（1993）『組織民主主義と組織再編成』中央経済社。
30) ミスミは2002年12月，役員の属人的性格が強かった「ユニット」を「事業部」に移行する組織改革を実施したが，仕事に対する姿勢は変わっていない。ミスミのビジネスモデルについては次を参照されたい。松本芳男（2004）「ファブレス経営の光と影」『情報科学研究』日本大学商学部情報科学研究所，第13号。
31) 今村仁司（1988）『仕事』弘文堂，pp.214-215。
32) 酒井邦恭（1986）『分社—ある経営感覚—』朝日文庫。
33) 酒井邦恭（1996）『決定版「分社」—象にダイヤは磨けない：カンパニー制を超えた究極の経営方式—』みずき。
34) 月泉博（2003）『完全解明　ドン・キホーテの革命商法』商業界，pp.163-168。
35) 千石保（1991）『「まじめ」の崩壊：平成日本の若者たち』サイマル出版会，p.176。
36) 堀場政夫（1995）『イヤならやめろ！』日本経済新聞社。
37) 伊丹敬之（1999）『場のマネジメント』NTT出版，pp.114-118。
　伊丹敬之・西口敏広・野中郁次郎編著（2000）『場のダイナミズムと企業』東洋経済

新報社,pp. 35-43。
38) 太田肇(2001)『囲い込み症候群――会社・学校・地域の組織病理――』ちくま新書,p. 152。
39) 特定価値への行き過ぎが生じていないかどうかを調べるチェック・リストについては,次を参照されたい。松本芳男(1994)「組織価値診断のパラドックス・モデル」商学集志(日本大学商学部)第64巻第1/2/3合併号,pp. 339-353。

【参考文献】
朝日新聞,1999年3月26日。
Brown, A. (1947) *Organization of Industry*, Prentice-Hall.(安部隆一訳編(1963)『経営組織』日本生産性本部)
Cameron, K. S. (1986) "Effectiveness as Paradox", *Management Science*, 32, pp. 539-553.
Cameron, K. S. & R. E. Quinn ed. (1988) *Paradox and Transformation; Toward a Theory of Change in Organization and Management*, Ballinger.
Cameron, K. S. & R. E. Quinn, "Organizational Paradox and Transformation", in K. S. Cameron & R. E. Quinn, op. cit., pp. 1-18.
Child, J. (1972) "Organizational Structure, Environment and Performance: The Role of Strategic Choice", *Sociology*, 6, pp. 1-22.
Collins, J. C. & J. I. Porras, *Built to Last*.(山岡洋一訳(1995)『ビジョナリーカンパニー』日経BP出版センター)。
電通総研(1997)『第1回「価値観国際比較調査」報告書――東京とアジア5都市から見た多様性と共通性――』電通総研。
Fayol, H. (1916) "Administration industrielle et generale", *Bulletin de la Societe de l'Industrie Minerale*. 山本安次郎訳(1985)『産業ならびに一般の管理』ダイヤモンド社。
Handy, C. (1994) *The Empty Raincoat*, Hutchinson.(小林薫訳(1995)『パラドックスの時代』ジャパンタイムズ)
堀場政夫(1995)『イヤならやめろ!』日本経済新聞社。
Hrebiniak, L. G. & W. F. Joyce (1985) "Organizational Adaptation: Strategic Choice and Environmental Deternimism", *Administrative Science Quarterly*, 30 (3), pp. 336-349.
今村仁司(1988)『仕事』弘文堂。
今田高俊(1987)『モダンの脱構築:産業社会のゆくえ』中央公論社。
伊丹敬之(1987)「経営戦略のパラドックス」『マネジメント・ファイル'88』筑摩書房。
伊丹敬之(1999)『場のマネジメント』NTT出版。
伊丹敬之・西口敏広・野中郁次郎編(2000)『場のダイナミズムと企業』東洋経済新報社。
Khandwalla, P. N. (1973) "Viable and Effective Organizational Design of Firms", *Academy of Management Journal*, Vol. 16, No. 3, pp. 489-495.
Koontz, H., & C. O'Donnell (1955 (1968)) *Principles of Management: An Analysis of Management Functions*, McGraw-Hill.(大坪檀・高宮晋・中原伸之訳(1965-67)『経営

管理の原則　第1巻　経営管理と経営計画』ダイヤモンド社）
松本芳男（1987）「GMのサターン・プロジェクトの意味するもの―組織デザインの観点から―」『現代経営研究　研究報告集』日本大学商学部現代経営研究会，pp. 33-65。
松本芳男（1994）「組織デザインの基本問題―3つのキーコンセプトとアプローチ―」日本経営学会編『経営学論集第64巻：世界の中の日本企業』pp. 277-282。
松本芳男（1994）「組織価値診断のパラドックス・モデル」商学集志（日本大学商学部）第64巻第1/2/3合併号，pp. 339-353。
松本芳男（2004）「ファブレス経営の光と影」情報科学研究（日本大学商学部情報科学研究所）第13号。
Miller, D. & H. Friesen (1984) *Organizations; A Quantum View*, Prentice-Hall.
宮坂純一（2002）『企業社会と会社人間』晃洋書房。
Mooney, J. D. & A. C. Reiley (1931) *Onward Industry!*.
森下伸也・君塚大学・宮本孝二（1998）『パラドックスの社会学（パワーアップ版）』新曜社。
村上泰亮（1975）『産業社会の病理』中央公論社。
Newman, W. H. (1951) *Administrative Action: The Technique of Organization and Management*, Englewood Cliffs.
NHK放送文化研究所編（2000）『現代日本人の意識構造』第5版，日本放送出版協会。
野村総合研究所，社会・産業研究本部（1988）『変わりゆく日本人：生活者1万人に見る日本人の意識と行動』野村総合研究所。
小笠原　真（1994）『近代化と宗教：マックス・ヴェーバーと日本』世界思想社。
奥田幸助（1993）『組織民主主義と組織再編成』中央経済社。
太田肇（1994）『日本企業と個人―統合のパラダイム転換―』白桃書房。
太田肇（1997）『仕事人の時代』新潮社。
太田肇（2001）『囲い込み症候群―会社・学校・地域の組織病理―』ちくま新書。
大月博司（1999）『組織変革とパラドックス』同文舘。
Peters, T. J. & R. H. Waterman (1982) *In Search of Excellence: Lessons from American's Best-Run Companies*, Harper & Row.（大前研一訳（1983）『エクセレント・カンパニー』講談社）
Quinn, R. E. (1981) "A Competing Values Approach to Organizational Effectiveness", *Public Productivity Review*, 5, pp. 122-140.
Quinn, R. E. and J. Rohrbaugh (1983) "A Spatial Model of Effectiveness Criteria: Toward a Competing Values Approach to Organizational Analysis". *Management Science*, 29 (3), pp. 363-377.
Quinn, R. E. and J. Kimberly (1984) "Paradox, Planning, and Perseverence: Guidlines for Managerial Practice", in J. Kimberly and R. E. Quinn ed., *Managing Organizational Transitions*, Dow Jones-Irwin.
Quinn, R. E. (1988) *Beyond Rational Management: Mastering the Paradoxes and Competing Demands of High Performance*, Jossey-Bass.

Ritzer, G. (1993/1996) *The McDonaldization of Society*. (正岡寛司監訳 (1999)『マクドナルド化する社会』早稲田大学出版部).

Rohbaugh, J. (1981) Operationalizing the Competing Values Approach, *Public Productivity Review*, 2, pp. 141-159.

酒井邦恭 (1986)『分社─ある経営感覚─』朝日文庫。

酒井邦恭 (1996)『決定版「分社」─象にダイヤは磨けない：カンパニー制を超えた究極の経営方式─』みずき，1996年).

Sampson, A. (1995) *Company Man, The Rise and Fall of Corporate Life*. (山岡洋二訳 (1995)『カンパニーマンの終焉』TBSブリタニカ).

社会経済生産性本部，日本経済青年協議会 (1999)『平成11年度新入社員「働くことの意識」調査報告書』社会経済生産性本部，日本経済青年協議会。

Schumacher, E. F. (1973/1993) *Small is Beautiful: A Study of Economics as if People Mattered*, Vintage Books. (小島慶三・酒井懋訳『スモール　イズ　ビューティフル：人間中心の経済学』(1986) 講談社学術文庫).

千石保 (1991)『「まじめ」の崩壊：平成日本の若者たち』サイマル出版会。

Simon, H. A. (1965) *Administrative Behavior: A Study of Decision-Making Processes in Administrative Organization, 2nd ed.* Macmillan, pp. 20-36. (松田武彦・高柳暁・二村敏子訳 (1965)『経営行動』ダイヤモンド社).

田尾雅夫 (1997)『「会社人間」の研究─組織コミットメントの理論と実際─』京都大学学術出版会。

田尾雅夫 (1998)『会社人間はどこへ行く─逆風下の日本的経営の中で─』中央公論社。

Terry, G. R. (1953) *Principles of Management*, Homewood.

月泉博 (2003)『完全解明　ドン・キホーテの革命商法』商業界。

内橋克人・奥村宏・佐高信 (1994)『会社人間の終焉』岩波書店。

Urwick, L. F. (1943) *The Elements of Administration*, Harper. (堀武雄訳 (1961)『経営の法則』桂林書房).

渡辺聡子 (1994)『生きがい創造への組織変革：自己実現至上主義と企業経営』東洋経済新報社。

Weber, M. (1920) Die protestantische Ethik und der ≫Geist≪ des Kapitalismus, Gesammelte Aufsaetze zur Religionssoziologie, Bd. 1. (大塚久雄訳 (1988)『プロテスタンティズムの倫理と資本主義の精神』岩波書店).

5章 マシーン対オルガニックの相克を超えて
―― 組織デザインの観点から ――

はじめに

経営者にとって「組織をどのようにデザインしマネジメントするか」ということは極めて重要な課題であるが、それは同時に大変難しい問題でもある。いかに合理的な戦略プランを策定しても、それを有効に実行する組織体制が整わなければ高い成果はおぼつかない。「組織構造は戦略に従う」というチャンドラー命題が示唆するように、基本的には経営戦略に適合した組織をデザインするのが合理的であるが、組織デザインを規定する要因は戦略以外にも環境の不確実性、技術、規模、文化その他多くの要因が存在している。これら多様な要因からの要請にすべて対応しようとすると、結果的に、全体として一貫性や整合性を欠いたまとまりのない組織となってしまい有効性を発揮できなくなる。

そこで組織をシステムとしてとらえ、全体的な一貫性や論理的整合性を持つ組織をデザインすることが必要になる。このようにして構築されたものをここでは「組織モデル」と呼ぶ。これまで多くの研究者がさまざまな組織モデルを展開してきたが、それらの根底には必ず一定の人間観や組織観が存在している。人間や組織の本質をどのようなものとしてとらえるかということなしに組織モデルの構築は不可能であるからである。

人間観や組織観についてもいくつかのタイプがあるが、それらの中でも最も基本的なのがマシーン・モデルとオルガニック・モデルである[1]。人間や組織を含め社会・世界を機械との類比でとらえる「機械論的世界観」(マシーン・パラ

ダイム)と，生物有機体との類比でとらえる「有機体論的世界観」(オルガニック・パラダイム)の対立は，古くから哲学・思想・科学の分野で見られたが，組織論の分野でも組織を機械と見なす「機械的組織観」と，組織を生命ある有機体と見なす「有機的組織観」が対立・併存して今日に至っている。

1．人間機械論

　人間と機械という問題は，デカルト以来，いわゆる「心身問題」として哲学史上で論じられてきたが，結局，この問題は「人間はどこまで機械であるか」という問題に行き着く。もし人間が完全に機械によって置き換えられるとすれば，それは物質法則によってのみ支配され，「心」という別の実体を仮定する必要はなくなる。このような観点から多くの人間機械論が展開されてきた。カリフォルニア工科大学の研究員であるウルドリッジ(D. E. Wooldridge)もそのひとりである。彼は『メカニカル・マン―人間は自然科学で説明できるか―』という著書の中で次のように述べている(ウルドリッジ，1972：215-216)。

　「このように生命現象と物理現象とは本質的に違うものだと信ずるのは人間中心主義，すなわち人間は特別で，人間以外のものを律する自然法則の範囲を越えるものであるという考え方に通じ，支持を得やすい。われわれは何とかして自分が特別なものだと思いたいから，知らず知らずのうちに生命現象は物理法則の範囲外だと信じてしまい，よほど圧倒的な証拠がない限り誤りを認めない。」

　「行動はいわゆる知能的行動も含め，脳の働き，それはコンピュータも同じことだが，その基礎となっていると思われる複雑なスイッチ回路の性質がわかれば説明が付くはずであることを知った。さらに思考と感覚に伴う主観的な付随物，すなわち意識も，脳の構造と電気化学的活動による正常な予知できる現象であることがわかった。要するに人間という生きものは構造も行動も精神も，また主観も客観もすべて物理学的粒子と法則が正常に相互作用した結果にほかならない。つまり人間は機械である。」(ウルドリッジ，1972：216)

5章 マシーン対オルガニックの相克を超えて

　思想史の研究者である堀川哲も『人間機械論：発情するホモ・サピエンス』という著書の中で「① 人間は一個の『卵』から製造される物質であり，この物質の構造と機能とはDNAのプログラムによって制御されている。② 人間の『心』とは身体と別個に存在するものではなく，脳という物質の機能・働きである。」という人間観に基づいて「人間はDNAによって制御された分子機械である」という見方を展開し，人間の「心」のメカニズムを情報処理機械という視点から論じている(堀川，1998：1)。

　これに対し哲学者である坂本百大は『人間機械論の哲学─心身問題と自由のゆくえ─』という著書の中で次のように述べている(坂本，1980：31)。

　「しかし，感覚や思考も含めて，われわれ人間の一切の精神活動がこのような機能的な情報処理の働きとみなされてよいものであろうか。この範囲を越え出るような高尚な精神現象は果たしてまったくないと言いきれるだろうか。この点にさまざまな哲学的議論が集中される。精神現象の非物質性，なかんずく，精神現象の非空間性と私性という特質が，精神現象と物質現象との間を断ち切る決定的な徴表と期待される。」

　生命や精神現象の中に物質現象と異なる要素があるかないか現時点で決定的な結論を出すことはできないであろう。このような心身問題という哲学上・思想上の立場を離れ，生命科学の観点から見れば，生命や人間を機械論的・物質的にとらえることは「生命操作」という形ですでに実践されている。科学史の研究者である林真理によれば「生命操作の思想は，生命が物質現象にすぎないという機械論的な理解を踏まえたうえで，その生命の物質的法則性を利用することによって，生命現象に介入し，それを導いていこうとする発想」(林，2002：277)であり，人工授精・体外受精・顕微授精などの生殖技術，臓器移植，[2]クローン技術，バイオテクノロジーなどさまざまな分野で現実に展開されている。しかも，生命の機械的理解が生命操作に繋がるだけでなく，生命操作が生命の科学的理解を豊かにするという側面もあるのである(林，2002：278)。

　以上の考察を踏まえると，「人間は機械か否か」を問うのではなく，「人間の

中には機械的な要素がある」という考え方に立つのが現実的である。この点については後で再び触れることにする。

2．機械論的組織モデルと有機的組織モデル[3]

組織を機械とみなす機械論的組織モデルの第1の特徴は，「全体を部分の単純総和としてとらえる」点にある。部品としての個人の集合により全体としての組織が構成されており，組織全体の機能は各個人の機能の合計以上のものではありえないとされる。方法論的には「要素還元主義」「方法論的個人主義」の立場がとられ，組織の理解・形成に当たっては因果法則的知識が重視される。

第2の特徴は，組織というものをなんらかの目的を達成するための手段・道具と見なす「用具的組織観」にある。このような観点から「技術的合理性」や「能率」などが組織を評価する場合の最も重要な価値基準となる。技術的合理性や能率を実現するためには不確実性をできるだけ排除する必要があり，したがって組織を「クローズド・システム」として扱うことになる。すなわち対外的には環境を無視したり，環境からの不確実性の侵入を排除しようとする一方，対内的には集団的行動から生まれる不確実性を排除するために「標準化」や「形式化」を進め，行動の予見可能性を高めようとするのである。

第3の特徴は，目的達成手段として有効な組織を合理的・計画的にデザインしたり改良したりしようとする点にある。組織という道具やそれを構成する人間という部品は計画的にコントロールできると考えられている。

これに対して組織を有機体と見なす有機的組織モデルの第1の特徴は，「全体を部分の単純な総和以上のものと見なす」点にある。組織は相互依存的な諸部分から構成される全体であり，構成要素には還元できない創発特性・全体性を持つとされる。方法論的には「全体は部分の総和としては認識できず，全体としての把握が必要である」とするホーリズム(holism)の立場がとられる。そして組織やその構成員の目的・意図・ニーズなどの観点から組織現象が理解される。

第2の特徴は，組織は目的達成のための手段・道具というよりは「存続」すること自体を目的とする存在であると考える点にある。組織が存続していくためには，有機体と同様に，環境に適応する必要がある。したがって組織を「オープン・システム」としてとらえ，環境との間に「ホメオスタシス」(homeostasis：動的均衡)を確立することが重要になる。

　第3の特徴は，組織の生成や変化を，計画的行為の結果というよりは，成長・進化のプロセスとしてとらえる点にある。組織は完全に合理的な存在でありえないし，これを完全にコントロールすることも困難であると考えられる。

　機械論的組織モデルと有機的組織モデルは組織についての見方や考え方を規定する2つの代表的なパラダイムであり，同時に存立してきたが，組織論や管理論の歴史を振り返ると，時代により支配的パラダイムの交代が見られる。

　1900年頃から1930年頃まではマシーン・パラダイムが支配的であった。テイラー(F. W. Taylor, 1969)の科学的管理法においては計画機能と執行機能が明確に分離され，労働者は指図票に記載された課業を，指示されたとおりの道具と作業方法により実行するだけのロボット的存在として位置づけられており，機械論的組織モデルの特徴が強い。しかし機械論的組織モデルの特徴がさらに強く現れているのはウェーバー(M. Weber, 1960)の官僚制組織モデルである。「制定された規則に基づく業務処理と権限分配」，一切の主観的・感情的要素を排除した「没主観的な規則適用」などを本質的特徴とするウェーバーの官僚制組織は機械論的組織モデルの典型と言える。

　ウェーバーの官僚制組織のロジックを企業組織のデザインに適用したアルビン・ブラウン(Alvin Brown, 1947)の組織モデルも機械論的組織モデルの典型である。「組織化された努力は，まさに個々人の努力の総和にほかならない。」(原則3)，「組織は，努力をより効果的に協同させる手段である。」(原則1)，「組織が人事を決定すべきであって，人事によって組織の性質を左右してはならない。」(原則6)などの考え方は，機械論的組織モデルの特徴を如実に示している。

　1930年代から1960年代の時期は人間関係論の台頭により，オルガニック・

パラダイムが支配的パラダイムとなった。しかし1960年代から1970年代にかけてはコンティンジェンシー理論やサイモン(H. A. Simon)らの活躍により，より高度化した機械論的パラダイムが支配的パラダイムとなった。コンティンジェンシー理論においては，組織が置かれているコンテクストと組織特性をいくつかの次元(dimension)に分解し，特定のコンテクスト要因と組織特性の間の「適合関係」を明らかにすることが追求された。研究方法としては要素還元主義的アプローチがとられ，組織を，それぞれ別個に検討しうる独立した要素に分解可能なものとして扱い，それぞれの要素について得られた知識を合計すれば組織全体を理解できるとする機械論的組織観に基づいている。

サイモンは主著『経営行動』(1945)やマーチ(J. G. March)との共著『オーガニゼーションズ』(1958)等を通じて「制約された合理性」の持ち主である「経営人」(administrative man)という現実的な人間モデルに基づく組織論を展開した。心理学や認知科学の成果を取り入れたサイモンの理論をマシーン・モデルと呼ぶのに違和感を感ずるかもしれないが，行動の複雑性は環境の複雑性を反映した結果に過ぎないとする「行動の単純性仮説」に基づき「刺激―反応パターン」を重視し，プログラムによる行動コントロールに組織の存在意義を求めるサイモンの理論は，その本質的部分でマシーン・モデルに属すると言える。[4]

1970年代以降になると，今田高俊の「自己組織性論」や野中郁次郎の「知識創造理論」などの登場により，再びより高度化したオルガニック・パラダイムが支配的パラダイムとなっている。今田によれば「自己組織性とは，システムが環境との相互作用を営みつつ，みずからの手でみずからの構造をつくり変える性質を総称する概念である。自己組織性の本質は，自己が自己の仕組みに依拠して自己を変化させることにある」(今田, 2005：1)。そして生命体システム成立の原理もこの自己組織性にある(小関, 1994：3)。野中は『企業進化論』(1985)などにおいて自己組織化モデルを展開し，その後『知識創造の経営』(1990)や『知識創造企業』(1996)などにおいて形式知と暗黙知の知識変換を通じて組織的に知識を創造するモデルを展開した。

このように組織論・管理論における支配的パラダイムの交代によるスパイラルな発展という見方は，マシーン・パラダイムとオルガニック・パラダイムを依然として対立的な構図でとらえている。しかしながらこの2つのパラダイムを統合する可能性はないのであろうか。その手がかりを「システムのヒエラルキー」という考え方に求めてみる。

3．システムのヒエラルキー

ボールディング(K. E. Boulding, 1970：91-95)は，一般システム理論へのアプローチのひとつとして次のようなシステムの複雑性のヒエラルキーを提示している。

第1のレベルは「静態的構造」(枠組みのレベル)であり，原子核のまわりの電子のパターン，結晶中の原子配列などのように固定的・静態的な関係しか持たないシステムである。

第2のレベルは「単純な動態的システム」(時計仕掛けのレベル)であり，あらかじめ定められた必然的な運動を行う機械などのシステムである。

第3のレベルは「制御機構・サイバネティック・システム」(サーモスタットのレベル)であり，設定された範囲内において所与の均衡を維持するシステムである。

第4のレベルは「オープンシステム・自己維持的構造のレベル」(細胞のレベル)であり，物質やエネルギーのスループットを通じて自己維持・自己再生産を行う生命システムがこれに該当する。

第5のレベルは「遺伝・社会的レベル」であり，細胞間の分業により分化し相互に依存し合う諸部分(根，葉，種子)を持つ植物がこれに該当する。

第6のレベルは「動物のレベル」であり，移動性，目的を持つ行動，自覚などの特徴を持つシステムである。

第7のレベルは「人間のレベル」であり，言語や記号を使用し，自己意識を持つシステムである。

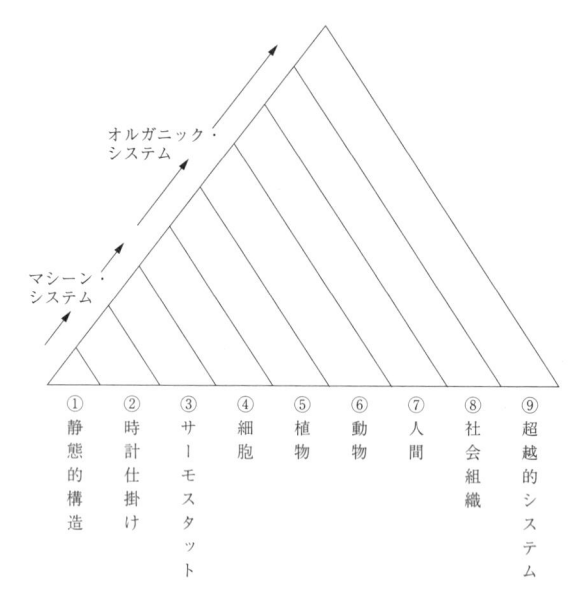

図 5-1　システムのヒエラルキー

（図中ラベル：オルガニック・システム、マシーン・システム、①静態的構造、②時計仕掛け、③サーモスタット、④細胞、⑤植物、⑥動物、⑦人間、⑧社会組織、⑨超越的システム）

　第8のレベルは「社会組織のレベル」であり，コミュニケーション経路により結びつけられた役割の集合としてとらえられるシステムである。
　第9のレベルは「超越的なシステム」であり，究極的・絶対的で不可知なシステムとされている。
　このようなシステムのヒエラルキーにおいて，上位の複雑なシステムはそれよりも下位にある単純なシステムをすべて含んでいる。ボールディングは次のように述べている。「ある意味では，各々のレベルにはそれ以下のすべてのレベルのものが合体されているのであるから，低いレベルのシステムを高次のレベルの研究主題に適用することによって，多くの貴重な情報や洞察を得ることができる。」（ボールディング，1970：97）
　このようにシステムをヒエラルキーとしてとらえ，上位の複雑なシステムはそれ以下の単純なシステムを含むと考えれば，マシーン・パラダイムとオルガ

ニック・パラダイムを並列的・対立的にとらえるのではなく，有機的パラダイムには機械論的パラダイムが包摂されるという考え方が可能になる。

人間機械論のところでも述べたが，人間の身体は明らかに生命有機体であるが，身体の一部に機械的サブシステムを含んでいると考えざるを得ない状況がすでに存在している。筋肉を動かすときに発生する微弱な電流「筋電位」の情報をマイコンで処理して思い通りに動かすことのできるハイテク義手[5]，人工網膜と小型ビデオカメラによる視力の回復[6]，完全埋め込み型の人工心臓などの開発事例は，人間の身体の一部を機械で置き換えることに他ならない。

ボールディングによるシステムのヒエラルキー構造において第8のレベルに位置づけられている社会組織も，それより下位にある単純なシステムの属性を含んでいると考えれば，当然，マシーン・モデルもその一部に含まれることになる。

4．ハイブリッド・モデルを求めて

システムのヒエラルキー的視点に立てば，オルガニック・システムがマシーン・サブシステムを包含するという形で，マシーン対オルガニックの対立を乗り越えることができることを述べたが，それを実際の組織デザインやマネジメントのうえでどのように実践していくことができるかを考えてみよう。

第1の方法は事業特性や職能によりマシーンとオルガニックな特性を「組み合わせ使い分けていく」方法である。たとえば電力などの重電分野から情報・通信分野，家電分野まで非常に広範な事業分野を抱える日立製作所のような企業の場合，なによりも安全性や確実性が求められる防衛システム，電力システムなどの事業分野（カンパニー）はマシーン・モデルの特徴を強く持たせる一方，技術革新や消費者ニーズの変化が激しい情報・通信分野や電機システムなどの分野ではオルガニック・モデルの特性を強く出すという対応が考えられる。

また，相互依存関係がタイトな製造現場やルーティン・ワーク主体の経理部門などはマシーン・モデル，研究開発やマーケティングなどクリエイティブ

なアイデア創出が求められる部門ではオルガニック・モデルを中心にデザインするという対応もある。

第2の方法はマシーンとオルガニックを「重ね合わせていく」方法である。野中郁次郎他(1996：250-257)が提唱しているハイパーテキスト型組織では，ルーティン業務を遂行する「ビジネス・システム」レイヤーはピラミッド型の官僚制組織構造(マシーン・モデル)を持つが，製品開発などの知識創造を行う「プロジェクト・チーム」レイヤーはオルガニック・モデルの特徴を持ち，この2つのタイプの組織がダイナミックに統合された構造になっている。さらに創造された知識の再分類・再構成を行う「知識ベース」レイヤーが企業ビジョン，企業文化，技術等の中に埋め込まれている。ハイパーテキスト型組織は，このように知の創造・活用・蓄積という3つの機能を担う組織から成る柔軟な3次元組織として構想されている。

第3の方法は，組織構造ではなく組織マネジメントにおいて対立する基軸価値を取り入れるパラドックス・マネジメントを実践するという方法である。[7] 組織を運営していくうえで，集権化志向—分権化志向，安定志向—変化志向，内部志向—外部志向，結果重視—プロセス重視などの対立する基軸価値は，単純にどちらか一方を採用し他方は無視して良いというものではない。真に有効なマネジメントを実践するためには，対立する基軸価値に対して安易に二者択一的対応をするのではなく，対立する両方の価値を取り入れ状況に応じて使い分けたり，組み合わせたり，ダイナミックなバランスをとっていくことが求められる。その際ポイントになるのは，特定の基軸価値が過度に強調され問題状況が生じているかどうかの判断である。これを判定するためには，継続的に組織の健康状態をモニタリングする組織診断が必要になる。[8]

おわりに

組織のマシーン・モデルとオルガニック・モデルという2つの異質的な組織モデルを対立的・二者択一的にとらえるのではなく，システムのヒエラルキー

においてより複雑なオルガニック・モデルはサブシステムとしてマシーン・モデルを包摂するという視点から，それを組織デザインや組織マネジメントのうえでどのように実践できるかを検討してきた。マシーン・モデルとオルガニック・モデルを単に結合したり，重ね合わせるのではなく，2つのモデルが融合したハイブリッド・モデルとして展開する可能性は，状況に応じて対立する基軸価値を使い分け，ダイナミックなバランスをとるパラドックス・マネジメントを実践する中で構築することができるのではないかという見通しを述べることで本章を閉じる。

【注】
1) モルガン（Morgan, 1986）によれば，複雑で多義的でさえある組織を多面的に理解し，適切に管理・デザインするために次のようなさまざまなメタファーが用いられてきた。「機械としての組織」「有機体としての組織」「頭脳としての組織」「文化としての組織」「政治システムとしての組織」「精神的監獄としての組織」「変形・形態変化としての組織」「支配の道具としての組織」。これらの中で，最も古くから対立してきたのは「機械としての組織観」と「有機体としての組織観」である。
2) すでに臓器が商品化し，人体部品ビジネスが展開されている状況については栗屋（1999）を参照されたい。
3) 機械論的パラダイムの限界と生命論（有機的）パラダイムの意義については，田坂（1993）を参照されたい。
4) ペロー（Perrow, 1979：140）は次のように評している。「ハーバート・サイモンとジェームズ・マーチは，いくぶん無意識的にではあろうが，組織理論を個人行動に関する諸命題に分解することなく，ウェーバー理論により豊かな内容，複雑性，信頼性を与え，ウェーバー理論の骨格に筋肉や肉付けを与えた」。
5) 北海道在住の主婦は，機械に巻き込まれて失った右腕の関節から下の部分にこのようなハイテク義手を装着してボールペンを使い文字を書くことができる（日経産業新聞, 2006.1.12）。
6) ジョンズホプキンス大学とノースカロライナ州立大学が開発中の電子義眼では，眼鏡につけたカメラがとらえた映像のデータを無線で目の中のチップに送り，チップが電極の先で「電気の点描画」を描いて視神経に伝えるメカニズムであり，すでに装着実験に入っている。（日経産業新聞, 2001.1.11）。
7) パラドックス・マネジメントについては松本（2004）を参照されたい。
8) 組織の基軸価値診断については松本（2009）を参照されたい。

【参考文献】

今田高俊（2005）「自己組織性の射程」今田高俊『自己組織性と社会』東京大学出版会。
今田高俊（2001）「複雑系とポストモダン―自己組織性の視点から―」今田高俊・鈴木正仁・黒石晋『複雑系を考える―自己組織性とはなにかⅡ―』ミネルヴァ書房。
栗屋剛（1999）『人体部品ビジネス―「臓器」商品化時代の現実―』講談社。
小関治男（1994）「生命体システムの成立」小関治男・岡田節人編『生命体システムのなりたち』講談社．pp.1-10。
坂本百大（1980）『人間機械論の哲学―心身問題と自由のゆくえ―』勁草書房。
田坂広志（1993）「21世紀の知の潮流『生命論パラダイム』」日本総合研究所編『生命論パラダイムの時代』ダイヤモンド社．pp.1-48。
西山賢一（2003）『方法としての生命体科学―生き延びるための理論―』批評社。
野中郁次郎・竹内弘高著，梅本勝博訳（1996）『知識創造企業』東洋経済新報社。
野中郁次郎（1985）『企業進化論―情報創造のマネジメント―』日本経済新聞社。
林真理（2002）『操作される生命―科学的言説の政治学―』NTT出版。
堀川哲（1998）『人間機械論―発情するホモ・サピエンス―』三一書房。
松本芳男（2004）「組織デザインにおけるパラダイム・シフト」商学集志，日本大学商学部創設100周年記念号
松本芳男（2009）「マネジメントの経営実践論」『講座／経営教育　第1巻　実践経営学』中央経済社
本宮輝薫（1995）『ホリスティック・パラダイム―影の体験と生成する治癒力―』創元社。
Boulding, K. E. (1970) *Beyond Economics*. (公文俊平訳 (1970)『経済学を越えて―社会システムの一般理論―』竹内書店．pp.86-99.)
Brown, A. (1947) Organization of Industry. (安倍隆一訳編 (1963)『経営組織』日本生産性本部)
Checkland, P. (1984) *Systems Thinking, Systems Practice*, John Wiley & Sons, Ltd. (高原康彦・中野文平監訳 (1985)『新しいシステムアプローチ―システム思考とシステム実践―』オーム社)
March, J. G. and Simon, H. A. (1958) *Organizations*. (土屋守章訳 (1977)『オーガニゼーションズ』ダイヤモンド社)
Morgan, G. (1986) *Images of Organization*, Sage.
Perrow, C (1979) *Complex Organization*, Second Edition, Random House.
Simon, H. A. (1945) *Administrative Behavior: A Study of Decision-Making Processes in Administrative Organization*. (松田武彦・高柳暁・二村敏子訳 (1989)『経営行動―経営組織における意思決定プロセスの研究―』ダイヤモンド社)
Taylor, F. W. (1903) *Shop Management*. (上野陽一訳 (1969)「工場管理法」上野陽一訳編『科学的管理法』産業能率短期大学出版部，pp.41-220)
Weber, M. (1956) *Wirtschaft und Gesellschaft, Grundriss der verstehenden Soziologie*, vierte, neu herausgegebene Auflage, besorgt von Johannes Winckelmann. 1956, Kapitel

IX. Soziologie der Herrschaft.（世良晃志郎訳（1960）『支配の社会学Ⅰ』創文社）
Wooldridge, D. E.（1968）*Mechanical Man: The Physical Basis of Intelligent Life*, Mcgraw Hill.（田宮信雄訳（1972）『メカニカル・マン ― 人間は自然科学で説明できるか ―』東京化学同人）

第2部

マネジメントと組織デザインの諸課題

6章 「ファブレス経営」の光と影

はじめに

「ファブレス」(fabless)とは，工場設備を持たず生産は外部委託し，自らは研究開発，設計，商品企画，販売などに特化する経営スタイルである。ファブレス経営を行う企業が注目されるようになったのは，1980年代後半にアメリカの半導体回路設計のベンチャー企業がこの経営スタイルを用いて急成長を遂げたことが契機となっている。日本においても1990年代以降，ハイテク分野のベンチャー企業を中心にファブレス経営が注目されるようになった。経営資源の制約が大きいベンチャー企業にとって，工場設備への投資負担を回避し，開発・設計などに専念することは理に適っている。特に半導体やエレクトロニクスのように技術革新が急速で製品のライフサイクルが短い産業においては，市場の変化にスピーディーに対応することが重要であり，そのためには工場設備を持たないことが有利である。

パソコンを初めとする加工組立型産業においていわゆる「スマイルカーブ」現象が指摘されているように，開発・設計やサービスなどバリューチェーンの両端に比べて加工・組立分野での付加価値や利益が低くなる傾向があり，これが生産機能の外部化を促すひとつの原因になっている。またバブル経済崩壊後，多くの日本企業がいわゆる「選択と集中の経営」を標榜し，コア・コンピタンス確立のために経営資源を得意分野に集中し，間接部門や周辺領域をアウトソーシングする傾向が強くなってきているが，ファブレス戦略もこうした流れの

中に位置づけられる。

　もちろん，ファブレス経営を展開するためには，安心して生産を委ねることのできるパートナー企業の存在が前提になる。日本には優れた生産能力をもつ多数の中小企業群が存在していること，また90年代を通じて生産拠点の海外シフトが進行し，大企業も工場の稼働率を維持するために生産受託に応じる状況が存在したことなどがファブレス経営を展開するうえで追い風となった。

　こうしてファブレス戦略はベンチャー企業やハイテク分野を超えた広がりを持ってきており，これを典型的な知識集約型企業として高く評価する声もある。事実，ファブレス経営により順調に事業展開し成長してきている企業も少なくない。その反面，ノウハウの流出や開発の停滞により挫折するファブレス企業もある。

　そこで本章では，ファブレス経営で成功している事例と挫折した事例それぞれのケーススタディを行い，ファブレス経営というビジネスモデルの特徴，長所やリスクについて考察する。成功事例としては，「購買代理」「持たざる経営」というコンセプトに基づき独特のプラットフォームビジネスを展開し高業績を維持している「株式会社ミスミ」を取り上げて分析する。一方，挫折した事例としては，技術屋社長が開発した画期的な新製品により急成長を遂げながらも，開発体制や在庫管理の不備から倒産に追い込まれたベンチャー企業「株式会社カンキョー」を取り上げ，ファブレス経営のリスクを明らかにする。

　この2社を事例として取り上げる理由は，両社ともファブレス経営を標榜する企業として最もよく知られている企業であり，いずれもファブレス経営を武器に急成長しながらも，一方はその高業績を維持し，他方は倒産するというように余りにも対照的な結果を生んでいるからである。業種も規模も異なる2社であるが，上記のような理由で，ファブレス経営の成功要因やリスク要因について考察するうえで適切な事例と考えられる。

　「ファブレス」という概念は，企業がどのような機能を内部化し，どのような機能を市場取引に委ねるかという「企業の境界設定」の問題と密接に関連し

ている。そこで最後に，ファブレス経営を「企業の境界設定」問題という視点からとらえて，取引コスト・アプローチや競争戦略的アプローチとの関連で考察する。

1．ミスミのビジネスモデル

1.1 会社概要[1)]

1963年に電子機器・ベアリングの販売を目的とする三住商事が設立され，65年からプレス金型用部品の販売を開始し，77年にはカタログによる通信販売方式を開始した。89年に「株式会社ミスミ」に社名を変更した。93年には基幹情報システムをアウトソーシングし，パソコン通信利用の受注システムが稼働を開始した。95年には全社員公募によるチーム制が開始されている。

2003年4月1日時点で，資本金は20億7,758万円，従業員数は275名，2003年3月期の連結売上高は577億4,900万円（前期比11.8％増），連結営業利益66億4,000万円（前期比34.5％増），連結当期純利益は35億1,800万円（前期比38.3％増）で過去最高であった（図6-1参照）。

事業内容は①FA用部品の企画・販売，②金型用部品の企画・販売，③配

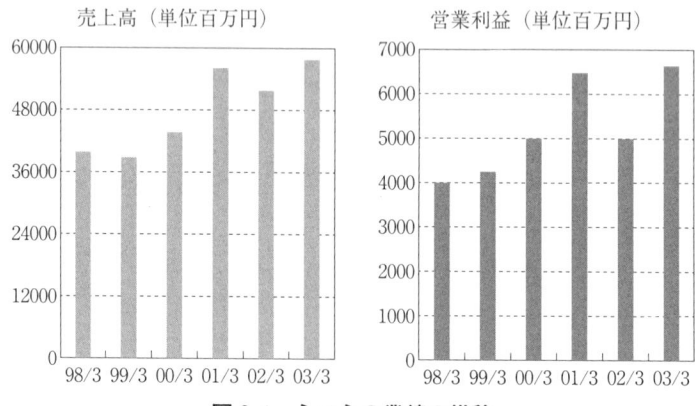

図6-1　ミスミの業績の推移

出所）ミスミのホームページ　http://www.misumi.co.jp/ir/stock/financial.html　2003.11.30

線接続部品の企画・販売，④ 制御用 PC 部品・通信用 PC 部品の企画・販売，⑤ 機械加工用工具の企画・販売，⑥ デジタルデザイン関連ツールの企画・販売，⑦ 開業医・動物病院向け医療材料の企画・販売，⑧ 飲食店向け食材・消耗雑貨の企画・販売などである。

連結事業別売上高構成比率を見ると，金型用部品事業が 40.8%，FA 用部品事業が 33.2%，エレクトロニクス部品事業が 10.0%，その他事業が 16.0% となっている。

取引の概要を見ると，年間取引者数は，国内顧客が 74,231 社，国内外仕入れ先が 894 社，商品点数は約 45 万点，受注件数は月に約 66 万レコード，1 レコードの平均単価は 5,368 円である。

1.2 ミスミのビジネスモデルの特徴
1) 標準化部品のカタログ通信販売

商社といえば人的な営業力を用いて商品を売るのが通常のスタイルであるが，ミスミの場合，商社でありながら受注活動を行う営業部隊を持っていない。ミスミのビジネスモデルの特徴は，扱う部品を徹底的に標準化したうえでカタログ通信販売を行い，カタログを配布するだけで自然に商品が売れていく仕組みを開発したことである。しかも，単に市販品を買ってユーザーに届けるだけの商社ではなく，自らを「ファブレスメーカー」と規定し，ユーザーニーズにマッチした商品の企画・開発・販売に特化し，高収益のビジネスモデルを構築している。

カタログ通信販売化により，訪問営業にかかる人件費，車両・駐車場・ガソリン代その他膨大なコスト削減が可能になるばかりでなく，低コストで全国への事業展開が可能になった。生産を請け負う協力メーカーにとっても，受注 1 件当たりの単位は小さいが全体としては需要が安定し，見積もりや価格交渉などの煩雑な業務から解放される利点がある。またユーザー企業にとっても，標準部品を使うことで設計工数が減り，金型を安く作れるようになる。[2]

2）「オープン・ポリシー」に基づく信頼感の醸成

　カタログ通信販売を展開するに当たり，ミスミは「オープン・ポリシー」に基づいて情報開示を徹底し，12冊のカタログに掲載されている全商品について確実な供給，納期，価格，品質などを約束している[3]。単価数円の商品1個の注文でも責任を持って供給し，価格は発注数量別の価格をカタログに刷り込み，平均3年のカタログ有効期間を通じて値上げしないことを約束している。発注者が大口ユーザーであろうと小口ユーザーであろうと，同じ商品・同じ数量であれば同一価格であり，カタログ表示価格からは一切値引きしない姿勢をとることによりユーザーに公平感と安心感を与えている。1日の受注件数は2万件を超えるが，納期遵守率は99.93％に達している。物流センターでは約12万点にも及ぶ標準品の在庫を保管しており，夕方までに注文が入れば，翌日に物流センターから宅配業者が顧客に商品を届ける仕組みになっている。物流センターで商品の納入情報が入力されると，情報システムが発注情報と照合し納期遅れがないかチェックし，保証納期を過ぎても商品が納入されていない場合，エラーメッセージがプリントアウトされる。少しでも納期遅れが生じると，ミスミの社員が生産委託先に出向いて改善を求め，何度交渉しても改善されなければ委託先を変更する。このように「納期保証」を最大限重視している。

　ミスミはユーザー企業に対してだけでなく，生産を委託している協力メーカーに対しても「オープン・ポリシー」を徹底している。1985年から協力メーカーによる競争入札制度を導入していたが，1997年からは主要調達先の協力メーカー50社に対して部品購買を完全にオープン化した。すなわち，ミスミは協力メーカーに対して売値，仕入れ値，ミスミの流通マージン，取引金額・数量などの購買条件をすべて公開し，協力メーカーも各社が得意とする分野の商品・価格・納期などの情報を公開し，競争入札で購入先を選定するのである。これは，協力メーカーとの関係を，下請けや系列的な関係ではなく対等なパートナーとして位置づけ，双方の情報をできるだけ公開することにより，協力メーカーも商品開発，競合対策，信頼度向上などに積極的に取り組んでもらうこ

とを意図している[4]。

　さらにミスミでは2000年3月から,全社員の年収をパソコン上で公開するところまでオープン・ポリシーを進めている[5]。

3）「購買代理商社」のコンセプト

　消費財市場においては消費者中心の観点から消費者が求める物を提供する「マーケットアウト」のアプローチが定着しているが,生産財市場においては依然としてメーカーが作った物を売る「プロダクトアウト」の発想が強く残っており,流通業者の多くも,メーカーが作った物を,メーカーに代わって売る「販売代理店」という性格の存在であった。これに対してミスミは,すべての視座をユーザーに据え,ユーザーが求める物を,必要なときに,必要な量だけ,適正価格で調達し提供することによりユーザーの購買機能を肩代わりする「購買代理商社」として自らのビジネスをとらえている。いわば「生産財分野におけるコンビニエンスストア」となることを目指しているのである[6]。

　ミスミは金型部品商社としての長い経験から,金型設計者のニーズを正確に把握していた。金型部品購買の決定権は資材調達部門ではなく金型設計者であり,彼らの最大の関心事は価格ではなく金型の設計と部品手配がスムーズに行われることであった。納期が短くて確実であること,たとえ部品一個でも調達できること,部品手配・加工の手間を省くことなどが重要であり,多品種小ロット注文に迅速に対応できることが鍵であった。このような観点から考案されたのが,部品を標準化し,カタログを用いて通信販売する方法であったのである。

　「購買代理商社」を自認するミスミでは,ユーザーニーズのきめ細かな把握とその活用に特に力を入れている。約50万冊のカタログに添えられた何種類かのカードと,受注センターのオペレーター[7]を通じて顧客から生の声が収集され,商品開発に活かされている。特に,カタログに記載されていない規格・寸法の部品に対する要望が書かれたアンフィット・カードは年間約13万件も寄

せられており，同じ要望が5件以上集まれば新商品として次回のカタログに掲載している[8]。

4）「持たざる経営」

　ミスミのビジネス・モデルの最大の特徴は，徹底したアウトソーシングにより「持たざる経営」を実践することにより，環境やニーズの変化に機敏に対応できる組織戦略を採用していることである。工場設備を持たない「ファブレス経営」というだけでなく，物流機能，さらには受発注に関わる基幹情報システムさえ外部企業に委託し，自らはコアビジネスたる企画・開発機能に専念している。

　ミスミは，製造はすべて協力企業に委託している。受注から発送までを管理する情報システムは大和総研に委託し，会計・経理は第一生命情報サービスに委託している。受注業務は全国9カ所のマーケティングセンターで行っているが，そのオペレーターの大半は派遣スタッフである。一部のマーケティングセンターはコムテック（東京）が人材派遣のみならず管理機能まで受託している。物流は，従来，宅配便を利用していたが，近年，軽トラック便業者を利用するようになってきている（図6-2参照）[9]。

　同社が「持たざる経営」にこだわる理由は，田口社長（当時）によれば，個人も企業も「持てば持つほどこだわりが出る」ため，たとえば工場を持てば関心は工場稼働率に向かってしまいマーケットアウトから離れてしまうからである。そこで同社では，マニュアル処理可能な「オペレーション」と呼ばれる定型的な現場業務，外部に委託できしかも専門家に任せた方がずっと効率的にできるような業務はできるだけアウトソーシングするのが原則である[10]。社員はルーチンワークから解放され，考える仕事，新製品・新事業を創造する仕事に専念することが求められるのである[11]。

　1993年12月，受発注システムを初めとする基幹業務システムを大和総研にアウトソーシングし，受注1件ごとに処理コストを支払う方式をとった[12]。これ

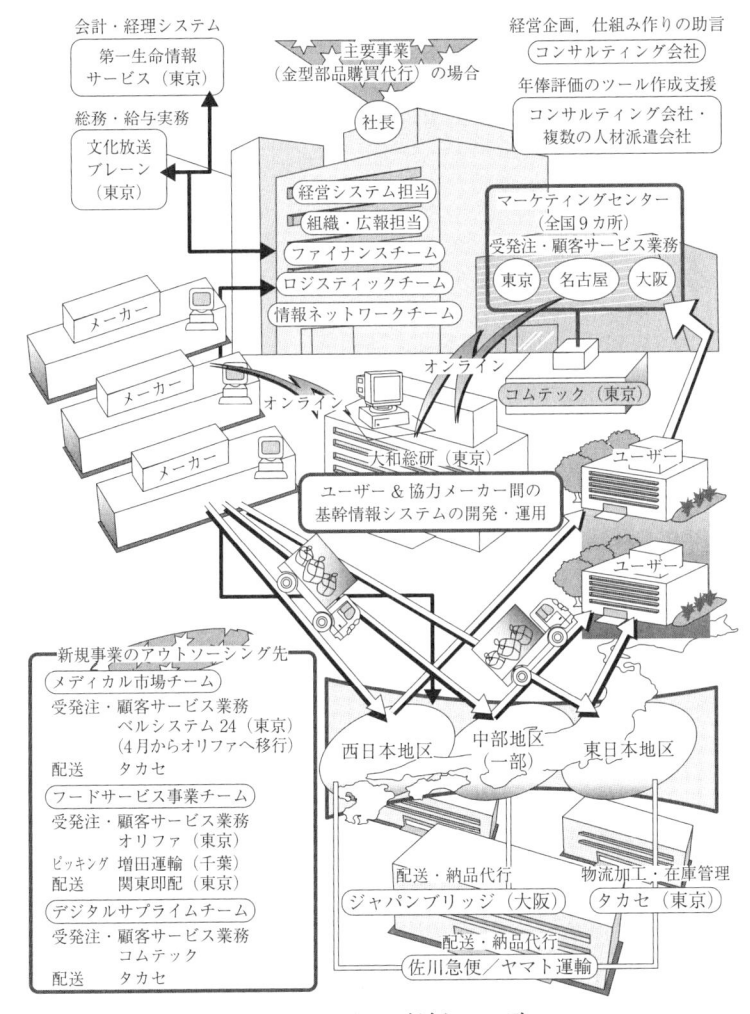

6章 「ファブレス経営」の光と影　127

図6-2　ミスミのビジネスモデル

出所）牧野昇・武藤泰明(1998)『牧野昇のアウトソーシング経営革命』経済界, p.145

により従来固定費であった情報処理コストが変動費化し，受注変動に対する安全性が高まると同時に，取引規模が拡大しても情報投資負担が要らなくなったのである。しかも，アウトソース先の最高水準の能力・サービス(処理能力，信

頼性, 開発スピード, 問題解決能力)を利用できるようになった。

　もちろん, すべてのアウトソーシングの試みが成功したわけではない。たとえば受注センター業務の外部委託はうまくいかなかった。1995年に8つのセンターのうち2カ所のオペレーションをテレマーケティング会社に委託したが, 商品知識が乏しくうまく対応できなかったため, 半年後に元に戻したケースがある。[13]

1.3　ミスミのビジネスモデルを支える組織・人事戦略
1) 戦略的タスクを遂行するユニットチーム型組織

　ミスミでは1994年に組織改革を行い, 総務部, 経理部, ユーザーサービス部を除き, 縦割り・箱形組織の部や課はすべて廃止し, 戦略的なタスクごとに, 社内公募により編成されるユニットチーム型組織に移行した。これは「ユニットリーダー」(担当役員)で構成される「トップマネジメントチーム」の下に「チームリーダー」「チームメンバー」から成る非常にフラットな組織構造になっている。

　「事業チーム」「サポートチーム」など25あるチームは, それぞれ明確なタスクを持ち, いくつかのチームをまとめて統括する「ユニットリーダー」には役員クラスが就く。ユニットリーダーもチームも毎年見直され, 社内公募制で選ばれる仕組みになっている。役員も自動的にタスクを担当するのではなく, 毎年2～3月に自分が企画した次年度のタスク(事業プログラム)をトップマネジメントチームに提案し, 採用されればそれを提案した役員がユニットリーダーになる。ユニットリーダーは自分の企画を社内に公表し, チームリーダーとメンバーを公募する。チームリーダーに立候補する社員(主に部課長クラスであるが, 年齢・入社年次に関係なく誰でも手を挙げられる)は, 担当しようとするチームのタスクについて自分の構想と実行計画を練りプレゼンテーションを行い, ユニットリーダーによって指名される。チームメンバーも公募され, 社員は自分が希望するチームを第3希望まであげることができる。応募者からの選抜は

チームリーダーによって行われる[14]。

部課長クラスは，どのプロジェクトのリーダーにも選ばれなければ，平のチームスタッフとして働くことになる。役員も自分が提案したプロジェクトがトップにより採用されなければ，次年度は社内失業者となり，1年間を新規事業の事前調査などに当てることになる。「チームをいくつ担当できるか」ということが役員の能力を示す基準となっており，担当するチーム数が増えれば役員年収も増加する[15]。役員に複数のタスクを担当させるのは，ひとつのタスクだけ担当すると役員としての立場を忘れ現場の仕事に手を出してしまうことになりやすいが，複数のタスクを担当すればそれができなくなるからである。

このようにして一度勝ち取った地位・人材も決して安定しているわけではなく，ユニットもチームも固定せず，新しい提案があればいつでもそれに合わせて組織を組み替えることができるようになっている。

2002年12月，ミスミは三枝匡社長の下で，従来の「ユニット」を「事業部」に移行する組織改革を実施した。従来の「ユニット」は執行役員ごとの属人的性格が強くひとりの役員の下に異なった業種の「ユニット」が属していたが，「事業部」は業種別に編成され，事業部の下の「チーム」も従来よりも小規模に編成された。こうして，小規模チームの持つ機動力と，事業部制による長期戦略の長所を組み合わせることが意図されている（図6-3，図6-4参照）[16]。

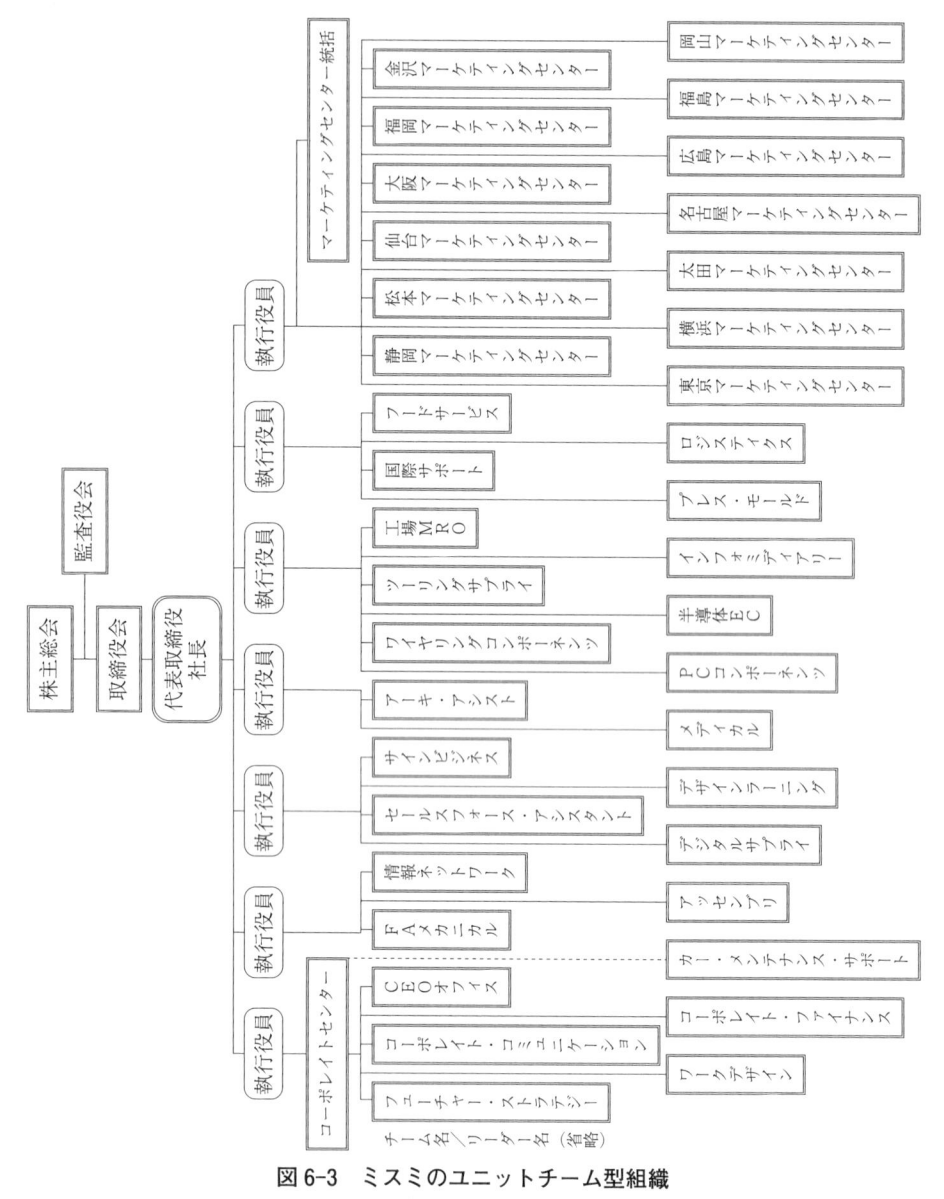

図6-3 ミスミのユニットチーム型組織

出所）MISUMI NEWS（報道用基礎資料）「株式会社ミスミとは」(2001年度版) p.15 一部省略

6章 「ファブレス経営」の光と影 131

図6-4 ミスミの新しい組織図

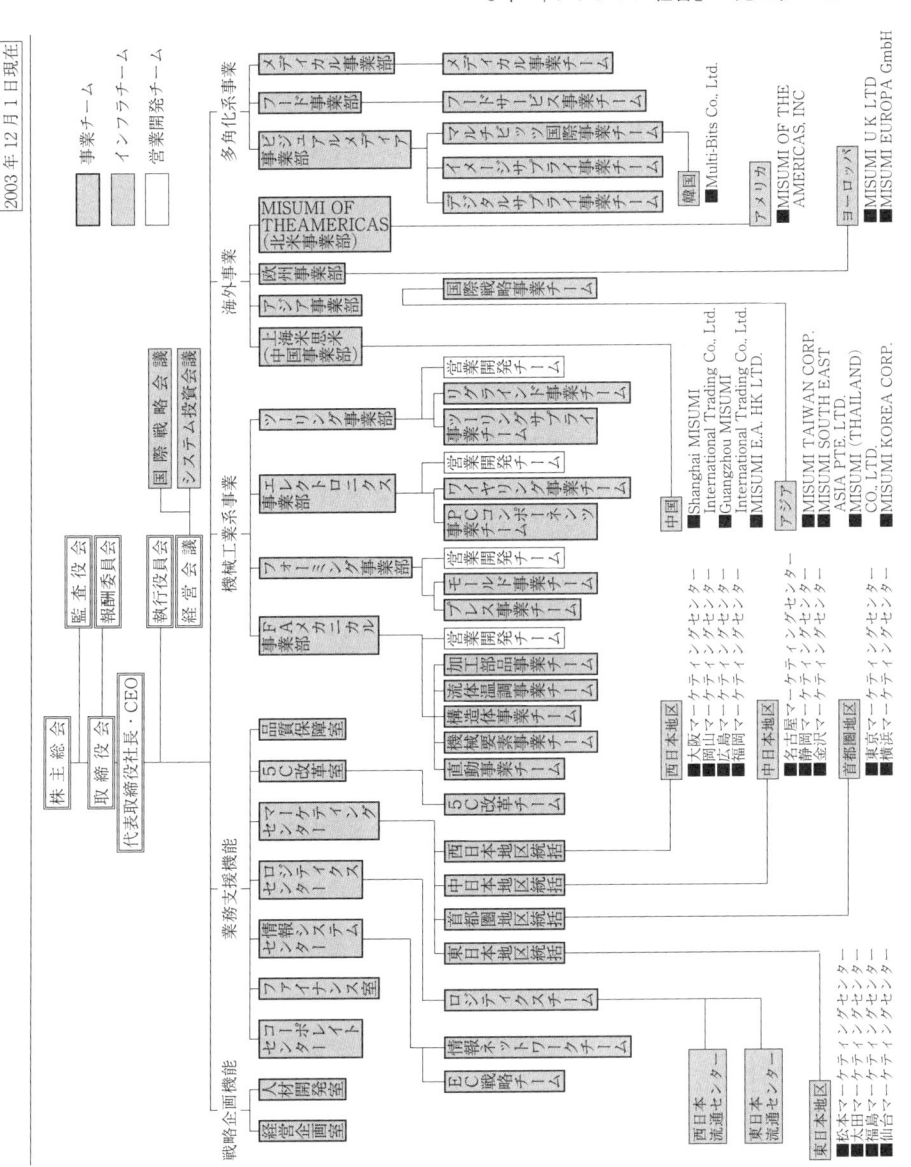

出所）ミスミのホームページ　http://www.misumi.co.jp/organization/pdf/sosiki200312/pdf　一部省略

2) 市場原理・競争原理の内部化

　ミスミでは市場原理・競争原理が，単にユーザー企業や協力メーカーとの間だけでなく，組織内部にまで大幅に取り入れられている。先に述べたように，ユニットチーム制の運営に際しては公募制により競争原理が大幅に導入され，地位や仕事は会社から与えられるのではなく，自らの知恵と努力により勝ち取ることが求められている。

　報酬についても市場原理が大幅に導入されている。ミスミでは1995年から年俸制を導入しているが，年俸額は社内における相対的価値ではなく，労働市場における価値で決まる「市場価値(マーケットバリュー)年俸制」がとられている。年俸算定には外部のヘッドハンティング会社が持つ評価基準を採用し，「転職するとしたらいくらもらえるか」という労働市場での価値が年俸の基準になるのである。実際の年俸額は，チームリーダーと個人の自由交渉によって決まり，社長・役員を含めた全社員の年俸は公表されている。このように年俸を労働市場での価値に近づけることにより，社内・社外の垣根を無くし，最適な人材を集めることが意図されている。[17]

　しかし，年俸はどちらかといえば収入の最低保障的意味合いのものとなり，今後は，利益分配など業績連動報酬のウエイトを増やすことが計画されている。利益分配制は各チームごとの損益計算書をベースにチームへの利益分配が算出され，個々のメンバーの貢献度に応じて配分される。配分額はチームリーダーが決定し，公表される。この他，ストックオプションも導入しているが，ミスミに特徴的な報酬制度として注目すべきは1999年12月に導入した「単年度黒字化ボーナス(単黒ボーナス)制度」であろう。

　これは社員の企業家マインドを喚起し新規事業挑戦意欲を高めるために，利益分配とは別に，新規事業の立ち上げに関わった社員に対して，その新規事業チームが初めて黒字化したときに，利益の一定割合を3年間にわたって「単黒ボーナス」として支給する制度である。利益分配制では，利益を出しているチームには高額の報酬が支払われる反面，赤字チームには支給されないため，新

規事業チームを敬遠する傾向が生じた。実際，1997年度には，23のチーム数に対してチームリーダーとして立候補したのはわずか25人に止まり，ほとんど競争がないままリーダーが決まってしまったのである。そこで1999年度にPCコンポーネンツチームが，新規事業担当チームとして初めて黒字化したのを契機にこの制度が導入されたのである。この制度の導入により執行役員でこの事業の提案者であった40歳の社員に対して4,000万円の単黒ボーナスが支給され，年俸約1,500万円，業績連動型ボーナス約800万円と合わせて，年収約6,300万円が支給された。この事例は，ミスミがいかに新規事業の開拓を重視しているかを表している。[18]

3) イントラプレナー（企業内企業家）が育つ「場」としての組織

　ミスミが求める人材は，組織にぶら下がり会社から仕事が与えられるのを待つようなサラリーマン型人材ではなく，自分の頭で考えて新規事業を開発し，自己責任においてそれを遂行し，知恵と努力で仕事を勝ち取るような企業家型人材である。しかも，このようなイントラプレナー型人材を「育てる」のではなく，そのような人材は「自ら育つ」という信念に基づき，「自ら育つ気のある人材」に対して活躍の場を提供するというスタンスである。その根底には，「自由と自己責任」の観念があり，個人と企業とは「仕事」を通じて結びついているのであり，相互に束縛されない自由な関係であるべきであるという考え方が存在している。したがって，個人が他に活躍する場を求めて退社するのも自由であり，また一度退社した人が戻ってくるのも自由である。会社が提供する「場」をどのように活用するかは個人次第であり，会社からのあてがいぶちの社内研修は実施していない。教育研修は必要に応じて個人が自分で受け，会社はその手伝いをするだけである。

　企業家マインド旺盛な若者を発掘・育成する目的で，かつては学生を対象として「イノベーター・スクール」を開いていたが，1995年からは若手ビジネスマンをも対象に「グローバル・イノベーターズ・フォーラム」を開始し，優

れたビジネスアイディアを持つ企業家予備軍にプラットフォームを提供し，事業化の推進を図っている。[19]

1.4 ミスミの強みと課題

　ミスミの成功要因として，まず第1に，自らを「購買代理商社」と性格づけ，徹底的にユーザーの視点に立ち，ユーザーのニーズにマッチした新商品・新事業を企画開発することに経営資源を集中し，それ以外の業務については可能な限りアウトソーシングして極めて合理的なビジネスモデルを構築したことをあげることができる。しかし，このようなビジネスモデル自体は，他の企業が導入しようとすれば不可能なことではない。ミスミの真の強みは，次のようなビジネスモデルの運用面にある。

(1) 他の企業が追随できないほど情報公開を進め，取引相手や社員との間に高度の信頼関係を構築している。

(2) 組織内部に市場原理・競争原理を大幅に導入し，組織が「ぬるま湯体質」（高橋，1993）に陥ることを回避するだけでなく，役員・社員に絶えず危機感と挑戦意欲を持たせ，組織を活性化させている。

(3) 社内の人材だけでなく社外の人材や取引相手などの知恵・アイディアなどを積極的に取り込む仕掛けを用いて，新商品・新事業の開発を貪欲なまでに追求している。

　これらはいずれも，ミスミ自身が自らのコア・コンピタンスがどこにあるかを明確に認識していることを物語っている。

　これまで順調に成長してきたミスミではあるが，今後の課題・リスク要因は何であろうか。第1は事業多角化のリスク，特に非機械工業系事業展開のリスクである。もともと金型用部品事業を中心に成長してきたミスミであり，現在でもこの事業の売上高が4割を占め，これにFA用部品事業の3割，エレクトロニクス部品事業の1割を加えると機械工業系事業の売り上げが8割以上を占めている。これらの事業展開にミスミのビジネス・モデルがうまく適合してい

たことは同社の成長の軌跡がこれを裏付けている。しかし，同社で「多角化系事業」として位置づけられている「ビジュアルメディア事業」「フード事業」「メディカル事業」などはかなり異質の事業分野である。

たとえば「フード事業」では，居酒屋を中心とする飲食店向けに，下処理済食材，オリジナル完成品，生鮮品，調味料，割り箸，鍋など約4,000点の商品と，廃油回収などのサービスを提供している。また「メディカル事業」では，開業医院や動物病院に対して，注射器，レントゲンフィルム，文具など約1万点の商品を提供している。また「ビジュアルメディア事業」では印刷・デザイン業界に対して，ハードウエア，ソフトウエア，OAサプライ品，デジタル素材集などDTP関連製品約3万点を提供している。これらは企業向けに多品種小ロット商品を提供するという点ではミスミが手掛けている機械工業系事業と共通しているが，業界特性はかなり異なっている。これらの事業においてミスミがどのような差別化を図ることができるかは現在のところ未知数であるが，「購買代理商社」を自認するミスミがどれだけユーザーニーズに徹したサービスを提供することができるかが鍵であろう。[20]

第2はネットビジネスのリスクである。[21] ミスミは1999年11月，半導体のネット販売を開始した。海外半導体メーカー10社が生産する汎用品をデータベースに登録し，顧客がミスミのホームページで欲しい商品の条件を入力すると，該当するメーカー名，価格，納期，在庫条件などの情報が複数表示され，商品の受発注は画面をクリックするだけで完了する。発注した商品がどこにあるかの検索ができるほか，顧客が大口ロットで購入した余剰商品を販売できるフリーマーケット機能も持つ。

半導体のように汎用品で100万点もの商品があると紙のカタログでは厚くなりすぎて実用的でないこと，機械系部品ではカタログに掲載している商品数の多さ，品質や納期の確かさが求められるが，半導体部品では納期回答の速さが求められること，などが背景にある。しかし，ネット販売は，本来，メーカーとユーザーが直接取引し，介在する商社や代理店を中抜きにする性質を持つ。

ミスミは取引に同社のホームページを介在させることにより，どのように小さなロットでも品質と納期を保証するという，同社がカタログ通信販売で築いてきたサービスで対応しようとしているが，ユーザーが納得するようなきめ細かなサービスを提供できるかどうかが問われることになる。

第3は事業部制とチーム制の融合という課題である。ミスミの組織戦略は，市場やユーザーニーズの変化に機敏に対応するため，毎年，チームやメンバーを組み替えるオープンで柔軟なチーム制が中核となっていた。状況の変化に対応して変幻自在に組み替えのきく柔軟な組織がミスミの強みであった。しかしいかなる組織も，成長し規模が大きくなるにつれてある程度の安定化メカニズムを組み込まないとさらなる成長は困難になる。経営コンサルタントとして組織の生理を熟知している三枝社長が，就任後間もなく先述したような事業部制を導入するとともに，これまで1年ごとに実施してきた事業チームの再編成を2年に1回に改めたことは，ミスミの組織に継続性や安定性を組み込む試みと言える。しかし，事業部制の固い構造が強くなりすぎればミスミの組織活力は減退してしまう。これからは事業部制とチーム制を融合させ，安定性と柔軟性との間に微妙なバランスを生み出すパラドックス・マネジメントが求められることになる。

2．ベンチャー企業「カンキョー」の成功と挫折

2.1 創業・成長の経緯

1） 創業の経緯

株式会社カンキョーの創業者藤村靖之は，大阪大学大学院(基礎工学研究科物理系専攻)で工学博士の学位を取得し，小松製作所(現「コマツ」)に入社した。同社には11年間勤務し，技術研究所・熱工学研究室室長などを歴任し，新事業開発の種になる技術を求めて世界中の研究所・企業を回り視野を広げるという貴重な経験を積んだ。役員並みの処遇を得ていた同社を去りリスキーなベンチャービジネスの世界に身を投じることになった背景には，大企業に対する幻

滅とベンチャービジネスに対する期待があった。

　新技術の種を探すということは，結果的に他人の技術を物まねすることになるわけであり，「儲かればそれでもいい」という大企業の論理に対する批判的意識が芽生え始めたのである。「真似されることはあっても絶対真似はしない」という気持ちが強くなり，会社から独立して人まねでない自分の技術を開発する会社を創立したいと強く思うようになったのである。[22]

　プライベートな事情もあった。藤村自身，カビ・アレルギーの持ち主であったが，長男を含め 3 人の子どもたちも喘息気味であった。日本は世界のどこよりもアレルギーの子どもが多いと言われている。1983 年当時，すでに日本の子どもの 20％がアレルギーであったし，近年では 9 歳以下の子どものアレルギーは 4 割を超え，アトピー性皮膚炎や喘息などの被害が深刻化している。しかも，お米や大豆を食べるとアレルギーという赤ん坊が世界で初めて日本に出現したのである。当時の医者や学者はアレルギーの主たる原因は食物であると言っていたが，藤村は原因は室内環境にあると考えていた。現代日本の住宅は建築の近代化，エアコンの普及によって高気密化・高湿度化してきており，快適さと引き替えに，住宅はダニやカビの温床となっていたのである。そこで近代建築とエアコンを許容しながら，健康な住環境に改善することを考え始めたのである。また，90 年代は健康と環境の時代になるという予測もあった。藤村は会社に，子どもの健康と環境をテーマにした新事業をやりたいと相談したが受け入れられなかった。あとは独立して自ら会社を興すしか方法はなかった。1984 年 3 月，会社を辞め，「健康な室内環境を創造する」ことを目的として「ピーエス環境技研」を設立(1986 年に社名を「株式会社カンキョー」に変更)した。[23]

　当初，藤村以外は女性社員 1 名だけでの出発であったが，早速「子供の健康のための空気洗浄機」をコンセプトに 1984 年の秋に開発に着手した。

2) 電子式空気清浄機「クリアベール」[24]の開発

　アレルギーを引き起こす因子（アレルゲン）は空気中の微細なバクテリア，カ

ビの胞子，ダニの死骸やフンなどとされる。アレルゲンが20ミクロン以上の大きさなら鼻の粘膜に付着して鼻アレルギーを起こし，それより小さいと鼻を素通りして気管支喘息を起こす。この微粒子を取り除くことが製品開発の最大の焦点であった。

当時45社あったメーカーの空気清浄機をテストしてみると，ミクロンレベルの微粒子を取り除くことができないことが分かった。大手家電メーカーでは電気掃除機事業部が開発していたので，発想は掃除機の延長でしかなかった。空気を吸引してその中のホコリやゴミをフィルターを通して清浄化するのである。この方式では0.1ミクロン以下のバクテリア，カビ胞子，ダニの死骸などはスクリーンを通り抜けてしまう。フィルターの目を細かくすると，空気の吸引力が落ちてしまう。

クリアベールは原理的に全く異なる方式を採用した。空気中の酸素の電子は不安定で，電子の量が多かったり少なかったりするのを「イオン」という。水にも酸性とアルカリ性があるように，イオンの場合も，電子が多めならアルカリ性，少なめだったら酸性と便宜上呼ぶ。これを応用した。

放電することによりマイナスの酸素イオンを発生させ，空気中のホコリや花粉，ダニの死骸やフンなどにマイナスの電荷を付着させる。これをクリアベールの内部にある陽極板の集塵紙に付着させることで0.001ミクロンの超微粒子までも集塵する。タバコの臭いや悪臭の基となる臭いの粒子も含め，ミクロン単位で空気中のあらゆる浮遊物を取り除くことができる。また，集塵する際に同時に放出されるマイナスイオンは，ストレスを和らげ，健康促進効果があるとされている。子どもの喘息は就寝中に多いが，クリアベールはファンを使わないため無風・無騒音で24時間使用できる。

1985年9月，開発に着手してわずか1年で商品化に成功した。東京晴海で行われた住宅設備展に出品すると大反響を起こし，代理店が300社も押しかけ契約していった。満を持して発売したが，期待とは裏腹に全く売れなかった。売れない原因を徹底的に分析してみると，確かに売れない条件が見事に揃って

いた。生活必需品ではない、効果もはっきり目に見えない、それ自体では興奮もおもしろみもない、ブランド力もないのに割高感がある、という具合である。

そこで販売手法を工夫し、口コミを利用した。医療現場の臨床例で、クリアベールは75%という高いパーセンテージで小児喘息の発作が減るという効果が確認された。その後、病院などの医療機関で次々と採用され、口コミで評判が広がっていった。また、地方に積極的に販社を設立し、販売代理店への指導も徹底した。[25] 1988年、世界中のメーカー130社との競争に打ち勝ち、ソウルオリンピックの選手村で採用されたことも知名度の向上に繋がった。こうした努力が次第に実を結び、クリアベールの出荷台数は急速に増大していった。1986年にはわずか8,000台であったが、90年には4万6,000台、94年には13万台、96年には29万台、97年12月には累積販売台数は200万台を超え、シェアは30%に達した。売上高も100億円を超え、株式公開を目前に控えていた。

クリアベールの大成功とカンキョーの急成長により藤村は一躍ベンチャー経営者のスターとなった。クリアベール発売の1985年には発明協会賞を受賞、その後も神奈川工業技術開発大賞、ニュービジネス協議会アントレプレナー賞、ベンチャー・オブ・ザ・イヤー・ハイテク部門第1位、科学技術長官賞などを次々に受賞し、『日経ベンチャー』誌の1997年1月号では、証券アナリストが選ぶ「有望な未公開企業ベスト5」の5位にランクされた。

1997年7月の時点におけるカンキョーの会社概要は、資本金7億6,080万円、売上高(96年度決算)は95億6,079万円、社員数75名、社員平均年齢は27.5歳、売上高構成は、空気洗浄機が90.7%、浄水器が3.7%、除湿器が2.0%であった。

2.2 カンキョーのビジネスモデル

1) ニッチ市場への集中的投資

藤村は「健康な住環境の創造」という創業時のテーマを実現するために、研究開発型ベンチャー企業として空気清浄機というニッチ市場に経営資源を集中的に投資し、世界でも最高水準の技術・製品を生み出すことを目標とした。そ

のためには大企業以上の膨大な研究開発費をその市場につぎ込み，原理特許を取り，社会的信用を獲得することが必要であった。84年当時，超大企業では会社全体としては研究開発に2,000億円も使用していたかもしれないが，子どもの健康などへの関心はそれほど高くなかったので，その分野に限れば2～3,000万円くらいしか使っていなかった。そこで藤村は，成功するために年間5億円くらいの研究開発費を10年間にわたり使い続ける決心をした。これは大手家電メーカーの20～30倍の金額に相当する。

　まず最初の6年間で30億円の資金を調達する計画を立て，実現した。まだスタートしたばかりで担保もない企業に資金を貸してくれるような銀行はないから，株主になってもらうか，社債を買ってもらうか，各種の補助金をもらうかしかなく，資金調達のためにあらゆる手だてを講じた。設立1年目に住友信託銀行が最初の株主になり，その後多くの銀行や証券会社，生保・損保会社，投資会社，ベンチャーキャピタルなどが出資に応じた。

　官公庁からの公的助成金も最大限活用した。東京通商産業局助成，中小企業ベンチャー振興基金助成，横浜市先端技術産業振興助成制度，神奈川県先端技術開発奨励補助金，新技術開発財団助成，その他13全部の助成を申請し，そのすべてから支給を受け，4年間で2億2,000万円の補助金を獲得した。サウジアラビアの財閥からも投資してもらったが，通産省から助成金を受けたことで対外的な信用が生まれ，信用が信用を呼び，これが多くの民間金融機関やベンチャーキャピタルからの出資を促すことに繋がったのである。[26]

2) ファブレス経営

　藤村は会社を始めるに当たって，研究者・技術者が社長を務める企業にふさわしい企業形態を選ぶことを考え，結果的に，企業戦略，マーケティング，研究開発以外はアウトソーシングする形態を選んだ。まず，工場は絶対に持たないと決めた。工場の設備と人員によって研究開発が制約されるのを嫌ったのである。工場を持てば生産能力という器で事業の規模が決まってしまうし，常に

操業度・稼働率に追われることになる。製品寿命の尽きた製品からの撤退も難しくなるからである。[27]

次に営業も自前でやらないことにした。全国に24の地域別販売会社を設立したが、地元で信用のあるトップ企業とのジョイント・ベンチャーで設立した。カンキョーの出資は最大でも20％で、社員もほとんど出向させていない。また全国に1,000の販売代理店を展開した。

外部製造委託先は24社であるが、松下電器産業（当時）、神戸製鋼所、ミネベアを初め一部上場企業が約半数を占めている。これは、部品調達などの面で有利であるばかりか、大企業の優れた品質管理能力を利用することができるからである。主力製品である「クリアベール」は3社に製造委託した。委託先を複数にしたのは、生産が需要に追いつかないというリスクを回避するとともに、品質・コスト面で相互に競争させるためである。

80年代半ばの会社設立時はバブル経済まっただ中で、国内製造業はフル稼働しており、どの企業も委託契約を結んでくれなかった。やむを得ず韓国企業に製造委託する状態がしばらく続いたが、同社の製品は構造的にシンプルであるため労働集約的生産にならず、コスト中の人件費の割合が低いため、海外生産のメリットが十分生かせず、ファブレス経営自体のメリットも十分生かせない状態であった。しかし、その後急速に進んだ円高の下で、国内メーカーは生産拠点を次々に海外にシフトしていったため、国内製造業に余裕がでてきて、ようやく製造の外部委託が軌道に乗ることになった。88年度は80％を海外に委託していたが、96年度には100％国内企業への委託となった。

カンキョーは、構造スケッチ、部品構成、目標価格、デザインの方向性を示す原理モデルの作成までを担当し、意匠デザイン・設計図面の作成、試作品組立、量産を外部に委託する。デザインを除き、構造的な設計から量産まで1社に委託するのが最も効率的であり、その意味でも大手企業を委託先に選ぶことはメリットがあった。製品の検査は、カンキョーが品質管理標準を作成し、それに基づき委託先がチェックして検査報告書を作成し納品する。カンキョーは

そのうち3割について受け入れ検査を実施することになっている。[28]

3) 組織戦略

カンキョーの組織は社長を頂点に，残りの社員は全員並列・横一線に並んだ典型的な文鎮型フラット組織である(図6-5参照)。もちろんこれは，社員数が75名と小規模であるからこそ可能とも言えるが，従属関係や管理を嫌う藤村の経営理念に基づく部分が大きい。藤村は次のように述べている。

「私は行き過ぎた管理というものは，新しいものを生み出す上では害があるような気がしています。管理というのは，効率を少し上げて興奮を多くさますのではないでしょうか。新しいものを生み出すというのは，少しの効率よりも大きな興奮の方が大事だと思うんです。だから，管理というのは極力やらないようにしています。」[29]

このような藤村の考え方はオフィス・レイアウトにも端的に表れている。同社は「フリーアドレス制」を導入しており，社長以外，机や椅子を持たない。オフィスに間仕切りはなく，個人用のデスクもない。全部テーブルで，毎朝，早く来た順番で好きなところに座って良い。仕事関係の書類は個人用のキャビネットに入っており，それを自分の横に置いて仕事をする。95年から1人1台のノートパソコンによる社内LANを実現しており，好きな机に座り自分の

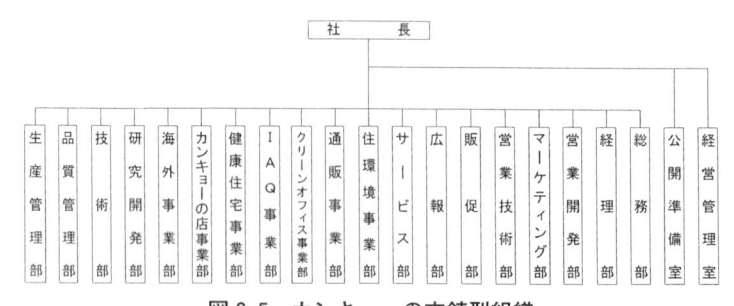

図6-5　カンキョーの文鎮型組織

出所）カンキョーの会社概要(1997年)より

ノートパソコンを LAN ケーブルに接続すればどの机からでも社内文書にアクセスでき，電子メールでコミュニケーションできるようになっている。これは，デスクを固定していると，考え方や行動まで固定されてしまうという考え方に基づいている。個人用の机がなくなることで情報の共有も促進されるという[30]。

入社2年目から年俸制が適用され，年俸金額の60%が保証されており，残り40%は年度末に各社員が社長と個別に話し合い確定される。

2.3　挫折と再生
1）挫折とその原因

1998年11月27日，カンキョーは横浜地裁に会社更生法の適用を申請した。負債総額は86億円であった。破綻の直接的な原因は，主力製品である空気清浄機の急激な販売不振により商品在庫が膨らみ，在庫を抱えきれなくなった販売店からの要請により約16億円分の在庫の買い戻しを余儀なくされたうえ，物流会社に販売した形になっていた約20億円分の在庫を契約に基づき買い戻さざるを得なくなり，資金繰りがつかなくなったことにある（図6-6，図6-7参照）[31]。

カンキョーのビジネスモデルにおいては，①カンキョーが協力メーカーに生産を発注し，②協力メーカーが生産した商品は物流会社に納入されるが，

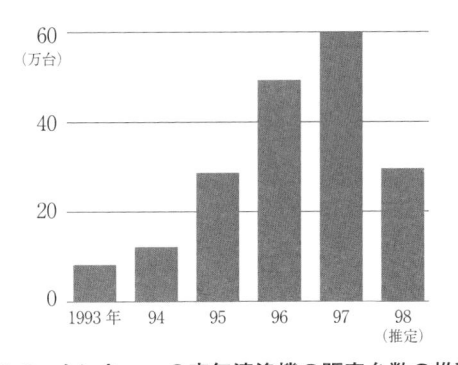

図6-6　カンキョーの空気清浄機の販売台数の推移
出所）『日経ベンチャー』1999年1月号，p.75

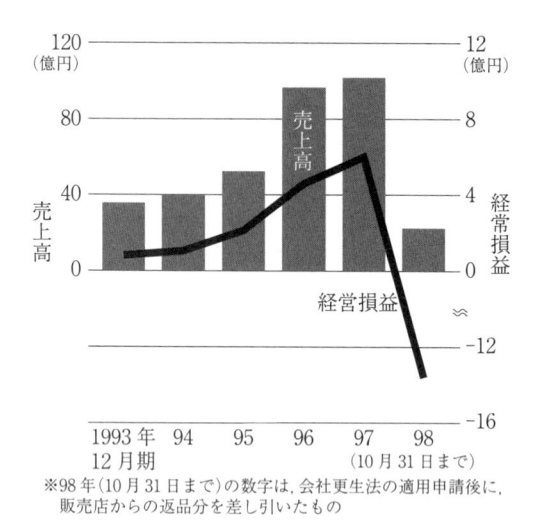

図 6-7　カンキョーの業績の推移
出所) 『日経ベンチャー』1999 年 1 月号, p.75

　この物流会社は商社的機能を果たしており納入された商品を自社資産として保有する。③ 販売会社や特約店からカンキョーに注文が入ると，④ カンキョーは物流会社に配送指示を出し，⑤ 物流会社が販売会社・特約店に商品を納入すると，⑥ 販売会社はカンキョーに対して支払いを行い，この時点でカンキョーは売り上げを計上する。⑦ その後，カンキョーは物流会社に対して商品代，マージン，倉庫代などを支払うことになる (図 6-8 参照)。

　このモデルにおいては，在庫は物流会社や販売会社が抱えることになり，カンキョー自身は「無在庫経営」を貫くことができる。しかし物流会社との契約では，契約解除の際には在庫をカンキョーが引き取ることになっていたのである。商品が順調に売れている限り極めて効率的なシステムであるが，ひとたび販売不振に陥り流通業者や販売会社が在庫を抱えきれなくなると問題が一挙に表面化したのである。工場を持たないファブレス経営とはいえ在庫管理は経営の基本であり，これを物流会社に丸投げしてしまっていたとしたら問題である。[32]

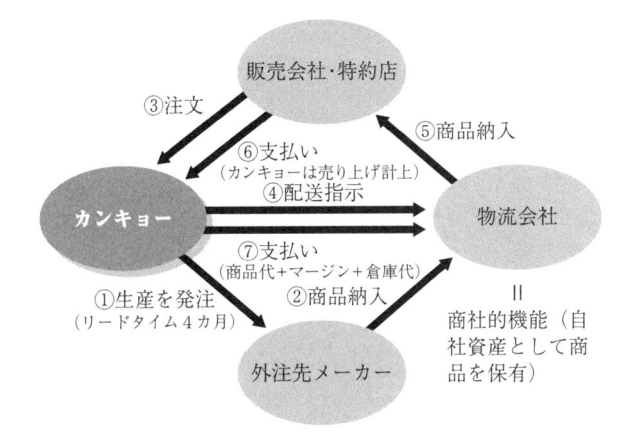

図 6-8 カンキョーのアウトソーシングの仕組み
出所)『日経ベンチャー』1999 年 1 月号, p.76

98 年に入って主力製品である空気清浄機の売り上げが半減した理由は, 競合他社の製品に対する競争力が低下したからである。当初, ニッチ市場であった空気清浄機市場も次第に市場規模が大きくなり, 大手電機メーカーを初め約 200 社もの内外のメーカーが市場に参入してきた。後発参入企業は当然のことながら先発企業, 特にトップシェアを持つカンキョーの商品を研究し, その弱点をついた製品を投入してくる。クリアベールのようなイオン式は, 超微細なホコリを除去でき, 音が静かで, 省電力であるなどの長所を持つ反面, 広いスペースで短時間にタバコの煙や臭いを消すのが難しいという弱点があった。競合企業はこうしたクリアベールの弱点をついたファン式やイオン式・光触媒などとの複合型などを市場に導入した。95 年頃から市場での売れ筋はファン式に移りつつあったにもかかわらず, 藤村はイオン式にこだわった。市場の動きを客観的に見ていればあるいは違った対応ができたかもしれない。本来,「こだわりを持たない」ためにファブレス経営を採用したはずの藤村が, 自社技術にこだわり墓穴を掘る結果になったのは皮肉なことである。

販売予測も甘かった。97 年に実施したマーケティング調査で, 空気清浄機

の普及率は16.5％で，購入意欲を持つ人が26.5％であったという。この数字に加え，「健康関連市場は景気の波を受けにくいと思っていた」という判断，さらに自社製品の競争力への過信が強気の販売計画を生み，在庫を膨らます結果となった。

　事業の社会的意義を意識するあまり，赤字続きの新規事業からの撤退を決断できなかったことも破綻の一因である。藤村はクリアベールの成功で自社製品に対する自信を深める一方，アレルギーをなくすためにはモノ作りだけ，空気をいじるだけでは限界があると考え，知恵で健康を支援する構想の下に，1993年からアレルギーケア専門店「カンキョーの店・ウインディ」のフランチャイズ展開を開始した。自社製品を初め世界中から調達したアレルギーケア用品を扱い，自社で養成したアドバイザーが商品や健康の相談・アドバイスなど，お客とのコミュニケーションを図り，商品購入後も，鮮度管理や機器の手入れなどアフターフォローを徹底した。アレルギーケア用品を通信販売する事業（「安心生活」）や有機食材だけを使う「オーガニック・レストラン」も始めた。しかし，これらの新規事業はいずれも赤字であった。藤村は次のように述べている。

　「アレルギーの子供を支援するカンキョーの店やカタログ販売，自然食レストランなど短期的には赤字だが社会的価値を考えれば将来性のある事業を展開してきた。収益性と将来性のバランスをとってきたつもりだが，こうした事業の今期の赤字額は合計で6〜7億円となった。ただ，それを必要としている顧客がおり，私にはやめることができなかった。[33]」

　ファブレス企業として問題視されるべき最も重大な欠陥は，開発体制の不備であろう。工場を持たないファブレス企業にとって最も重要な機能は研究開発とマーケティングである。物流や販売機能もアウトソーシングしているカンキョーの場合，研究開発こそが生命線である。しかしカンキョーの場合，商品開発のアイディア・発明は社長である藤村が一手に握り，社員がそのアイディアを商品化するという状態で，開発を専門とする社員はいなかった。藤村は同社の開発体制について次のように述べている。

「私が自宅で発明し，『誰か（商品化を）やりたい者はいるか』と社員に聞いて，手を挙げさせていた」[34]。研究開発型ベンチャー企業を自認する企業にしてはお粗末な開発体制と言わざるを得ない。スタートアップ時はともかく，従業員が70名を超え，売上高も100億円を超えた企業の開発体制としては問題がある。藤村自身次のように述べている。「私は根っからの発明家でした。社長でありながら開発の陣頭指揮をとってしまいました。これが結果的に良くなかった。」[35]

2）再　　生

1999年1月，カンキョー南四国（徳島市）の大沢社長ら有力代理店8社のトップが，資本金4,000万円でスポンサー会社「カンキョー販売」を設立することで合意した。同年3月，横浜地裁が更生手続き開始を決定した。2001年2月，2006年までの6年間で8.6％を弁済する計画案を地裁に提出し，同年7月に認可された。10月に従業員が1,000万円を出資する新会社「カンキョー」を設立し，大沢管財人が社長に就任した。こうして藤村は経営者の地位から去り，申請前約70名いた社員は22名となったが，カンキョーは生まれ変わり再出発した。2000年4月に発売した小型充電式除湿器「ドライボーイ・ミニ」の販売にもようやく勢いが出始め，2002年3月期には売上高13億4,000万円，経常利益9,500万円を目指すという[36]。

2.4 考　　察

カンキョーの挫折は，ある意味でベンチャー企業が破綻する典型的な事例という面もある。技術者社長のワンマンショー，単品依存経営の脆弱性，組織的経営への脱皮の失敗などである。神奈川県研究開発型企業連絡協議会副議長を務め内外のベンチャー事情に通じている藤村は，これらの点を十分認識していたはずである。彼は著書の中で，ベンチャー企業の発展にとって年商100億円を超す辺りが「リスキーグロース」と呼ばれる最も危険な段階であり，手強い競争相手が現れ，内部体制の整備や経営者の能力が追いつかなくなることを指

摘している。そしてカンキョーがまさにその段階にさしかかっているとして次のように述べている。

「私たちは今まさに，……リスキーグロースの段階に入りました。私たちの会社では，社員を 80 人台にとどめてアウトソーシング（外部資源の活用）に徹していますから，一般の企業ほどには，経営者が存在感を失っていないかもしれません。ただそのことは，次の第 4 段階にうまく脱皮できない危険性をもはらんでいる気もするのです。……カリスマ経営者のまま第 4 段階に突入していくと，たいていはその経営者自身の存在が理由で，企業は経営破綻をきたすのではないかと思います。[37]」

ここまでベンチャー企業のリスクを十分認識していながら，セオリー通りの不幸な結果を招いてしまったところにカンキョーの悲劇がある。彼はまた「私は，この会社を数千人規模にしようとは考えていません。あくまで 100 人くらいのままで，しかし価値のあるものを次々に生み出していくような，新しいタイプの会社を目指しているのです。[38]」とも述べている。しかし，新しいものを生み出す仕組みの構築を怠ったことがこのファブレス企業の命運を立つことになったのである。[39]

おわりに

企業がどの範囲までの活動を内部化し，どのような活動を市場取引に委ねるかという問題は「企業の境界」設定に関わる問題である。ウイリアムソン（O. E. Williamson）に代表される「取引コスト・アプローチ」の考え方によれば，市場での取引コストと企業組織内での調整コストの比較により企業の境界が決定される。[40] 一般的には，標準的なインプットが使用され，複数の競争的サプライヤーが存在し，サプライヤー側の規模の経済が購入企業が真似できないほど大きく，範囲の経済や特殊的投資が存在しないような場合には，市場調達が有利であるとされている。[41] 一方，不確実性や情報の不完全性，限定された合理性や情報の偏在による機会主義的行動の可能性，関係特殊的投資などがある場合

には市場取引のコストが大きくなり企業内での交渉や配分の方が有利になる。しかし市場取引を内部化すると，今度はモニタリング・コスト，インフルエンス・コスト，エージェンシー・コストなどが生じる[42]。そこで，規模の経済性や垂直統合の利点を生かしつつ上記のようなコストを最小化するために系列取引，事業部制組織，分社化などが行われるとされる[43]。

取引コスト・アプローチは「市場か組織か」という境界設定の問題に対して「取引コストの節約」という観点から企業組織形成のロジックを合理的に説明するモデルを提供した。しかし坂本和一(1994)によれば，その基礎にある企業観は「企業組織内での調整が取引コストの純節約をもたらさない事情が生ずれば，いつでも市場メカニズムに解消するような企業観」である。しかし，現実の企業はこのような受動的な存在ではなく，「不確実性のともなう市場環境に対して目的意識的に働きかけ，その条件を制御しようとする能動的な経済主体」であり，したがって，企業の境界についての検討には「企業者的」企業観に立つ「企業戦略アプローチ」が必要であると主張している[44]。取引コストの節約という観点は確かに企業の境界設定を規定する重要な要因のひとつであるが，加えて，競争優位確立のための経営資源の蓄積・集中的投資という戦略的要因への配慮が不可欠であることは当然である。

ニュービジネス協議会が1997年1月に実施したアンケート調査によれば，アウトソーシングを活用する目的として一番多いのは「専門性の向上」(65.0%)であり，2番目が「コスト削減」(49.7%)，3番目が「業務のスピード化」(36.2%)，以下，「固定費の変動費化」(25.5%)，「本業への集中」(23.5%)，「新規分野への進出」(19.0%)，「事業展開の迅速化」(19.0%)の順となっており，戦略的要因が重視されている[45]。

野口悠紀雄(2002)は，「市場を通じての分業」は最適な相手と自由に契約できる反面，契約締結費用や情報の非対称性が生じ，一方，「組織内での分業」は関係が固定され契約締結の必要がなく，相手を熟知しているので安心して共同作業を進められる反面，取引が非効率になっても続けなければならないとい

う不都合があるとしながらも，近年，次のような理由から，市場の重要性が高まってきていると指摘している[46]。

(1) IT革命により情報・通信コストが低下し，異なる組織間の情報交換が容易になり，契約改訂コストが低下し，情報の非対称性も克服しやすくなる。
(2) 変化のスピードが加速化し，固定的な関係が陳腐化する可能性が高まる。
(3) グローバリゼーションの進行により，潜在的に契約できる相手が増える。
(4) モジュール化の進展により，部品・業務の規格化が進み，アウトソーシングしやすくなる。

これらの要因を考慮すると，「市場を通じての分業」に依拠するファブレス経営やアウトソーシングの利用可能性は今後さらに大きくなることが考えられる。いわゆる「垂直統合型」モデルから「水平分業型」モデルへの変化が，単にエレクトロニクス産業に止まらず他の産業分野にも広がる可能性がある。

先述のニュービジネス協議会のアンケート調査によれば，アウトソーサー(アウトソーシングを提供している企業)が提供している分野で一番多いのが「情報処理・ソフトウエア関連」で37.6％，2番目に多いのが「各種コンサルティング」で27.6％，3番目が「人材関連」で20.8％であり，「生産工程」は9.0％に過ぎない。しかし，近年，特に欧米においてソレクトロン(Solectron)，フレクストロニクス(Flextronics)をはじめとするEMS(Electronics Manufacturing Service)が急成長していること，また2000年10月，ソニーが同社のオーディオ製品の生産子会社であるソニー中新田(宮城県)とソニー・インダストリーズ台湾の2社を従業員約2,000人ごとソレクトロンに売却した他，三菱電機，NECなども海外工場をEMSに売却する事例が出てきていることなどを考えると，日本企業の間においてもEMSを意識した生産拠点の再編成が進展し，水平分業型ビジネスモデルのウエイトが高まることが予想される[47]。

ファブレス経営には，自社ノウハウの流出のリスク，品質・価格・納期の管理など難しい問題が伴う。これらを防ぐためには生産委託先との間で企業機密保持や業務委託の契約書をきちんと作成しておくことが必要であるが，何より

も重要なことは委託先との間に深い信頼関係を構築しておくことである。また，高度な研究開発能力により他社が真似できないような商品を次々に導入することが不可欠である。ミスミの場合，これまでこれらのことを比較的うまく行ってきているのに対し，カンキョーはこうした点への対応に問題があったと言わざるをえない。委託先との信頼関係と絶えざる新製品開発こそがファブレス経営の生命線と言えるのである。

【注】
1) ミスミに関する以下の記述は，2002年2月7日に行われた田口弘社長（当時）に対するヒアリング調査と，その時配布された会社資料（「株式会社ミスミとは」報道用基礎資料，2001年度版），及び同社のホームページなどの他，以下の資料・文献に基づいている。
　・鈴木直人（1996）『ミスミの企業家集団経営』ダイヤモンド社。
　・田口弘（1997）『隠すな！オープン経営で人は育つ』日本経済新聞社。
　・牧野昇・武藤泰明（1998）『牧野昇のアウトソーシング経営革命』経済界，pp. 144-163。
　・『日経ビジネス』2000年10月9日号。
　・『日経情報ストラテジー』1996年11月号。
2) 田口弘，前掲書，pp. 175-182。鈴木直人，前掲書，p. 72。
3) ミスミでは確実な供給や納期を保証するために，部品製作を半製品段階でいったん止めておき，ユーザーからの受注後，その指定寸法に仕上げる「ハーフメイド方式」がとられている。
4) 田口弘，前掲書，pp. 11-15。
5) 『日経ビジネス』2000年10月9日号，p. 65。
6) 「株式会社ミスミとは」（報道用基礎資料）2001年度版，p. 3。
7) 「受注センター」は1996年6月に「マーケティングセンター」と改称され，「顧客マネジャー」と呼ばれるベテラン社員が配属されている。
8) 鈴木直人，前掲書，pp. 127-128。
9) 牧野昇・武藤泰明，前掲書，p. 146。
10) 田口社長（当時）によれば，業務の外部委託はかなり早い時点から考えていたが，本格的にアウトソーシングを考え始めたのは1989年2月に起きた「エコール事件」がきっかけであったという。「エコール」は同社の受発注や物流を管理する社内情報処理システムであるが，従来のオフコンから大型ホストコンピュータに切り替える際，システムが全面停止してしまったのである。電話やファックスを用いたり，社員の人海戦術でこの苦境を乗り切ったが，この事件を契機に，社内に情報処理システムを抱え

ることに疑問を感じ始めたという。田口弘，前掲書，pp. 90-91。
11) 田口弘，前掲書，pp. 88-95。
12) 1995年度における大和総研に対するアウトソーシング費用は，売上高の約0.8%であった。一般的に，アウトソーシングは，直接的なコスト自体は社内で処理するより高くつくことが多い。しかし，より高度で専門的なサービスが利用できる利点がある。
13) ユーザーからの注文をシステムに入力する作業が中心であるが，規格外商品や新製品に関する相談に応じたりするにはかなりの商品知識や社内関連部門との連携が必要とされたのである。鈴木直人，前掲書，pp. 106-107。
14) 「株式会社ミスミとは」（報道用基礎資料）2001年度版，pp. 5-6。
15) 通常，2〜4つのチームを担当する役員の年収は1,800万円程度であるが，多くのチームを担当する役員の場合，年収は2,000万円以上になるという。
16) http://www.misumi.co.jp/investors/index02.html 2003.11.30。
17) このように労働市場での価値をベースに年俸が算定される結果，入社希望者には即戦力を備えた中途採用者が多くなっており，中途採用10に対して新卒採用は約2といった割合である。
http://www.jil.go.jp/mm/hrm/20000616.html 2002.2.14。
18) 単黒ボーナス制度においては，年度ベースで黒字を達成したチームに対して，翌年の6月に，黒字額の26.6%が支給され，その半分が執行役員及び新規事業提案者に，半分がチームメンバーに配分される。1年間だけの支給だと，その年だけ設備投資を抑制したり，在庫を積み増して一時的に黒字を捻出する恐れがあるので，そうした事態を避けるため，支給期間を3年に設定してある。『日経ビジネス』2000年10月9日号，p. 65，pp. 67-68。
19) 田口弘，前掲書，p. 64，pp. 96-100。
20) ミスミは2002年3月から，屋外広告や交通広告などを扱うサイン業界に向けて，資材の販売，業界ポータルサイトの運営，サインショップの展開などの課題を解決するサービスを提供する「サインビジネス」を開始したが，2003年8月に撤退した。
21) 『日経産業新聞』1999年10月6日，2000年10月26日。
22) 梶原一明（1997）「異才たちの時代」『経済界』7月8日号，p. 134。藤村靖之（1997）「ベンチャー経営の特色とカンキョーの戦略」『研究交流ニュース』かながわ研究交流推進協議会，No. 62，別冊1，3月。
23) 藤村靖之（1997）『企業家は未来に「点」を打つ―必ず夢は実現できる―』H & I，pp. 180-181。
24) 『近代中小企業』1997年7月号，pp. 59-61。藤村靖之，前掲書，pp. 182-190。
25) 販売強化策として，当初，プロの営業マンを雇ったが，彼らは新しい商品を新しい市場に売るのは得意でなかった。そこで商品や住環境を熟知している自分たちで売っていくことにし，製品を使ってもらえそうなサウナ，雀荘などをゲリラ的に回り，そこで得た業種別・用途別のニーズにより異なる営業の仕方をマニュアルにして代理店に伝えた。藤村靖之，前掲書，p. 189。

26) 『研究交流ニュース』No.62, 1997年3月, p.5。『近代中小企業』1997年7月, pp.60-61。
27) 『研究交流ニュース』1997年3月, pp.3-4。『近代中小企業』1997年7月号, p.61。
28) 株式会社カンキョー広報部部長山口民雄氏提供の内部資料による。
29) 『研究交流ニュース』p.7。
30) 藤村靖之, 前掲書, pp.75-76, p.90。『近代中小企業』1997年7月号, p.62。
31) カンキョーの挫折については, 以下の資料を参考にしている。
「倒産の研究:カンキョー」『日経ベンチャー』1999年1月号, pp.74-78。「敗軍の将, 兵を語る:藤村靖之(カンキョー前社長)」『日経ビジネス』1999年1月11日号, pp.81-84。『日経産業新聞』1998年11月30日, 12月8日。
32) ある金融機関の担当者は次のように述べている。「かつて藤村社長に在庫状況を聞いた時, 満足する説明が得られなかった。在庫の実態を把握していなかったのではないか」『日経ベンチャー』1999年1月号, p.76。
33) 『日経産業新聞』1998年12月8日。その反面, 次のようにも述べている。「社会的役割を果たす, という目的を優先していたことは事実だ。具体的には『子供たちの健康を害する悪い環境を改善する』ということ。その使命感が強すぎ, 儲けを度外視して, やりたい事業に走ってしまった。」『日経ベンチャー』1999年1月号, p.77。
34) 『日経ベンチャー』1999年1月号, p.78。
35) 『日経ビジネス』1999年1月11日, p.84。
36) 『日経産業新聞』2001年11月29日。
37) 藤村靖之, 前掲書, pp.60-61。
38) 藤村靖之, 前掲書, p.60。
39) カンキョーにとってある種の不運も重なった。藤村が開発を急いでいた排気風がでない掃除機は, 他のメーカーが参入してきたために開発中止となった。代わりに開発に着手した詰め替え式小型除湿器も, 生産委託先の中国メーカーの生産管理のまずさから発売が遅れてしまった(日経産業新聞, 平成13年11月29日)。
40) Williamson, O. E. (1975) *Market and Hierarchies: Analysis and Antitrust Implications*, Free Press. (浅沼萬里・岩崎晃訳 (1980) 『市場と企業組織』日本評論社)
41) Milgrom, P. & J. Roberts (1992) *Economics, Organization & Management*, Prentice Hall. (奥野正寛・伊藤秀史・今井晴雄・西村理・八木甫訳 (1997) 『組織の経済学』NTT出版, p.619)
42) 「モニタリング・コスト」は部下を監視するコスト, 「インフルエンス・コスト」は自分の評価を良くするために行われるゴマすり・付け届け, 情報操作などの行為によるコスト, 「エージェンシー・コスト」は監視が不完全であるために代理人が自己利益を追求することに伴うコストである(小田切宏之『企業経済学』東洋経済新報社, 2000年, pp.215-217)。
43) 小田切宏之, 前掲書, pp.211-217。
44) 坂本和一 (1994) 『新しい企業組織モデルを求めて―「内外均衡同時実現モデル」の

展望―』晃洋書房，pp. 38-40, p. 55。
45) ニュービジネス協議会(1997)「アウトソーシングに関するアンケート調査 1997.1.」。
46) 野口悠紀雄(2002)『日本経済 企業からの革命―大組織から小組織へ―』日本経済新聞社，pp. 34-37。
47) 稲垣公夫(2001)『EMS戦略』ダイヤモンド社，p. 189。
48) カンキョーは主力製品「クリアベール」について「値引きはしない」としてきたが，実際には量販店で安売りが行われていた。販売代理店が抗議しても，結局，安売りルートへの商品流出が止まらず，販売店や顧客に不信感を与える結果になった(『日経ベンチャー』1999年1月号，p. 77)。

【参考文献】

Williamson, O. E. (1975) *Market and Hierarchies*. (浅沼萬理・岩崎晃訳 (1980) 『市場企業と組織』日本評論社)
小田切宏之(2000)『企業経済学』東洋経済新報社。
梶原一明(1997)「異才たちの時代」『経営界』7月8日号。
『近代中小企業』(1997)中小企業経営研究会，7月号。
坂本和一(1994)『新しい企業組織モデルを求めて―「内外均衡同時実現モデルの展望」―』晃洋書房。
鈴木直人(1996)『ミスミの企業家集団経営』ダイヤモンド社。
高橋伸夫(1993)『ぬるま湯的経営の研究』東洋経済新報社。
高橋伸夫編(2000)『超企業・組織論』有斐閣。
田口弘(1997)『隠すな！オープン経営で人は育つ』日本経済新聞社。
丹沢安治(2000)『新制度派経済学による組織研究の基礎』白桃書房。
ダイヤモンド・ハーバード・ビジネス編集部編(1996)『アウトソーシングの実践と組織進化』ダイヤモンド社。
トライグラム(1978)『「脱・横並び経営」への挑戦』実務教育出版。
『日経産業新聞』1999年10月6日，2000年10月26日，1998年12月8日。
『日経情報ストラテジー』(1996)11月号。
『日経ベンチャー』(1999)「倒産の研究：カンキョー」1月号。
『日経ビジネス』(2000, 1999)「ミスミ新規事業育成黒字化に特別報酬チーム制」10月9日号，「敗軍の将，兵を語る：藤村靖之」1999年1月11日号。
ニュービジネス協議会(1997)「アウトソーシングに関するアンケート調査」。
野口悠紀雄(2002)『日本経済 企業からの革命―大組織から小組織へ―』日本経済新聞社。
原田保編(2001)『EMSビジネス革命―グローバル製造企業への戦略シナリオ―』日科技連。
藤村靖之(1997)『企業家は未来に「点」を打つ―必ず夢は実現できる―』H&I。
藤村靖之(1997)「ベンチャー経営の特色とカンキョーの戦略」『研究交流ニュース』かな

がわ研究交流推進協議会,No.62,別冊1,3月号。
牧野昇・武藤泰明(1998)『牧野昇のアウトソーシング経営革命』経済界。
ミスミ編(2001)「株式会社ミスミとは」(報道用基礎資料,2001年度版)。
Milgrom, P. & J. Roberts (1992) *Economics, Organization & Management*, Prentice Hall.
 (奥野正寛・伊藤秀史・今井晴雄・西村理・八木甫(1997)『組織の経済学』NTT出版)

7章 マネジメントの経営実践論

1．マネジメントは実践である

「マネジメントを発明した男[1]」と言われるドラッカー(P. F. Drucker)の代表的著作のひとつの書名が『マネジメントの実践』(*The Practice of Management*, 1954 邦訳名『現代の経営』)であることは，マネジメントの本質が「実践」にあることを象徴的に示している。実践とは，環境に働きかけてそれを変革・再構成していく目的志向的行為にほかならない。ドラッカーは言う。「経営者は実践者である。彼らは実行する。彼らにとって知識とは，現実の行動へと姿を変えない限り，無用の長物である[2]。」まさに「実践なくしてマネジメントなし」である。

ドラッカー亡き後，マネジメント伝導のグル(guru：カリスマ的指導者)的存在となったミンツバーグ(H. Mintzberg)も，マネジメントは実践であり，それはサイエンスを活用するがサイエンスではなく，マニュアル化できる部分もほとんどないため専門技術として教えることもできないとしている[3]。

それではマネジメントを効果的に実践していくためには何が必要なのであろうか。ミンツバーグは，マネジメントに必要な次の3つの要素が共存することが重要であるとしている[4]。第1の要素は「アート」である。これは創造性を促進し，直観やビジョンを生み出す要素であり，具体的な出来事から一般論へ至る帰納法的アプローチをとる。第2の要素は「サイエンス」であり，体系的な分析・評価を通じて秩序を生みだす要素であり，抽象概念を個別のケースに適

用する演繹的アプローチをとる。第3は「クラフト」であり，経験を基礎に実務性を生みだす要素であり，具体論と一般論を行き来する双方向的アプローチをとる。

　ミンツバーグによれば，マネジメントの実践が成功するためには，3つの要素の比重はどうであれ，これら3つの要素がいずれも存在していることが重要である。アート一辺倒のマネジメントはアートのためのアートを追求する「ナルシスト型」となり，クラフト一辺倒のマネジメントは経験に縛られた「退屈型」となり，サイエンス一辺倒のマネジメントは人間性に欠ける「計算型」となり，いずれも有効性を発揮できない。また3つの要素のうちひとつの要素が欠けても成功しない。たとえばアートとクラフトだけでサイエンスの要素が欠けると「無秩序型」になり，クラフトとサイエンスだけでアートの要素が欠けると「無気力型」となり，アートとサイエンスだけでクラフトの要素が欠けると「非実務型」となり，いずれも有効性を発揮できない[5]。

　ひとつの要素が優勢であっても，他の2つの要素が備わっていることがマネジメントの実践にとって重要であるという。たとえば，アート重視であるが経験に基礎を置きある程度の分析にも支えられているタイプは「ビジョン型」であり，成功している企業家によく見られる。主としてクラフトとサイエンスを中心とし，分析と経験を基礎としているが，ある程度は直観にも依存しているのは「問題解決型」であり，ライン部門の現場管理者に多く見られる。クラフト重視でアートも取り入れているが破綻しない程度にサイエンスもあるのが「関与型」であり，コーチングやファシリテーティングなど人間重視の特徴がある[6]。

　興味深いのは，3つの要素のバランスがとれすぎていても特徴がなくなり，うまくいかなくなるおそれがあるとしていることである[7]。行き過ぎた合理性や安定性はかえってマネジメントの有効性を損なうという見方は，「パラドックス」概念に繋がる。

2. 論理的パラドックス

パラドックス(paradox)の語源はギリシャ語の「～に反する」という意味の「パラ」と，「一般的に正しいとされている見解」という意味の「ドクサ」との合成語であり，「一般的に正しいとされている見解には反するけれどもやはり正しい見解」を意味している。[8] 昔から論理学や哲学ではさまざまなパラドックスが論じられてきた。よく知られているのは「すべてのクレタ島人はいつでも必ずウソをつく」という嘘つきのクレタ島人の例である。「例外のない法則は存在しない」というのも同様である。これらは，その言葉が原理的に真理ではあり得ない「自己言及的パラドックス」といわれ，それを切り抜けるためにはひとつだけ例外を設けるほかはない。

「どんな盾でも突き破る矛」と「どんな矛でも破れない盾」というように，複数の命題が相互に否定しあうような関係，論理的に両立し得ないような状態を「矛盾」というが，これもパラドックスの一種である。「ニワトリが先か，タマゴが先か」「社会が先か，個人が先か」のように，論理的には相互に否定し合う関係にある複数の命題が同等の妥当性をもって成立しうる状況を「アンチノミー(antinomy：二律背反)」というが，これもパラドックスの一種である。これらはいずれも論理上生ずる不整合を扱っており「論理的パラドックス」と言われる。[9]

3. 社会学的パラドックス

森下伸也ら(1998)は，現実の社会自体がパラドキシカルな性格を持っているとして，現実の社会生活の中で生じるさまざまな逆説的現象を「社会学的パラドックス」と呼んでいる。社会自体がパラドキシカルな性格を持つのは，社会を構成している人間そのものがパラドキシカルな存在であるからである。人間は「意味を形成する」動物であるが，意味を形成する自我は他者とのコミュニケーションを通じて形成されるのであるから，自我は他者の目の獲得にほかな

らない。このようにいわば「他者となることによって自我が確立される」というパラドックスこそ，人間存在の特質を示しているという。[10]

社会学的パラドックスには，同一時点・同一状況内に複数の相互に否定し合う要素が存在している状態である「状態性パラドックス」(＝論理的パラドックス)と，時間の経過の中で必然的な因果連鎖をたどっていくと当初の要素が自己を否定するような状態を作り出してしまう「因果性パラドックス」がある。たとえば，人間は安定を求めると同時に変化を求めるというのは状態性パラドックスである。一方，反差別政策を実施した結果，かえって差別意識が増大するような現象は因果性パラドックスである。この2種のパラドックスを明確に区別することは難しいが，社会現象の中にはさまざまな形でパラドキシカルな現象が存在している。[11]

4．マネジメント実践の鍵はパラドックスにある

マネジメントの分野でパラドックス概念が注目されるようになってきた背景には，従来の理論においては合理的思考や論理的一貫性が一面的に強調され，矛盾する見方を駆逐してしまったことに対する反省や批判がある。また，ピータース＆ウォーターマン(T. J. Peters & R. H. Waterman, 1982)らのように，エクセレント・カンパニーや優れた管理者は，パラドックスを管理する方法を身につけていることを指摘する研究も現れ始めた。[12]

しかし，パラドックス概念の重要性を早い時期から強調したのはミシガン大学のキャメロン(K. S. Cameron)である。彼は1985年頃から，組織有効性の研究において盛んにパラドックス概念の重要性を指摘し，「組織有効性は本来的にパラドキシカルであり，有効であるためには，組織は，矛盾し，相互に排他的でさえある属性を持たなければならない」というような主張を繰り返し展開していた。[13] キャメロンとクイン(K. S. Cameron & R. E. Quinn)は，従来の組織や管理の理論の文献に見られる有効な組織のパラドキシカルな特徴として，次のような例をあげている。[14]

① 「ルース・カップリング」（広範な探索，革新の開始，機能的自律性を促進）と，「タイト・カップリング」（迅速な執行，革新の遂行，機能的互恵性を促進）
② 「役割の高度専門化」（専門知識や能率の強化）と，「役割の高度の一般性」（柔軟性や相互依存性を補強）
③ 「リーダーシップの継続性」（安定性，長期的計画策定，制度化した記憶）と，「新たなリーダーの導入」（革新・適応性・現在性の増大）
④ 「逸脱拡大プロセス」（組織にエネルギーやパワーを与える建設的なコンフリクト・対立を促進）と，「逸脱削減プロセス」（信頼や情報の円滑な流れを生むのに必要な調和・コンセンサスを促進）
⑤ 「意思決定での探索の拡大」（広い環境探査，多くの情報への接近，インプットの発散）と，「情報負担抑制」（意思決定者に届く情報量の削減・緩和と決定の収束）
⑥ 「過去の戦略からの離脱」（新たな視角・革新の促進，新たな問題を古い問題の変形としてのみとらえることの禁止）と，「ルーツの再統合・強化」（組織のアイデンティティや使命，過去の戦略への関与を促進）

ほぼ同じ頃，伊丹敬之(1986)は経営戦略のパラドックスを考察する中で，「一見したところ二律背反になりそうなこと，パラドックスが生まれそうなことを乗り超えて，巧みな解決策を用意するところに経営の1つのエッセンスがある。その解決策の基本は，全ての概念が対になっていることを『組み合わせ』，『使い分け』て行くことであろう。」と述べている。[15]

イギリスの優れた経営思想家であるハンディー(C. Handy)も，人生や生活にパラドックスは必然的で不可避のものであり，それは解決するものではなく共存していくものであり，前進すべき道への手がかりとして楽しみ利用すべきものであるという立場から「われわれは両極端と共生することを学ばなければならない」と述べている。[16] ハンディーは「組織のパラドックス」として次のような例をあげている。[17]

・「グローバル化すると同時に現地化する必要」

・「ある点では小さく，しかしある点では大きく」
・「時として集権化することもあるが，たいていの場合は分散化する」
・「労働者がより自律的になるとともに，チームの一員であることを期待」
・「マネジャーに対してはより多くの責任を委譲するとともに，強い統制力を持つことを期待」

コリンズとポラス(J. C. Collins & J. I. Porras)も著書『ビジョナリーカンパニー』の中で，パラドックスという言葉は用いていないが，「ORの抑圧」から解放され「ANDの才能」を身につけるべきとしている。ここに「ORの抑圧」というのは，逆説的な考えを簡単に受け入れず，一見矛盾する力や考え方は同時に追求できないとする理性的な見方である。たとえば「変化か安定か」「慎重か大胆か」「低コストか高品質か」「創造的自主性か徹底した管理か」「未来への投資か目先の利益か」「綿密な計画による進歩か臨機応変による進歩か」「株主の富か社会への役立ちか」「価値観を大切にする理想主義か利益を追求する現実主義か」など，ものごとは「AかBのどちらか」でなければならず，「AとBの両方」というわけにはいかないとする考え方である。[18]

これに対し「ANDの才能」というのは，さまざまな側面の両極にあるものを同時に追求する能力であり，「AとBの両方」を手に入れる方法を見つけ出すことを意味している。たとえば「利益を越えた目的と，現実的な利益の追求」「揺るぎない基本理念と，力強い変化と前進」「基本理念を核とする保守主義と，リスクの大きい試みへの大胆な挑戦」「明確なビジョンや方向性と，臨機応変の模索と実験」「社運を賭けた大胆な目標と，進化による進歩」「基本理念に忠実な経営者の選択と，変化を起こす経営者の選択」「理念の管理と，自主性の発揮」「カルトに近い極めて同質的な文化と，変化し前進し適応する能力」「長期的な視野に立つ投資と，短期的な成果の要求」「哲学的で先見的で未来志向と，日常業務での基本の徹底」「基本理念に忠実な組織と，環境に適応する組織」などである。[19]

彼らのいうビジョナリーカンパニーは，これらの一見対立する要素のバラン

スをとるのではなく、両方を追求するのである。対立する要素に対して、二者択一的な「OR」の対応ではなく、両方を追求する「AND」の対応をとることは、非常に困難であることは間違いない。しかし、コリンズらは、「一流の知性と言えるかどうかは、2つの相反する考え方を同時に受け入れながら、それぞれの機能を発揮させる能力があるかどうかで判断される」というフィッツジェラルド(F. S. Fitzgerald)の言葉を引用し、ビジョナリーカンパニーはまさにこのような能力を持っていると述べている[20]。ハンディーやミンツバーグも、このフィッツジェラルドの言葉を引用している[21]。

このように、対立した要素に直面した場合、安易に二者択一的な対応をとるのではなく、何とか両方を実現するよう努力しそれをやり遂げる姿勢こそ、一流の人物・企業と凡庸なそれとを区別する決定的なメルクマールとなるのである。

5．組織デザインのパラドックス・モデル

対立する要素・価値に対するパラドキシカルな対応というアイディアを最初にモデル化したのはローボー(J. Rorhbaugh)やクインであるが、彼らの「競合価値モデル」(Competing Values Model)[22]のアイディアを修正・発展させたのが図表7-1の組織デザインのパラドックス・モデルである。

組織は明確な基軸価値を持たないと活動の焦点やベクトルが合わず有効性を発揮できないが、ある特定の価値だけを一面的に追求し続けるとさまざまな危機や問題症候が生ずる。たとえば、厳格なヒエラルキー、規則遵守、文書主義などの特徴を持つ「官僚制組織モデル」は、安定志向・内部志向・集権志向が強く、定型的な業務処理の確実性・効率性・継続性・公平性などの点で優れている。しかし、これらの価値が過度に追求されると、過度の先例主義(先例墨守症候群)、過度の形式主義(レッドテープ症候群)に陥り、組織が硬直化し、いわゆる「大企業病」と呼ばれるような逆機能が生じる。

官僚制組織モデルの対極に位置するのが、変化志向・外部志向・分権志向の

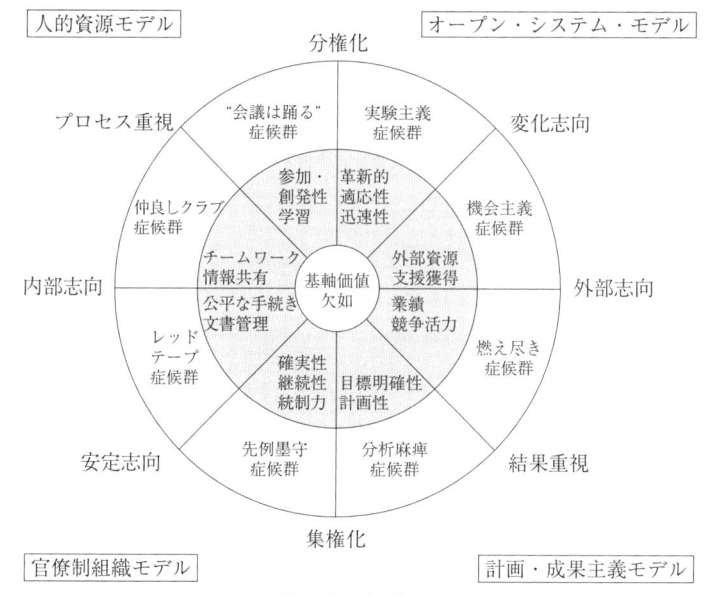

図 7-1　組織の基軸価値と組織モデル

出所）松本芳男(2004)「組織デザインにおけるパラダイム・シフト」『商業集志』日本大学商学部創設100周年記念号，10月，p.289を一部修正

「オープン・システム・モデル」である。これは，環境変化への適応，イノベーションの創出などに優れ，外部環境に積極的に働きかけ，外部から資源や支援を獲得する能力に長けている。しかし，これも行き過ぎると，技術を過信して市場ニーズを無視した製品開発に走ったり(実験主義症候群)，贈収賄事件，ヤミカルテル，談合など企業不祥事を生むことになる(機会主義症候群)。

結果志向・外部志向・集権志向が強い「計画・成果主義モデル」は，明確な目標設定と計画策定，厳格な業績評価と信賞必罰の報酬制度により組織内に競争活力を生み，高い業績を達成する強みを持つ。その反面，分析や計画作りが自己目的化したり(分析麻痺症候群)，業績至上主義や競争が行き過ぎて従業員が疲弊してしまうことにもなりかねない(燃え尽き症候群)。

計画・成果主義モデルの対極に位置するのが，プロセス志向・内部志向・分

権志向の「人的資源モデル」である。これは，人間関係への配慮，集団的討議や和の尊重，意思決定への参加や学習機会の提供などにより，チームワークや協調性，参画意識，情報共有，学習・成長などの点で優れている。その反面，議論ばかりでいっこうに結論が出なかったり（会議は踊る症候群），業績に対して誰も責任を負わない無責任体制にもなりかねない（仲良しクラブ症候群）。

要するに，上記4つのモデルいずれを基軸としてマネジメントするにせよ，特定価値に偏りすぎることに絶えず注意し，それと対極にある価値とのダイナミックなバランスや緊張関係を維持することが肝要である。行き過ぎが生じているかどうかを判定する「魔法の方式」はないが，次のようなチェックリストを用いて，絶えず行き過ぎが生じていないかをチェックする組織の健康診断は可能であり，必要でもある。

6．問題症候群回避のための自己診断チェック・リスト

(1)「人的資源モデル」が「仲良しクラブ症候群」や「会議は踊る症候群」に陥らないために

【従業員満足や調和への配慮過剰】

☐ 人間関係への過剰な配慮により，甘えやなれ合いが生じ，仕事に対する厳しさに欠けている。

☐ 顧客満足に対する配慮よりも，従業員満足への配慮が優先されている。

☐ 組織・集団の調和やまとまりが重視されるあまり，組織内での競争意識が希薄になっている。

☐ 意見やアイディアの相違・対立が表面化することを避けたり，抑えたりする傾向がある。

☐ 異質的な思考・行動様式を持つメンバーを排除する傾向がある。

【参加・議論過剰】

☐ 会議の開催頻度・所要時間・参加者などが必要以上に多すぎる。

☐ 議論は活発に行われるが，なかなか結論に到達しないことが多い。

7章 マネジメントの経営実践論

- □ 誰もが意見を述べ議論するが，誰も結果に対して責任を取ろうとしない。

(2)「計画・成果主義モデル」が「燃え尽き症候群」や「分析麻痺症候群」に陥らないために

【業績・目標志向過剰】

- □ 業績目標やノルマを達成するため，無理な押し込み販売や不良在庫の積み増しが生じている。
- □ 目標達成度を上げるために，達成容易な目標が設定される傾向がある。
- □ 短期的な業績の達成が優先され，長期的な視点が欠落している。
- □ 過度のオーバーワークやストレスのため，肉体的・精神的に問題を抱えた従業員が増えている。
- □ 目標達成を強調するあまり，人材の育成がおろそかになっている。

【計画過剰】

- □ 計画策定が自己目的化し，必要以上に詳細な計画策定が行われている。
- □ 計画に縛られて，状況の変化に柔軟に対応できない。

(3)「官僚制組織モデル」が「レッドテープ症候群」や「先例墨守症候群」に陥らないために

【規則・文書主義過剰】

- □ 必要以上に細かな規則や手続きが多数存在している。
- □ 規則に縛られて，臨機応変な対応ができない。
- □ 規則を守ることが自己目的化し，何のための規則かということが忘れられている。
- □ 必要以上に書類が作成され，文書の洪水に悩まされている。

【安定志向過剰】

- □ 先例や慣例が過度に重視され，新しいやり方に変更することに大きな抵抗がある。
- □ 失敗を犯すことを極度におそれ，新しいことに挑戦する姿勢が見られない。

(4)「オープン・システム・モデル」が「実験主義症候群」や「機会主義症候

群」に陥らないために

【革新・適応過剰】
☐ 革新性・創造性を強調するあまり，効率性や採算を度外視する傾向がある。
☐ 技術至上主義が強すぎて，市場のニーズにマッチしない製品が開発される。
☐ 一時的な変動や流行に振り回される傾向がある。
☐ 方針や計画の変更が頻繁に行われ，朝令暮改の傾向が強い。

【外部支援過剰】
☐ 交際費，政治献金，ロビー活動，寄付などが過剰になっている。
☐ 政府・業界全体などの規制・保護に対する依存度が強い。
☐ 談合体質が根強く残っている

　ミンツバーグも指摘していたように，マネジメントを有効に実践するためには，魅力的なビジョンを創造するアートの要素，論理的な分析に基づき合理的な意思決定を生むサイエンスの要素，経験に基づく実務能力をもたらすクラフトの要素がいずれも不可欠である。この3要素のウエイトの違いにより異なったマネジメント・スタイルが生まれるが，3要素のバランスがとれすぎていても特徴がなくなり，うまくいかなくなる恐れがあるところにマネジメントの難しさがある。

　マネジメントを実践していく中で，対立する要求や価値に直面することは避けられない。その際，安易に一方を切り捨てるのではなく，対立する要素を組み合わせたり使い分けたりしながら両方の要素を活かす知恵こそ，有効なマネジメントの実践に不可欠なのである。

　組織は明確な基軸価値を持たないと有効性を発揮できないが，特定の価値が過度に追求されても失敗する。「過ぎたるは猶お及ばざるがごとし」という『論語』(先進編)の名言は，マネジメント実践のポイントを言い得ている。[23]

7章 マネジメントの経営実践論　167

【注】
1) Beatty, J. (1998) *The World According to Peter Drucker*, The Free Press.（平野誠一訳（1998）『マネジメントを発明した男　ドラッカー』ダイヤモンド社）
2) Drucker, P. F. "What Makes an Effective Executive," *HBR*, June 2004.（「プロフェッショナル・マネジャーの行動原理」『DIAMONDハーバード・ビジネス・レビュー』2004年8月号）.
　　Harvard Business Review (2004) *Peter F. Drucker on Management*, Harvard Business School Press.（DIAMONDハーバード・ビジネス・レビュー編集部編訳（2006）『P. F. ドラッカー経営論』ダイヤモンド社, p.684）
3) Mintzberg, H. (2004) *MANAGER NOT MBAs*.（池村千秋訳（2006）『MBAが会社を滅ぼす』日経BP社, p.21）
4) ミンツバーグ, 前掲書, p.125。
5) ミンツバーグ, 前掲書, p.126。
6) ミンツバーグ, 前掲書, p.127。
7) ミンツバーグ, 前掲書, p.127。
8) 森下伸也・君塚大学・宮本孝二（1998）『パラドックスの社会学［パワーアップ版］』新曜社, pp.21-22。以下の論理的パラドックスに関する記述は, 前掲書に依拠している。
9) 論理的パラドックスについては, 次を参照されたい。中村秀吉（1972）『パラドックス：論理分析への招待』中公新書。
10) 森下・君塚・宮本, 前掲書, p.33, p.93。
11) 森下・君塚・宮本, 前掲書, pp.33-34。
12) Peters, T. J. & R. H. Waterman (1982) In Search of Excellence, Harper & Row.（大前研一訳（1983）『エクセレント・カンパニー』講談社）
13) 1985年にサン・ディエゴで開催されたアメリカ経営学会（Academy of Management）の年次大会において, キャメロンが座長となり,「組織におけるパラドックスの管理」というテーマでシンポジウムが開かれた。このシンポジウムの参加者たち, ヴァン・デ・ヴェン（Van de Ven）, バックオフとフォード（Backoff & Ford）, クインが中心となり, そこでの議論を踏まえて1988年にクインとキャメロンが編者となり『パラドックスと変容』（Paradox and Transformation）というタイトルの本が刊行された。キャメロンの次の論文も参照されたい。
　　Cameron, K. S. (1986) "Effectiveness as Paradox: Consensus and Conflicting in Conceptions of Organizational Effectiveness," *Management Science*, Vol.32, No.5, May.
14) Cameron, K. S. & R. E. Quinn (1988) "Organizational Paradox and Transformation," in Quinn R. E. & K. S. Cameron (eds.), *Paradox and Transformation: Toward a Theory of Change in Organization and Management*, Ballinger, pp.7-8.
15) 伊丹敬之（1987）「経営戦略のパラドックス」『マネジメント・ファイル'88』筑摩書房。この論考は,『日本経済新聞』の「優しい経済学」欄に1986年5月10日から5回にわたり掲載されている。

16) Handy, C. (1994) *The Empty Raincoat, Hutchinson.* (小林薫訳 (1995)『パラドックスの時代』ジャパンタイムズ, pp. 49-51)
17) ハンディー,前掲書,pp. 79-80。
18) Collins, J. C. & J. I. Porras (1994) *Built To Last.* (山岡洋一訳 (1995)『ビジョナリーカンパニー』日経BP出版センター, p. 72)
19) コリンズとポラス,前掲書,pp. 73-74。
20) コリンズとポラス,前掲書,p. 74。
21) ハンディー,前掲書,p. 52,ミンツバーグ,前掲書,p. 320。
22) Rorhbaugh, J. (1981) "Operatinalizing the Competing Values Approach," *Public Productivity Review*, 2, pp. 141-159.

  Quinn, R. E. (1981) "A Competing Values Approach to Organizational Effectiveness," *Public Productivity Review*, 5, pp. 122-140.

  Quinn, R. E. & J. Rohrbaugh (1983) "A Spatial Model of Effectiveness Criteria: Toward a Competing Values Approach to Organization Analysis," *Management Science*, 29 (3), pp. 363-377.

  Quinn, R. E. (1988) *Beyond Rational Management: Mastering the Paradoxes and Competing Demands of High Performance.* Jossey-Bass.
23) 「中庸」概念については,次を参照されたい。金谷治 (1993)『中国思想を考える―未来を開く伝統―』中公新書。

8章 優れた経営者の言葉に学ぶ経営理念

はじめに

人間は言葉を用いて考えコミュニケートする存在である。ミンツバーグ(H. Mintzberg)もマネジャーが果たすべき役割のひとつに，内外に対して情報発信する「スポークスマン」を挙げている。優れた経営者が語る言葉の中には，彼の価値観，哲学，信念などが凝縮されて埋め込まれているのである。本章では，こうした優れた経営者が語る言葉を通じて，経営者の経営理念やそれが経営に対して持つインプリケーションを考察する。

1.「モノを作る前にまず人をつくる」「適正利潤を確保する義務」

最初の言葉は松下電器産業(現パナソニック)創業者である松下幸之助の言葉としてあまりにも有名である。松下電器の知名度がまだ低かったころ，若い社員が得意先で「松下電器は何をつくるところか」と尋ねられたら，「松下電器は人をつくるところです。併せて商品もつくっております，電気器具もつくっています」と言うように指導したという(PHP総合研究所，1998：220-221)。電気器具を作ることは重要な社会的使命であるが，それができるためにはまず人を養成する必要がある。「事業は人なり」を早くから実践したのが幸之助であり，日本初の事業部制導入に際しても，それが経営者育成に有効であることを見抜いていたのはさすがである。

幸之助は従業員を大切にしようという気持ちは人一倍強いが，甘やかさない

という厳しさも持ち合わせている。「叱って育てる」のが幸之助流の人材育成法である。加護野忠男(2011：47)も指摘しているように，人の気持ちを大切にするが，情に流されることはない，というように「対立したものを両立させる」姿勢をもっていた。これは「パラドックス思考」であり，優れた経営者に共通する特徴である(松下，2001：184-185)。

「会社は公器」という会社観を持つ幸之助にとって「適正価格」を設定し「適正利潤」を確保することは社会的使命・社会的正義であり，「儲けない企業は罰せられるべきである」(PHP総合研究所，1998：201)とさえ述べている。こうした利潤観が，当時「価格破壊」を掲げて小売業側に価格決定権を奪取しようとしたダイエーの中内㓛との間に「ダイエー・松下戦争」(1964〜1994年)を勃発させたことはよく知られている。幸之助の利潤観は，また，「結果としての利潤」を主張するドラッカー(P. F. Drucker)の利潤観とも通じるところがある。

2．「真似をするな，真似される商品を作れ」「ひとと違ったモノをひとより先に」

これはシャープの創業者，早川徳治の言葉である。4歳の時に父親が米相場で失敗して先祖伝来の土地や家屋を手放し，9歳の時に単身で大阪に丁稚奉公に出かけざるを得なかった幸之助は苦労人であったが，早川徳治の幼少期はそれ以上に過酷な境遇であった。2歳で両親と死別し養子に出されたが，養家の継母にいじめ抜かれたという(平野，2004：17-26)。朝から夜中までマッチ箱のラベル貼りなどの内職を手伝わされ，小学校も2年生までしか通わせてもらえなかった。栄養失調で，絶えず継母の顔色をうかがう陰気な子どもであった。

8歳の時，近所に住む盲目の女性が徳治のことを不憫に思い，金属加工職人の許へ年季奉公の世話をしてくれたことが徳治に開運の扉を開いてくれた。7年7ヵ月の年季奉公を経て，19歳の時，兄姉と再会し，3人で金属加工業を立ち上げた。商品化第1号は「徳尾錠」と名付けられたスライド式のバックル(1912)であったが，大ヒットしたのは1915年に発明したシャープペンシル(早

川式繰出鉛筆)であった。社名を早川兄弟商会文具製作所とし，シャープペンシル事業は欧米向け輸出が順調に伸び好調であった。

　工場も3つに増えさらに拡大への途上にあった徳治（29歳）を襲ったのが1923年の関東大震災であった。裸一貫から立ち上げたシャープペンシル事業がまさに絶頂期を迎えようとしたときに，この大地震により3つの工場は焼失し，妻と2人の子どもまで失ってしまうことになった。「神も仏もあるものか」と絶叫したくなるほどの過酷な仕打ちである。

　1924年，不遇のどん底にあった徳治に幸運が訪れた。取引先の大阪心斎橋の時計店を訪ねると，アメリカ製の鉱石ラジオ2台が日本に初めて輸入されていた。NHKのラジオ放送開始が翌25年と決まっていたこともあり，徳治は財布をはたいて1台を購入し，研究に着手した。まさに「ひとと違ったモノを，ひとより先に」を実践したのである。28年，交流式真空管ラジオを発売し，事業は順調に進展し，徳治は「ラジオ王」と呼ばれるようになったのである。ラジオ放送が始まる前にラジオ事業の将来性を見抜き，「ひとより先に」事業展開する先見性に起業家としての早川徳治の卓越した資質を見ることができる。

　「真似される商品を作れ」という徳治の経営理念は，「目のつけどころがシャープでしょう」という同社の独創的製品開発として展開されていくが，現実の経営では「真似されて」辛酸を嘗めることがたびたびあった。その象徴的事例がテレビ事業である。シャープは1951年に国産初のテレビを試作し，1953年には日本初のテレビ販売を開始したにもかかわらず，系列店が松下電器の約7分の1の1万4千店と少なくて販売力が弱く，ブランド力もないため「弱小の安売りメーカー」というのが大方の評価であった。シャープが新しい商品を作り，松下が販売力にものをいわせて売りまくり，その後を三洋が追いかける，というのが当時の電機業界の構図であった。

　テレビのブラウン管の供給を他社に仰いでいたことが象徴するように，コア・テクノロジーやキー・デバイスを持たずアッセンブリー・メーカーに留まっていたため，せっかく斬新な新製品を開発しても，キー・デバイスの調達先がラ

イバル・メーカーであるために計画が漏れてしまい，すぐに模倣され，キャッチアップを許してしまうようなことがたびたび生じたのである。ラジオやテレビで先行しながら，トップメーカーの座を滑り落ちたのもそのためであった。

シャープが成長・飛躍する転換点となったのが激烈な電卓戦争を勝ち抜いたことと，「千里より天理」として知られる総合技術開発センターの建設である。本来，シャープはコンピュータ事業に参入したかったのであるが，通商産業省（当時）が支援の対象を富士通，日本電気，日立など電機大手6社に限定していたため，やむなく電卓事業に参入したが，そこは最盛時には49社がしのぎを削る激戦地であった。

シャープが電卓戦争に勝ち残った成功要因は，半導体や液晶などの重要部品について内製化戦略をとったことにある。カシオが半導体を内製化せず，外部から安い半導体を調達することで徹底的な低価格戦略をとったのに対し，シャープはキー・デバイス内製化の利点を生かし，液晶化，薄型化などの差別化戦略をとり，生き残った。

シャープの差別化戦略を支えたのが総合技術開発センターである。1970年に大阪千里丘陵で万国博覧会が開催されることになっていた。シャープもパビリオンの出展を決め予算計上までしていたが，それを取りやめて奈良の天理に75億円を投資して開発センターを建設した。当時のシャープの資本金は105億円であり，まさに「社運を賭けた」決定であるが，ここからその後の革新的製品が次々に生み出されることになるのである。

起業家，経営者としての早川徳治の卓越した資質はこれまでの説明で理解されたと思われるが，人間としての早川徳治の魅力にも触れざるを得ない。不遇の幼少時代，関東大震災による過酷な体験を乗り越え，いじめられてもだまされても人を信じる「感謝の心」と「奉仕の精神」を貫いた。同じ詐欺師に偽の燃料用炭を2度つかまされても「まじめに商売しろ」と諭すだけで警察につきださなかったとか，道で倒れていた青年を家に上げ，目を離したすきに金を盗まれたなどのエピソードから，人を信じ切る徳治の生き方がうかがわれる。年

季奉公を世話してくれた盲目の女性に対する恩義に報いるため，目の不自由な人が働きやすい工場を建てたり，身体障害者に対する支援を生涯続けた「陰徳」の人であった（『日本経済新聞』「20世紀日本の経済人58」2000年2月13日付）。

3．「自由闊達にして愉快なる理想工場の建設」「企業にとって重要なのは発明よりも革新なのだ」

　終戦直後の1945年5月7日，日本橋白木屋3階の配電室でソニーの前身である東京通信工業が資本金19万円で産声を上げた。この「会社設立の目的」の最初に書かれているのが「真面目なる技術者の技能を，最高度に発揮せしむべき自由闊達にして愉快なる理想工場の建設」（原文は仮名書き）である。これが「ソニースピリッツ」の原点である。機械いじりが大好きであった井深大は，早稲田大学理工学部の学生時代に「走るネオン」を発明し，1938年のパリ万博で優秀発明賞を受賞していることからもわかるように生粋の技術者である。その井深が生涯のパートナーとなる盛田昭夫と初めて出会ったのは敗戦直前の1944年，誘導ミサイル開発のための軍・官・民合同の戦時科学技術研究会であった。当時，井深は日本測定器を立ち上げており，盛田は海軍技術中尉としてこの委員会に参加していた。しかしすぐに敗戦を迎え，2人はその後音信不通の状態であった。

　井深と盛田が再会したのは偶然のきっかけであった。井深が立ち上げた東京通信工業は，敗戦直後の状況下で，ラジオの修理・改修で何とかしのいでいた。故障したラジオを修理し，短波受信用のコンバータを取り付ければ繁盛するはずであるという井深の読みが見事に的中した。これが朝日新聞のコラムで紹介され，この記事を見た盛田が訪ねてきて再会を果たし，事業への協力を申し出たのであった。

　東京通信工業は当時，ラジオの修理・改修以外に，今では信じられないような製品を開発・販売していた。たとえば，木製のお櫃の内側に電極を貼り付けただけの電気炊飯器を開発したが，うまく炊けるのがまれで，製品化できなか

った。また井深が考案し，1946年に銀座ネッスル商会の社名で発売した電気座布団は，布団が焦げるという苦情が殺到したという(板谷他，2002：34, 39)。

　資金繰りに火の車であった東京通信工業が何とかやっていけたのは，NHKから無線機を無線中継用受信機に修理・改造する仕事や音声調整用のミキシング卓を製作する仕事などを受注したためである。それまでのラジオ修理とは桁違いに難しい仕事で苦労したが，何とか乗り切っていき，やがて日本初のテープレコーダーG型の開発・発売に至るのである。

　「企業にとって重要なのは発明より革新なのだ」は，井深がトランジスタラジオの開発から得た教訓を語った言葉である(堺屋，2004：188)。数々の画期的・独創的な製品を世に送り出した発明家井深は，単なる発明家ではなく，時代精神や人々の価値観の変遷を鋭敏にくみ取り，具体的な技術・製品に結実させる物作りの天才であった。かつて評論家大宅壮一が雑誌で「ソニーモルモット説」を唱えたとき，多くのソニー関係者は立腹したが，井深はこれをソニーに対する褒め言葉としてとらえ，大いに気に入ったという。井深が退任するとき，社員から「黄金のモルモット」を贈られたというエピソードは，発明家であり革新家でもあった井深大の面目躍如である。

4．「『人を切るのを楽しむ』人間や，『人を切れない』人間は，会社を経営すべきではない」

　これはGEのジャック・ウェルチ(J. Welch)の言葉である。ウェルチは1981年にGE会長に就任するや，わずか5年足らずの間に11万8,000人の人員整理を断行した。大規模の人員整理が珍しくないアメリカでも，さすがにこれだけの大規模な人員整理に対して批判がわき出て，『ニューズウィーク』誌は1982年半ばに「ニュートロン・ジャック」(建物だけ残して人を切る輩)というニックネームを献上した。さらに1984年初旬には『フォーチュン』誌が「アメリカでもっとも厳しいボス10人」のトップにウェルチを挙げたのである。

　ウェルチのすごさは，GEの業績が好調である時期に，あれだけ大規模な事

業売却，工場閉鎖，人員整理を行ったことにある。「企業が危機に陥ってから再建しようとすれば，そのコストは膨大になり，痛みも大きくなる」（ウェルチ，2001：201）と述べているように，財務が健全であればこそ，辞めさせざるを得ない社員に対して十分な手当ができるからである。

クロトンビルの研修施設が象徴するように，GEという会社は伝統的に人材育成に力を入れてきたが，ウェルチも人材育成を非常に重視した。ウェルチ流の人材育成の特徴は，「比較し，極端な差をつける」ことにある。具体的には，幹部社員を上位20％，中位70％，下位10％にランク付け，下位の評価を受けた者は通常，GEには残れない。もちろんいきなり解雇するのではなく，少なくとも2～3回は本人と話し，名誉挽回のチャンスを与えていた。それでも期待に応えられない者は容赦なく解雇するのである。「成長や昇進の見込みのない人間を残しておくことこそ，残酷であり，『間違った親切』ではないか。結論を先延ばしにしていると，本人の仕事の選択の幅が限られ，子供を大学に行かせたり，巨額の住宅ローンを払う時期になって，会社にはいられないということになる。これほど残酷なことはない」と述べている（ウェルチ，2001：255）。また「（社員に）職を保証できるのは，満足して製品を買ってくれる消費者だけだ。会社が保証できるわけではない」（ウェルチ，2001：204）とも述べているが，これは「企業経営の目的は顧客の創造である」というドラッカーの考え方と本質的に同じことである。

また，ウェルチは「建設的衝突」が大好きで，腹蔵なく話し合うことにより最善の決定が可能になるとしているが（ウェルチ，2001：76），これはフォレット（M. P. Follet）の「建設的コンフリクト」の考え方に通じている。

5．「Stay hungry, stay foolish.」

これはスティーブ・ジョブズ（S. Jobs）について語る時，必ずといってよいほど引用されるフレーズである。しかし正確に言うと，これはジョブズ自身が語った言葉ではなく，スチュアート・ブラウン（S. Brown）が1968年に発刊した『ホ

ールアースカタログ』という雑誌の最終号に添えられ言葉である(アイザックソン I，2011：107)。ジョブズはこのカタログが大好きであり，特に最終号はお気に入りであったようである。「ハングリーであれ。分別くさくなるな」という言葉は，まさにジョブズの生き方を見事に表現しているがゆえに，広く知られるようになったのである。

　ジョブズの伝記を執筆したアイザックソンは，ジョブズを「完璧を求める情熱とその猛烈な実行力とで，6つもの業界に革命を起こしたクリエイティブなアントレプレナー(起業家)」と評している(アイザックソン I，2011：6)。すなわちパーソナルコンピュータ，アニメーション映画，音楽，電話，タブレットコンピュータ，デジタルパブリッシングなどの分野でイノベーションを起こし続けたのである。また，成功と挫折に富んだ一生を「ジェットコースターのような人生」(アイザックソン I，2011：6)とも表現している。

　ジョブズの性格を最もよく表すのは，「激情」「完璧主義」「攻撃性」であろう。完璧を求めるがゆえにその条件を欠くものに対しては徹底的に攻撃する。ジョブズの評価基準は「白か黒か」の単純な二分法であり，しかも評価がたびたび逆転するが，彼はそんなことには全く頓着しない。

　ジョブズの完璧主義がもたらす経営哲学はハードウエアとソフトウエアをエンドツーエンドで統合するビジネスモデルである。彼は全てをコントロールすることにこだわった。この点，オープン化で世界制覇を果たしたビル・ゲイツ(B. Gates)と対照的である。同じ1955年生まれでありながら，完璧主義者のジョブズに対してゲイツは現実主義者である。この2人のカリスマ経営者の比較は，竹内一正(2010)『スティーブ・ジョブズ vs ビル・ゲイツ』(PHPビジネス新書)が参考になる。

　「何をほしいかなんて，それを見せられるまでわからない。」市場調査に頼るのではなく，自らの直感とマーケティングセンスに基づいて製品開発を進めるジョブズの製品開発スタイルをよく表している言葉である(桑原，2010：30)。ソニーがウォークマンを開発した時も，市場にニーズが存在していたわけでは

ない。真に革新的な製品を開発する企業は，市場にニーズを生み出すのである。

「洗練を突きつめると簡潔になる」。これはアップルⅡのパンフレットの表紙上部に置かれた言葉で，レオナルド・ダ・ビンチの格言とされているが，その後のジョブズのデザイン哲学の支柱となる考え方である（アイザックソンⅠ，2011：140）。

6．「経営はロマンだ」「やれば分かる」

これは宅急便を事業化したヤマト運輸の小倉昌男の言葉である。小倉は同名の著書『経営はロマンだ！　私の履歴書』(日経ビジネス人文庫，2003)で次のように述べている。「経営はロマンである。だから経営は楽しい。目標を決め方法を考え実行する。」(小倉，2003a：4)　そうはいっても現実の経営では楽しいことばかりではないのは当然である。創業者の父親の急死(1971年)により46歳で大和運輸2代目社長に就任し，父がこだわった近距離・小口貨物輸送の路線を長距離・大口貨物輸送に切り替えたものの業績は悪化し，特に第一次石油ショックの影響で最悪の経営状態に陥った。

この窮地を脱することができたのは小倉の極めて合理的な経営スタイルに依るところが大きい。まずミッションやビジョンがある。小倉にとって理想的な運送会社とは「全国どこへでも，どんな量の荷物も運べる会社」である。これを実現するためには，スタンス(視点)を決める必要がある。小倉は徹底して「顧客の視点」を重視した。小倉が注目したのは，当時，国鉄小荷物や郵便小包など小口荷物を送る面倒な手続きに難渋していた家庭の主婦である。しかし，家庭から個別に荷物を集配するというやり方はビジネスとして成り立たないというのが当時の業界の常識であり，社内の重役もこぞって反対した。ここでもうひとつ小倉の経営スタイルがこの障害を克服するのに役立った。小倉は同書で次のように述べている。「経営とは考えることである。でもどう考えても分からないことがある。そのときはやってみる。やってみれば分かることが多い。そうして試行錯誤しながら前進する。やれば分かる──私が経営者として体得

したことの一つである。」(小倉，2003a：3-4)

　1976年1月，宅急便の営業を開始したが，初日取扱個数は11個，1ヵ月でも9,000個という状況であった。しかしサービスの徹底で次第に取扱個数は急増し，1980年度には取扱個数は3,300万個を超えた。さらに全国展開しようとした時に立ちはだかったのが行政であった。路線認可や運賃などさまざまな規制を盾に邪魔してきたが，小倉はこれらと真っ向から対決し，その壁をうち破ってきたのである。小倉は『私の履歴書』の中で次のように述べている。「既存業者が反対したら免許は与えない。反対しなければ与えるというのでは行政権の放棄ではないか。広く消費者のことを考えるのが行政の使命ではないのか。怒りが臨界点を超えた。」(石田，2008：55)。「行政にたてつく男」小倉昌男の面目躍如たる言葉である。

　小倉を語る場合もうひとつ欠かせないのが福祉経営に対する貢献である。1993年，ヤマト運輸会長の時，ヤマト運輸株を拠出しヤマト福祉財団を設立し，理事長に就任，2年後には福祉財団専任となった。奨学金や福祉施設への助成活動などを行ったが，ある時，福祉関係施設を見学した際に，共同作業所の劣悪な作業環境に驚くとともに，障害者の月給が1万円とか，1,000円など，信じられないほどの低額であることに怒りを感じた。そこで福祉関係者に対する経営セミナーを開始したのである(石田，2008：56-59)。

7．「おもしろおかしく」「最もスピードが乗っている時にパスを」

　これは堀場製作所の創業者堀場雅夫の言葉である。1953年，社員8人で堀場製作所を立ち上げてから18年後の1971年，大阪証券取引所第二部上場の際，取引所理事長との面接で「おたくの社是は？」と訪ねられたが，社是など考えたこともなく返答できずにいる堀場に対して，先方は呆れ顔をしたそうである。その3年後，東京で上場した際にも同様の質問をされ，「社是のない会社があるんですね」と再び呆れ顔をされたという。

　そこで社員から社是を募集したが平凡なものしか出てこなかったため，自分

で決めようと決意し作ったのが「おもしろおかしく」である。これまで自分自身「おもしろおかしく」をモットーに好き放題にやってきたことをそのまま社是にしようとしたのであるが，役員会では全員から反対され，取り下げざるを得なかった。その4年後，創立25周年を機に会長に退くことになり，役員から「何か記念品を」と申し入れられたのに対し，「記念品はいらないから，例のあれを社是にしてほしい」と要望し，ついにこの社是が決定したのである。当初は，取引先から「吉本興業みたい」などと言われたようであるが，次第に「ゆとり」や「やり甲斐」がキーワードとなるにつれ，「先見の明がある」と言われるようになったという(石田，2008：60-62)。

　勉強であれ仕事であれ「親や会社から強制的にやらされている」という意識がある限りおもしろいはずはなく，モチベーションは上がらない。自発的・主体的に取り組んでいるという意識があってこそモチベーションや責任意識が高まるのである。その意味で，自発性・主体性という要素をいかに仕事の仕組みに組み込むかがこれから重要な課題となるのであるが，そのポイントのひとつが「おもしろさ」という要素である。

　生活手段としての労働を拒否し，仕事自体に意味を求める価値観の「コンサマトリー化」(今田，1987：20)が進む現代社会においては，仕事の中に「遊びやゲーム」の要素を組み込み，「おもしろさ」を持たせることが有効になるはずである(松本，2004：287)。

　たとえば，独特の分社哲学に基づきユニークな細胞分裂型組織戦略を展開した大陽工業グループ社主(当時)の酒井邦恭は次のように述べている。「各人の自由裁量の幅をできるだけ大きくし，自分で責任をもって行うことができるようになれば労働は苦役ではなくなり，ゲーム感覚で仕事に熱中できる。」(酒井，1986：26)，「使われているとか，やらされているという気分のうちは，人間は創造的な仕事はできない」(酒井，1986：107)のであり，「積極的に自分から仕掛けてゆく面白さ，これが大切」(酒井，1986：124)である。「社員の能力を引き出せなかったり，社員が働いていてもちっとも面白くなかったりしたら，いくら

もうかろうとその経営者は失格である。」(酒井, 1986：107)とさえ述べている。

　ドン・キホーテ社長(当時)の安田隆夫も「仕事を面白くするカギは，どこまで(仕事に)ゲーム性と創造性を持たせるかにある」(安田他, 2005：107)と述べている。同社の「スタッフ商店主システム」においては，売り場担当者は，会社の金で自由に仕入れをし，その運用実績をゲーム感覚で競い合っている。社員は，商店経営の疑似体験をしながら，作業・労働という義務感から解放され，ゲームのプレーヤーという感覚で仕事に取り組めるようになっている。

　「最もスピードが乗っている時に素早くパスを」も，高校時代，ラグビーのインターハイで優勝経験を持つ堀場らしい言葉であるが，経営者の引き際の潔さをよく表している。昭和53年，53歳で社長を引退し会長に就任した時，世間には早すぎる引退と受け止める向きもあったようであるが，堀場に言わせれば「最もスピードが乗っている時に素早くパスを」というラグビー精神を実践したまでということになる(石田, 2008：63)。一時は名経営者と言われながら長くトップに居座り「晩節を汚す」ケースが多い中で，潔い見事な引き際と言えるであろう。

8．「Small is strong」「象にダイヤは磨けない」

　これは大陽工業グループの創業者である酒井邦恭の言葉である。江戸時代から300年も続く鍛冶屋の家系に生まれた酒井は，1947年，大学を1年で中退し，19歳で大陽塗装工業(後，大陽工業)を設立した。同グループの事業分野は，電気通信機器の塗装・外箱のプレス板金，プリント配線基板製造，キーボード製造，超精密加工，FA機器製造，OA機器製造，光システム機器製造，貴金属回収精錬，化学工業薬品，保険代理業，建設業，不動産業，不動産管理業，輸出入貿易業，化石標本販売業，航空機・備品輸入販売業など非常に多岐にわたるが，このような事業展開の背景にあるのが「Small is strong.」という分社哲学である。

組織が大規模化すると，いわゆる大企業病に陥ったり，組織に寄りかかる社員が出てくるのはほとんど不可避といえる。そこで酒井は，組織が大きくなる前に，人工的に分離・独立させてしまうのである。これは，蜂の集団が大きくなると別の集団が形成される「分封」に似ている。小さく分けられた組織は大きくなろうとして力を出すが，また大きくなる前に小さく分けられてしまう。これを繰り返すことで，小さくても強い体質を持った組織が増殖するのである。「小さい組織の良い点は，常に不安定で危機感を持たざるをえないこと。寄りかかっている者はなく，全員が自然と全力投球する」と述べている (酒井, 1986：38)。

同社の分社経営は次のような仕組みで運営されている。

(1) 母体企業から事業部を分離・独立させてもやっていけると判断したら，事業部長を新会社の社長にして独立させる。
(2) 各社に総務，経理，人事などを置く。これらの機能を中央に集中すれば省力化，効率化できるが，経験や情報の量と質が限定されることになる。
(3) 母体企業は設立直後の新会社に，貸付や債務保証を行う。
(4) 母体企業の社長は新会社の会長に就任し，新会社の事業が軌道に乗ったら，社長と同額を上限に会長としての給料をもらう。
(5) 母体企業も，新会社の売上高の1％を受け取り，この資金で人を雇い，新しい事業を開拓する。
(6) 新会社ができる時にはグループ全体で出資する。1社当たりの出資比率は20％未満にしている。これはグループ内に上下関係を作らないためである。グループ内の会社が互いに株を持ち合っており，個人株主はいないので，資本所有に基づく支配はできない構造になっている。
(7) 分社先から新たに分社が出たときには，初めの分社元と「孫」に当たる分社との直接的つながりはなくなる。母体企業と新会社の関係は「親子1代」に限定されている。

「象にダイヤは磨けない」というのは，大企業の分社の限界を指摘した言葉で

ある。ゾウを刻んでもリスにはなれないのであり，ゾウの遺伝子・システムを持つ大企業が分社しても，小さな組織ではやっていけない。分社して成功するのは，小さな組織の遺伝子を持っているからなのである。

組織分割により危機感を醸成し，人と会社を育てるという酒井の分社哲学は，「規模の経済」を問わない事業分野においては有効な組織戦略となるであろう。

9．「魂を持った商人たれ」「腹を立てるという感情は，パワーと創造性の源だ」

これはザ・ボディショップの創業者であるアニータ・ロディック（Anita Roddick）の言葉である。イギリスのリトルハンプトンでカフェを営むイタリア系移民の母から生まれ，大学で歴史と教育を専攻し，論文完成のため奨学金を得てイスラエルへ赴き，3ヵ月勉強の後，2ヵ月間ヒッチハイクを行った経験が，彼女に，ひとりでどこへでも行けるという自信を与えたようである。中学校の教職に内定していたが，赴任直前に辞退し，パリに行き1年間滞在する。帰国後，中学の教師に就任するが，またヒッピー旅行をしたいという思いに駆られジュネーブの国際労働機関（ILO）で仕事をするが，お金が貯まると再び旅行がしたくなり，冒険を求めてタヒチ，ニューカレドニア，オーストラリア，マダガスカル，南アフリカと旅を続け，お金がなくなって故郷に戻り，短編小説家，旅行家のゴードン・ロディックと出会い結婚する。

このようなアニータの行動から容易に推測できるように，彼女はヒッピー気質の強い女性で，思い立ったら無計画に行動に移すタイプの人間である。ボディショップの創業も決して計画的な起業ではなかった。夫のゴードンは，長年の夢を実現するとして，妻と幼い子ども2人を残して2年間かけてブエノスアイレスからニューヨークまで馬で旅する冒険旅行に出かけてしまった。アニータは子どもを養うために「必要に迫られて」起業せざるを得なかったのである。

生活していくためのビジネスとして目をつけたのが化粧品であった。彼女は日頃から化粧品業界に対して大きな不満を持っていた。彼女に言わせれば，化

粧品業界は女性を食い物にする「欺瞞のビジネス」である。たとえば、児童ポルノの拡がりへの懸念が高まっている社会で、子ども向けの口紅やアイシャドーを生産し、赤ん坊や幼児用の高価な香水まで売り出すなど、本来、参入すべきでない領域にまで進出しているという意味で、社会的責任の意識が全く欠如していると批判し、次のように述べている。「私は美容ビジネスが嫌いです。とうてい叶わない夢を売る化け物のような業界です。嘘はつく。騙す。女性を食い物にする業界です。」(ロディック、1992：9)、「不安につけ込んで販売するのは道徳に反しています。自分たちの体について女性が常に不満を抱くように仕向けるのも悪徳です。商品について奇跡のような効き目があると、お客様を騙すのも悪徳です。40歳の女性のシワ防止クリームを売るのに、若さ溢れる16歳の少女の写真を使うのも悪徳です。」(ロディック、1992：16)

　嫌いだという化粧品業界に参入するに当たりカギとなったのは、彼女がヒッピー旅行を通じて知った「民族の知恵」であった。世界の未開発地域の女性たちが、何世紀にもわたって、有機的材料を使って肌の手入れをし、十分な効果を上げていることを彼女は見てきたのであり、次のように述べている。「化粧品などひとつも使わずに、自分たちの髪や肌を本当に上手に手入れしている女性が世界中にいると知って、目が覚めた思いでした。…私が驚いたのは、いかなる処理もなされていないこれらの原料がとても効き目があることでした。」(ロディック、1992：70)

　ハーブ商のパートナーの協力を得て、ココア・バター、ホホバ・オイル、アーモンド・オイル、アロエ・ベラなどの自然原料を使った商品を開発し、ビジネスがスタートしたわけであるが、決して、自然原料の優位性や将来の環境保護の動向を予見した起業ではなかったのである。

　アニータは、「社会のサポートを受けて成功した企業は、その社会に対して何か還元すべきではないのか」と考え、「企業を運動の母体として使い、事業の成功を理想に結びつける」(ロディック、1992：109-110)ために次のような一連の社会改革キャンペーンを行った。

・環境保護運動:「北海での有害廃棄物投棄反対」「鯨を救え」「熱帯雨林保護」
・人権擁護:「Make Your Mark」(政治犯釈放)
・動物実験反対:化粧品の動物実験反対
・コミュニティ・フェア・トレード:貧しい地域の人々の生活自立を目指す取引
・Self Esteem:拒食症・過食症対策(自分を大切にしよう)

アニータは人々に「魂を持った商人たれ」と次のように述べている。「ボディショップで働くことは，単に石鹸を売るだけではなく，同時に地域社会のため，社会改革のため，環境保護のために活動すること，つまりもっと大きな，世の中のために活動することでなければなりません。」(ロディック，1992:111)

このようにアニータ・ロディックは，まさに「社会的起業家」の先駆者であり，その信念の強さ，情熱，行動力に学ぶべき点は多いであろう。

【注】
1) ミスミに関する以下の記述は，2002年2月7日に行った田口弘社長(当時)に対するヒアリング調査と，そのとき配布された会社資料(「株式会社ミスミとは」報道用基礎資料，2001年度版)，同社のホームページなどに基づいており，その時点でのビジネスモデルの内容を示していることに注意されたい。
なお，ミスミのビジネスモデルについては，次の抽稿を参照されたい。松本芳男「『ファブレス経営の光と影』」『情報科学研究』(日本大学商学部情報科学研究所)第13号，2004年7月。

【参考文献】
アイザックソン，W.著，井口耕二訳(2011)『スティーブ・ジョブズI, II』講談社。
石田修大(2008)『日本経済新聞 私の履歴書 名語録』三笠書房。
板谷敏弘・益田茂編著(2002)『本田宗一郎と井深大 ホンダとソニー，夢と創造の原点』朝日新聞社。
今田高俊(1987)『モダンの脱構築:産業社会のゆくえ』中公新書。
ウェルチ，J. & バーン，J. A. 著，宮本喜一訳(2001)『ジャック・ウェルチ わが経営(上・下)』日本経済新聞社。
小倉昌男(2003a)『経営はロマンだ! 私の履歴書』日経ビジネス人文庫。
小倉昌男(2003b)『福祉を変える経営 障害者の月給1万円からの脱出』日経BP社。
加護野忠男(2011)『松下幸之助に学ぶ経営学』日経プレミアシリーズ，日本経済出版社。
桑原晃弥(2010)『スティーブ・ジョブズ名語録 人生に革命を起こす96の言葉』PHP文

庫。
酒井邦恭（1986）『分社―ある経営感覚』朝日文庫。
酒井邦恭（1996）『決定版「分社」 象にダイヤは磨けない カンパニー制を超えた究極の経営方式』みずき。
堺屋太一（2004）『経済人の名言 上 勇気と知恵の人生訓』日経ビジネス人文庫。
鈴木直人（1996）『ミスミの企業家集団経営』ダイヤモンド社。
スレーター，R. 著，仁平和夫訳（1994）『進化する経営 GE 会長ウェルチ語録』日経 BP 出版センター。
田口弘（1997）『隠すな！ オープン経営で人は育つ』日本経済新聞社。
竹内一正（2010）『スティーブ・ジョブズ vs ビル・ゲイツ』PHP ビジネス新書。
月泉博（2003）『完全解明 ドン・キホーテの革命商法』商業界。
平野隆彰（2004）『シャープを創った男 早川徳治伝』日経 BP 社。
堀場正夫・中谷彰宏（2001）『おもしろおかしく』メディアワークス。
PHP 総合研究所編（1998）『松下幸之助 経営の真髄』PHP 文庫。
松下幸之助（2001）『松下幸之助 夢を育てる 私の履歴書』日経ビジネス文庫。
松本芳男（2004）「組織デザインにおけるパラダイム・シフト」『商学集志』日本大学商学研究会。
安田隆夫・月泉博（2005）『ドン・キホーテ闘魂経営』徳間書店。
ロディック，A. 著，杉田敏訳（1992）『BODY AND SOUL ボディショップの挑戦』ジャパンタイムズ。
ロディック，A. 著，ハント・ヴェルク訳（2006）『BUSINESS AS UNUSUAL』トランスワールドジャパン。
月泉博（2003）「ドン・キホーテの革命商法」『商業界』

9章 GMのサターン・プロジェクトの意味するもの
——組織デザインの観点から——

はじめに

　1985年7月26日，全米自動車労組(United Automobile Workers，以下UAWと略す)の国際執行委員会は24対1で，ジェネラル・モーターズ社(General Motors Corporation，以下GMと略す)のサターン工場(Saturn Plant)における労働協約(サターン協約)を承認した。また，同日，首都ワシントンでテネシー州選出の上院議員であるアルバート・ゴア・ジュニア(Albert Gore Jr.)とジム・ササー(Jim Sasser)(いずれも民主党)は，このサターン工場(の立地)が，テネシー州のスプリング・ヒル(Spring Hill)の近くになることは間違いないと発表した。この2つのニュースは，早速，テレビのニュースで報じられるとともに，翌朝の各新聞に，次のような見出しで大きく報道された。

　「革新的協約，自動車労組の承認を得る——GM新工場の用地はテネシーと見られる——」(『ニューヨーク・タイムズ』1985年7月27日)

　「GMのサターン協約，UAWにマネジメントの役割を与える」(『ワシントン・ポスト』同7月27日)

　「UAW委員会による協約の可決により，GMはサターン工場群をテネシーに設置すると予想される」(『ウォールストリート・ジャーナル』同7月29日付)

　「テネシー，サターンの軌道に乗る」(『シカゴ・トリビューン』同7月27日付)

　「サターン獲得，2万人の職が出現」(『テネシアン』同7月27日付)

　このように，サターン協約承認のニュースがマスコミに大きく取り上げられ

るのには，次に述べるように，いくつかの理由がある。ここでは，それらの中でも特に，従業員の参加を大幅に取り入れた革新的な組織デザインという側面に注目する。そして，このサターン・プロジェクトにおいて構想されている革新的なデザイン戦略を通じて，当時，アメリカにおいて進行しつつあった"従業員の参加・協調"を軸とした職務再設計・職務再編成の動向を考察する。

1. サターン・プロジェクトの概要

GM のサターン・プロジェクトが広く世間の注目を集めたのには，次のようないくつかの理由がある。

第1に，『シカゴ・トリビューン』紙や『テネシアン』紙の見出しが端的に物語っているように，サターン工場の進出に伴う雇用機会の創出，地域経済の活性化に多大な期待が寄せられ，1985年1月8日，GM のスミス会長(当時)(Roger B. Smith)が GM の子会社としてサターン社を設立する計画を発表して以来，全米をあげて盛んな工場誘致が展開され，工場用地がどこに決まるかということが世間の注目の的となっていたからである。これまで新聞や雑誌に公表された内容を総合すると，GM のサターン工場は，前輪駆動のサブコンパクトカーを年間40万〜50万台生産する予定で(この当初計画された生産規模は，その後，GM の業績が悪化したために，年産25万台の規模に縮小された)，しかも，単に車を組み立てるだけでなく，エンジンやトランス・ミッション，プラスチック製品などの生産，金属部品の鋳造や打出しなどを含んだ工場の複合体(Complex)を形成する[1]。そのために要する土地は約600万平方フィートにのぼり，初期投資だけで35億ドル，関連施設や工場を含めると，総投資額は実に50億ドルを上回るものと見積られている。GM の最新の他の3つの工場の用地がそれぞれ350万平方フィート，投資額約6億ドルであるのと比べてみても，サターン工場がいかに大きなプロジェクトであるかがわかる。サターン工場で働く従業員は6,000人(当初計画されたこの従業員数も，その後，3,000人へと半減された)とされているが，UAW の副会長(当時)で GM との交渉委員会の長を務めたイ

フリン (Donald Ephlin) の言として伝えられているところによれば，その大半は，UAW のメンバーで現在，GM で働いている者やレイオフ中の者の中から選ばれ，それで充足できない分だけが地方の労働者に割り当てられることになるという。したがって，サターン工場進出によって生み出される直接的な雇用機会は大分限定されたものになるが，関連諸施設やサービス産業によってさらに1万4,000～1万6,000の職が生み出されると見込まれており，これは7％台の失業率が続くアメリカでは確かに大きな魅力である。また，同工場の進出に伴う土地の値上がりも無視できない。

　このような期待から，85年1月にサターン・プロジェクトが発表されて以来，38の州から1,000以上の候補地があげられ，活発な誘致運動が展開されていた。結果的には，テネシー州中部の人口僅か1,095人の小さな町スプリング・ヒルが候補地として選ばれたわけである。この用地選定プロセスの詳細は公表されていないが，ここが用地として選ばれた理由として，次のような要因が指摘されている。まず，地理的な条件として，テネシー中部は，そこから500マイル以内に全米人口の76％が住んでいるという意味で有望な顧客市場に近く，また，GM の供給業者にも近いという立地上の有利さがある。さらに，3つのインターステーツ・ハイウエーがナッシュビル (Nashville) で交差し，メキシコ湾に通じる新しいはしけ運河"テネシー-トムビッグビー運河"(Tennessee-Tombigbee Waterway) とも鉄道で連結していることは，輸送コストの点で非常に有利である。水や電力などの資源が豊富であることに加え，教育・文化活動が盛んなナッシュビルに近いことも理由のひとつにあげられている。その他，テネシー州の財産税が安いこと，同州は歴史的に反組合感情の強い風土で，労働者の態度や質も好ましいことなども指摘されている。また，GM も UAW もこの点についてはコメントを避けているが，スプリング・ヒルからわずか30マイルの所に日産自動車のスマーナ (Smyrna) 工場があることも，この用地決定に影響を与えたと伝えられている。日産の進出以来，同地方に各種の部品メーカーが発達してきていること，日産がテネシー州の労働者たちを日本スタイルのマネジメン

トや生産技術に順応させようと努力してきていることなどは、後述するように、日本のマネジメント・スタイルや生産技術を一部取り入れようとしているサターン工場にとって、好ましい状況といえる。一方、UAWにとっても、サターン工場は、組合の組織されていない日産の労働者たちに、UAWの積極的・建設的な役割をアッピールする絶好の機会ともいえる。

　サターン・プロジェクトが大きな関心を集めている第2の理由は、同プロジェクトが、小型車市場において日本車に圧倒され続けてきたアメリカの自動車メーカーにとって、約2,000ドルと伝えられる製造コストのギャップを解消し、小型車の生産を存続させるための"最後の望みをかけた試み"(last-ditch attempt)と受けとめられており、そのために、最新のメカトロニクス技術を結集した"未来工場"(factory of the future)ないし"学習実験室"(learning laboratory)として構想されているからである。[2] たとえば、従来、GMの各種のコンピュータ・システムは必ずしも十分に統合されていなかったといわれているが、サターン工場では、組織の上から下まで、また、デザイン、エンジニアリング、購買、製造からディーラーに至るまで、コンピュータによって連結された統合的生産システムの実現が計画されている。これは、また、スタッフ・ワークや間接的労働コストをできるだけ少なくするための"ペーパーレス工場"という構想ともつながっている。コンピュータのハードウエアおよびソフトウエア関係の費用は、サターン・プロジェクトの全コストの40％にものぼると見積もられている。こうして、コンピュータ・システムを統合化する仕事は、GMが84年に25億ドルで取得したエレクトロニック・データ・システムズ社(Electronic Date Systems Corp.)を中心に進められている。

　サターン工場における生産システムのもうひとつの特徴は、移動組立ラインに沿って部品が一つひとつ組み付けられていく伝統的な方法に代わって、"モデュラー製造システム"(Modular Manufacturing System)が採用されることである。すなわち、6～15人の作業員から成る各チームが、たとえばあるチームはエンジンとトランスミッションを組み立て、別のチームはバンパー、グリル、

ラジエター,ヘッドランプを組み付けるといった具合に,車の主要なモジュールを別々に組み立て,最後に,各モジュールが,比較的に短い最終組立ラインで完成車に組み立てられるという方法である。このような製造方法の下で,ロボットが非常に広範に利用されることになるということも,サターン工場の特徴のひとつである。従来,自動車産業におけるロボットの利用は,溶接,塗装のような比較的単純な反復作用に限られていた。しかし,ファナック社との合併会社であるGM-ファナック・ロボティクス社(GM FANUC Robotics Corp.)の協力で,視覚センサー付きのロボットの開発が進められており,その結果,風防ガラスやリアウインドの取付け,シートや車輪の取付けなど広範な分野でロボットの利用が可能になり,同工場は世界中で最もロボット化の進んだ工場になるであろうと予想されている。アナリストたちによれば,このような労働節約的な製造方法を組み合わせることによって,小型車の生産に必要な時間を1台当たり120時間から60時間に短縮することが可能になるという。また,先に述べたように,サターン工場は,単なる組み立てだけでなく,主要な部品の製造工場も包含した複合体を構成することによって,輸送費や保管費の大幅な削減が図られており,トヨタ自動車の"カンバン方式"で有名な"ジャスト・イン・タイム"方式の導入も検討されている。

　サターン・プロジェクトが注目を集めている第3の理由は,GMとUAWの間で合意された協約の内容が,労使のパートナーシップを基調に,従業員の経営参加を大幅に取り入れた革新的な労使関係を含んでいるからである。①に,"重大な経済状況"や"破局的な出来事"でも起こらない限り,従業員の80%に対して終身雇用(lifetime employment)が保証されている。残り20%の従業員は"アソシエート・メンバー"(associate members)と呼ばれ,レイオフの対象となる。この雇用確保の規定は,当初,先任権制度(seniority system)と切り離して考えられていたが,組合側の強い抵抗により,結局,先任権制度と結びつける形に修正された。②に,GM側は80%の従業員に雇用保証を与える見返りに,職務の分類(jop classification)を大幅に削減することに成功した。従来,

たいていの自動車工場では何十もの職種が存在していたが，このサターン工場では，製造作業員についてはただ1種類，熟練職については3〜5種類の職があるだけである。こうして職種を大幅に削減することにより，GMは作業員の職場異動に関して大きな柔軟性を獲得することになる。③に，従来は時間当たりの賃金が支給されていたブルーカラーに対して，ホワイトカラー同様，年間俸給制(annual salaries)が適用されるようになる。ただし，この給料は産業平均の80％の水準に抑えられている。この不足分を補うために，基本給の5分の1に相当する分が利益や生産性の目標と結びつけられており，もしこの目標を達成すれば，他の自動車工場の労働者より給料は多くなるが，目標が達成できなければ彼らより少ない給料になるという刺激的な制度が導入されている。④に，ブルーカラー，ホワイトカラー，役員別の駐車場や食堂などを廃止する非差別的な待遇策が導入されている。⑤に，工場の現場レベルからトップの戦略的決定のレベルまで，労使の"合意に基づく意思決定"が貫徹し，労働者の経営参加が大幅に認められていることである。『ニューヨーク・タイムズ』紙(1985年7月27日付)が伝えるところによれば，このサターン協約には，次のような"サターン理念"(Saturn philosophy)が謳われているという。「すべての人びとは，自分たちに影響を及ぼす決定に関与することを欲し，自分たちの仕事やお互いに対して関心を持ち，自分自身や自分が行なう貢献に誇りを持ち，自分たちの努力による成功を共有したいと思っている，と我々は信ずる」。このような理念の下で，図9-1に示すように，サターン工場の組織は，従来の厳格な階層的組織から，民主的な集団的編成に変わる[3]。

　サターン工場における最も基本的な組織単位は，6〜15人の作業員で構成される"ワーク・ユニット"(work unit)と呼ばれる集団である。このチームは，誰がどの作業をするかといった仕事の割り当て，メンバーの休暇や応援のスケジュールの調整，設備の保守，補充品の発注，変動費の管理や品質の点検といった広範な役割を担当し，自分たちのメンバーの中から"カウンセラー"(counselor)を選出する。3〜6のワーク・ユニットが集まって"ワーク・ユニ

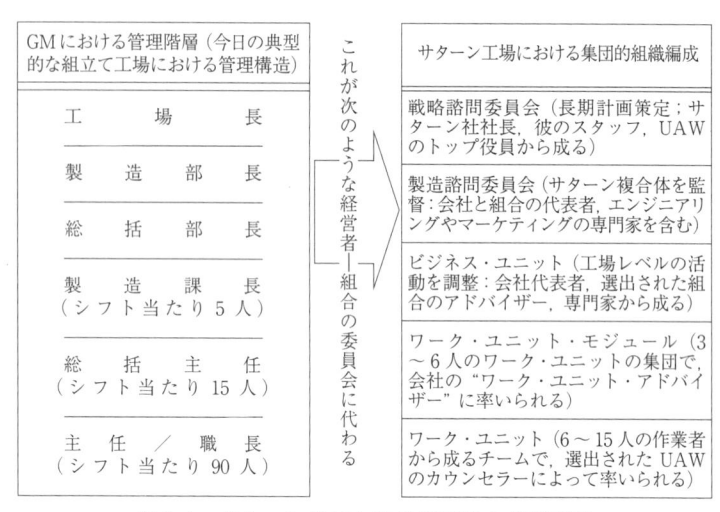

GMにおける管理階層（今日の典型的な組立て工場における管理構造）	サターン工場における集団的組織編成
工　　場　　長	戦略諮問委員会（長期計画策定；サターン社社長，彼のスタッフ，UAWのトップ役員から成る）
製　造　部　長	製造諮問委員会（サターン複合体を監督：会社と組合の代表者，エンジニアリングやマーケティングの専門家を含む）
総　括　部　長	
製　造　課　長（シフト当たり5人）	ビジネス・ユニット（工場レベルの活動を調整：会社代表者，選出された組合のアドバイザー，専門家から成る）
総　括　主　任（シフト当たり15人）	ワーク・ユニット・モジュール（3〜6人のワーク・ユニットの集団で，会社の"ワーク・ユニット・アドバイザー"に率いられる）
主　任／職　長（シフト当たり90人）	ワーク・ユニット（6〜15人の作業者から成るチームで，選出されたUAWのカウンセラーによって率いられる）

（これが次のような経営者―組合の委員会に代わる）

図9-1　サターン社における革新的な組織構造

出所）*Business Week*, August 5, 1985, p.65 を一部修正して使用

ット・モジュール"(work unit module)を構成する。各モジュールには，従来の職長に相当する"ワーク・ユニット・アドバイザー"(work unit adviser)がGMによって任命される。彼は，エンジニアリング，マーケティング，人事などの各職能部門の専門家との間の連絡役として，また，工場全体を管理する委員会との情報のパイプ役として機能する。工場全体の管理を担当するのが"ビジネス・ユニット"(business unit)であり，これは工場長ほか数人の会社の代表者，UAWの代表者，専門家などから構成される。種々の工場を包括するサターン複合体全体を運営するのが"製造諮問委員会"(manufacturing advisory committee)であり，各ビジネス・ユニットを代表する会社のトップとUAWのトップ，サターン複合体の管理者，UAW役員などから構成される。この委員会は，給料やベネフィットの変更に関して（労使の）合意に基づく決定(consensus decision)を行うほか，種々の問題について，最上位の戦略諮問委員会"(strategic advisory committee)の諮問に答える。戦略諮問委員会は，サターン社の社長と彼のスタッフ，UAWのトップ役員などで構成され，会社の長期計画を扱う。

こうして、組合は、組織のすべてのレベルに代表者を送り、種々の決定に参加する機会を与えられている。UAW の会長(当時)であるビーバー(Ower Bieber)は次のように述べている。「工場の現場からトップ・レベルのサターン戦略諮問委員会に至るまで、あらゆる決定において、組合は完全なパートナーになるであろう。」「労働者の同意がなければ、いかなる決定もなされないし、いかなる行動もとりえない。これは、これまでアメリカにおける団体交渉においては、けっして成しとげられなかった程度の共同決定である。」(『ワシントン・ポスト』紙、1985年7月27日付)

2. GM における組織開発の歴史

 先に述べたように、サターン・プロジェクトでは、ワーク・ユニットと呼ばれる半自律的作業集団の編成や、労使のコンセンサスに基づく意思決定を前提とした各種の委員会制度など、従業員の大幅な経営参加を取り入れた革新的な工場組織が構想されているが、このような組織デザインのアイディアは、サターン・プロジェクトにおいて突然現れたわけではない。GM では、すでに長期間にわたって、"組織開発"(Organizational Development)とか "QWL"(Quality of Work Life：労働生活の質の改善)という名称の下で組織改革を行ってきた経験があり、サターン工場における革新的な組織デザイン戦略も、このような流れの中でとらえる必要がある。

 GM における組織開発は、1968年11月、当時 GM の社長であったエド・コール(Ed Cole)がミシガン大学社会調査研究所(Institute for Social Research, 以下 ISR と略す)の所長であったレンシス・リカート(Rensis Likert)、人事担当副社長のルー・シートン(Lou Seaton)、組織調査・開発担当取締役のランデン(D. L. Landen)らと会い、ISR と GM の間で組織開発に関する共同プロジェクト(GM-ISR プロジェクト)の開始を検討したことに由来する。このプロジェクト発足の背景として、次のような点が指摘されている。[4]

 (1) GM が数年間にわたり行ってきた工場レベルの調査によれば、欠勤、苦情、

規律，能率，品質など，組織の成果を表す尺度の間に顕著な相関関係が認められた。

(2) 他の研究でも同様の関係が確認され，さらに監督者のリーダーシップのスタイルがこれらの成果と関連していることが明らかになった。

(3) エド・コール自身，GM の 120 の工場を回ってみて，同じコミュニティに属し，共通の技術，構造，組合との協約，会社方針をもち，同じような製品を作っている 2 つの組織の間で，その成果に非常に大きな開きがありうるという事実に衝撃を受けた。

(4) 効果的な管理者とそうでない管理者，うまくいく組織とそうでない組織を区別するのは何かを，より客観的に明らかにしたいという強い欲求を，その会議の参加者全員がもっていた。

こうして GM-ISR プロジェクトがスタートしたが，それと同時に，一連の組織開発を支援するための体制作りが進められた。まず，プロジェクト・メンバー，関係するライン管理者，社長以下の重役陣から成る定例会議をもち，彼らに現状を知らせ，組織開発の考え方や戦略に対する支持を確保しようとした。また，1971年には，当時，乗用車，トラック，車体，および組立てグループ担当の取締役だったディック・テレル (Dick Terrel) が，これらの事業部のトップを集めて会議を開き——

(1) 会社が経験しているいくつかの人間問題を議論し，

(2) GM-ISR プロジェクトの現状を検討し，

(3) 人間・従業員問題に対応した組織開発の実験・革新のプロセスを開始する

——ことなどを検討した。この会議を契機に，現在，全国 QWL 経営者会議 (National QWL Executive Conference) と呼ばれている一連の会議が生まれた。これらの会議の当初の目的は，従業員との関係の質いかんが，事業の成功にとって決定的に重要であることを GM の経営者たちに印象づけることであった。

一方，1971年には，組織開発を支援するために組織機構面での改革が行わ

れた。すなわち，従来の人事スタッフが，労使関係と人事管理・開発(Personnel Administration and Development)に二分され，長い間ハーバード・ビジネス・スクールのマネジメントの教授を務め，GMの常任コンサルタントであったフラー博士(Dr. Stephen Fuller)が人事管理・開発スタッフ担当の副社長として迎えられた。この機構改革の目的は，組織開発活動に労使関係に匹敵する重要性を与えることにあり，この機構改革を通じて，管理者たちは管理上の重点や優先順位の変化を知ることになったのである。

職場組織の改革は労働組合の協力なくしては考えられない。GMの場合，組合が組織開発に関与する契機は，1972年に，当時全米UAW副会長でGM部門担当役員であったブルーストン(Irving Bluestone)の要請で，GM-ISRプロジェクトを検討するための会議が開かれたことによって与えられた。この会議の結果，ブルーストンは，それまでは組織開発という旗じるしの下でGMによって一方的に行われてきた諸活動にUAWも直接的に関与するべきであると考えるに至った。こうして，1973年の全国交渉では，組合は，労働生活の質改善の要求を出し，その結果，GM-UAW労働生活の質改善全米委員会(GM-UAW National Quality of Work Life Committee)が設置された。この委員会の役割は，GM-UAW全国協約の付録部分に次のように記されている。

「(この委員会は)労働生活の質を改善すること，それによって，労働者は労働からより大きな満足を経験し，会社にとっては従業員の欠勤や離職が減少し，消費者にとっては製造された製品の品質が改善されるということに役立つことを意図している。[5]」

この考え方は，今日でも，GMにおける組織改革の基本原則になっている。

以上のように，トップ・マネジメントの積極的なコミットメント，それを裏付ける組織機構改革，労働組合の協力などを背景としてGMにおける作業組織の革新が進められることになるが，その先駆となったのが，1972年にミシシッピー州クリントン(Clinton)に建設されることになったパッカード電気事業部のクリントン工場のケースである。ただ，同工場で展開された内容を見ると，

評価センターが開いた周到な(時給労働者の)選抜・訓練，毎月の部門会議に従業員が参加することによるコミュニケーションの改善，ファーストネームで呼び合うといったオープンな対人関係への配慮，管理者と一般従業員が共通の入口・駐車場・カフェテリアを使うといったシンボリックな慣行の実践など，依然，人間関係論的アプローチの色彩が強い。

GMにおける工場組織デザイン上のブレークスルーとなったのは，1975年にジョージア州フィツジェラルド(Fitzgerald)に建てられたデルコ・レミーバッテリー工場(Delco-Remy battery plant)のケースである。同工場の場合，まず，工場長に任命されたワード(Edgar E. Ward Jr.)を中心にコンサルタントやデザイングループが協力して新工場建設計画を練り，その結果，次のような新工場に関する目標・理念が生み出された。

「デルコ-フィツジェラルドの主たる目標は，世界最高のバッテリー工場になることである。これは革新的な従業員関係の理念と，労働者に影響を及ぼす事柄に全労働者を関与させることを通じて達成されるであろう。

デルコ-フィツジェラルドのもう一つの目標・理念は，われわれの活動によって影響を受ける次のようなグループのニーズを充足することに向けられている：

　　われわれの顧客
　　われわれ従業員
　　デルコ-レミー事業部
　　コミュニティー
　　ローカル，州，連邦の各政府
　　われわれの株主

われわれは，利用しうる人的・財務的・物的な資源を効果的に用いて，次のようなことを目指して働く：

・変化する市場ニーズに敏感に対応しながら，欠陥のないバッテリーを大量に製造する。

9章　GMのサターン・プロジェクトの意味するもの　197

・われわれ労働者に，安全で，安定した，有意義な雇用を与える。
・信頼，コミュニケーション，機会という雰囲気の中で，われわれ従業員による関与・参加を奨励する。
・フィツジェラルドおよび周辺地域の活動的な市民となり，南ジョージアの成長・繁栄を促進するのに貢献する。
・雇用機会の平等を実現する方針に従う。

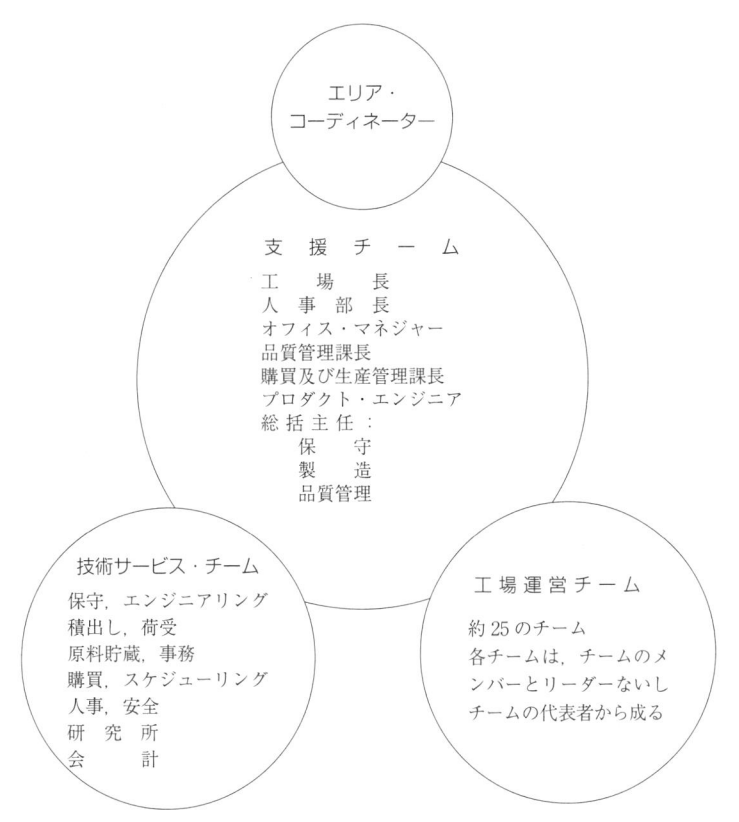

```
        ┌──────────────┐
        │  エリア・     │
        │ コーディネーター │
        └──────────────┘

         支　援　チ　ー　ム
           工　場　長
           人　事　部　長
           オフィス・マネジャー
           品質管理課長
           購買及び生産管理課長
           プロダクト・エンジニア
           総　括　主　任：
                保　　守
                製　　造
                品質管理

技術サービス・チーム              工場運営チーム
 保守，エンジニアリング           約 25 のチーム
 積出し，荷受                      各チームは，チームのメン
 原料貯蔵，事務                    バーとリーダーないし
 購買，スケジューリング           チームの代表者から成る
 人事，安全
 研　究　所
 会　　　計
```

図 9-2　フィツジェラルド工場のチーム構造

出所）Cherry, Richard L. (1982) "The Development of General Motors' Team-Based Plants," in Robert Zager & Michael P. Rosow eds., *The Innovative Organization-Productivity Programs in Action*, Pergamon Press, p. 135.

・デルコ・レミー事業部，ジェネラル・モーターズ，株主の利益，投資収益に貢献する。

上記のことを通じて，われわれは，より大きく市場に浸透し，良き従業員関係を維持し，製品の高度の品質を保持し，コストを極小化できるであろう。その結果，フィツジェラルドのチームにとっては高度の労働生活の質が，また，デルコ－レミー事業部やジェネラル・モーターズにとっては，能率的で収益力ある工場が生み出されるであろう。」[6)]

以上のような目標・理念の下に，フィツジェラルド工場の組織構造が図9-2のようにデザインされた。同工場の組織構造の特徴は次のような点にある。

(1) 管理職を支援チーム，監督者層をエリア・コーディネーター，サービス・スタッフ部門を技術サービス・チーム，作業者を工場運営チームという具合に，工場の組織を4つのグループに編成し，それぞれのグループ間の関係を，従来の指示・命令系統にウエイトを置いた階層的関係から，相互支援的な関係に移行することを意図している。

(2) 工場運営チームは，支援チームや技術チームの支援の下で，自主的にリーダーを選び，予算編成，スケジューリング，保守，製造，品質，規律などに対して，共同で責任を負うという具合に，自己管理に重点を置いた自律的作業集団として編成されている。

(3) 工場運営チームを自律的作業集団として編成する結果，伝統的に監督者層が遂行してきた職責の多くが自律的作業チームによって担われることになる。こうして，新しい構造の下では，監督者層は，チーム内部およびチーム間の諸活動に対する支援・調整機能の担当者として位置づけられている。

また，同工場では，作業者の多能工化を促進するべく，次のような"知識に対して受払われる"(pay-for-knowledge)報酬制度が導入された。従来の制度では先任権が強調されており，技能レベルはあまり考慮されていなかったが，この制度の下では，時給労働者は，知識や技能を基礎に報酬が支払われることに

なった。すなわち、チームのメンバーは、チーム内で多くの職務（知識）を身につけるほど賃金が増大し、第4のレベル（チーム・レート）では、チーム内のすべての職務についての知識をもつことが期待されている。第4のレベルに到達すると、次に、(レートの上昇を伴って）別のチームに移ることが要請され、そこでまた第6のレベル（プラント・レート）に到達するまで職務知識を拡大させることになる。第6のレベルでは、2つの異なったチーム内のすべての職務について知ることが期待されている。高度の専門的技能を要するチームのメンバーは、チーム・レートに到達するのに多くの時間を要するが、次に、専門的技能の低いチームに移ることによって、プラント・レートに到達する時間が短くなるから、結局、配属されるチームの専門的技能の高低による不公平は相殺されることになる。このほか、先のクリントン工場のケースで試みられたような、評価センターを用いた周到な選抜、徹底したオリエンテーションや訓練、入口や駐車場その他に関する非差別的取り扱いなども実施された。

　このように、フィッツジェラルド工場の組織は、相互支援的関係や共同責任を強調するチーム・コンセプト、自律的作業集団編成に見られるような自主管理、職務知識の拡大・多能工化を促進する報酬制度などによって特徴づけられるが、このような組織が最初からすべて円滑に機能したわけではなかった。同工場は、操業開始後間もなく、次のような問題に直面した。

　第1は、監督者層の役割変化に伴う問題である。先に述べたように、自主管理を基礎とする同工場では、監督者層はコーディネーターとして位置づけられており、そのための訓練も行われた。しかし、伝統的な管理のスタイルに染まったコーディネーターの多くは、そのような役割の変化を、彼らの職務に対する侵害と受けとめた。一方、工場運営チームも、製造上の問題に直面すると、少なくとも当初の間は、自主的に問題解決に取り組むというより、しばしばエリア・コーディネーターに助言を求めた。そして、しばしば助言は専制的な形で与えられ、しかも、そのような助言によって生産性は改善されなかったために、工場運営チームはコーディネーターに対して不信感をもつようになったの

である。

　第2は，工場運営チームの職務が拡大したことに伴って生じた，技術サービス・チームとの間のコンフリクトと，安全性の問題である。同工場では，運営チームの作業員は本来の作業的職務のほかに，機械や設備類の日常的な保守・修繕も担当するようになったが，サービス・チームのメンバーは，それによって工場の生産能力が大いに損なわれていると考えるようになった。また，作業者自身が保守や修繕をするようになって事故の回数が増え，1975年には，GMの他の128の工場に比べ安全性が最低になってしまったのである。

　これらの問題はいずれも，工場運営チーム，エリア・コーディネーター，技術サービス・チームのメンバーが，新工場の下で彼らに期待されている役割に関して十分な知識や理解を欠いていたことに起因している。したがって，組織がスタートアップ時の不安定な状態から次第に安定化するにつれ，また，継続的な教育・訓練や支援チームの調整活動を通じて各チームのメンバーが自らの職場に関する知識・経験を修得するにつれて，これらの問題は漸次解消されていった。その結果，同工場の製品品質や安全性は着実に改善され，コスト，収益性，離職率，欠勤などの点でも，他のバッテリー工場に比べ勝っていることが指摘されている。GMは1979年までにアメリカ南部で16の新しい部品工場を開設したが，そのうち5つの工場で，フィッツジェラルド工場で試みられたような自律的作業集団の考え方を完全に取り入れるか拡張し，他の5つの工場でもチーム方式を採用している。またGMは，メキシコ，フランス，北アイルランド，オーストラリアなどの国ぐにでも同様の考え方を適用している。

　以上概説したような，GMにおける組織開発の歴史に照らしてサターン工場の組織を見た場合，チームコンセプトや自律的作業集団の編成自体は決して新しい試みではないが，サターン工場では，単に職場レベルだけでなく，(子会社とはいえ)トップの戦略的決定のレベルに至るまで，組織の各レベルにおいて労働者・組合代表が参加し，"労使の合意に基づく共同決定"を行うという具合に，労働者の参加の範囲と程度が大幅に拡大・強化されていることが明らか

になる。そこで、次に、このような労働者の経営参加の動きを中心に、現在のアメリカにおける職務や組織の再編成の動向を考察する。

3．アメリカにおける職務・組織再編成の動向

『ビジネス・ウィーク』誌(1983年5月16日号)は、近年、アメリカの基礎産業を中心に"仕事革命"(work revolution)が進行していることを伝えている。同誌によれば、急速な技術進歩、国際競争の激化という状況の下で、"職能的専門化"を基礎原理とする従来の硬直的な労働慣行が陳腐化し、これに代わっ

表9-1 アメリカ産業で進行するワーク・ルールの変化

	組合が認めつつあるワーク・ルールの主な変更	産　業
職務割当	集団構成員の削減；職責追加による職務範囲の拡大；不要職務の除去。	鉄鋼，自動車，鉄道，食肉包装，航空
熟練した保守や建設	機械据え付け工，溶接工，艤装工，ボイラー製造工などの技能職の結合；技能修得工が助手の職責を遂行するのを認める；設備の運転手が複数の機械を運転するのを認める。	自動車，ゴム，鉄鋼，石油，建設
労働時間	息抜きや洗面時間を放棄する；経営者が1日および週当たりの労働時間の計画を立てる際に柔軟性を発揮できるようにする；同じ報酬で労働時間を増やす。	自動車，ゴム，鉄鋼，食肉包装，トラック輸送，航空(パイロット)，繊維
先任権	空いている職を充足したり，レイオフ中に"職を追い出し"たり，シフトを選んだりする時に先任権を適用するのを制限する。	自動車，ゴム，食肉包装，鉄鋼
賃　金	走行距離よりむしろ実働時間に報酬を限定する。	鉄道，トラック輸送
刺激的報酬	職務条件の変化を反映するように誘因を変える。	ゴム，鉄鋼
チームワーク	チームメンバー間での職務の交代を認める；職能に対してではなく知識に対して報酬が支払われるのを認める；経営者が，新技術に対応できるようにメンバーの構成を変えるのを認める。	自動車，自動車部品供給，鉄鋼，ゴム

出所) *Business Week*, May 16, 1983, p.100.

て，表9-1に示したような"弾力的なルール"が，鉄鋼，自動車，鉄道，ゴム，その他の基礎産業を中心に急速に広がっている。また，アメリカ経営者協会（American Management Associations, 以下AMAと略す）は，アメリカの企業で現在行われている職務や組織の再編成に関する21の方策を取り上げ，それらの実施状況，導入時期，企業規模や労働組合との関係などを調査・分析している[7]。21の方策は，次のような4つのグループに分けられている。

第1のグループは，個人の職務に関わる状況を改善しようとする試みで，これには，① 常設的なパートタイム職，職務共有，在宅勤務のように仕事のスケジューリングに関する方策や，② 職務充実，職務横断的訓練，フォーマルなジョブ・ローテーションのように職務を拡大したり多様化するもの，③ 退職後雇用継続のための異動などが含まれている。これらの方策の多くは5年以上前から利用されており，また，職務充実や退職後雇用継続のための異動は専門職，ミドルないしシニアの管理者に，在宅勤務は専門職や技術者に，パートタイムや職務共有は事務職や時給ブルーカラーにというように，主にオフィス従業員を中心に部分的に適用されることが多い。

第2のグループは，第1のグループより広い範囲を対象に労働生活の質的改善（QWL）を図るもので，① 品質サークル，労使共同委員会，労使協議会・コミュニケーション協議会，参加的管理の訓練のように従業員の参加に関するもの，② 利益分配制，能力や技能に対する報酬支払いのように報酬制度に関するもの，③ フレックスタイム，労働日短縮のようにスケジューリングに関するものが含まれている。これらの方策は，組織全体にわたり，また，組織の各階層で使用される傾向がある。

第3のグループは組織構造に関わるもので，① マトリックスないし多元的報告構造，② プロジェクトチームないしプロジェクトを基礎とする組織などを含んでいる。回答企業の約4分の1がこれらの方策を採用している。これらの方策は，主に，ミドルの管理者，専門職，技術職を対象とし，組織全体というよりも部分的に適用されることが多い。

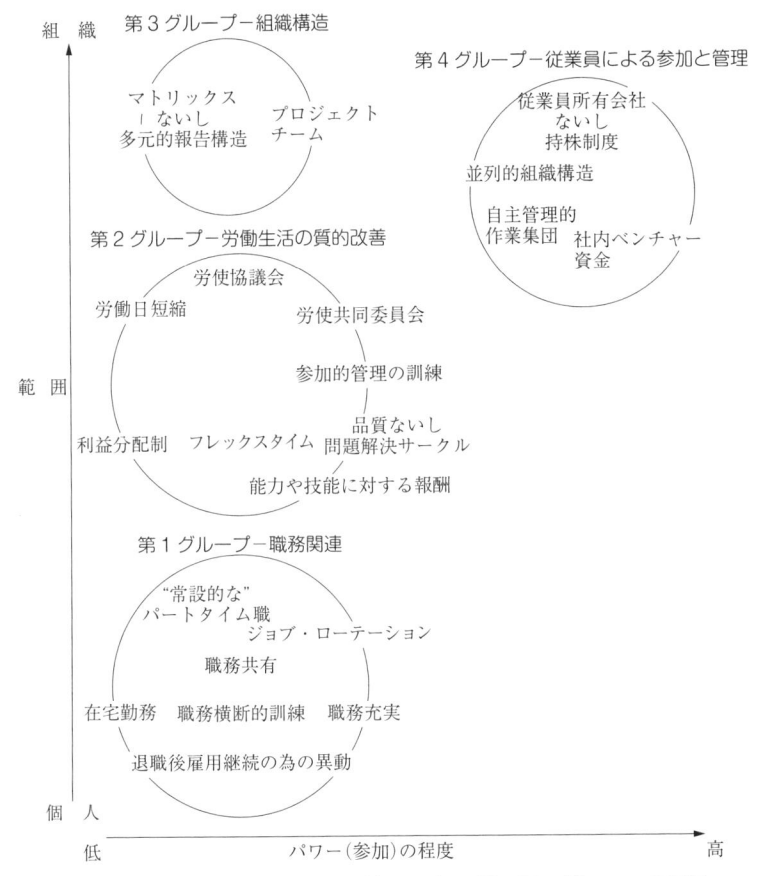

9章 GMのサターン・プロジェクトの意味するもの 203

```
組織 ↑   第3グループ－組織構造
         ╱ マトリックス    ╲
        │  ーないし    プロジェクト │        第4グループ－従業員による参加と管理
        │  多元的報告構造   チーム   │         ╱  従業員所有会社  ╲
         ╲              ╱          │     ないし         │
                                    │     持株制度        │
                                    │  並列的組織構造      │
              第2グループ－労働生活の質的改善  │  自主管理的          │
         ╱    労使協議会    ╲        │  作業集団  社内ベンチャー │
        │ 労働日短縮           │      ╲        資金       ╱
        │        労使共同委員会  │
範 囲   │       参加的管理の訓練  │
        │            品質ないし  │
        │ 利益分配制      問題解決サークル│
        │     フレックスタイム   │
         ╲  能力や技能に対する報酬 ╱

              第1グループ－職務関連
         ╱   "常設的な"        ╲
        │   パートタイム職        │
        │        ジョブ・ローテーション│
        │    職務共有            │
        │ 在宅勤務 職務横断的訓練 職務充実│
         ╲ 退職後雇用継続の為の異動 ╱
個 人 ↓
      低          パワー(参加)の程度          高
```

図9-3 職務・組織編成方策比較のためのグッドメジャー・モデル

出所）An AMA Survey Report (1985) "The Changing American Workplace: Work Alternatives in the '80s," American Management Asociation, p. 14.

　第4のグループは従業員による参加・管理に関するもので，① 半自律的作業集団，② 社内ベンチャー資金ないし他の企業家的機会，③ 従業員所有会社ないし持株制度，④ 並列的組織構造などを含んでいる。並列的組織 (parallel organization) というのは，組織変革，QWL，イノベーションなど，伝統的な官僚的組織ではうまく対応できない問題を扱う参加的組織で，従来の階層的ライ

職務・組織編成の方策

方策	割合(%)
職務充実	
在宅勤務	10.2
職務横断的訓練	44.6
利益分配制	
フレックスタイム	34.8
労働日短縮	
"常設的な"パートタイム職	34.1
職務共有	10.9
品質ないし問題解決サークル	36.3
労使共同委員会	
半自律的ないし自主管理的作業集団	
労使(コミュニケーション)協議会	
参加的管理の為のフォーマルな訓練	
退職後雇用継続の為の異動	
フォーマルなジョブ・ローテーション	
能力・技能に対する報酬	10.0
並列的組織構造	8.5
プロジェクトチーム(組織)	
マトリックス(多元的報告)構造	27.6
社内ベンチャー資金,企業家的機会	6.9
従業員所有会社,持株制度	

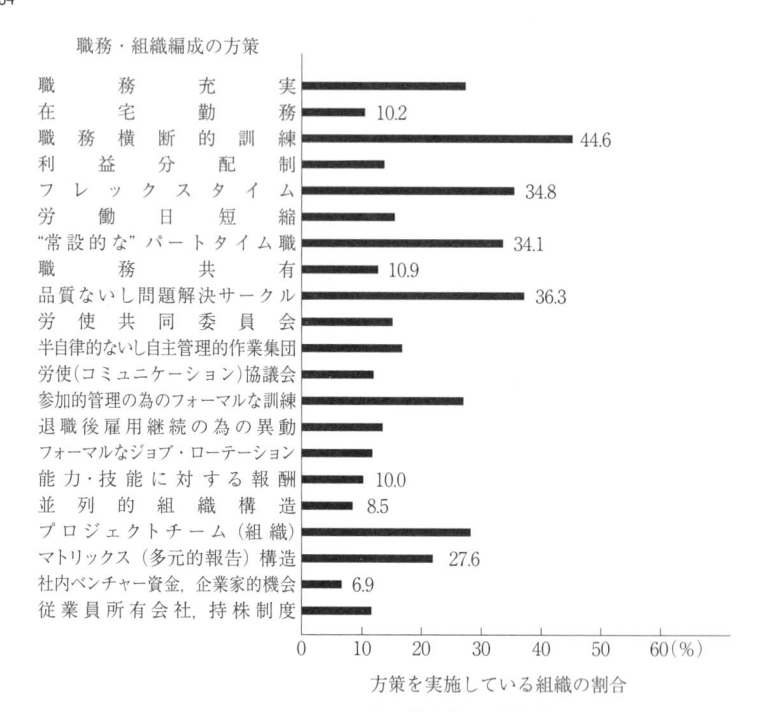

方策を実施している組織の割合

図9-4　職務・組織編成方策の実施状況

出所) An AMA Survey Report (p.20)に一部加筆

ン組織と並列して，補完的に用いられる。通常，いくつかの弾力的なタスクフォースや特定任務をもつ人々があり，これらの調整は，全て，トップマネジメントやタスクフォース指導者から成る運営委員会が統括するフォーマルな管理システムを通じて行われる。

　以上4つのグループと，それぞれのグループに含まれている21の方策を——

(1) 個人〜組織全体のどのレベルを対象としているか，

(2) 従業員にどの程度のパワーや参加の機会が与えられているか，

という観点から位置づけると図9-3のようになる。また，図9-4は，各方策が使用されている割合を示している。図からも分かるように，職務横断的訓練，

品質サークル,フレックスタイム,常設的パートタイム職など,使用頻度の多い方策は,概して,従業員に与えるパワーは小さい。一方,社内ベンチャー資金,並列的組織構造,能力や技能に対する報酬支払いなどのように,従業員により大きなパワーを与える方策は,多くの資源や専門的知識を必要とするために大規模組織でよく用いられているが,全体としては使用頻度が少ない。その他,主な分析結果を要約すると次のようになる。

3.1 導入時期

5年以上前から導入しているケースが多い方策は,常設的パートタイム職,プロジェクトチーム,フォーマルなジョブ・ローテーション,マトリックス組織,従業員所有会社・持株制度,能力や技能に対する報酬支払い,半自律的作業集団などである。一方,5年以内に導入したケースが多かったのは,品質サークル,職務共有,労働日短縮,参加的管理のフォーマルな訓練,並列的組織などである。

3.2 組織規模

調査した中で約4分の3の組織が2つ以上の方策を使用しており,組織の規模(従業員数,売上高)が大きくなるほど,使用している方策の数も多くなる傾向がある。従業員500人未満の組織で使用されることが多いのは,在宅勤務,半自律的作業集団,労使協議会,職務充実,常設的パートタイム職,職務横断的訓練などである。一方,従業員500人以上の組織では,既述のように,組織全体にかかわる方策や,QWLに関連する方策(参加的管理の訓練,品質サークルなど)を導入する傾向が強い。

3.3 労働組合

組合のない会社でよく用いられているのは在宅勤務,利益分配制,常設的パートタイム職,労使協議会・コミュニケーション協議会である。一方,組合組

織率の高い会社でよく用いられているのは，職務充実，職務横断的訓練，フレックスタイム，労働日短縮，職務共有，労使共同委員会，半自律的(自主管理的)作業集団などである。また，職務充実，在宅勤務，職務横断的訓練，フレックスタイム，労働日短縮，常設的パートタイム職，職務共有，半自律的作業集団，労使協議会，並列的組織など約半数の方策は，労働組合の組織率とU字形の関係を示している。すなわち，組合の組織率が上昇するにつれこれらの方策の利用比率は低下していくが，組織率が75％以上になるとこの関係は逆転し，利用比率が再び上昇する。これは，組合が部分的に組織されている会社は，そうでない会社よりも大きなコンフリクトを生みやすいことと，組合のパワーを侵害するような方策に対して組合リーダーが大きな懸念をもちやすいからであろうと解されている。

3.4 業　　績

各種の方策導入に積極的な会社は，そうでない会社よりも業績が良いという傾向が見られる。

AMAの報告書によれば，83％の組織が少なくともひとつの方策を使用し，2つ以上の方策を使用している組織が74％もあるが，これは，競争圧力が増大する中で，多くの人々が，伝統的組織では対応できなくなると感じ，新しい仕事の組織を開発する重要性を認識してきていることを物語っている。しかし，新しい職務編成や組織化方法の便益が必ずしも十分に理解されていないことと，これらの方策から十分な恩恵を受けている組織がそれを公表したがらないために，未だ，これらの方策の普及が妨げられている面があるという。また，一般的に，組織全体よりは部分的な局面を扱い，既存のシステムや経営者の地位・役割・パワー・報酬などに対するインパクトの小さい方策の方が導入されやすいから，現在まで広く利用されてきている方策は，どちらかといえば個人や職務状況に焦点を置き，従業員に対して与えるパワーや参加の程度は小さなものが多い。しかし，より多くの資源をもち，目につきやすい大企業や政府機関な

どは,並列的組織,持株制度,社内ベンチャー資金などのように,より広範な組織的広がりをもち,従業員に大きなパワーを与える方策を採用してきていることも事実である。このような分析を踏まえて,AMA の報告書は,今後 10 年間において,既述のような各方策の重要性,その対象範囲,革新性,普及度は増大するであろうと予想している。

　従業員の経営参加に関する諸方策の中でも,近年,アメリカにおいて特に注目されているものに,従業員所有会社と社内ベンチャー資金がある。従業員が所有して管理する組織形態として古くから知られているものに協同組合(workers' cooperative)があるが,近年,アメリカにおいて急増し,注目を集めているのは ESOP(Employee Stock Ownership Plan)と呼ばれる従業員株式所有制度である。この制度は,1950 年代の末に,サンフランシスコの法律家であったケルソー(Louis O. Kelso)によって提唱され,その後,上院議員ロング(Russell B. Long)の努力で種々の税制優遇措置が講じられ,次第に普及してきたもので,次のような方法で運用されることが多い。[8]

(1) 銀行が ESOP(信託機関)に資金を貸付ける。
(2) ESOP はその資金を会社に貸付ける。
(3) 会社はその見返りに,資金と同額の自社株を ESOP に信託する。
(4) 会社は,収益の中から毎年 ESOP に対して支払いをする(これは全額,課税所得から控除される)。
(5) ESOP は,そのお金を銀行への返済に充てる(銀行は受取利子の 50 %に課税されるだけである)。
(6) 銀行への返済が済むと,会社の株式は各従業員の ESOP 口座に割り当てられる。
(7) 従業員は,退職する時に自分の株式を受取る。

全国従業員所有センター(The National Center for Employee Ownership)の報告によれば,ESOP をもつ企業の数は,1976 年には 843 社で 52 万人の従業員が対象となっていたが,1984 年には 5,700 社で 960 万人の従業員を対象とする

までに増加している。しかも，現在もこの数字は年率10％くらい増加しているといわれる。このようにESOP導入企業が急増している理由として次のようなことがあげられる。

第1は，工場閉鎖の危機に対して，雇用を確保するために従業員が工場を買取るケースである。たとえば，GMは1980年8月，数年間赤字続きであったボールベアリング製造工場(Hyatt Clark Plant)を6カ月以内に閉鎖すると発表した。これに対し，UAWのローカル736のリーダーが経営側と14カ月に及ぶ交渉を重ねた結果，1981年10月，職務の3分の1削減，給料の25％カットなどを条件に，従業員による同工場の買取りの合意が成立した。『ビジネス・ウィーク』誌(1985年4月15日号)によれば，1980年代の初頭以来，このようなESOPを用いた労働者の買取りによって閉鎖を免れた会社，工場は70～100にのぼる。しかし，ESOP全体からみるとこのような労働者による買取りは1％程度にすぎないといわれている(『ビジネス・ウィーク』1984年5月7日号)。

第2は，ESOPに与えられている各種の税制上の恩典を利用するという理由である。社会的な観点から見ると，ESOPは，富の分散，勤労者の資産形成，雇用確保などの役割が期待されるところから，各種の税制上の優遇措置が講じられており，多くの企業は，単にこうした恩典を利用するという理由でESOPを導入していると考えられる。しかし，ESOPのために連邦政府は，1986年だけで25億ドルの税収を失い，もし優遇措置がこのまま続けば，1990年にはESOPのために納税者は少なくとも44億ドルを負担することになると予想されているが，果たしてESOPがそれに見合うだけの社会的効果を生み出しているかどうかは議論の余地があるであろう(『ビジネス・ウィーク』1985年4月15日号)。

その他，従業員のモラールや生産性を向上させるため，あるいは乗っ取りを防ぐためにESOPを採用している企業もある。

協同組合やESOPに限らず，従業員株式所有制にはさまざまなバリエーションがあるが，いかなる形をとるにせよ，また，いかなる理由から利用するに

せよ，常に問題となるのは所有と参加ないし支配の関係である。所有と参加・支配との関係は，従業員株式所有企業の間でも一様ではない（図9-5参照）。表9-2に示したように，近年，従業員株式所有制を背景に従業員代表が会社の取締役会に参加するケースが増えているが，全体から見ればまだごく僅かであり，また，経営危機を契機としている場合が多い。従業員所有の形をとりながら，従業員代表の取締役会参加を認めないばかりか，株式所有に伴う議決権さえ認めていない企業が多いのが現状である。その結果，所有を背景に決定への参加を要求する労働側と，それを認めたがらない経営側との間にしばしばコンフリクトが生ずることになる。

たとえば，ハイアット・クラーク・インダストリーズの場合，取締役会の構成は，組合代表3名，経営側代表3名，外部代表7名となっているが，新会社発足に際し，資金源や有能な経営者を確保し，会社の活力を維持するためには，少なくとも当面の間，経営者が十分な支配力をもつ必要があるということから，

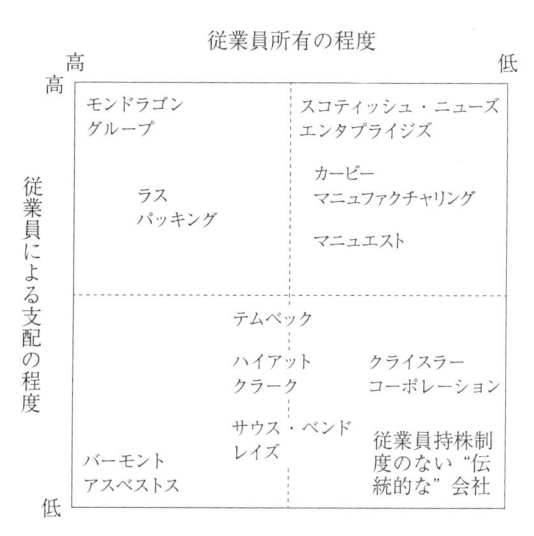

従業員による支配の程度	従業員所有の程度	
	高	低
高	モンドラゴングループ ラスパッキング	スコティッシュ・ニューズエンタプライジズ カービーマニュファクチャリング マニュエスト
低	テムペック ハイアットクラーク サウス・ベンドレイズ バーモントアスベストス	クライスラーコーポレーション 従業員持株制度のない"伝統的な"会社

図9-5　所有と支配の分離

出所）Keith Bradley & Alan (1985) "Employee buyouts. of troubled companies." *Harvard Business Review*, September-October, p.125.

表 9-2 従業員代表取締役のいる会社

会社名	従業員数	従業員持株比率	従業員代表取締役の数
クライスラー	59,000	15%	1
イースタン・エアライン	37,000	25	4
パン・アメリカン	27,000	10	1
ウエスタン・エアライン	10,000	32	2
ワイアートン・スチール	8,700	100	3
トランスコン	3,700	49	2
ブランチ・インダストリーズ	2,300	43	1
ラス・パッキング	1,590	50	9
ハイアット・クラーク・インダストリーズ	1,500	100	3
コンチネンタル・スチール	1,500	—	1
インターステート・モーター・フライト	1,500	(5年後) 45	2
ICX	1,200	95	1
コマーシャル・ラブレイス・モーター・フライト	1,000	51	3
クレアモント・トランスファー	750	(5年後) 65	3

出所)『ビジネス・ウィーク』1984年5月7日号, pp.152-153から作成

会社発足後10年間は労働者所有の株式に議決権を与えないことに組合側も同意せざるをえなかったという事情がある。こうした状況でスタートしたために，同社では，日常的な業務上の決定，スタッフの任命や給料，利益処分などをめぐってたえず労使間で意見の対立が生じた。1984年4月には，60万ドルの利益処分をめぐり，利益分配制度により従業員への分配を主張する労働側と，新しい機械への投資を主張する経営側が対立し，結局，取締役会は，10対3で機械への投資を決めたが，労働側はこれに対し怠業で抗議するという事態が生じた。また，サウス・ベンド・レイズ社(South Bend Lathe)では，1980年に，所有権をもちながら影響力を行使できないことに苛立った労働者が，賃上げが拒否されたことからストライキに入り，アメリカで初めて，従業員が自らに対してストライキを行うという事態が生じている。

従業員所有制と職務満足や生産性に関する経験的調査結果も，おおむね，職務満足や生産性の向上は，従業員所有制自体よりも意思決定に対する従業員の

参加の程度に依存していることを示している。[12] このように，経営者に，従業員を意思決定に大幅に参加させる覚悟がなく，単に税制上の恩典を利用するという理由で従業員所有制を導入する場合には，それによってかえって従業員のフラストレーションを高め，労使関係を悪化させる結果となる危険が大きいことに注意する必要がある。

次に，新事業開発という戦略的決定の核心領域において労働者に発言の機会を与える画期的な試みとして注目されているのがGMの新事業基金(New Venture Fund)である。[13] これは，1984年のGM-UAW協約に盛り込まれたもので，雇用を創出するためにGMが1億ドルを拠出し，労使共同で従来の自動車製造の枠を越えて新規事業の開発にあたるというもので，労使同数の代表から成る「成長と機会委員会」(Growth and Opportunity Committee)の管轄下で，「新事業開発グループ」(New Business Ventures Development Group)が実際の事業開発を担当する。1984年9月のUAW-GMレポートによれば，「新しい大胆な計画により，初めて，有力な会社と組合が，新しい，伝統にとらわれない事業領域で事業を開発し，相互に管理する活動に進むであろう——それは完全に会社の資金でまかなわれるが，完全なインプットを与えるのは組合である。」このようなGMとUAWの試みは，労使協力による新事業開発という新しい参加形態の先駆的モデルとして注目に値する。

おわりに

第2次石油危機後の自動車不況の中で，1980年には，実に60年ぶりに赤字を計上したGMは，その後の景気回復と合理化努力により収益力を大幅に回復し，近年は豊富な資金力を背景に次々と大胆な戦略を展開してきている。たとえば，ファナックとの合弁によるGMFロボティック社の設立(1982年)，トヨタ自動車との合弁によるニュー・ユナイテッド・モーター・マニュファクチャリング社(NUMMI)の設立(1983年)，人工知能を扱うテクノレッジ社への資本参加(1984年)，事業部制組織の再編成(1984年)，エレクトロニック・データ・

システムズ社の吸収(1984年)，ヒューズ・エアクラフト社の買収(1985年)，それに本章で取り上げたサターン・プロジェクトの企業化(構想は1982年に発表)などである。これら一連の動きは，GMが大幅な組織機構改革とハイテク化によって本業の自動車部門の活性化を図る一方，買収・提携を通じて情報，通信，航空，宇宙などの将来性豊かな分野に積極的に資源を展開し，多角化しようとしていることを物語っている。

　これら一連の動きの中で組織デザインの観点から特に重要なのが事業部制の再編成とサターン・プロジェクトである。デュポンと並んでGMはアメリカにおける事業部制組織の先駆者であり，1920年代にA. P. スローン(A. P. Sloan)のリーダーシップの下で事業部制を導入して以来，一貫してこの組織体制の下で事業を展開し，成長してきた。しかし，GMの成長を制度的に支えてきたこの事業部制組織も，GM自身が余りに巨大化し，また，公害規制，石油危機，小型車市場の拡大，日本を初めとする外国からの輸出攻勢，急速な技術革新といった環境変化の中で，次第にその構造的欠陥を露呈し始めた。たとえば，各事業部に対して15％の投資利益率を要求する厳格な利益管理は，各事業部間の競争を促進する反面，短期的な財務業績だけを偏重する体質を生み出した。その結果，長期的な観点に立った新鋭設備への投資が抑制されたり，利益幅の小さい小型車やリスクの大きいオリジナリティーに富む車の開発がなおざりにされるなどの弊害が生じた。しかし，この点に関しては，近年，積極的な設備更新やロボットの導入を行うなど，短期的財務重視の体質からの脱却が進められている。また，事業部制は，本来，各事業部に包括的な自主的権限を与えることによって初めてその長所が発揮できる制度であり，GMの事業部制自身，そのような分権的事業部制として出発したにもかかわらず，組織が巨大化していく過程で，次第に，強大な本社スタッフ部門を中心とする集権的でビューロクラティックな体制へと変質していった。そして，各事業部の組立部門を組立事業部に一元化したり，すべての新車開発を統括するプロジェクト・センターを設置するなど，集権化が進められた。その結果，肝心の車自体に対す

る全般的な責任が不明確になり，品質の低下，コスト上昇，新車開発の遅れ，各事業部の車の個性喪失といった問題を生ずるに至った。[15]

　西独のオペル社をモデルにしたといわれる1984年の組織改革は，このように集権化し，形骸化した事業部制を大幅に手直しして，特に新車開発の迅速化や責任体制の明確化，コストや品質の改善，組織の活性化などを狙いとしている。具体的には，①従来，5つの車種を生産していた各事業部とカナダGMを，大型車・高級車中心のグループ（ビュイック，オールズモビル，キャディラック）と，小型車・大衆車中心のグループ（シボレー，ポンティアック，カナダGM）に再編成するとともに，②組立事業部とフィッシャー・ボデー事業部を2つのグループ内に解消し，各グループがそれぞれ管轄する車については，構想段階からエンジニアリング，製造，販売に至るまで，すべてについて責任を負う体制を確立した。また，③本社スタッフの一部もグループ・レベルに移され，分権化が図られている。[16]

　事業部制の再編成はGM本体の"企業レベル"における部門編成上の改革であるのに対し，サターン・プロジェクトは，別会社とはいえ，GM本体にとっては，いわば"工場レベル"における組織デザイン上のさまざまな改革を含んでいる。サターン工場における組織デザインの特徴を，ガルブレイス（J. R. Galbraith）らによる組織デザインの主要変数の図を用いて示すと，図9-6のようになる。[17]

　図に示された個々の特徴は，それ自体としてはサターン工場に特有のものとはいえないが，これらの特徴を組織デザインの各変数にわたってこれだけ包括的に取り入れている点にサターン工場の特徴がある。そして，これらの特徴の多くは，従来，日本的経営の特徴ないし長所として指摘されてきたものであり，サターン工場の組織が日本的経営を十分に意識してデザインされていることは明らかである。もちろん，文化背景の異なるアメリカの企業に既述のような日本的経営の特徴を導入し，これを効果的に機能させるためには格別の工夫が必要になるが，この点に関しては，トヨタとの合併会社であるNUMMIでの経

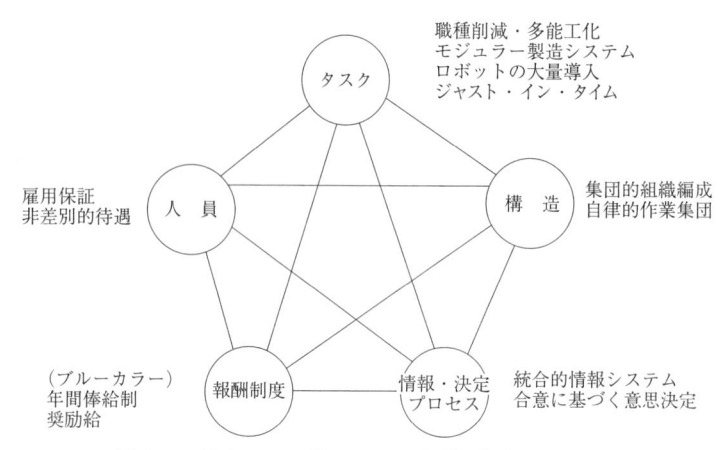

```
                    職種削減・多能工化
                    モジュラー製造システム
          タスク      ロボットの大量導入
                    ジャスト・イン・タイム

雇用保証                          集団的組織編成
非差別的待遇  人員    構造        自律的作業集団


(ブルーカラー)              統合的情報システム
年間俸給制  報酬制度  情報・決定  合意に基づく意思決定
奨励給              プロセス
```

図 9-6　サターン工場における組織デザインの特徴

験が十分に生かされるはずである。[18)]

　サターン・プロジェクトに対しては，これが GM のみならずアメリカ産業全体にとっても画期的意義をもつ試みであるという評価がある反面，果たしてそれが目論見通りに競争力ある小型車を生産できるかどうか，あるいは，50億ドルという巨額な投資に見合うだけの成果を生み出すことができるかどうか疑問視する声もある。[19)] 確かに，サターン車の第1号が登場する1990年までには，ホンダ，日産に加えて，マツダ，三菱，トヨタなどもアメリカでの自動車生産を開始し，年間130万台以上の日本車がアメリカで生産されると予想されている。さらに，韓国，ユーゴスラビア，西独(当時)などからの輸入車が加わり，アメリカにおける小型車市場の競争は一段と激化すると思われる。このような状況で，たとえいかに最新の技術やシステムを導入するとはいえ，サターン車が競争に勝ち抜くことは決して容易なことではないであろう。顧客は技術やシステム自体を買うのではなく，生産された車を買うのであるから，サターン車が成功するか否かは，結局，生産される車のデザイン，性能，価格などに依存している。

　しかし，サターン・プロジェクトは，GM にとって，単に小型車市場におけ

る巻き返しを図るということだけでなく，中・大型車の生産システム改革のための実験工場，さらには，21世紀を見すえて，組織デザインや管理上の革新を通じて巨大企業GMを活性化するための壮大な実験という意味あいをもっている。[20] 実験である以上，失敗のリスクは避けられない。しかし，実験においては，思惑通りの結果を得ることだけが重要なのではなく，実験を通じて何を学習するかということも，それに劣らず重要である。その意味において，サターン・プロジェクトを見る場合，単に小型車生産という視点からだけでなく，より長期的・戦略的な観点からとらえることが必要である。先に述べたように，現在アメリカでは基礎産業分野を中心に"従業員の参加"や"労使協調"を軸とした"仕事革命"が進行しつつある。[21] これまでGMは，事業部制導入，組織開発，QWLなどの組織改革において先駆的役割を演じてきたが，本章で取り上げたサターン・プロジェクトも，参加や協調を通じて組織活性化を図る他のアメリカ企業にとって貴重なモデルを提供することになるであろう。

【注】
1) サターン・プロジェクトの概要については次のような資料を参考にしている。
    ・General Motors Annual Report, 1983, p.8, 1984, p.7.
    ・*Business Week*, "How GM's Saturn Could Run Rings Around Old-Style Carmakers" (January 28, 1985, pp.126-128), "Wherever GM Puts Saturn, It's Going To Get A Sweet Deal" (April 1, 1985, pp.36-37), "A New Labor Era May Dawn At GM's Saturn" (July 22, 1985, pp.65-66), "How Power Will Be Balanced On Saturn's Shop Floor" (August 5, 1985, pp.65-66), "On A Clear Day, You Still Can't Quite See Saturn" (August 12, 1985, pp.20-21).
    ・*Fortune*, "Behind The Hype At GM's Saturn" (November 11, 1985, pp.34-50).
    ・*Newsweek*（日本版），「GM，サターン計画を格下げ」1986, 11.13, p.29.
    ・*Automotive News*, July 22, 1985, August 5, 1985, August 12, 1985.
    ・*The New York Times*, July 27, 1985.
    ・*The Washington Post*, July 27, 1985.
    ・*The Wall Street Journal*, July 29, 1985, July 30, 1985, August 1, 1985.
    ・*The Chicago Tribune*, July 27, 1985.
    ・*The Tennesean*, July 27, 1985.
2) *Business Week*, January 28, 1985, p.126, The Wall Street Journal, July 29, 1985.

3) *Business Week*, August 5, 1985, pp. 65-66.
4) GM における組織開発，QWL の歴史については次の資料によっている。
   ・Landen, D. L. & H. C. Carlson (1982) "Strategies for Diffusing, Evolving, and Institutionalizing Quality of Work Life at General Motors," in Zager, R. & Rosow, M. P. ed., *The Innovative Organization-Productivity Programs in Action*, Pergamon Press, pp. 291-334.
   ・Cherry, R. L., "The Development of General Motors' Team-Based Plants," in Zager, R. & Rosow, M. P., op. cit., pp. 125-148.
   ・Guest, R. H., "Tarrytown: Quality of Work Life at a General Motors Plant," in Zager, R. & Rosow, M. P., op. cit., pp. 88-106.
   ・Carlson, H. C. (1977) "Organizational Research and Organizational Change: GM's Approach," *Personnel*, July-August, pp. 11-22.
5) Landen, D. L. & Carlson. H. C., op. cit., p. 295.
6) Cherry, R. L., op. cit., p. 129.
7) Goodmeasure Inc., The Changing American Workplace: Work Alternatives in the '80s, An AMA Survey Report, American Management Associations, 1985.
8) *Business Week*, "ESOPs: Revolution or Ripoff?" April 15, 1985, p. 96.
9) Eiger, N. (1985) "Changing Views of U. S. Labor Unions Toward Worker Ownership and Control of Capital," *Labor Studies Journal*, Fall, p. 99.
10) *Business Week*, April 15, 1985, p. 106.
11) Bradley, K. & Gelb, A. (1985) "Employee buyouts of troubled companies," *Harvard Business Review*, September-October, p. 122.
12) Alexander, K. O. (1985) "Worker Ownership and Participation in the Context of Social Change: Progress is Slow and Difficult, But It Need Not Wait upon Massive Redistribution of Wealth," *American Journal of Economics and Sociolgy*, Vol. 44, No. 3, July, p. 343.
   Long, R. J. (1980) "Job Attitudes and Organizational Performance Under Employee Ownership," *Academy of Management Journal*, Vol. 23, No. 4, December, p. 726.
13) GM の新事業基金については次の資料によっている。
   ・General Motors Annual Report 1984, p. 11.
   ・*Business Week*, "The GM Settlement is a Milestone for Both Sides," October 8, 1984, p. 160.
   ・Cohen-Rosenthal, E. (1985) "Orienting Labor-Management Cooperation toward Revenue and Growth," *National Productivity Review*, Autumn, pp. 394-395.
   ・仁田道夫 (1985)「1984年 GM-UAW 協約」『日本労働協会雑誌』No. 310, pp. 50-52。
14) 下川浩一 (1985)「激突必至―トヨタ・GM の闘い：21世紀へ向けた新たな戦略とは」『エコノミスト』12月16日号, p. 66。
15) *Business Week* (1982) "General Motors: The next move is to restore each division's

identity," October 4, pp. 75-76. (1984) "Can GM Solve Its Identity Crisis?" January 23, p. 33. (1984) "GM Moves Into A New Era," July 16, p. 52.
16) General Motors Annual Report 1983, p. 6, *Business Week*, January 23, 1984, p. 32. July 16, 1984, p. 48. p. 54.
　新たに編成された2つのグループ自体の組織については，ビュイック，オールズモビル，キャディラックのグループが自己充足的な4つの製品群を中心にした分権的体制がとられているのに対して，シボレー，ポンティアック，カナダGMのグループは，機能別ラインに沿った集権的体制を，横断的コミュニケーションを促進するマトリクス・マネジメントによって補完するような体制がとられている。このように，2つのグループの組織編成が異なるということは，GM本社が，組織編成に関する大幅な権限をグループ・レベルに委譲していることを意味している。*Business Week*, April 7, 1986, p. 85.
17) Galbraith, J. R. & Kazanjian, R. K. (1986) *Strategy Implimentation: Structure, Systems and Process,* Second ed., West, p. 2.
18) Rehder, R. R., R. W. Hendry & M. M. Smith (1985) "NUMMI: The Best of Both Worlds?," *Management Review*, December, pp. 36-41.
19) *Business Week*, "On A Clear Day, You Still Can't Quite See Saturn," August 12, 1985, pp. 20-21. Fisher, A. B., "Behind The Hype At GM's Saturn," *Fortune*, November 11, 1985, p. 49.
20) GMのスミス会長は，最新の工場オートメーション，オフィス・オートメーションと参加的管理を結びつけるサターン工場がGMの他部門に対してモデルとなること，さらに，それが，こうしたノウハウだけでなく，文化的変容をGMの本業に対してもたらすことを期待していると伝えられている。*Business Week*, April 7, 1986, p. 84.
21) 島田晴雄も述べているように，従業員参加や労使協力には，①"労働者の価値観の変化への対応"といった趨勢的な社会変化・構造変化を背景とする不可逆的側面と，②"国際競争の脅威や経営危機"など，景気や経済の循環的変動に触発される可逆的側面があるが，長期的に見れば，参加や労使協力の潮流が大きく後退することはないと思われる。島田晴雄（1984）『フリーランチはもう食えない』日本評論社，pp. 150-151, pp. 165-166 参照。

【参考文献】

Alexander, K. O. (1985) "Worker Participation and the Law: Two Views and Comment," *Labor Law Journal*, July, pp. 428-433.
────(1984) "The Promise and Perils of Worker Participation in Management," *American Journal of Economics and Sociology*, Vol. 43, No. 2, April, pp. 197-204.
────(1985) "Worker Ownership and Participation in the Context of Social Change: Progress is Slow and Difficult, But It Need Not Wait upon Massive Redistribution of Wealth," *American Journal of Economics and Sociology*, Vol. 44, No. 3, July, pp. 337-347.

Blair, J. D. & C. J. Whitehead (1984) "Can Quality Circles Survive in the United States?," *Business Horizons*, September-October, pp. 17-23.

Bradley, K. & A. Gelb (1985) "Employee buyouts of troubled companies," *Harvard Business Review*, September-October, pp. 121-130.

Bruyn, S. T. (1985) "American co-operatives: The transition to worker selfmanagement in the United States," *Science and Public Policy*, April, pp. 79-83.

Carlson, H. C. (1977) "Organizational Research and Organizational Change: GM's Approach," *Personnel*, July-August, pp. 11-22.

Cherry, R. L. (1982) "The Development of General Motors' Team-Based Plants," in Zager, R. & M. P. Rosow ed., *The Innovative Organization-Productivity Programs in Action*, Pergamon Press, pp. 291-334.

Cohen-Rosenthal, E. (1985) "Orienting Labor-Management Cooperation toward Revenue and Growth," *National Productivity Review*, Autumn, pp. 385-396.

Cool, O. & C. A. Lengnick-Hall (1985) "Second Thoughts on the Transferability of the Japanese Management Style," *Organization Studies*, 6/1, pp. 1-22.

Eiger, N. (1985) "Changing Views of U. S. Labor Unions Toward Worker Ownership and Control of Capital," *Labor Studies Journal*, Fall, pp. 99-122.

Fisher, A. B. (1985) "Behind The Hype At GM's Saturn," *Fortune*, November 11, pp. 34-49.

Fulmer, W. E. (1984) "Labor-Management Relations in the 80s: Revolution or Evolution?," *Business Horizons*, January-February, pp. 26-31.

Godon, H. (1984) "Making Sense of Quality of Work Life Programs," *Business Horizons*, January-February, pp. 42-46.

Goodmeasure Inc. (1985) The Changing American Workplace: Work Alternatives in the '80s, *An AMA Survey Report*, American Management Association.

Guest, R. H. (1982) "Tarrytown: Quality of Work Life at a General Motors Plant," in Zager, R. and Rosow, M. P., op. cit., pp. 88-106.

Hinckley, S. R. Jr. (1985) "A Closer Look at Participation," *Organizational Dynamics*, Winter, pp. 57-67.

Kanter, R. M. (1983) *The Change Masters: Innovation for Productivity in the American Corporation*, Simon and Schuster.

Katz, H. C., T. A. Kochan & M. R. Weber (1985) "Assessing the Effects of Industrial Relations Systems and Efforts to Improve the Quality of Working Life on Organizational Effectiveness," *Academy of Management Journal*, Vol. 28, No. 3, pp. 509-526.

Katz, H. C., T. A. Kochan & K. R. Gobeille (1983) "Industrial Relations Performance, Economic Performance, and QWL Programs: An Interplant Analysis," *Industrial and Labor Relations Review*, Vol. 37, No. 1, October, pp. 3-17.

Kovach, K. A., B. F. Jr. Sands, & W. W. Brooks (1981) "Management by Whom? - Trends in Participation Management," *S. A. M. Advanced Management Journal*, Winter,

pp. 4-14.
桑原靖夫（1985）「米国で労働者企業がふえている――日本型経営に対抗するコープ・ESOP――」『エコノミスト』6月3日号, pp. 112-118。
Landen, D. L. and Carlson, H. C. (1982) "Strategies for Diffusing, Evolving, and Institutionalizing Quality of Work Life at General Motors," in Zager, R. and Rosow, M. P. ed., op. cit., pp. 291-335.
Lawler, E. E. Ⅲ & S. A. Mohrman (1985) "Quality Circle after the Fad," *Harvard Business Review*, January-February, pp. 65-71.
Long, R. J. (1985) "Job Attitudes and Organizational Performance Under Employee Ownership," *Academy of Management Journal*, Vol. 23, No. 4, pp. 726-737.
Main, J. (1984) "The Trouble with Managing Japanese-Style," *Fortune*, April 2, pp. 50-56.
Mintzberg, H. (1983) "Why America Needs, But Cannot Have, Corporate Democracy," *Organizational Dynamics*, Spring, pp. 5-20.
Hurphy, J. W. (1984) "Organizational Issues in Worker Ownership: Problems of Organizational Order in Worker Control of Production in Plants Dropped as Obsolete," *American Journal of Economics and Sociology*, Vol. 43, No. 3, July, pp. 287-297.
Nadler, D. A. & E. E. Lawler, Ⅲ (1983) "Quality of Work Life: Perspectives and Directions," *Organizational Dynamics*, Winter, pp. 20-30.
仁田道夫（1985）「1984年GM-UAW協約」『日本労働協会雑誌』No. 310, 3月号, pp. 49-58。
Odiorne, G. S. (1984) "The Trouble With Japanese Management Systems," *Business Horizons*, July-August, pp. 17-23.
O'Toole, J. (1979) "The Uneven Record of Employee Ownership," *Harvard Business Review*, November-December, pp. 185-197.
Poza, E. J. & M. L. Markus (1980) "Success Story: The Team Approach to Work Restructuring," *Organizational Dynamics*, Winter, pp. 3-25.
Rehder, R. R., R. W. Hendry & M. M. Smith (1985) "NUMMI: The Best of Both Worlds?," *Management Review*, December, pp. 36-41.
Reum, W. R. & S. M. Reum (1976) "Employee Stock Ownership Plans: Pluses and Minuses," *Harvard Business Review*, July-August, pp. 133-143.
Russell, R. (1985) "Employee Ownership and Industrial Governace," J*ournal of Economic Behavior and Organization*, 6, pp. 217-241.
Reich, R. B. (1985) "Japan Inc., USA," *The Mckinsey Quartely*, Summer, pp. 20-30.
Schster, M. (1983) "The Impact of Union-Management Cooperation on Productivity and Employment," *Industrial and Labor Relations Review*, Vol. 36, No. 3, April, pp. 415-430.
島田晴雄（1984）『フリーランチはもう食えない――アメリカ産業社会再生の構図』日本評論社。
下川浩一（1985）「激突必至――トヨタ・GMの闘い, 21世紀へ向けた新たな戦略とは」『エ

コノミスト』12月12日号, pp. 64-69。

Tiehy, N. M. & J. N. Nisberg (1976) "When Does Work Restructuring Work?: Organizational Innovations at Volvo and GM," *Organizational Dynamics,* Summer, pp. 63-80.

Waltnn, R. E. (1985) "From Control to Commitment in the Workplace," *Harvard Business Review,* March-April, pp. 77-84.

Weiss, A. (1984) "Simple Truth of Japanese Manufacturing," *Harvard Business Review,* July-August, pp. 119-125.

White, W. F. (1983) Worker Participation and Ownership, ILR Press.

Zager, R. & M. P. Rosow eds. (1982) *The Innovative Organization: Productivity Program in Action,* Pergamon Press.

Yang, C. Y. (1984) "Demystifying Japanese Management Practices," *Harvard Business Review,* November-December, pp. 172-182.

10章 ネットワーク論考

はじめに

「ネットワーク」という概念は情報化社会のキーワードであり，脱工業化社会における代表的な組織形態とも目されているが，その組織論的な意義は必ずしも明確ではない。「ネットワーク」概念自体の多義性に加え，分析レベルも個人から集団，組織，国家，地球レベルにまで及び，適用される領域も人間活動のほとんどの領域を含んでおり，その結果として必然的に，経済学，産業組織論，経営学，組織論，社会学，情報・通信論，コンピュータ・サイエンスその他，非常に多様な観点から多様なネットワーク論が展開されてきている。本章では，いくつかの典型的なネットワーク論を検討しながら，ネットワーク概念が組織デザインの観点からどのような意味合いを持つかを考察する。

1．物理的ネットワークと社会的ネットワーク

『小学館ランダムハウス英和辞典(第2版)』で"network"をひいてみると，次のような説明がある。

1 (電線・血管・通路などの)網状のもの，網状組織：密接な相互関連のある建物〔事務所，駅など〕の組織，
2 「ラジオ・テレビ」ネットワーク，放送網：有線または超短波中継により連結された送信局群，
3 網，網細工，網状織物，網製品，

4 「電気」ネットワーク,回路網：抵抗器・蓄電器・誘電子などの装置が,電導線によって連結されたもの,

5 「通信」「コンピュータ」ネットワーク：コンピュータや端末装置,プリンター,音声・視覚表示装置,電話などが通信回路や通信ケーブルなどで接続されているシステム,

6 個人的連絡網,ネットワーク：（共通の職業・地位・興味などを持ち,情報の交換などを行う人びとの）グループ。

上記の説明のうち1から5までの説明はいわゆる「物理的ネットワーク」に相当し,6は「社会的ネットワーク」に相当する。物理的ネットワークとして定義したものとしては,たとえば「ヒト,モノ,エネルギーまたは情報を運ぶために形成され,階層構造を持ち,場所の制約を伴う物理的媒体」(林,1989：69)があり,具体的には回路網(抵抗器,蓄電器,誘電子などの装置が,電導線によって連結されたもの),交通網(鉄道・道路・海運・航空),放送網・通信網,コンピュータ・ネットワークなどがあげられる。

組織デザインの対象となるのは社会的ネットワークである。ネットワーク・モデルとは,社会現象を,点の集合と,点をつなぐ線の集合によって表現したもので,個人,集団,機関などの行為者が点とされ,行為者間の態度,資源,情報などの交換が線として表される(井上寛(1993)：「ネットワーク・モデル」1144,森岡清美・塩原勉・本間康平編集(1993)有斐閣所収『新社会学辞典』)。社会的ネットワークは,社会システムを構成する個人,集団,機関などの要素間の社会関係を指示する概念であり,諸個人の行動を,個人の諸属性や集団内地位や役割によって説明するのではなく,個人の周囲に広がるネットワークの性質・内容・構造によって説明しようとする点に特徴がある。そこでは,「主体としての個人」と「客体としての個人」の両面が照射される。すなわち,作り合うネットワークを通して社会を形成する主体としての個人と,既成体としてのネットワークによって規定される客体としての個人が析出される。社会的ネットワークには,特定個人を準拠点とし,この個人を中心として広がる親族・近隣・

同僚・友人などとの関係に焦点を合わせた「個人ネットワーク」から，「集団間ネットワーク」「組織間ネットワーク」「国家間ネットワーク」に至るまでさまざまな分析レベルがある。

社会的ネットワークはまた物理的ネットワークと無関係ではありえない。特に情報通信ネットワークは，社会のインフラストラクチャ（基盤構造）として社会的ネットワークと不可分に結び付いている。

2．情報通信ネットワーク論

ネットワークとは「情報流通路としての通信回線と，情報の送受信およびそれと一体をなす処理を行うためのコンピュータ，テレックス，ファクシミリ等のさまざまな情報通信機器によって構成された網状の組織体をなす情報通信システム」（郵政省ネットワーク化推進会議）として定義することもできる。INS（Information Network System：高度情報通信網），VAN（Value Added Network：付加価値通信網），ISDN（Integrated Service Digital Network：総合デジタル通信網），LAN（Local Area Network：企業内情報通信網）など情報通信ネットワークを企業内・企業間・産業間・国際間に張り巡らし，これをコンピュータと接続することにより，大量の情報を迅速かつ統合的に処理することが可能になる。このような情報通信ネットワークの発達により，企業・産業が相互に連結された「ネットワーク型産業構造」が出現することになり，それは企業経営や産業社会のさまざまな分野に非常に大きなインパクトを与えてきている（図10-1 参照）。

このような情報通信ネットワークは，社会的ネットワークを支えるインフラとしてその重要性がますます増大してきており，また，ハード・ソフト両面での情報技術の目ざましい発達を背景に，このタイプのネットワークの進展と普及が最も進んでいるのが現実である。しかし，組織デザインの対象となるのは，このような情報通信ネットワークのうえに展開される社会的ネットワークである。

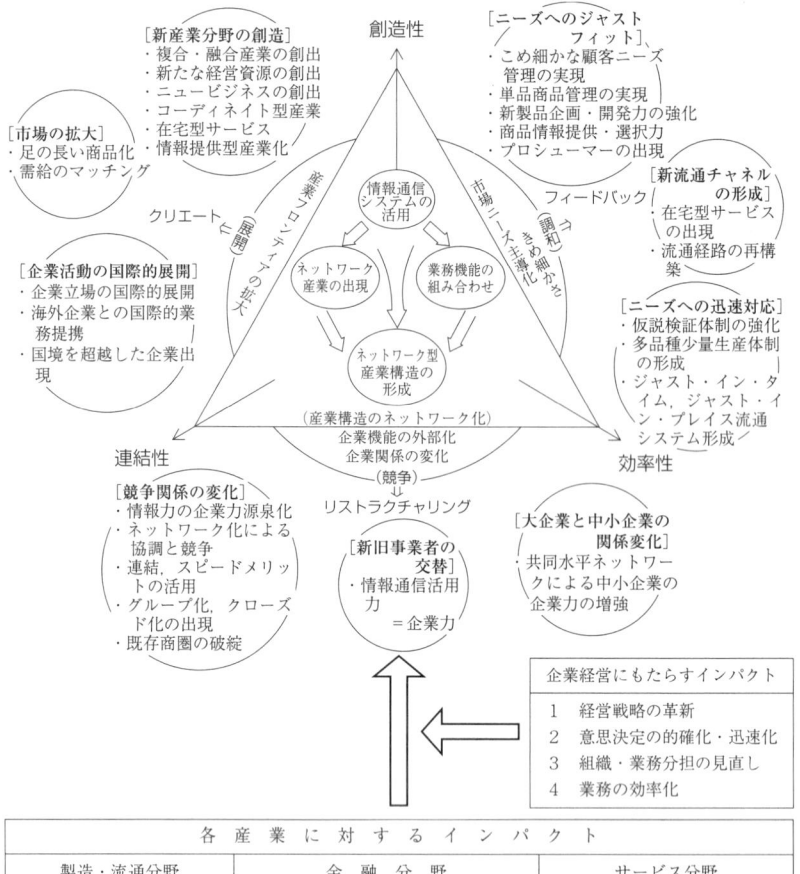

[新産業分野の創造]
・複合・融合産業の創出
・新たな経営資源の創出
・ニュービジネスの創出
・コーディネイト型産業
・在宅型サービス
・情報提供型産業化

[ニーズへのジャストフィット]
・こめ細かな顧客ニーズ管理の実現
・単品商品管理の実現
・新製品企画・開発力の強化
・商品情報提供・選択力
・プロシューマーの出現

創造性

[市場の拡大]
・足の長い商品化
・需給のマッチング

産業フロンティアの拡大
クリエート（展開）
情報通信システムの活用
ネットワーク産業の出現
業務機能の組み合わせ
ネットワーク型産業構造の形成

市場ニーズ主導型（調和）
きめ細かな
フィードバック

[新流通チャネルの形成]
・在宅型サービスの出現
・流通経路の再構築

[企業活動の国際的展開]
・企業立場の国際的展開
・海外企業との国際的業務提携
・国境を超越した企業出現

[ニーズへの迅速対応]
・仮説検証体制の強化
・多品種少量生産体制の形成
・ジャスト・イン・タイム，ジャスト・イン・プレイス流通システム形成

（産業構造のネットワーク化）
企業機能の外部化
企業関係の変化

連結性　　　　　　　　　　　　　　　　　効率性

（競争）
リストラクチャリング

[競争関係の変化]
・情報力の企業力源泉化
・ネットワーク化による協調と競争
・連結，スピードメリットの活用
・グループ化，クローズド化の出現
・既存商圏の破綻

[新旧事業者の交替]
・情報通信活用力
　＝企業力

[大企業と中小企業の関係変化]
・共同水平ネットワークによる中小企業の企業力の増強

企業経営にもたらすインパクト
1　経営戦略の革新
2　意思決定の的確化・迅速化
3　組織・業務分担の見直し
4　業務の効率化

各産業に対するインパクト

製造・流通分野	金融分野	サービス分野
1　一体的な市場ニーズ，主導型商品生産・供給体制の確立 2　新たなグループ化の進展 3　新たな流通システムの創造と新たな事業分野の創造 4　決済事務効率化を契機とした流通ネットワークの金融強化 5　流通経路の簡素化	1　金融諸機能における参入業種の競合化 2　エレクトロニクス・マネー化の加速 3　金融機関の情報通信産業化の進展 4　カードを活用した業務提携の拡大・複合化 5　VANによる商流と資金流の統合化 6　システムの共同化，ネットワークの相互接続の進展 7　店舗機能の変化 8　各種業務規則の意義の喪失	1　ニューサービスのサービス産業の創造 2　サービス産業の情報武装化 3　サービス産業のネットワーク化 　　チェーン展開 　　コーディネイト型サービス 4　サービス産業の高付加価値化 5　サービス商品の流通加速 6　サービス産業の競争環境の変化

図 10-1　情報通信が産業構造変化にもたらすインパクト

出所）郵政省通信政策局編（1990）『ネットワーク型産業構造と経営革新』大蔵省印刷局，p.13

3. ネットワーク社会論

　最も原初的なタイプの社会的ネットワークとして，血縁，地縁，職業縁，学校縁等，さまざまな機縁を契機に成立するネットワーク(「原生的・自然発生的ネットワーク」，塩原，1993, 1994)がある。これらさまざまな機縁はどの国においても存在しているが，社会関係におけるそれらの重要度は国によって異なるようである。中国や韓国では血縁の重要性が圧倒的に大きいが，日本ではむしろ「会社縁」とでもいうべき関係が非常に強いように思われる。公文俊平によれば，日本社会は「イエ」や「ムラ」という，疑似的な血縁・地縁関係から成るネットワーク社会として特徴づけられている(公文, 1993)。

　公文俊平によれば，主体が他の主体の行為の制御を主たる目標として行う「行政行為」には，「脅迫・強制型」「取引・搾取型」「説得・誘導型」の3つの基本型があるが，このうち「説得・誘導型」の行為がシステム内外での政治行為の基本型となっている社会を「ネットワーク社会」と呼ぶ。そして，それ自体一個の主体と見なせる「複合主体＝組織」を「ネットワーク組織」，それ自体は主体と見なせない「社会型システム」に留まっているものを「社会型ネットワーク」と呼ぶ。日本，東・南アジアに伝統的に見られる社会システムの中では，複合主体(組織)としてのネットワークと社会型ネットワークが極めて重要な地位を占めてきたが，今日の日本社会は次の3つの階層から成る複雑な社会システムとしてとらえられる(公文, 1993：108-110)。

　日本社会の基層を成すのは「間人」である。これは，自分を個として意識する以上に，何らかの社会的な間柄の一部を担う存在として意識している人間モデルを意味している。「他者との強い同化欲求」が間人主義文化の中心的特徴のひとつであり，これはネットワーク型社会システムに特に良く適合する。これは一種の相互依存関係であり，人びとの間の密度の高いコミュニケーションとネットワーキングにとっての強力な誘引となる(公文, 1993：110-111)。

　日本社会の中層を成すのは「イエ型組織」とされる。鎌倉時代以降の日本で

最も重要な役割を果たしてきた社会的な主体は，次のようなさまざまな「イエ」型の組織であったと考えられる。

(a) 平安末期から鎌倉時代の東国の武装農民集団(原イエ)
(b) 室町末期から戦国時代に形成され，徳川時代に「藩」と呼ばれた大名家(大イエ)
(c) 大名家臣の武士の家(小イエ)
(d) 徳川時代の豪商・豪農の家(準イエ)
(e) 明治維新後，特に第一次世界大戦後，伝統的なイエ型組織原則を復活・導入した「日本型経営」(イエ型企業)

　これら各種の「イエ」型組織は，機能的に分化した役割の階層構造を持ち，集団とそのメンバーが要求する生存上必要な機能を包括的に満たそうとする。それはまた，独立，自律，自己充足といった個人主義的価値観(文化)を通有しているという意味では，西欧個人主義社会における「個人」に似た存在でもあるとされる(公文，1993：111-112)。

　日本社会の表層は，多様なネットワーク(ムラ)が重層的に重なり合った「ネットワーク社会」として捉えられている。明治維新以後の日本の「近代社会」は，間人をメンバーとする各種のイエ型組織を核とするさまざまなネットワーク(＝ムラ)の複合体として形作られてきたが，その傾向は戦後さらに顕著になり，近年では，イエ型組織そのもののネットワーク組織化(ムラ化)とでも呼びたくなるような現象が随所に見られるという。たとえば，「日本国」という組織は，憲法により国際紛争の解決手段としての戦争(脅迫・強制型行為)や戦力の保有を自ら禁じ，自国の安全保障を米国に多く依存する政策をとっており，内政面でも法的強制措置の使用を最小限にとどめようとしている等の点で，欧米流の近代主権国家というよりは，むしろ「ネットワーク国家」に近いとされる。このような体制のもとでも経済的繁栄・社会的統合・安全な国民生活が維持されているのは，「ネットワーク国家」のうえに全国的な「社会型ネットワーク」が作られているからであると考えられる(たとえば大企業―業界団体―企業集

団―(垂直)系列―業界間ネットワーク―審議会・私的懇談会・研究会など)。そして，各メンバーは，会の決定に即した行為を「自発的に」選択し，他のメンバーや所管官庁と良好な関係を維持していきたいと考えている(公文，1993：112-115)。

　間人主義文化のもとでは，ネットワークのすべてのメンバーが，隣人やネットワーク全体がもっている認識・評価・感情(いわゆる空気)を自ら進んで感知し，それを自分のものとして受け入れたうえで，その空気から当然生まれるはずの行為の指向や決定に進んで賛同しこれを実行することにより，ネットワーク内での自分の地位をよくしよう(あるいは維持していこう)とする傾向があり，これが全体的な秩序の形成と維持を容易にしていると考えられる。また，ネットワークにおける合意の形成・誘導に際しては，事実の的確な認識や理性的な判断よりも，共通の価値観に立脚した好き嫌いの感情や美醜の判断のような情緒的要因(リクツ抜きの判断)が，はるかに大きな役割を果たす傾向がある(公文，1993：115-116)。

　このような日本型システムの持つメリット及びディメリットとして，次のような点が指摘されている(公文，1993：116-117)。

〔メリット〕
　・特にイエ型組織に見られる自立(律)指向性
　・外部環境の変化に対する受動的ではあるが高い適応力・自己改善能力
　・メンバー相互の共感と相互理解に基づいた暖かい気配りや協調
　・メンバー相互の活発な競争
　・異質者との棲み分けを許容する傾向

〔ディメリット〕
　・対外的閉鎖性(部外者の侵入，野放しの競争を恐れる)
　・あまりに受動的・状況依存的で無原則とも見える行動様式
　・情緒優位の思考・行動
　・組織の意思決定に時間を要し過ぎ，決定不能に陥る傾向

・組織内部での過当競争

こうした既存のネットワーク社会の短所を補い，そのグローバルな普遍妥当性を一段と高めた社会のことを公文氏は「ハイパーネットワーク社会」と呼んでいる。

他者の行為に対する制御が「説得・誘導」を中心に展開されるということは民主的な社会では一般的に見られる傾向であり，その意味では民主的な社会はいずれも「ネットワーク社会」であると言えないこともない。しかし，ネットワーク成立の基盤はそれぞれの社会で異なるであろう。公文によれば，日本社会は「間人モデル」を基礎とし，多様な「イエ」と「ムラ」が重層的に重なり合う「ネットワーク社会」として描かれる。このような疑似的な血縁・地縁関係を基盤とするネットワーク概念においては，情緒的交流・信頼，相互支援等の特徴を読み取ることができるが，反面，どうしても閉鎖的な性質を脱却することができない。

しかし塩原勉によれば，今日の社会においては，人や集団の「社会的活動量」と「社会的異質性(任意の2人の人が異なる集団に属するチャンス)」が増大してきており，その結果，集団外の人々との接触の機会が増大し，集団の境界を横断する「集団間関係」が拡大する傾向がある。このような「集団間関係の拡大」は，集団を開放的にしたり，集団の加入・脱退を容易にし，親密さの点では薄いが寛容と柔軟性を持つ緩やかな社会的統合を生み出すことになる。こうして，人々の社会的結合のあり方が，全体として，次のような方向に変化しつつある(塩原，1994：43-44)。

(1) 閉鎖的集団のなかの同質者の勢揃いから，開放的集団のなかの異質者の出会いへ
(2) 強連結から弱連結へ
(3) 緊密な統合から緩やかな統合へ
(4) 資源動員型組織から情報編集型組織へ
(5) 縦結びの組織連関から横結びの組織連関へ

こうして，今日の社会は(家族や地域社会も含め)，「閉鎖的・同質的な強連結」から「開放的・異質的な弱連結のネットワーク社会」へという変化を示しつつあると理解されるのである。

4．ネットワーク運動論(ネットワーキング)

　ネットワーク論として注目すべき分野のひとつに「ネットワーク運動論」がある。これは，自主的な個人の参加に基づくヨコの連携によって価値や制度の変革を目指す社会運動であり，しばしば「ネットワーキング」とも呼ばれる。この言葉の提唱者とされるリップナックとスタンプス(1984)によれば，ネットワークとは「われわれを結びつけ，活動・希望・理想の分かち合いを可能にするリンク」であり，ネットワーキングとは「他人とのつながりを形成するプロセス」(リップナック＆スタンプス，1984：23)である。すなわち，「元気に暮らしたい」(治療：健康とライフサイクルのネットワーク)，「コミュニティの中で積極的に活動したい」(共有：コミュニティと協同組合のネットワーク)，「地球を傷つけること無くその恵みを享受したい」(資源利用：エコロジーとエネルギーのネットワーク)，「健全な政治と公正な経済システムを欲する」(新しい価値：政治学と経済学のネットワーク)，「学びかつ互いの気持ちを伝え合いたい」(学習：教育とコミュニケーションのネットワーク)，「心の安寧を願い，宇宙の本質を理解したい」(成長：個人の精神的成長のネットワーク)，「人間は宇宙の中の小さな原始的存在に過ぎないことを認識する」(進化：地球と未来のネットワーク)などさまざまな分野における欲求・価値を，国や企業の力を借りるのではなく，市民同士の自主的な連携によって充足することにより「もう一つのアメリカ」を実現するためのプロセスがネットワークやネットワーキングに他ならない(リップナック＆スタンプス，1984：31-32)。

　リップナックとスタンプス(1984)はネットワークの特性を，その構造的側面と過程的側面から，次のような10項目にまとめている(リップナック＆スタンプス，1984：274-298)。

【構造】

① 「部分と全体の統合」：全てのことはそれ自体で一つの全体であると同時に他の何かの部分になっているという意味で「全体的部分」(wholeparts)であるという観点から，ネットワークは独立した「全体」としてと同時に，相互に依存し合う「部分」としても機能する人や部署から成るという特徴が指摘される。

② 「さまざまなレベル」：ネットワークはヒエラルキーではないが一貫したレベルを持っている。

③ 「分権化」：官僚組織は中央集権的支援により部分をまとめ，全体に対する部分の従属を最大にする傾向があるのに対し，ネットワークは分権化された部分の協力の下にこれらをまとめ，全体への従属を最小にする傾向がある。

④ 「複眼的」：ネットワークは価値観を共有する反面，多様な観点からものを見るという意味で複眼的であり，意見の不一致や多様性を尊重する。

⑤ 「多頭的」：ネットワークにおけるリーダーシップは多頭類的(polycephalous)であり，多数の指導者を持ち，一人一人の権限の及ぶ範囲は，あるとしても小さい。

【過程】

⑥ 「種々の関係」：ネットワークは，それを構成している人々の間のダイナミックな諸関係によって成り立っている。

⑦ 「境界の不明瞭性」：ネットワークの境界はしばしば不明瞭である。

⑧ 「結節点とリンク」：仕事が細分化されている官僚組織とは対照的に，ネットワークにおいては，メンバーは時と場合に応じて(例えばコミュニケーションの結節点とリンク等)多様な役割をこなす。

⑨ 「個人と全体」：階層組織はそれを構成する人間よりも社会組織を重視するのに対し，ネットワークにおいては個人と集団・全体は同等に重要なものと見なされる。

⑩「価値観」：官僚組織がアメとムチでメンバーを縛るのに対し，ネットワークにおいては価値観の共有によってメンバーが結合している。

さらに，リップナック＆スタンプスは，「初期の形態は後の形態に包摂される」「飛躍のための後退」という進化的観点から，ネットワークは人間の社会的相互作用の初期形態である小集団のダイナミックスや，権威主義・官僚主義をも包摂した組織形態であるとしている（リップナック＆スタンプス，1984：313-325）。

鵜飼孝造（1994）によれば，「アメリカ流のネットワーキングは，それまでの地域や職場の連帯を，共通の価値や目標に基づく情報ネットワークへ転換させていく試み」（鵜飼，1994：218）とみることができる。すなわち，従来は大規模な組織を通じてでなければできなかったことが，社会の高度情報化によるコミュニケーションの効率化によって，「自立した個人が共通の価値観や目標のもとに自由に水平的にむすびつく」ネットワーキング型の社会運動として展開することが可能になると考えられている。それは，確かに「空間を越えて組織の水平な分化を可能にする反面，一義的な意味の世界に閉塞してしまいがちな限界」（鵜飼，1994：218）を抱えており，また，「コミュニケーションを合理化し効率化していけば，現在の閉塞状態を打破できるはずだとの社会工学的な発想が強い」（鵜飼，1994：212）という意味で，依然，モダンの発想を脱却していないとされる。この限界を克服するためには，「社会運動がなんらかの目的達成だけでなく，豊かな意味世界を提供する場にならなければならない」のであり，「ネットワーキングの可能性は，いかに自ら出会いの場を作りだし，意味創造のコンテクストをどこまで構築できるかにかかっている」（鵜飼，1994：218）とされる。このような観点から注目されるのは，佐藤慶幸が分析している「生活クラブ生協」のケースである。

佐藤が取り上げているのは生活協同組合一般ではなく，「生活協同組合方式を一つの手段として，現代の資本主義社会のありように異議を申し立て，自らの生活の自治を他者とともに連帯してうち立てることによって，社会の変革をも射程に入れて運動している」（佐藤，1986：164-165）「生活クラブ生協」である。

この生活クラブ生協は,「連合する生活者」としての主婦が中心となり,自律的な「班活動」を基礎的単位として下から積み上げられた「ネットワーク組織」であり,組合員の日常生活に根ざした「共同購入」活動を「下部構造」としながらも,それに環境,リサイクル,反核・平和,女性解放,地方自治等さまざまな社会運動を「上部構造」として接合した運動を展開している。

　生活クラブ生協が特に注目されるのは,それが,現代産業社会において支配的な「官僚制」パラダイムに対する対抗的な組織パラダイムとして佐藤が強調する「アソシエーション」の原理に基づいていると考えられるからである。[2] 目的合理性・システム合理性に基づく「近代官僚制モデル」においては,個人は非人格化され,組織目標達成の手段として全体の中に権限ヒエラルキーによって差異的に位置づけられ,その行動は組織の構造と機能によって基本的に決定される。組織の構造と機能は目的や手段の合理性によって決定され,組織の規範構造は「社会化と社会統制」によって維持される(佐藤,1986:195)。

　このような官僚制モデルが支配的な現代の産業社会においては,「自己のうちの他者性」が失われ,他者との「共感的了解」の成立が困難となる。そこで,人々が自己の「私的生活」から一歩踏み出して他者の「私的生活」と交流しながら,他者との共感的了解に基づく自律的連帯関係をいかに確立し得るかが課題となる。このような課題に応えるためには,「人びとが,システム合理性にもとづいて編成されている『貨幣・官僚制の複合体』のありようを十分に認知し合い,その複合体のたんなる受動的受益者であることをやめて,その管理システムの一方的な生活世界への侵入とそれによる連帯性の破壊に『異議申し立て』をすることによって,新しい社会形成への可能性を探る」(佐藤,1986:158-159)ことが必要になるが,それは対話的合理性の原理に基づくアソシエーションによって可能になると考えられるのである。

　アソシエーションとしての組織においては,組織行動は基本的には人々のヴォランタリズムに基づき,貨幣や権力から自由な人びとの「遂行的な対話的行為」(他者に語りかけることを通して共に連携して共同行為を行うこと)に基づいて

展開される。そこでは，自己が他者との自律的連帯を求め，相互諒解に基づく共生的な依存関係の重要性を認識し，各自がそれぞれの役割を遂行することによって社会的アイデンティティを確立していく過程として組織化が行われる。役割を担うことは自己を抑制することではなく，役割のうちに自己を他者と関係づけながら自己を表現することとなる(佐藤，1986：194-195)。

　生活クラブ生協の運動はこのようなアソシエーションの原理に基づいて展開されており，「たんにある目的のための手段であるのではなくて，他者に語りかけるという対話的行為において自己を表現し自己を高めることによって，他者との共生的な連携関係の形成を目ざすのである。」(佐藤，1986：176)

　他のいかなる組織と同様に，このような運動組織も，その活動の発展にともない機能主義化が進んだり，大規模化による官僚制化が進む可能性がある。それを避けるためには，新しいメンバーを導入したり役割を交代して新たな人間関係を築いたり，対話を通じて絶えず新しい活動や意味を創出していくことが必要であろう。それにもかかわらず，このような社会的運動組織としてのネットワークは本質的に不安定なものであるが，佐藤も指摘するように，それは現代産業社会において支配的な官僚制モデルに代わりうる新たな組織モデルの原理を含んでいるという意味で組織論的に注目すべき存在である。

5．ネットワーク産業組織論

　ここに「ネットワーク産業組織論」というのは，交換・取引を調整するメカニズムとして経済学で伝統的にとられてきた「市場か組織か」という二分法に対して，第3のメカニズムとしてネットワークを位置づけるものである。この立場の代表的な論者として宮沢健一や今井賢一が知られているが，ここでは今井賢一の見解を取り上げる。今井・金子によれば，「ネットワークとは，その場の上で，市場と組織を組み合わせ，経済的動機と社会的動機を接合させること」(今井・金子，1988：160)と定義される。このように定義されるネットワークの本質的な特徴として，①市場と組織の超越，②経済的交換と社会的交換

の結合, ③自己組織性, の3つをあげることができる。

5.1 市場と組織の超越

ネットワークの第1の特徴は, それが市場と組織をトランセンド(超越)するものであるということである。すなわち, 市場と組織の長所を組み合わせ不確実性に対処するためのシステムがネットワークに他ならない。不確実性に対処する具体的手段は情報の蓄積であるが, 内部組織化して構築が可能になる情報は主に静的情報であり, 動的情報の蓄積にはネットワークが必要となる。「現代の本質的不確実性に対応して行くためには, 静的情報の蓄積ばかりでなく, 動的情報の蓄積をすること, つまり多様なコンテクストを持つことが必要不可欠であるが, そのためには組織の境界という人工的な制約を積極的に踏み越えてつながりを求めることが肝心である。ここに『内』と『外』の境界を弾力化・流動化するネットワークという概念を導入する基本的動機が存在するのである」(今井・金子, 1988：153-157)。

5.2 経済的交換と社会的交換の結合

ネットワークの第2の特徴は, それが経済的交換と社会的交換のプロセスの組み合わさったものであるということである。われわれの社会は, 経済的交換と社会的交換の混成物であり, 経済的交換だけでなく, つき合いとか助言とか支援・支持などを交換し合っている。市場は, 経済的交換を中心とする参入・退出の自由な交換システムであるのに対し, 組織は, 社会的交換を中心とする参入・退出の制限された交換システムである。経済的交換では契約が双方の義務を規定するが, 社会的交換では契約が存在しないので当事者間に信頼関係を必要とする。ネットワークの本質は, 経済的交換と社会的交換の緊張・対立の中にある。経済的交換に重きを置けばネットワークはいつでも出たり入ったりできる市場取引に近いものとなり, 環境の変化に対しては適応力を増すが, しかし, 情報を共有しつつイノベーションを持続的に行うというような力は失わ

れる。長期的な信頼関係を求めて社会的交換を重視すれば，環境への適応力は鈍化し，経済的成果が見通しがたくなるが，共通目標の追求にはその限りでの能力を増大させる(今井・金子，1988：159-164)。

経済的交換では等価交換が原則であるが，社会的交換ではインバランスが生じ，広い意味の貸しや借りが残っていき，それが持続的関係の基盤となるが，一方で，パワーが発生する。親会社と下請けとの取引は経済的交換であるが，実質的には不等価交換であることが多い。親会社による技術援助・資金援助に対し，下請けは金銭的に決済するのではなく，忠誠心をもってバランスを取ったとしても，親会社の方にはパワーが発生し，パワーの次元ではインバランスが続く。ネットワークの中心に発生したパワーがリーダーシップの源泉となり，それがメンバーの流出を防ぎ，コミットメントを誘導していく方向に使われるなら，そのパワーはメンバーの承認を得られるようになり，質的に変化する。水平的関係が垂直的関係に転化し，ネットワーク全体に推進力が生まれる(今井・金子，1988：164-167)。

5.3 自己組織化

ネットワークの第3の特徴は，自己組織性にある。ネットワークは関係を変える関係形成のプロセスであり，そのプロセスが自己と他者の境界が常に引き直される自己組織的な進み方をする。自己組織化するネットワークの根底にあるのは，「自己は関係の中でしか認識されない」(今井・金子，1988：183)とする人間観である。自己はそれ自体独立に完成された形でアプリオリに存在しており，自己をとりまく関係が変われば自己も変わる。しかし，関係を持つためには自己が必要であり，その自己は関係の重なりとしてしか認識されないとすれば「自己言及のパラドックス」に似た状態に陥る。これを避けるためには，「(その時点で)確立した自己がインタラクションの中で自分自身を変化させ，常に新たな自己の超越を進めるというラセン状サイクルの経過が必要」(今井・金子，1988：183)となるが，この過程こそネットワーク・プロセスに他ならないので

ある。

　ネットワークはまた，カオス的状況に身を置くことにその本質がある。ただし，カオスは単なる混沌状態ではなく，無限の秩序の源という意味あいを持つ。ネットワークは構成員の主体性・構成員間の多様性を重視するから，内部にさまざまな価値観・コンテクストが並立し，対立し合う状態が存在する。しかも，ヒエラルキー構造による対立解消のメカニズムをアプリオリには備えていないので，表面上は混沌としている。しかし，その背後には無数の秩序が潜んでいるのである（今井・金子，1988：184, 203-204）。

　ネットワークが組織として成立するかどうかは，結局，ネットワークが内包する多種多様な潜在的秩序の中から，その時々に適合したものが自律的に読み取られ，選び取られることが，統制や予め定められたプログラムでなく，自然発生的に起こるかどうかにかかっている。構成員各自の主体性と自発性に基づいたミクロレベルの行動の集まりが，自己組織的にマクロレベルのまとまり（秩序）を生むようなメカニズムを備えているネットワークは「脈絡のとれたネットワーク」と呼ばれる。この脈絡・まとまりは外から与えられるのではなく，構成員の相互作用の中から出現するのであるが，その際，鍵となるのがマクロレベルとミクロレベルの間の相互作用のサイクル（「ミクロ・マクロ・ループ」）である。全体の脈絡は個々の解釈を束ねて構成されるが，他方，個々の解釈を形成するには全体には脈絡が必要となる。これは自己解釈過程そのものであり，それを実現するメカニズムがミクロ・マクロ・ループである。

　ミクロ・マクロ・ループの設定によって，脈絡のとれたネットワークを形成していくことは「ネットワーク編集」と呼ばれる（今井・金子，1988；204, 215-216）。「編集」とは，異質な要素を集めて構成要素に何らかのまとまりをつけ，それらを分裂状態ではなく共存状態におく方法である。異質なものを同化するのでなく，異質なまま共存させ，その差異を情報にしようとするのが編集の基本的立場であり，企業活動の中に非日常な情報が入る構造を設定するのがネットワーク編集のひとつの鍵となる（今井・金子，1988：128, 235-236）。こうして，

企業活動の本質は「コンテクスト作り」にあるとされ，企業の内部と外部にどのようなコンテクストを持つかを選択してゆくダイナミックなパターンが企業のアイデンティティとなる（今井・金子，1988：87，256）。

今井・金子のネットワーク産業組織論は，「市場か階層組織か」という経済学の伝統的な二分法を超えた第3の調整メカニズムとしてネットワーク概念を位置づけることにより産業組織論の内容を拡充しているだけでなく，関係的存在としての人間観に立脚した自己組織性の概念を取り入れることによりネットワーク組織論・社会論としての広がりを示している。

6．ネットワーク組織論

ここに「ネットワーク組織論」というのは，特定のタイプの組織として「ネットワーク組織」を位置づける立場である。たとえばサベージ（C. M. Savage）によれば，「階層型組織」は定型的作業中心の「工業時代後期」を特徴づける組織形態であり，それは工業時代初期における3つの基本原則（「分業」「自己利益」「仕事量に応じた支払い」）に加え，工業時代後期の5つの原則（「マネジメントの分割と細分化」「所有と経営の分離」「思考と実行の分離」「一人に一人の上司」「自動化の推進」）に基づいており，「命令の連鎖」「命令と統制」「地位に基づく権限」「逐次的活動」「垂直的コミュニケーション」等の特徴を持っている（サベージ，1990：177-178，265，図10-2参照）。

これに対し「ヒューマン・ネットワーキング」は複合作業中心の「知識時代初期」を特徴づける組織形態であり，「ピアツーピア（対等関係）のネットワーキング」「統合的方法[3]」「対話としての仕事[4]」「ヒューマンタイムとタイミング[5]」「仮想タスクチーム[6]」等の原則に基づいており，「ネットワーク化とネットワーキング」「焦点と調整」「知識に基づく権限」「同時活動」「水平的コミュニケーション」等の特徴を持っている（サベージ，1990：214，265）。

また，寺本義也（1990）は，「ハイアラーキー組織」と「ネットワーク組織」を次のように対比している。

ビジネス環境

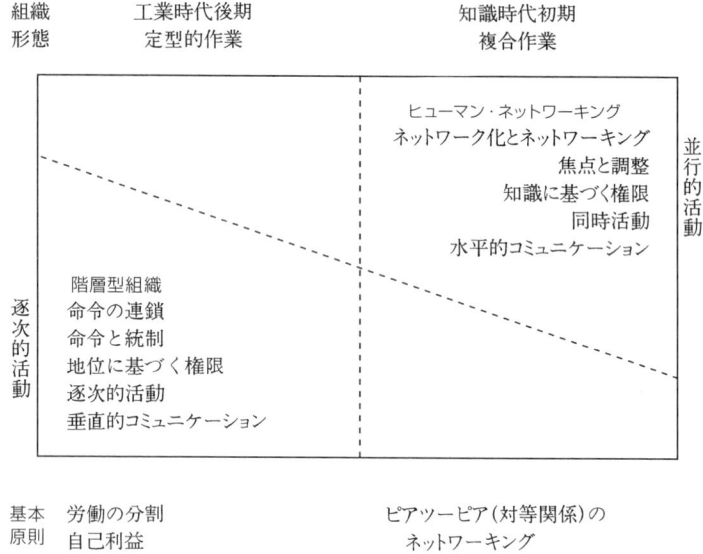

組織形態	工業時代後期 定型的作業	知識時代初期 複合作業	
逐次的活動	階層型組織 命令の連鎖 命令と統制 地位に基づく権限 逐次的活動 垂直的コミュニケーション	ヒューマン・ネットワーキング ネットワーク化とネットワーキング 焦点と調整 知識に基づく権限 同時活動 水平的コミュニケーション	並行的活動
基本原則	労働の分割 自己利益 職務給 マネジメントの分割 所有と経営の分離 一人に一人の上司 オートメーション化	ピアツーピア(対等関係)の ネットワーキング 統合的方法 対話としての仕事 ヒューマンタイムと タイミング 仮想タスクチーム	

図10-2 階層型組織からヒューマン・ネットワーキングへの転換

出所) チャールズ, M. サベージ著, 島戸一臣・梅村守・奥田省三訳(1990)『第5世代マネジメント―ネットワークが企業を変える―』朝日新聞社, p.265

「ハイアラーキー組織」の本質は,「タイトに結合されたシステム(tightly coupled system)」ということにある。これは, 2つないしそれ以上のシステム(ないしサブシステム)が共通の変数を多数持つか, その共通変数が, そのシステムに影響を与える他の変数に比べて強いかのいずれかであることを意味している。ハイアラーキー組織の属性として次の7点があげられる(寺本, 1990:18-19)。

(1) 個の自由度が強く制約されている。
(2) ひとつの中心を持つシステムである。

⑶ 要素の組み替えに柔軟性が欠ける。
⑷ 要素の組み替えは中心(組織のトップ)からの指示・命令による。
⑸ 組織的な統合が容易である。
⑹ ドラスチックな変革が可能である。
⑺ 持続性・反復性に優れている。

このような属性をもつハイアラーキー組織は，① 環境変化が比較的に穏やかで，資源の結合・連関をそれほどダイナミックに組み替える必要がないような状況や，② 持続的・反復的活動が中心で，活動の効率性が重要な価値を持つ状況などにおいて有効に機能する。極めて急激で大きな変化が見られるような状況であっても，目標・手段が明確であれば，組織全体として迅速に反応することができるし，構造的な変革にもドラスチックに対応できるという強みがある。その反面，① 個々の要素の独立性が低く，環境内で生じている微細な変化を敏感にキャッチすることが難しい，② 個々の要素が自律的に変化に対応することが困難である，③ 目標や手段が曖昧な状況では有効な対応が期待できない，などの問題点がある(寺本，1990：19)。

一方，「ネットワーク組織」の本質は，種々の主体が「ルースに結合されたシステム」(loosely coupled sysytem)であり，その組織形成の原理が「自己組織性」(self-organization)を持っているという点にある。したがって，「ネットワーク化」とは，複数の主体を"自己組織的"(selforganaizing)に"ルースに結合すること"(loosely coupling)を意味している。「ルースカップリング」というのは，2つないしそれ以上の別々のシステム(ないしサブシステム)が共通の変数をほとんど持たないか，あるいはその共通の変数が，そのシステムに影響を与える他の変数に比べて弱いかのいずれかの場合をいう。ネットワーク組織は，次のような属性を持っている(寺本，1990：18)。

⑴ 個(要素)の行動上の自由度が高い。
⑵ 中心が多数あるか全然存在しない脱中心(de-centered)システムである。
⑶ 要素の組み替えが柔軟にできる。

(4) 要素の組み替えが個々の要素の創発性に基づいてできる。
(5) 要素間の統合が難しい。
(6) ドラスチックな変革が困難である。
(7) 持続性・継続性が欠如する傾向がある。
(8) 時間の経過とともに，タイトな結びつきに変化する傾向がある。

このような属性を持つネットワーク組織は，環境が漸進的・継続的に変化しているような状況においてより有効に機能できる。個々の要素の自律性・独立性が高いので環境変化を敏感に感知し対応できるから，調整コストが低減する。また，部分的な機能障害をその部分に閉じこめることができるから，組織全体にわたるカタストロフィックな破滅を逃れることができる。さらに，組織内により多くの多様性を保持しておくことができるので，試行錯誤の機会や創造的な解を生み出す機会が多くなるという特徴を持っている。その反面，要素間あるいは組織全体にわたるような大きな方向転換や変革が困難である。ネットワーク組織は，大規模な変革の必要性を減少させるが，それが必要になった場合，その実現を難しくする(寺本，1990：19-20)。

「ネットワーク組織」を「ネットワーク的な特徴を備えた組織」と理解するならば，それは組織のひとつのタイプとしてとらえられる。これに対して，「全ての組織はネットワークである」とする見解もある。たとえば，ノリア(N. Nohria, 1992)は，「ネットワーク的な見方からすると，全ての組織はネットワークとして特徴づけられ，このような観点からのみ適切に理解される。従って，ある組織がネットワーク形態を持つということはトートロジーである」(Nohria, 1992：12)と述べている。また，ベーカー(W. E. Baker)も，「ネットワーク組織は特定の組織タイプであるが，ただ結び付きのネットワークが存在しているということがその顕著な特徴ではない。全ての組織は，それがネットワーク組織のイメージに合おうが合うまいが，(役割や関係のパターンを示す)ネットワークである。組織のタイプは，ネットワークの特定のパターンや特徴に依存している。例えば，タスクと役割の厳格な階層的細分化，垂直的関係，生産から分離

した管理装置等によって特徴づけられるネットワークは官僚制と呼ばれる。対照的に，柔軟性，分権的な計画策定や統制，(垂直的ではなく)水平的結合等により特徴づけられるネットワークは，ネットワーク組織にずっと近い。ネットワーク組織の主要な構造的特徴は，フォーマルな境界を越えた高度の統合である」(Baker, 1992：399-400)と述べている。

しかし，このように「全ての組織はネットワークである」として，官僚制や古典的階層性・ピラミッド構造までをもネットワーク概念に含めたのでは，組織論においてあえて「ネットワーク」概念を導入する意味は無いに等しい。伝統的な階層構造組織・官僚制組織・ピラミッド型組織に対して，「ルースカップリング」や「自己組織化」等ネットワーク的な特徴を持つ組織を「ネットワーク組織」として特徴づけるところに「ネットワーク組織論」の意義があるのである。

おわりに

ネットワーク組織は，はたして近代社会の支配的な組織パラダイムであった「官僚制モデル」に取って代わる支配的組織パラダイムとなりうるのであろうか。自立的・異質的な主体同士が自発的に緩やかに結びつき水平的に役割を分担するシステムとしてのネットワークは，よりソフトで柔軟な組織編成原理として魅力的である。ただ現実には，企業組織の世界では，ネットワーク組織は，従来のヒエラルキー組織と組み合わせて用いられることになる。目的志向的組織としての企業は機能的合理性を追求せざるを得ないのであり，そのためにはヒエラルキー構造の持つ効率性を完全に排除することはできないからである。今田高俊も指摘しているように，「ネットワーク組織は，官僚制組織の不備を補完する手段として考えられているに過ぎず，官僚制そのものを打破する編成原理とはみなされていない」(今田, 1994：192)のである。

しかし，たとえ「官僚制組織の不備を補完する手段」としてであれ，ネットワーク組織は，すでに企業組織のデザインに対して大きなインパクトを与えて

きている。第1は,「中央集権的なピラミッド構造」から「自律分散型システム」への移行である。たとえば,前川製作所の「独立法人経営[7]」や大陽工業の分社組織[8], ソニーや日立製作所の「カンパニー制[9]」等はいずれも,中央集権的な官僚制組織の硬直性やいわゆる「大企業病」を克服するために,自律分散型のシステム構築を目指すものと理解される。第2は,部門・組織・国境等を超えて緩やかに結び付いた「ボーダーレスな水平的役割分担システム」の登場である。これは,たとえばメーカーと大手スーパーの「製販同盟」に見られるような戦略的提携,複数の主体が機能を分担し合いながらあたかも単一企業のように行動する「バーチャル・コーポレーション」等に見られる。第3は,それぞれ異質的な主体が相互作用することにより単独の主体としては実現できないような創造性を発揮する「相互浸透的学習システム」の登場である。これは,現在,「グループ・ウエア」や「インター・ネット」等を通じて展開されている。

今田が指摘するように「ネットワークとは機能の発想を徹底化したときにあらわれる機構であり,それは決して近代を超えることではなく,むしろ近代を完成に導くものである」(今田, 1994：186)としても,それが「隷属の器」としての官僚制機構を変革する重大なモメントを含んでいることは否定できないであろう。

【注】

1) たとえばアシュトレイ&ブラームは,アメリカ合衆国における組織デザインの歴史的展開を図10-3のように表しているが,脱工業時代・変革 (1980年以降) の段階の組織デザインとして示されている「組織間協力」(Interorganizational collaboration) は,「ネットワーク」に他ならない。Astley, W. Graham & Richard A. Brahm (1989) Organizational Designs for Post-industrial Strategies: The Role of International Collaboration, in Charles C. Snow ed., *Strategy, Organization Design, and Human Resource Management*, JAI Press, p. 236.

また,サベージ (C. M, Savage) も,産業社会の発展と組織形態の関係について,農業時代後期の組織形態を「封建型」,工業時代初期の組織形態を「個人企業型」,工業時代後期の組織形態を「階層型」としているのに対し,知識時代初期の組織形態を「ヒューマン・ネットワーク型」と呼んでいる (図10-4参照)。(チャールズ・サベージ著,

島戸一臣・梅村守・奥田省三訳（1990）『第5世代マネジメント―ネットワークが企業を変える―』朝日新聞社）
2) 佐藤慶幸によれば，アソシエーションの組織論的特質として，次のような点が指摘されている。
　(a) 決定への対等な参加―参加民主主義，(b) 決定と実行の一体性―自主管理，(c) 活動資源の自己創出―ボランタリズム，(d) 脱官僚組織―ネットワーク型組織。佐藤慶幸（1991）『生活世界と対話の理論』文眞堂，pp. 32-60。
3) 「ピアツーピアのネットワーキング」では，ノードを構成する各個人は歯車ではなく

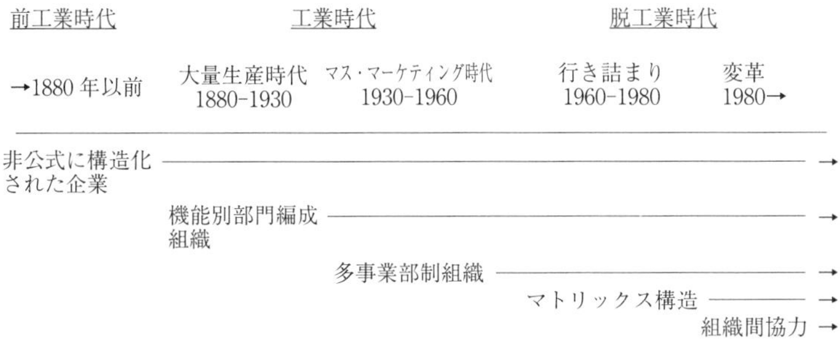

前工業時代	工業時代		脱工業時代	
→1880年以前	大量生産時代 1880-1930	マス・マーケティング時代 1930-1960	行き詰まり 1960-1980	変革 1980→
非公式に構造化された企業 ──────────────────────────────→				
	機能別部門編成組織 ──────────────────────→			
		多事業部制組織 ──────────────→		
			マトリックス構造 ────→	
				組織間協力 →

図10-3　アメリカ合衆国における組織デザインの歴史的発展

出所）Astley, W. Graham & Richard A. Brahm（1989）Organizational Designs for Post-Industrial Strategies: The Role of International Collaboration, Charles C. Snow ed., *Strategy, Organization Design and Human Resource Management*, JAI Press, p. 236.

歴史的年代図

	農業時代後期	工業時代初期	工業時代後期	知識時代初期
富の源泉	土地	労働	資本	知識
組織形態	封建型	個人企業型	階層型	ヒューマン・ネットワーク型

図10-4　富の源泉と組織形態

出所）チャールズ, M. サベージ著, 島戸一臣・梅村守・奥田省三訳（1990）『第5世代マネジメント―ネットワークが企業を変える―』朝日新聞社, p. 131

知識提供者・意思決定者であり，他の個人と（階層的調整抜きに）直接連携し合い，どこにある情報も容易に利用でき，互いの知識も利用できる。そのためには，共通のコンテクスト（背景と状況）を持つ必要がある。（サベージ，1990：215-219）。

4）ここに「統合的方法」というのは，企業に蓄積されてきた知識や価値観に基づいて，チームが一体となって環境の重要なパターンを識別することである（サベージ，1990：220）。

5）過去・現在・未来をそれぞれ別個のものと見なす時間観念を「クロックタイム」というのに対し，過去と未来が現在に必須であることを前提とし，人間として展望する全体的な時間観念を「ヒューマンタイム」と呼んでいる（サベージ，1990：233）。

6）「仮想タスクチーム」とは，自社の社員だけでなく納入業者や顧客企業の社員など他の組織のメンバーも含み，さまざまなプロジェクトに多重的に取り組む（中心課題を多重化した）チームである（サベージ，1990：250-252）。

7）産業用冷凍機を中核に総合的な熱交換技術の分野で多面的にビジネスを展開している前川製作所は，独特な経営理念に基づく「独立法人経営」を行っている。同社は1970年代に，それまでの官僚制組織の欠点を是正するために部課制を廃止し，10-15人の小集団がマーケティングからサービスまでフルセットの機能を持つ「グループ制」

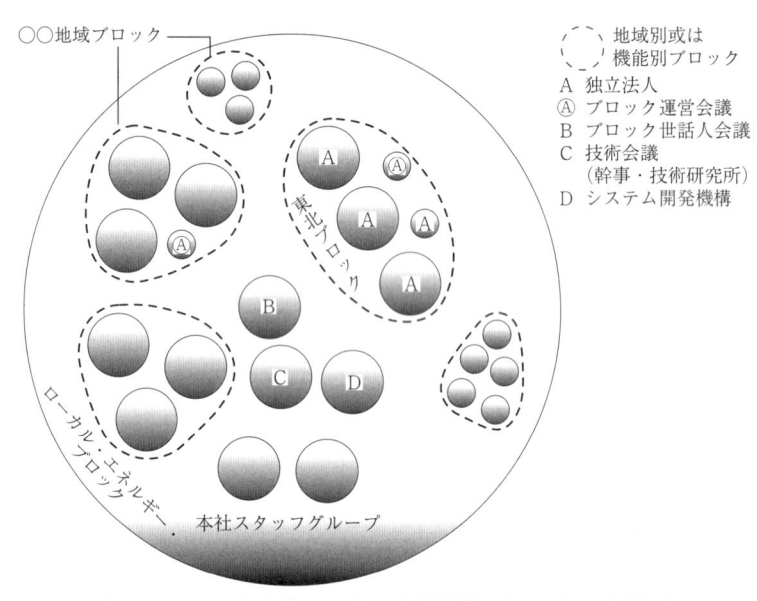

図 10-5　マエカワグループの球型組織図(1988 年 3 月現在)

出所）奥田健二(1990)『日本型経営の未来―人と企業を生かす 21 世紀経営の創造―』TBS ブリタニカ，p.67

を導入した。1980年代に入り，「グループ制」を更に一歩進め，各グループを法律的に独立した法人として位置づけたのが「独立法人経営」である。

　独立法人体制のもとにおける経営の基本単位はそれぞれの「独立法人」である。いくつかの独立法人が地区別にまとまったものとして国内に7つの「地域別ブロック」があり，その他，ローカル・エネルギー開発，食品加工技術開発等「機能別ブロック」がある（図10-5参照）。ブロックは管理機構というよりは独立法人間の相互関係・相互学習の場であり，各独立法人がルースに平等に結び付き，互酬的にサービスを提供し合うネットワーク的関係が成立している。財務や人事企画の専門家と総務グループ，購買グループ等から成る「本社スタッフグループ」も，将来的には独立法人化する計画と言われている。

　独立法人間の関係は状況に応じて流動的に変化する。たとえばあるプロジェクトでは中核チームとしての役割を担った独立法人が別のプロジェクトでは支援チームとしての役割を担うというように役割の交代が生じる。また，比較的に大規模で長期間に渡るようなプロジェクトでは，いくつもの独立法人が一般に見られるような「固い機構」に近い組織間関係を作る場合もあるが，状況が変化すれば，再び元の柔軟な組織単位に戻るという具合に，状況に応じて組織間関係を自主的・柔軟に転換する。

　このような独立法人経営は，同社の事業が個別受注生産方式を主体としていることと関係しているが，同時に，地域・ユーザー密着の「棲み分け」の理念，「個」としての独立法人と「全体」としての前川グループの「ホロニック」な関係という独特の経営理念に支えられた組織形態であるといえる（奥田健二（1990）『日本型経営の未来—人と企業を生かす21世紀経営の創造—』TBSブリタニカ，第2章，鎌田勝（1987）『分社経営は人を活かす—小さな会社の大きな魅力—』同文舘，pp. 94-110）。

8）　電機通信機器類の塗装やプリント配線基板の製造，FA機器・OA機器類の製造等非常に多様な事業を展開している大陽工業グループ（1992年の時点で，企業数39社，総売上高800億円）は，オーナーの酒井邦恭（当時）の独特の経営理念に基づいてユニークな「分社経営」を展開している（図10-6参照）。

　「分社グループ」の経営理念は，単に「大企業病の回避」という消極的な考え方からというよりも，「分割による組織強化」という積極的な考え方に基づいている。分社経営は，組織が大きくならないように人工的に小さくしてしまうことである。小さい組織の良い点は，常に不安定で危機感を持たざるを得ないことであり，組織に寄り掛かっている者は皆無で，全員が自然に全力投球することになる。そして大きくなる前にまた小さく分けてしまう。これが繰り返されて，小さい強い体質を持った会社が次々に株分けされ増えていくことになる。小さく分けた組織に活力を与えるために，分社グループでは「青天井」と呼ばれるように徹底した権限の委譲を行っている。上から頭を抑えられことなく，自分が思うがままにのびのびと喜びをもって仕事ができる状況を作り上げることが意図されている。

　「分社グループ」の経営は，一般的な分社経営とは異なり，次のようなユニークな原則に基づいている。①　メーカーはOEMで黒子に徹する。②（身売りして経営の自由

246

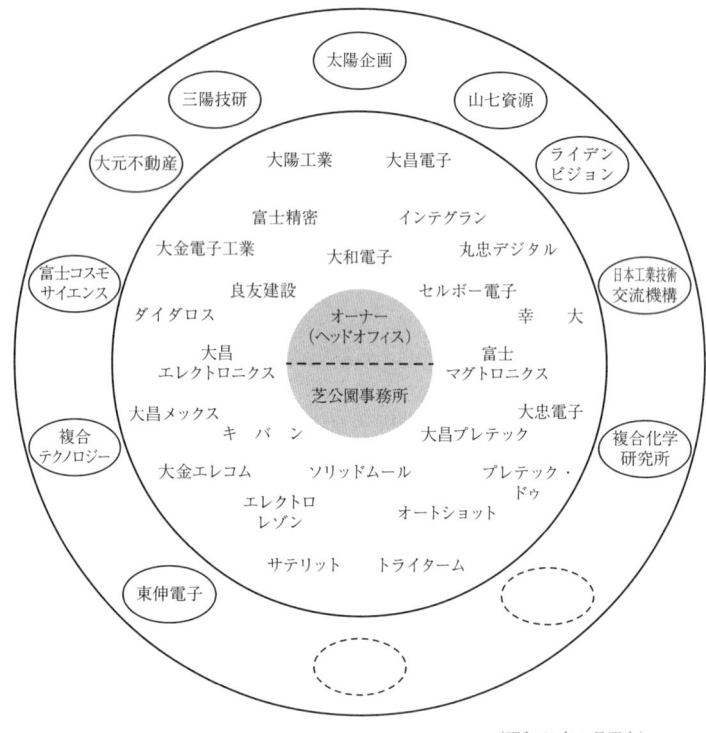

```
                    太陽企画
         三陽技研              山七資源
    大元不動産   大陽工業   大昌電子   ライデン
                                      ビジョン
            富士精密    インテグラン
   富士コスモ  大金電子工業  大和電子  丸忠デジタル  日本工業技術
   サイエンス    良友建設    セルボー電子         交流機構
         ダイダロス            幸 大
            大昌      オーナー    富士
         エレクトロニクス (ヘッドオフィス) マグトロニクス
                   芝公園事務所
   複合       大昌メックス              大忠電子  複合化学
   テクノロジー    キ バン   大昌ブレテック       研究所
            大金エレコム  ソリッドムール  ブレテック・
                   エレクトロ        ドゥ
                    レゾン   オートショット
              サテリット  トライターム
     東伸電子
```

(昭和61年1月現在)

図 10-6 大陽工業を母体とする「分社グループ」

出所) 酒井邦恭 (1986)『分社―ある経営感覚―』朝日文庫, p.177

を失いたくないから) 株式を公開しない。③ 生産拠点は国内に置く。④ 各社に総務・経理・人事等を置く (中央に集中すれば省力化・効率化できるが, 経験・情報の量・質が限定される)。

さらに,「分社グループ」は, そのユニークな経営理念を実現するために, 次のような分社経営のノウハウを実践している。

(1) 新会社にはグループ全体で出資する (1社当たり出資比率20%未満)。これは, 資本関係を分散化し,「親」を作らないためである。
(2) 母体企業は設立直後の新会社に貸付や債務保証を行う。
(3) 母体企業の社長は新会社の会長になり, 事業が軌道に乗ったら, 社長と同額を上限に給料がもらえる。但し, 会長が経営に口出しし過ぎたら, 給料を払わなくても良いというルールがあるので, 新会社の独立性は守られる。母体企業自体も,

新会社の売上高の1％を受け取る。
(4) 分社先から新たに分社が出たときには，初めの分社元と「孫」に当たる分社との間の直接のつながりはなくなる。
(5) グループ内の交流機関として「代表取締役会」が2カ月に1度開かれるが，近況報告や情報交換が中心の穏やかな関係である。
(6) 社長の定年は150歳とされ，やる気さえあれば社長のポストは終身安泰である。また，会社を家族に継がせることもできる。
(7) 独立採算で利益が出るなら分け方は自由で，グループ内での競合も辞さない。
(8) 理想は1社100人まで。

「分社グループ」の経営は，「小さくても強い組織」ではなく，「小さいから強い組織」という信念に基づいて，まるでアメーバが次々に増殖するように分社を増やしていく方法である。（酒井邦恭（1986）『分社―ある経営感覚―』朝日文庫，『日経ベンチャー』（1993）「"小"が"大"に勝つ時代―分社の成長戦略―」9月号，日経BP社）

9) 「カンパニー制」は既存の事業部を疑似的にひとつの会社と見なして管理するもので，設備投資・人事などの権限を大幅に委譲し，本社機能は持ち株会社的な役割に限定される。従来の事業部制では年度毎の損益計算書をベースにしたフローの業績管理が中心であったが，カンパニー制では，各事業部に資本金を割り振る「社内資本金制度」を採用し，バランスシートの良さも含めストック面からも事業部の業績を管理する。

ソニーは「意思決定のスピードアップ」「製造部門の市場ニーズのフィードバック」「責任の明確化」等を狙いとして，従来の事業本部制を見直して，実質的な社内分社化であるカンパニー制を1994年4月から導入した。また，日立製作所も，変化への対応力・機動力ある事業体の集合体に変革するために1995年7月からカンパニー制を導入する計画であると伝えられている（『日本経済新聞』1994年8月3日，8月5日，『日経産業新聞』1994年1月22日）。実質的にカンパニー制（実質的独立会社）の体制に移行したのは1999年である。

【参考文献】
今井賢一（1986）「ネットワーク組織：展望」『組織化学』Vol. 20, No. 3。
今井賢一・金子郁容（1988）『ネットワーク組織論』岩波書店。
今井賢一・塩原勉・松岡正剛監修（1988）『ネットワーク時代の組織戦略』第一法規。
今田高俊（1987）『モダンの脱構築―産業社会のゆくえ―』中央公論社。
今田高俊（1994）『混沌の力』講談社。
江下雅之（1994）『ネットワーク社会』丸善。
大窪一志（1994）『日本型生協の組織像―改革のトレンドとキーワード―』コープ出版。
大前研一（1995）『インターネット革命』プレジデント社。
奥田健二（1990）『日本型経営の未来―人と企業を生かす21世紀経営の創造―』TBSブリタニカ。
金子壽宏（1994）『企業者ネットワーキングの世界―MITとボストン近辺の企業者コミュ

ニティの探求―』白桃書房。
鎌田勝（1987）『分社経営は人を活かす―小さな会社の大きな魅力―』同文舘。
公文俊平（1993）「日本型モデルへのネットワーク・アプローチ」濱口惠俊編著『日本型モデルとは何か』新曜社。
酒井邦恭（1986）『分社―ある経営感覚―』朝日文庫。
佐藤慶幸（1982）『アソシエーションの社会学―行為論の展開―』早稲田大学出版部。
佐藤慶幸（1986）『ウェーバーからハバーマスへ―アソシエーションの地平―』世界書院。
サベージ，C. M. 著，島戸一臣・梅村守・奥田省三訳（1990）『第5世代マネジメント―ネットワークが企業を変える―』朝日新聞社。
塩原勉（1993）「ネットワークの類型とコンテクスト」『社会・経済システム』12，社会・経済システム学会
塩原勉（1994）『転換する日本社会―対抗的相補性の視角から―』新曜社。
寺本義也（1990）『ネットワーク・パワー』NTT出版。
『日経ベンチャー』（1993）「"小"が"大"に勝つ時代―分社の成長戦略―」9月号，日経BP社。
林敏彦・大村英昭編著（1994）『文明としてのネットワーク』NTT出版。
日置弘一郎（1991）「ネットワークの論理と倫理―近未来組織とネットワーク―」『組織科学』Vol. 25, No. 2。
正村公宏（1986）「ネットワーキングと情報化社会の課題」『組織科学』Vol. 20, No. 3。
宮沢健一（1988）『業際化と情報化―産業社会へのインパクト―』有斐閣。
宮本孝二・森下伸也・君塚大学（1994）『組織とネットワークの社会学』新曜社。
ミューラー，R. K. 著，寺本義也・金井壽宏訳（1991）『企業ネットワーキング―創造的組織を求めて―』東洋経済新報社。
郵政省通信政策局編（1990）『ネットワーク型産業構造と経営革新』大蔵省印刷局。
リップナック，J. & J. スタンプス著，正村公宏監修，社会開発統計研究所訳（1984）『ネットワーキング―ヨコ型情報社会への潮流―』プレジデント社。
リップナック，J. & J. スタンプス著，鶴田栄作監訳（1994）『チームネット―境界突破による競争優位―』富士通ブックス。

Astley, W. G. & R. A. Brahm (1989) Organizational Designs for Post-Industrial Strategies: The Role of Interorganizational Collaboration, in C. C. Snow ed., *Strategy, Organization Design*, and Human Resouce Management, JAI Press.

Baker, W. E. (1992) The Network Organization in Theory and Practice, in Nitin Nohria & Robert G. Eccles ed., *Networks and Organizations: Structure, Form, and Action*, Harvard Business School Press.

Nohria, N. (1992) Introduction: Is a Network Perspective a Useful Way of Studying Organizations? in Nitin Nohria & Robert G. Eccles ed., *Networks and Organizations: Structure, Form, and Action*, Harvard Business School Press.

11章 情報ネットワーク社会と「信頼」

はじめに

　1992年10月17日，夜8時過ぎ，レーザースコープ付きのマグナム44口径の銃から発射された銃弾が日本人留学生の胸を打ち抜いた。場所はルイジアナ州バトンルージュ，被害者はあこがれのアメリカに留学中の高校生服部剛丈君(16歳)。ハロウィーン・パーティーに招かれ，訪問先の家を間違ったために起きた悲劇であった。「隣人に対する恐怖」が引き起こしたこの事件は，多くの日本人に，「銃社会」アメリカの恐ろしさと，他人を信用できない「不信社会」アメリカの怖さを改めて思い起こさせた。[1]

　一方，日本では，動力炉・核燃料開発事業団が，1995年12月の高速増殖炉「もんじゅ」のナトリウム漏れ事故に際し，事故直後の現場ビデオを意図的に隠したことが発覚，社内調査を担当した総務次長の自殺まで引き起こした。この記憶が消えない内に，1997年3月，今度は東海事業所で再処理工場の火災・爆発事故を起こしたうえ，何度も虚偽の報告・陳謝を繰り返し，完全に信頼を失墜し，今や組織解体の声さえ挙がっている。

　これらの事例は，われわれが社会生活を営むうえで相互の信頼関係がいかに重要であるかということ，また，いかに大規模な組織といえども，ひとたび信頼を失墜すれば，存亡の危機に立たされることを如実に物語っている。

　「信頼」という概念は，1980年代から90年代にかけて，社会的には行き過ぎた個人主義・物質主義に対するコミュニタリアン的反応として，また組織論

においては価格や権限に替わる組織統制メカニズムとして注目されるようになった[2]。それは多分に倫理的・道徳的要素を含む概念であるが，近年，実証的研究も見られるようになってきた。本章では，この「信頼」という概念に注目し，情報ネットワーク社会における組織デザインを考えるうえでこの概念の持つ意味合いを考察する。

1．「社会資本」としての「信頼」

フランシス・フクヤマは，文化によって規定される「信頼」の在り方が，その文化の下で育まれる企業の規模や，ひいてはその国の経済の在り方を規定するとして，「一国の繁栄・競争力は，たった一つのありふれた文化的特質，すなわちその国の社会に備わる信頼の水準によって決まる」と主張している（フクヤマ，1996：35）[3]。フクヤマによれば，「信頼とは，コミュニティーの成員たちが共有する規範に基づいて規則を守り，誠実に，そして協力的に振る舞うということについて，コミュニティー内部に生じる期待」であり，この「信頼が社会または社会のある程度の部分に広く行き渡っていることから生じる能力」が「社会資本」とされている（フクヤマ，1996：63）。彼の主張の骨子は以下のようになる。

経済活動はほとんど集団により行われるのであるから，忍耐力，倹約，合理性，革新性，リスク負担などの個人的徳性よりはむしろ，正直，信頼性，協調性，義務感などの社会的徳性，新たな団体を作りその中で他人と共同する「自発的社交性」が重要である。富を創造するためには，コミュニティーがこれらの社会的徳性を道徳的規範として習慣化して社会資本を形成することが不可欠であり，継続的に進歩するためには，新しい形態の組織が開発されなければならない（フクヤマ，1996：65-96）。

利己的な個人の合理的計算に基づく契約によって協調を生み出す方法もあるが，それよりも，倫理的価値観を共有するコミュニティーに基づく組織の方が効果的である。というのも，人々の間に相互信頼がない場合には，結局，官僚

主義的な規則と規制のシステムに基づいて共同することになり，それには交渉，訴訟，強制力が不可避であり，「取引費用」が大きくなるだけでなく，労働者の意欲も減退するからである。一方，人々が社会的倫理規範を共有し，相互に信頼し合っている場合には，相互関係について詳細な契約や法的規制を必要とせず，「取引費用」が小さくて済むうえ，労働者の満足度も高くなる（フクヤマ，1996：64-66）。

　コミュニティーは信頼に依存し，信頼は文化によって決まるので，自発的コミュニティーが出現する程度は文化によって異なる（フクヤマ，1996：63）。アメリカ，ドイツ，日本などは，信頼関係が血縁関係を超えて広がりを見せる「高信頼社会」であるのに対し，中国，フランス，イタリアなどは，信頼関係がせいぜい血縁家族にしか及ばない「低信頼社会」である。

　アメリカはしばしば個人主義の国と考えられてきた。しかし，建国以来，アメリカには，トーマス・ホッブズ，ジョン・ロック，トーマス・ジェファソン等に由来する強い個人主義の伝統と並んで，宗派性の強いプロテスタンティズムに起因する強固なコミュニティー主義が存在し，この対立する両者の相互作用により，アメリカの民主主義と経済の成功がもたらされたのである。しかし特にこの50年間に，個人主義とコミュニティー志向のバランスは大きく個人主義に傾き，その結果，社会的信頼関係が大きく揺らぎ始めている（フクヤマ，1996：412-447）。

　ドイツと日本は，共同社会的連帯感の強さ，秩序と規律の尊重，仕事に対する完全主義などの文化的類似性を持つ。加えて，ドイツでは中世以来のギルド的伝統の影響が残存しており，日本では養子縁組により家族が非血縁者を含んで拡大する伝統が存続している。こうした理由から，両国では，非血縁者である他人を信じる倫理的習慣が確立しており，労使間の信頼関係も含め，社会一般における相互信頼が高いという特徴を持っている（フクヤマ，1996：314）。これらの「高信頼社会」では，信頼関係が家族や親族を超えた広がりを持つため，所有と経営の分離した，専門経営者により経営される近代的な巨大企業の発展

が可能となった。

　一方，中国，フランス，イタリアその他の「低信頼社会」では，強力な家族主義や中央集権体制の下で，中間団体や大規模なビジネス組織の形成が阻害され，その結果，ファミリー・ビジネスや小規模企業のネットワーク中心の産業構造となった。

　信頼が広く社会に行き渡っているということは，単に大規模組織の成長が容易になるというだけでなく，きたるべき情報ネットワーク社会において一層重要な意味を持つ。情報化が進展した未来の産業創造に最適な組織形態は，規模の経済を持つ大企業と，間接費や取引コストを節約し，柔軟性・革新性・迅速性を発揮できる小企業の，双方の利点を兼ね備えた「ネットワーク構造」であり，このような形態に移行し，これを効率的に運営するうえでも，メンバー間の相互信頼が不可欠である。ヒエラルキー構造と異なり，ネットワーク組織には総合的な権威は存在しないから，低信頼社会ではネットワーク型の組織は機能停止や活動不能に陥ってしまうからである。互恵的な道徳的義務に基づくコミュニティーとしてのネットワークが最も発達しているのは日本であり，日本経済の働きは，系列というビジネス・ネットワークに見られるように，高度の信頼関係を結ぶ能力にかかっている（フクヤマ，1996：297，309，491）。

　以上がフクヤマの主張の骨子である。「人間相互の信頼関係が社会的安定の基礎であり，経済繁栄の条件である」という主張については恐らく異論の余地はないであろう。また，資本主義にもいくつかのタイプがあるように，国の経済制度や社会構造がそれぞれの国の文化と深く関わっているということも自明のことである。しかし，壮大な歴史的・国際的なパースペクティブに立ち，「血縁関係を超えた信頼関係の広がり」という視点から企業組織の規模や産業構造の国際比較を試みるフクヤマの切り口は新鮮で刺激的でさえある。ただ国際比較を意識するあまり，文化の影響を過大視し，ややもすれば文化決定論的な議論に陥っていることは問題である。これは，山崎正和も指摘しているように，フクヤマが，信頼（山崎は「信用」という語を使用）をいわゆるゲマインシャフト

の原理と考えていることに一因がある。もし信頼がゲマインシャフトの特性であるとすれば，それは自然発生的・宿命的なものにならざるをえず，文化決定論に陥ってしまうからである。この点に関しては，「文化は慣習にすぎないものである以上，それは努力しだいでは意識的に変えられるものであり，醸成も強化もできるものだと考えなければなるまい」(山崎，1996：49)という立場から，主体的に「信頼の形成」に取り組む姿勢が必要であろう。

フクヤマの主張の問題点をもうひとつあげれば，それは彼が「規則と信頼は反比例の関係にある」として「自分たちの相互関係を統制する規則に頼る人間が増えれば増えるほど，人々は相互の信頼を失っていく」(フクヤマ，1996：332)と述べている点である。人々の間の信頼度が低い社会では強い法の力がなければ社会の秩序が維持できないということは真実であるにしても，信頼度が高い社会では法が必要でなくなるということはありえないであろう。山崎も指摘しているように，「むしろ法が公正に行われて，その事実が広く認識されている社会でこそ，人々の相互信頼はかえって高まる」(山崎，1996：36)とも言えるであろう。フクヤマが信頼と法を反比例するものととらえるのは，先に指摘したように，彼が信頼をもっぱらゲマインシャフト的特性として考えていることに起因している。

「何を根拠に信頼が形成されるか」という観点から，信頼を次の3つのタイプに分けることができるであろう。[4]

(1)「同一化」に基づく信頼

これは，自己を相手に一体化させ，相手の価値観・欲求・意図に感情移入し，お互いが相手のために自発的に行動することにより生じる信頼である。たとえば，血縁関係にある者同士や，同じ村落共同体の住民同士などに生まれる信頼は，最も素朴で自然な形の信頼関係であり，フクヤマが理解するようにゲマインシャフト的特性をもつ信頼である。また，親友同士や師弟間などごく親しい者同士，同じ学校の出身者や同一の社会的地位・職業集団・民族に属するなど共通の属性を持つ者同士などに形成される信頼もこのタイプが多い。このタイ

プの信頼は，親密な感情的結びつきを基礎としているから，その対象はかなり特性的で，範囲も限定されている。

(2)「行動の予測可能性」に基づく信頼

これは，長期的な関係を通じて相手についての十分な情報があるとか，(ほとんどの人は交通信号を守るというような)一般的な信念に基づいて，相手が信頼に応えるような行動をとるであろうと合理的に期待できることから生じる信頼である。相手に対する行動の予測可能性を高めるには，通常，長期間に渡り，多面的な関係を持つことにより，相手に関する情報を十分に持つ必要がある。一方，特定の職業・社会的地位・資格などが「行動の予測可能性」を高めることもある。

(3)「合理的計画」に基づく信頼

これは，行動の一貫性を保持して「信頼を維持するコスト」と，「信頼を破った場合に被るであろう損失」，あるいは「信頼を維持することから期待される報酬」などを比較考慮した結果として生じる信頼である。このタイプの信頼では，信頼を破った場合に予測される損失が大きな抑止力となっている。

「同一化」に基づく信頼は，非常に強固であるが，信頼形成にはかなりの時間がかかり，対象範囲も自ずから限定される。信頼をこの範囲で考えている限り，規則や法の必要性は低い。しかし，関係の対象が広がり，短期的な関わり合いが多くなれば，「行動の予測可能性」や「合理的計算」に基づく信頼に頼らざるを得なくなる。そしてこれらを根拠とする信頼を形成するには，規則や法の遵守ということが必要な条件となってくるのである。

2．企業間信頼関係の決定要因

「系列」という企業間関係は，かつては「経済の二重構造」に基づく大企業による下請け中小企業の支配・収奪のメカニズムとして，また閉鎖的取引慣行の象徴として批判されてきた。もちろん，現在においてもそのような問題が払拭されたわけではないが，近年の情報ネットワーク化や経営のグローバライゼ

ーションの進行の中で,系列的取引関係も,従来のピラミッド型の支配一従属的関係から,相互信頼を基礎にしたネットワーク型の企業間関係へと変質する傾向が見られる。たとえば,自動車産業に見られる「デザイン・イン」等のように,サプライヤーとバイヤーの間の信頼関係を基礎とした企業間関係が,競争優位性の重要な源泉となるという認識が広まりつつある。これは,取引コストを節約できるというだけでなく,相互信頼を基礎にして情報共有が促進される結果,調整活動が効率化され,市場変化への迅速・柔軟な対応が可能になったり,特定目的の資産・技術への投資が促進される結果,生産性も向上するからである。

　ダイヤーとチュー(Dyer & Chu, 1996)は,アメリカ,日本,韓国の自動車メーカーとそれぞれのサプライヤー間の「信頼」関係の決定要因に関する興味深い研究を行っている[5]。ダイヤー等は,信頼を「取引の当事者が,相手の弱みにつけ込まないであろうという相互信任」と定義している。これは,取引の当事者が,① 以前の契約に沿って行動するよう誠実に努力する,② 市場条件の変化に対して,当事者が「公正」と感じる仕方で対応する,③ たとえその機会があっても,相手方を過度に利用しない,ということを意味している。ここで定義されている信頼は,契約や第三者による制裁に基づくのではなく,あくまで自己強制的なメカニズムに基づいている(Dyer & Chu, 1996:3)。

　自動車産業のサプライヤーとバイヤー取引において信頼を生む要因に関して,ダイヤーらは次の5つの仮説を立て,検証している(Dyer & Chu, 1996:6-10)。

(1)「バイヤーがサプライヤーに提供する援助が大きいほど,バイヤーに対するサプライヤーの信頼は大きくなる」。これは,バイヤーが提供する無償の援助(たとえ一部は有償でも)は,バイヤーのコミットメントや好意の証と理解されるからである。

(2)「サプライヤーとバイヤーの取引期間が長いほど,バイヤーに対するサプライヤーの信頼は大きくなる」。これは,長期間に渡る相互作用を通じて,お互いに相手に関する知識・情報が増大し,行動の予測可能性が大きくな

るのと，長期に渡る安定した関係の下では社会的制裁のインパクトも大きくなるからである。

(3)「バイヤーが，サプライヤーとの継続的・反復的取引の記録を持つ場合に，サプライヤーの信頼は大きい」。サプライヤーが取引特定的な投資を行っている場合には，サプライヤーの信頼を得るうえで，取引の反復が特に重要になるからである。

(4)「サプライヤーとバイヤー間の対面的接触が大きいほど，バイヤーに対するサプライヤーの信頼度は大きくなる」。これは，個人的な結びつきが強固になるほど，行動の透明性が増大し，情報の非対称性が減少するだけでなく，社会的制裁の効果も増大するからである。

(5)「バイヤーがサプライヤーの株式を所有する度合いが大きいほど，バイヤーに対するサプライヤーの信頼のレベルは高くなる」。株式交換や資本参加などは，「人質交換」を通じて機会主義的行動を抑制し，信頼形成に貢献すると考えられる。

測定尺度としては次のようなものが用いられている(Dyer & Chu, 1996：12-15)。

(1) 信頼
① サプライヤーに対する公正な扱いに関して，サプライヤーがメーカーを信頼している程度。
② サプライヤー業界において，メーカーが信頼できる(約束・契約を守る)と評価されている程度。
③ 機会があれば，メーカーがサプライヤーを不当に扱うと認識される程度(逆スコア)。

(2) 援助
・メーカーがサプライヤーに対して，① 製品の品質改善，② 製造コスト削減，③ 在庫管理・配送の改善などのために，援助を提供する程度。

(3) 関係の長さ

・サプライヤーがメーカーに製品を売り始めてからの年数。
(4) 関係の継続性
・モデル・チェンジがあった場合，サプライヤーの取引が更新された回数の割合。
(5) 対面的コミュニケーション
・販売担当者と購買担当者・エンジニアなどの間での対面的接触の度合い（人／年間日数）。
(6) 株式所有
・株式所有の有無。

調査の対象となったのは，アメリカの自動車メーカー3社(GM，フォード，クライスラー)，日本の自動車メーカー2社(トヨタ，日産)，韓国の自動車メーカー3社(現代，大宇，紀亜)と，それらに対するサプライヤー70社(アメリカ30社，日本20社，韓国20社)である。自動車メーカー側の購買担当マネジャーの情報を基に選定されたサプライヤー側の調査対象者からデータが収集されている。

調査結果によれば，バイヤー(メーカー)に対するサプライヤーの「信頼」は，日本が顕著に高く，韓国とアメリカは同程度に低い。メーカーからの「援助」は，韓国と日本が高く，アメリカは顕著に低い。「関係の長さ」は，日本が平均で41.4年，アメリカが32.6年，韓国が12.4年である。「継続性」(モデル・チェンジの際，契約を更新する割合)は，日本が90％以上，アメリカと韓国が約78％である。「対面的コミュニケーション」は，日本がアメリカ・韓国より顕著に多くなっている。これは，バイヤーとサプライヤーの地理的接近度を反映している(日本＝82マイル，韓国＝129マイル，アメリカ＝477マイル)。「株式所有」があるのは，日本では43％，韓国が5％，アメリカは135の回答中1件のみである。

回帰分析の結果，5つの変数の中でサプライヤーの信頼に有意にプラスの影響を持つのは「援助」「関係の長さ」「継続性」であった。しかし「関係の長さ」[6)

は，制度的環境をコントロールすると有意でなくなることから，結局，「継続性」と「援助」がバイヤーに対する信頼の最も強い予測因子であるとされる(仮説1と仮説3の支持)。「対面的コミュニケーション」は信頼に影響せず，「株式所有」は(制度的環境をコントロールすると)信頼に(有意ではないが)マイナスの影響を及ぼした。また，企業間関係に作用する文化的・技術的相違をコントロールして，アメリカにあるアメリカ企業と日本企業の両方に同じ部品を販売しているアメリカのサプライヤーを調査してみると，サプライヤーとの信頼関係を築くうえで，アメリカのメーカーより日本のメーカーの方が有効であることが明らかになっている。また，日本のメーカーとアメリカのサプライヤーの取引関係は6年と短いことから(アメリカのメーカーとの取引関係は22年)，長期間の取引関係は，必ずしも信頼形成の前提条件ではないと考えられる(Dyer & Chu, 1996：16-24)。

　以上のような分析に基づいて，ダイヤーらは結論的に次のような指摘をしている(Dyer & Chu：28-31)。

(1) サプライヤーに対する援助の提供が，サプライヤーとバイヤー間で高レベルの信頼を生み出すための恐らく最善の方法である。サプライヤーはこうした援助を，自分に対する好意あるいは将来の取引の約束の証と解するのであろう。

(2) バイヤーがサプライヤーとの反復的・継続的取引を維持してきた記録があれば，サプライヤーの信頼は増大する。

(3) 組織間信頼を形成するうえで制度的環境は重要な要因のひとつであり，信頼を得るのに役立つと思われる企業レベルのやり方は，制度的環境により幾分異なる。

(4) その反面，関係の継続性や援助の提供など，信頼の決定要因について通文化的類似性も認められる。

(5) 日本メーカーがアメリカにあるサプライヤーとの間に高度の信頼を確立しているのであるから，信頼形成に関して，制度的環境は，企業レベルの

やり方ほど重要ではないのかもしれない。合理的・用具的手段を通じて信頼を生み出すことは可能であり、そのような手段は、国境を越えて移転できるように思われる。

(6) 組織間で信頼を形成するのは個人間で信頼を形成するより複雑である。組織間関係に高度の信頼を確立するには、2つの組織内の多数の個人が、継続的・安定的関係を持つ必要がある。また、組織のすべてのメンバーが信頼するに足る行動をとるのを支援するような組織文化、組織内・組織間ルーチーンを形成し、よき評判を獲得することが重要である。

(7) 自己のサプライヤーよりもコストの安いサプライヤーが出現してもそれを使わないことによる機会損失、自己のサプライヤーを利用しない機会コストなど、「信頼のコスト／ベネフィット」を考慮する必要がある。

ダイヤーらの研究は、企業間関係における信頼の規定要因を実証的かつ国際比較を交えて調査している点で意義深いものといえる。ただ、信頼の規定要因の選び方について、若干検討の余地があるように思われる。たとえば「中小企業構造実態調査」(平成5年)によると、親企業が下請け企業と取引する際重視するのは「品質・制度面」「製造コストの安さ」が最も多く6割近くを占めており、近年「技術力の高さ」が増加傾向にある(14％から32％)。その反面、「親企業に対する依存度」「取引年数の長さ」「資本的・人的な結びつきの強さ」などは低下傾向にある。大競争時代を迎え親企業も系列の維持が負担になりはじめ、下請け企業の選別、系列取引や海外企業との取引などを志向しつつある。通商産業省(当時、以下通産省)も、下請け企業の体質を強化するためには取引先を多様化するなど親企業への依存度を下げる必要があるという観点から、全国及び各都道府県の下請け企業振興協会を通じて大手企業の発注情報を流し、振興協会の指導員が受注能力ある下請け企業を選定のうえ、発注元の大手企業に紹介する「発注企業オンライン・ネットワーク事業」を進めている(『日本経済新聞』1996年8月15日)。

このような取引関係の動向は、その基礎になる信頼関係の基盤として、単な

る「関係の長さ」や「人的な結びつき」よりも「品質・コスト・納期」や「技術・開発力」の方が重視されてきていることを意味している。「関係の長さ」や「人的結びつき」も信頼形成に関係があるとしても，それ以上に重要なのは，「納期遅れや品質・価格上の問題を発生させないこと」や「独自技術の開発力がある」ことである。また「株式所有」は，たとえばバイヤーがサプライヤー支配の目的で一方的に所有する場合と，両者が長期継続的・安定的取引関係を締結するために相互保有している場合では，信頼形成に対する意味合いが異なるであろう。このように，信頼形成を現定する要因についてはさらに検討が必要であるが，企業間信頼関係というとらえにくい問題を実証的に明らかにしようとするダイヤーらの研究姿勢は高く評価されるべきであろう。

3．組織形態と信頼関係

クリードとマイルズは，「組織形態や経営理念が異なれば，要求される信頼レベルも異なる」という観点から，組織形態と信頼の関係を分析している。[7] 所有者が直接的に監督し，すべての決定を行うような「所有経営者による企業家的形態」では，従業員は所有者の意思の延長ないし代理人にすぎず，信頼・不信頼は(モラールにインパクトを与えることはあるかもしれないが)オペレーティング・メカニズムに対しては明確な影響はないので，この組織形態を成功させるには必ずしも信頼を必要としないとされる。

「垂直統合された職能別形態」では，短期的な業務運営責任を機能別専門家に委譲できるだけの信頼をもたないと，集権化による決定の遅れや，管理過剰によるモラールの低下が生じることになるので，従業員に適切に対応すれば彼らは進んで協力すると信じる，人間関係論レベルの信頼が必要になるという。

「多角化した事業部制形態」では，本社経営者は，事業部長が価値観や目標を共有し，十分事業能力をもつと信じて業務的決定を彼に委譲できなければ，事業部制の利点は犠牲になる。したがって，人々の積極的な貢献意欲や自己管理能力を認める人的資源モデルレベルの信頼が必要になる。

「混合マトリックス形態」では，職能別部門，プロジェクト・グループ，製品別ないし地域別組織部門等の間での水平的資源配分の決定を委譲できるだけの信頼がないと，集権化による決定の遅れ，業務の効率・迅速性の喪失が生じる。したがって，これも人的資源モデルの理念に匹敵するレベルの信頼が必要になる。

「ネットワーク形態」では，伝統的なコントロール・メカニズムが有効に機能しないから，信頼に対する要求は最も大きくなり，それを満たせないときの結果は最も悲惨なものとなる。したがって，現在の必要性を越えて，人々を信じ，彼らの潜在的能力を開発するための教育投資を行う人的投資理念が必要になる。こうして，信頼の欠如は，「職能別形態では効率性を削減し，事業部制形態では有効性を減少させコストを増大させ，マトリックス形態では形態を失敗させ，ネットワークでは企業を失敗させる」ことになる(Creed & Miles, 1996：24-26)。

クリードらが指摘するように，組織形態や経営理念と信頼の間に密接な関連があるのは事実であろう。ただし，企業家的形態→垂直統合職能別形態→多角的事業部形態・混合マトリックス形態→ネットワーク形態と，順次，要求される信頼が増大するというのは，関係を単純化し過ぎているように思われる。

組織形態のデザインと信頼の関係は，特に規則の使用と分権化の程度に反映される。人々の間の信頼関係が希薄な場合，組織的行動を安定的・効率的に遂行するためには，トップ・ダウンの命令と規則に基づき業務を処理するヒエラルキー型の官僚制的組織構造が不可欠であり，部下への権限委譲も自ずから限定される。規則は人々の間の行動の予測可能性を大きくする効果があり，このようなヒエラルキー型の官僚制組織のデザインにより「行動の予測可能性に基づく信頼」が生み出される。

しかし，規則というのは常に，求められる最高ではなく最低の要件を規定しているにすぎないのであり，「訓練された無能」「セクショナリズム」「最低許容行動」その他の「官僚制の逆機能」を回避してよりよく機能するためには，

より大きな信頼関係が必要とされるはずである。

これは所有経営者が支配する企業家型組織についても同様であろう。文字通りひとりだけから成る企業を除けば，ほとんどの企業は(規模の大小はあれ)複数の従業員から成っている。このような企業にあっても，企業をうまく経営するためには，信頼関係が必要となることは言うまでもないであろう。ただ，このような企業の場合，信頼は，規則に基づく「行動の予測可能性」から生じるよりも，企業家自身や，事業自体に対する「同一化」から生じるケースが多い。いずれにしても，「企業家的形態の成功に信頼は必要ない」ということはないであろう。

一方，ネットワーク形態の組織には，特に大きな信頼関係が不可欠であるということはクリードらの指摘するとおりである。ネットワーク型組織は，自律的・異質的な主体が緩やかに結びついた自律分散型のシステムであり，トップ・ダウンで与えられる命令や規則によってコントロールされるのではなく，個々の主体の相互作用を通じて秩序が自律的に形成される「自己組織的システム」である[8]。トップ・ダウンによる命令や階層構造を通じての調整に依拠しないネットワーク型組織がうまく機能するためには，ネットワーク構成員の間で価値や情報・知識が共有される必要があるが，それはまた，信頼感が共有されていて初めて可能となるのである[9]。

また，リッカートが提唱する「システム4」(集団参画型組織)は，「支持的関係の原則」「集団的意思決定や集団的管理方法」「高い業績目標」等の基本概念に立脚する管理システムであるが，特にその中心となる「支持的関係の原則」[10]を実践するためには，「他者への信用・信頼が基本」であるとして，次のように述べている。「支持関係の原理にかなった行動をするということは，リーダーが人々を信頼し，他者に対して寛大な態度を示すということである。…人間というものは本質的に信頼するに足る存在であることを，リーダーは信じなければならない。」(リッカート&リッカート，1988：111)

リッカートらはさらに「工業化された国々でコンフリクトを建設的に解決し，

高水準の産業生産高を達成しようとするうえで最も必要なことは，他者に対する信用と信頼を発展させることであろう」(リッカート＆リッカート，1988：112)と述べ，そのためには企業の管理システムをシステム4の方向へ移行させることを通して，社会全体をシステム4へ移行することが必要であるとしている。

では，組織に信頼関係を構築するにはどのようにしたらよいのであろうか。クリードらは，人々の潜在能力と貢献意欲を信じ，それを開発するために積極的に教育投資を行う「人的投資理念」(human investment philosophy)を実践することが必要であるとしている。これは，企業内だけでなく企業間ネットワークにおいて，そのメンバーの技術的能力，ビジネス理解力，意思決定能力，自己統治能力などを増大させるための教育に進んで投資することを意味している。具体的には，価値観や期待を教え込んだり，自己管理的作業チームを編成したり，横断的訓練を行ったり，共通責任の意識を形成したり，供給業者に財務的支援を行うなどの方策が例示されている。この理念の根底には，次のような人間仮説がある(Creed & Miles, 1996：30-31)。

(1) たいていの人は，貢献することを欲し，未開発の能力を持っているだけでなく，彼らの技術的能力，自己統治能力，ビジネス問題の理解力を継続的に発展させる可能性を持っている。

(2) たいていの人は，信頼に値し，また信頼関係を切望している。彼らは，教育と激励により，広範な対人関係技能や組織間相互作用の技能を発展させることができるし，その意思がある。

「人的投資理念」は，人々の貢献意欲や未開発の自己決定・自己規制能力に注目する「人的資源モデル」の理念をさらに一歩進め，将来の必要性に備え，人間の無限の潜在能力を信じ，こうした信頼性を個別企業の枠を越えて企業間ネットワーク全体に拡張したものである。

「組織メンバーは，相互の信頼・尊重の雰囲気の中でのみ成長する」とし，「教育と訓練を通じて能力を高めるのと同様，信頼することによって信頼を構築する」というクリードやマイルズの姿勢は基本的に適切なものである(Creed &

Miles, 1996：33, Miles & Snow, 1995,：15)。相互作用が「循環的反応」[11](Follett, 1973：159)として展開されることを考えれば，信頼は信頼を通じて形成される他はないのである。しかし，現実には，故意であろうとなかろうと，信頼が裏切られる可能性は常にあり，組織を維持していくためにはそのための備えをしておくことも不可欠である。過信や盲信は時として組織を危うくさせる。

4. 電子情報ネットワークと「信頼」

　人々が生活していくうえで情報は不可欠であり，他の人々と情報をやりとりする結びつきとしての情報ネットワークはいつの時代にも存在している。しかし，現代社会をあえて「情報ネットワーク社会」と呼ぶのは，電子技術の発達により，かつてとは比べものにならないほど，大量の情報を，広範囲から，迅速かつ低コストで収集・処理・蓄積・伝達できるようになった結果，われわれの生活やビジネスのあり方が大変革を迫られているからである。このような「電子情報ネットワーク」は，当然のことながら，組織のあり方やそこにおける信頼関係に大きな影響を及ぼすと同時に，信頼関係のあり方によってその機能が左右される。

　電子情報ネットワークを「ネットワークの広がり」と「伝達対象の広がり」で分類すると表11-1のようになる。

　「企業内」において「特定個人」(複数でも可)を対象に伝達されるのに「電子メール」がある。これは基本的には「特定者」対「特定者」のメディアであり，

表11-1　電子情報ネットワークの分類

		伝　達　対　象	
		特　　定	不特定多数
広がり	企業内	電子メール，電子稟議	電子掲示板，電子会議室
	企業―消費者間	会員制ネットワーク	バーチャル・モール
	企業間	CALS，インタラクティブEDI	オープンEDI，電子公開入札

指定した宛先に対してだけに伝達される。電子メールは，企業内での報告・連絡・相談・提案などに広く用いられているが，伝達する相手を時間的に拘束しないため，思いついたとき発信でき，相手の仕事を中断させることもなく，時差があっても問題にならない。また，比較的簡単に組織の階層や部門の壁を乗り越えて伝達することができるので，トップ・マネジメントへの提案や，他部門への相談なども容易になる。さらに，複数の相手に同時に伝達したり，文書の保管・検索が容易であるなどの利点もある。

　こうした電子メールの利点を意思決定に利用したのが「電子稟議」である。1996（平成 8）年 4 月から社内の稟議をすべて電子化した日本板硝子の場合，稟議書（起案書）は肩書きと関係なく関連部署に一斉に送信され，受信者は，休日を除いて 3 日以内に返事を出さなければならず，返答のない場合は了承と見なされる（内田和成「電子メールの活用，3 段階で」『日本経済新聞』1995 年 4 月 21 日）。関連部署からのコメントを基に修正した起案書は，予め 4 種類に定められた決済ルートにしたがって決済者の間を順次回り，最終決済が済むと CD-ROM に保存される。このような電子稟議は，（もちろん，決定プロセス自体の合理化が前提となるが）決済までに要する時間を短縮化する効果が期待できる。

　企業内で，不特定多数を対象に伝達されるメディアとして「電子掲示板」や「電子会議室」がある。「電子掲示板」は特定の部署が，新製品ニュースを流したり，新プロジェクトの提案や人材を募集するなど，社内広報・通達として利用される。一方，不特定者間で展開される「電子会議室」は，自分が直面する問題についての解決のヒントを不特定多数者に求めたり，他人の求めに応じて自分の専門知識や情報を提供するなど，問題解決や情報共有に有効である（太田，1995：30-36）。

　このように，企業内で電子情報ネットワークを有効に活用すれば，ペーパーレス化が進むだけでなく，組織内の縦・横の意思疎通が円滑になり，情報・知識の共有化により共同作業の有効性・効率性が向上し，意思決定が迅速化するなどの効果が期待できる。しかしそれは，単に LAN やイントラネットによっ

て情報インフラを整備すれば実現されるわけではない。人々が積極的に情報を提供し，他の人と情報を共有しようという強い意欲を持つようにならなければならない。そのためには，トップ・マネジメントは社員を信頼し，できるだけ多くの情報をオープンにする一方，社員側もトップを信頼し，自らの情報をオープンにしなければならない。情報共有のためにはこうした組織メンバー間の強い相互信頼が不可欠である。それに加えて，情報共有のための強いインセンティブも必要になる。たとえば，カシオ計算機では，約200人の管理職を対象に，社内情報ネットを通じて個人の持つ経営情報やノウハウを全社的に公開した度合いを人事考課に反映させることにし，将来はこれを全社員に広げることを検討している (『日本経済新聞』1997年5月14日)。

企業と不特定多数の消費者間の電子情報ネットワークとして「バーチャル・モール」を初めとする電子商取引がある。高額商品などについては，特定の会員のみを対象とする取引形態も考えられる。いずれにしても，パソコン通信やインターネットを利用して企業と顧客がダイレクトに結ばれるため，店舗コストや受注処理コスト・流通コストの節約のみならず，双方向性を生かし，個々の顧客のニーズや嗜好を反映させたきめ細かなサービスの提供が可能になる。消費者側も，最新の豊富な商品情報に基づいて，在宅でショッピングと決済ができる利点がある。

特定企業を対象とした企業間ネットワークとして CALS がある。CALS は，もともと1980年代半ばに「紙の洪水」に頭を悩ませた米国国防総省が，文書や業務の徹底したデジタル化により兵器の開発・製造・調達・運用を合理化することから出発した。英語の名称が「Computer Aided Logistic Support」(1986)→「Computer-aided Acquisition and Logistic System」(1989)→「Continuous Acquisition and Lifecycle Support」(1993) →「Commerce At Light Speed」(1994)と変化してきていることからも分かるように，そのコンセプトは次第に広がってきているが，通産省では「生産・調達・運用支援統合情報システム」と呼んでいる。それは基本的に，情報交換のルールを標準化すること

によって，部門間・企業間での情報の共有化・活用を促進し，開発・設計・調達・生産・運用の各局面で，リードタイムの短縮，生産性向上，コスト削減などを実現しようとするものである。

　一方，EDI(Electronic Data Interchange)は，「異なる組織間で，取引のためのメッセージを，通信回路を介して標準的な規約(可能な限り広く合意された各種規約)を用いて，コンピュータ間で交換すること」(通産省「電子計算機相互運用環境整備委員会」)と定義されているように，取引関係にある企業間での取引情報の交換が中心である。EDI のネットワークがオープン化し，不特定多数を対象にするようになったのが「オープン EDI」である。たとえば，インターネットを使って世界中から調達先を選定する「電子公開入札」や，自社が持つ技術や製品の売り込みを世界中の企業を相手に行う「競り」などが可能になる。

　消費者との取引にせよ企業間の取引にせよ，電子商取引が成立するためには安全・確実な決済方法の確立と並んで，発信者の確証と否認防止，情報の改竄防止，情報の漏洩防止，受信者の認証と否認防止などのセキュリティ・サービスが不可欠であり，そのためにはデジタルサイン，情報暗号化，証明書発行局などの技術が必要となる(山川，1996：150)。

　このように電子情報ネットワークはわれわれの生活や組織運営，ビジネス展開に大きな恩恵をもたらす可能性を秘めている反面，さまざまなリスクやトラブルも生み出しつつある。パソコン通信という手段を用いれば，われわれは時間や距離の制約を超えて遠隔地の人々とパーソナルなコミュニケーションを楽しむことが出来るようになった。パソコン通信で出会い，メールをやりとりするうちに信頼を深め，結婚に至ったという「パソ婚」カップルも珍しくなくなった。しかし，アメリカでは，インターネットを通じて知り合った相手に対し「理想の男性」を装い続け結婚した女性が，「妻」から訴えられ，賠償金の支払いを命じられるという事件が起きている(『朝日新聞』1997 年 5 月 18 日)。サイバー・コミュニケーションは議論を論理的に展開できるという長所がある反面，

対面的接触がないため，微妙なニュアンスが伝わりにくく思わぬ誤解を招いたり，相手を騙そうとすれば比較的容易に騙すことができ，また，面と向かっては憚られるような表現で相手を非難・攻撃・中傷するなどの事態を生みやすい。

東京地裁は1997(平成9)年5月27日，パソコン通信ネットワークの女性会員が，電子会議室への記載内容に関し「事実無根の中傷を受け名誉を傷つけられた」とする訴えを認め，書き込みをした会社のみならず，ネットワークの主催会社と電子会議室の管理者(システム・オペレーター)に損害賠償を命ずる判決を下した。「全発言のチェックは困難であるが，名誉を毀損する書き込みがあると知った場合，削除するなど積極的な措置を講じるべき」とした今回の判決は，パソコン通信での名誉毀損とそれに対するネットワーク運営会社の責任を認めたわが国初の司法判断であり，有害情報を規制する一定のガイドラインを示したものとして注目されている(『朝日新聞』『日本経済新聞』1997年5月27日)。

管理責任を持つ特定の運営会社が存在しないインターネットの場合，有害情報や犯罪への対応は一層困難になる。アメリカでは1996年5月，インターネットを使った国際的なねずみ講が摘発されたが，犯人グループと彼らが集めた600万ドルのお金はすでに海外に逃亡した後であった。世界のギャンブラーを相手に「ネットカジノ」も開かれているという(『日本経済新聞』1997年7月12日)。コンピュータ犯罪も，コンピュータウイルスやハッカーによる不正侵入，クラッカーによるシステム破壊，情報流出・破壊，クレジットカード番号やパスワードを盗用した詐欺，薬物取引その他非常に多様化していきている。アメリカではすでに1996年2月，「下品」(indecent)な情報配付への罰則を定めた「通信品位法」(Communication Decency Act)を含む改正通信法が成立しているが，これに対して多くの市民団体や通信業者たちは，合衆国憲法が保障する言論の自由・表現の自由に対する攻撃であるとして反対し，フィラデルフィア連邦地裁(1996年6月12日)に続き最高裁判所(1997年6月26日)も通信品位法のこの規定は違憲であるとの判決を下している(公文，1996：84，郵政省電気通信局，1996：9-12，『日本経済新聞』1997年6月27日)。

わが国では，郵政省(当時)の電気通信審議会の通信政策部会が1997年4月に発表した「情報通信21世紀ビジョン」の中で，プライバシー保護のための「サイバー(電脳社会)法」(仮称)制定の可能性について検討する必要を提言し[13]，法務省も，捜査機関が令状によりパソコン通信やインターネットの通信内容を傍受できるようにする「組織犯罪対策法」(仮称)の制定作業を進めているという(『朝日新聞』1997年5月27日)。一方，通産省が1997年1月にまとめた報告書「デジタル経済の時代に向けて」では，産業界の懸念を反映し，電子商取引を巡るトラブルに対し，直ちに法規制を導入するのではなく，民間の自主的なルール作りに解決を委ねる立場が表明されており[14]，政府内部での見解も不統一である(『日本経済新聞』1997年5月7日)。

5．高度信頼社会の構築に向けて

ルーマンが述べているように「信頼とは，最も広い意味では，自分が抱いている諸々の(他者あるいは社会への)期待をあてにすることを意味するが，この意味での信頼は，社会生活の基本的な事実である」(ルーマン，1990：1)。日常的な世界への慣れ親しみを基盤とする「人格的な信頼」は，社会システムが複雑化するとともに「システムへの信頼」へと変化していくが，それは「情報不足を内的に保障された確かさで補いながら，手持ちの情報を過剰に利用し，行動予期を一般化」することによって社会的な複雑性を縮減する機能を果たす。「信頼は，世界を成り立たせている唯一の基盤ではない」が，「信頼が存在しなければ，高度に複雑な社会を構成することはできない」のである(ルーマン，1990：176)。

そして「現代社会は，他人との相互行為なしには成り立たない。とすれば，社会の安定した存続・発展を可能にしたいと思えば，基本的にお互いの間の不信ではなくて，信頼を基盤としたシステムを作るしかない」(公文，1996：46)であろう。今，われわれの前に開かれつつある電子情報ネットワーク社会は，情報伝達の範囲・量・スピードの点でかつて経験したことのないスケールと複雑

性を持っている。しかもそこでの情報伝達は，基本的にコンピュータや通信網を介して行われるため，緊密な直接的接触を基盤とする信頼関係は生まれにくい。それでも，このような電子情報ネットワークへの信頼を前提としなければ，われわれの個人的な生活もビジネスも成り立ち得ない時代に入りつつある。このようなサイバー・コミュニケーションの世界でいかにして信頼を形成することができるのであろうか。

　第1に強調されるべきは情報倫理教育の徹底である。電子的に仲介されたコミュニティーの市民としての「ネティズン」(netizen)が守るべき一般的エティケット(「ネティケット」)として次のようなルールが提示されている(公文，1996：131)。

　(1) 向こうには人間がいることを忘れない
　(2) 現実の生活で守っているのと同じ行動の標準にオンラインでも従う
　(3) サイバースペースの中のどこにいるかを知る
　(4) 他人の時間と帯域を尊重する
　(5) オンラインでよく見えるように努める
　(6) 専門知識を分け合う
　(7) フレーミングの喧嘩の節度を守る
　(8) 他人のプライバシーを尊重する
　(9) 自分の権力の濫用を慎む
　(10) 他人の間違いを許す

　これらはいずれも説明の必要もないほど「自明な」内容である。しかし，こうした「当たり前のこと」を自発的に守らせるには，回りくどいようであるが，忍耐強く情報倫理の教育を行っていく他はないであろう。われわれが情報ネットワーク社会における基本的人権とも言える「情報発信権」や「情報アクセス権」を享受するためには，ネットワークを秩序正しく利用するという責務や，自分の情報は自分で管理し守るという情報の自己管理意識を持たなければならないということを，行政，教育機関，企業等が一体となって啓発することが求

11 章 情報ネットワーク社会と「信頼」 271

められているのである(電子情報とネットワーク利用に関する調査研究会, 1996：170)。

　第 2 は違反・不正・犯罪を防ぐための技術や組織・システムの開発である。公文俊平によれば「人間とそれが作る組織や制度に対する不信感は, 建国以来のアメリカの文化の底流をなしているのだが, それにしても 50 年代以来, 成年に達する各世代は, 人間不信の念をますます強めている」(公文, 1996：69)という。一方,「日本の場合は, 基本的に人間性善説や, 政府母親説に立脚した社会システム」になっており,「相互信頼と相互自制を基盤とする社会システムの枠組みは, 十分以上に強固に形作られている」が,「内外の敵に対する不信の体系と, 敵への攻撃ないし防御を可能にするシステムの組み込み」,「人間や政府には百パーセントの信頼はおけないという事実への, 対処のしくみの構築」が欠けているという(公文, 1996：47)。

　「アメリカ人＝性悪説, 日本人＝性善説」というのは単純すぎる図式であるが, 日本企業の危機管理・リスクマネジメントの意識が低いことは周知の事実である。基本的には人間に信頼を置きながらも, 人間は過ちを犯す存在であることも認め, そのための備えも必要である。たとえば, 今日, 企業情報システムは, ウイルスの侵入によるデータ破壊, 他人の認証番号やパスワードを盗用してネットワークに不正侵入する「なりすまし」, 盗聴・傍受, 機密情報持ち出し等, さまざまなリスクにさらされている。こうしたリスクに対しては, まず, ワクチンの使用, ファイルの暗号化処理, IC カードによるユーザー認証, 不正侵入を防ぐファイアウォール等, 情報セキュリティー技術によって対応することが検討されるべきである。しかし, いかなるセキュリティー技術もそれ自体で決して万全の策であるわけではない。同時に, セキュリティー・マネジャーの任命, 社内情報の重要性・機密度に応じた情報管理ルールの明確化等の社内組織体制の整備, 全社員に対する情報倫理・情報セキュリティー教育の実施などが必要になる(『日経情報ストラテジー』1996.7：77-87)。

　1 ディーラーのデリバティブ取引による巨額損失で経営破綻したイギリスの

ベアリングズ銀行事件，証券売買担当者が米国債投資の失敗を穴埋めするために11年間に渡り不正取引を繰り返し11億ドル以上の損失を出した大和銀行ニューヨーク支店事件，非鉄金属部長が10年以上に渡り銅取引の不正取引を続けた結果26億ドル以上の巨額損失を出した住友商事事件など，社員の不正行為による巨額損失事件が続発している。これらの事件はいずれも，取引で生じた損失を穴埋めするために不正取引の深みにはまりこんでいったケースであるが，そこには暴走した社員の行動をチェックする内部管理体制の不備という共通の組織問題が存在している。大和銀行事件の主犯者は告白手記の中で次のように述べている。

「当時，少なくとも大和銀行内には，証券取引に関わるバックオフィス(管理部門)というものがなかった。売買業務と管理部門を分離する必要性が存在しなかったのは，同一人物が売買取引をし，その記帳，決済を兼務することについてのリスク観念というものがなかったからである。」(井口，1997：133)，「こういったトレーダーの独走による巨額損失事件は必ず裏にそれを許した杜撰な管理体制がある。……トレーダーは最初から会社に巨額の損失をさせるため取引きを行ったのではない。それとは正反対に会社に利益をもたらそうとして行った行為が裏目にでたのである。そしてそれを取り返そうとして行った行為が，なおさら裏目，裏目に出て損失は巨額に膨れ上がる。どこまで損失が膨れ上がるかは組織の管理体制次第である。」(井口，1997：286)

不正行為の防止・早期発見のためには現業部門の活動をチェックする組織体制の確立と並んで，情報システムを利用したモニタリングシステムの導入が必要になるであろう。今後，電子情報ネットワークを介した取引が多くなるにつれ，取引そのものが見えにくくなり，不正発生のリスクが高まることが懸念されるからである。たとえば，ビジネス活動に関わるすべての情報を生データで時系列的に記録するとともに，予め定めた一定の許容範囲を逸脱した活動に対しては警告を発する仕組みを情報システムに組み込み，必要に応じて過去の取引をコンピュータ上で再現・チェックできるようにして，ビジネス活動の透明

度を高めることが考えられる(『日経情報ストラテジー』1996.9：116-125)。

　第3は，個人情報・プライバシー保護，電子取引の安全・信頼性を制度的に保障する法律やガイドラインの制定である。電子情報技術の急速な発展や通信形態の多様化に対して現在の法体系が立ち後れていることは事実であり，また，法体系の整備により情報ネットワーク社会への信頼が高まるという側面があることも事実であろう。サイバースペースが無法地帯にならないうちに必要な法的整備を行うことが必要である。ただし，情報の自由な発信・共有化，情報ネットワーク社会の発展を阻害することのないよう，法制化は必要最小限度に留めるべきであり，事業者団体や企業の自主的ガイドライン等による補完が検討されるべきであろう。もちろん，いかに組織や法律を整備しても，「それを断固として守る」という強い意志がなければ何の役にも立たないことは繰り返される企業不祥事から明らかである。組織や法律の整備は高度信頼社会構築のための必要条件ではあるが決して十分条件にはなりえない。結局，電子情報ネットワーク時代における高度信頼社会の構築は，経営倫理・情報倫理がいかに人々の間に浸透するかにかかっていると言わざるを得ない。

【注】
1）　この事件の詳細・背景については，次の書を参照されたい。賀茂美則（1993）『アメリカを愛した少年―「服部剛丈君射殺事件」裁判―』講談社。
2）　Creed, W. E. Douglas & Raymond E. Miles (1996) "Trust in organization: A conceptual framework linking organaizational forms, managerial philosophies, and the opportunity costs of controls," in Roderick M. Kramer and Tom R. Tyler eds., *Trust in orgnizations: Frontiers of theory and research*, Sage Publications, p. 16.
3）　フランシス・フクヤマ著，加藤寛訳（1996）『「信」無くば立たず』三笠書房。
4）　「信頼」の3つのタイプについては次を参考にしている。Lewicki, Roy J. & Barbara Benedict Bunker (1996) "Developing and maintaining trust in work relationships," in Roderick M. Kramer & Tom R. Tyler eds., *Trust in organizations: Frontiers of theory and research*, Sage Publications.
　　　彼は「信頼」を，「計算に基づく信頼」(caluculus-based trust)，「知識に基づく信頼」(Knowledge-based trust)，「同一化に基づく信頼」(identification-based trust) に分類している (pp. 119-123)。

5) Dyer, Jeffry H. & Wujin Chu (1996) "The determinants of interfirm trust: Evidence from supplier-automaker relationships in the U. S., Japan, nad Korea," Paper submitted to the Academy of Management (1996) Annuan Meeting.
6) 国別に見てみると，日本の場合，サプライヤーの信頼を決定する最も重要な要因は，サプライヤーへの援助であり，2番目が関係の長さである。韓国の場合も，最も重要な要因はサプライヤーへの援助であるが，2番は継続性であり，関係の長さや対面的接触は重要ではない。株式所有は，日本・韓国とも，（有意ではないが）信頼にマイナスに作用している。アメリカでは，関係の継続性のみが信頼と有意に関係しており，援助と信頼の関係はプラスであるが有意ではない。また，対面的接触と信頼がわずかながらマイナスに関連しているのは，契約交渉，非難合戦など，非建設的な接触として用いられているからであろうと解されている。Dyer, Jeffrey H. & Wujin Chu, op. cit., pp. 19-22.
7) Creed, W. E. Douglas & Raymond E. Miles (1996) "Trust in organization: A conceptual framework linking organizational forms, managerial philosophies, and the opportunity costs of controls," in Roderick M. Kramer & Tom R. Tyler eds., *Trust in organizations: Frontiers of theory and research*, Sage Publications.
8) ネットワーク型組織については，10章を参照されたい。
9) 野中によれば，組織内において信頼は「知識・情報の共有の促進」「親密感の醸成」「自立的学習の促進」「ただ乗りの防止」等の機能を果たすとされ，「最も重要な経営資源である知識を組織的に創造するには，信頼という裏付けが必要なのである」と述べている。また「日本企業が築き上げてきた『高信頼』システムは，社会資本として日本企業の競争優位の源泉の1つとなっている」としている。野中郁次郎（1996）「経営戦略パラダイム」石井淳蔵他『経営戦略論（新版）』有斐閣，pp. 232-233。
10) 「支持的関係の原則」(the principle of supportive relationship) とは「組織のリーダーシップや他のプロセスを通じて，組織の各成員が，組織内のあらゆる相互作用・関係において，自分の経歴・価値観・欲求・期待に照らして，自分が支持されており，重要で価値ある存在であるという実感をもちうるようにさせる」ことを意味している。(R. Likert, 1967, p. 47, 邦訳 p. 57)。
11) フォレットによれば，人間の相互作用は，単にAがBに，BがAにそれぞれ影響を与えるということではなく，AがBに影響を及ぼすと，Aの影響により変化したB'がAに影響を及ぼし，それによって変化したA'が今度はB'に影響する……という形で進行する。このように，自分によって影響され・変化した相手，その相手の影響によって変化した自分との間で展開される影響過程を「循環的反応」(circular response) と呼んでいる。

Fox, Elliot M. & L. Urwich eds. (1973) *Dynamic administration: The collected papers of Mary Parker Follett*, Pitman, p. 159. p. 268.
12) 日立製作所は1997年9月末から，会員企業間の電子商取引を支援するサービスを提供する。電子商取引に必要な各種業務ソフトを会員企業に提供し，日立―取引企業間，

会員企業同士，会員企業とその子会社間において，受発注データ，設計図面や仕様書，見積もり情報，電子カタログ，相殺決算（ネッティング），物流情報，口座振り込み等を電子ネットワーク上で完結できるようにする。まず，日立のグループ会社・取引先2,100社を会員にするとともに，一般企業も募り，2年後には4,000社を結ぶ企業間ネットワークに拡大する計画であるという（『日本経済新聞』1997年6月18日）。

13) 電気通信審議会通信政策部会の中間報告「情報通信21世紀ビジョン—21世紀に向けて推進すべき情報通信政策と実現可能な未来像—」（平成9年4月）の中で次のように述べている。「最近，情報通信の高度化に伴い新たな社会問題が出現していること等にかんがみれば，すべての国民が等しく高度情報通信社会の恩恵を享受できる環境を早急に整備する観点から，工業社会を前提として構築されている現行法制度全般を見直すことが不可欠である。

このため，前述した電子商取引の普及，認証制度の確立，セキュリティ対策，暗号政策の確立，プライバシー保護等を図るため，関係省庁が連携して『サイバー法（高度情報通信社会を実現するための環境整備に関する法律）』の可能性について検討する必要がある。

なお，法制度の検討を行う場合には，規制緩和の観点を踏まえつつ，急激な変化に十分対応していける柔軟な制度とすることが求められる。」(p. 49)。

14) 「デジタル経済の時代に向けて（案）—世界的な電子商取引の発展のために—」の中では，次のように述べている。「不正アクセス，コンピュータウイルスといった侵害行為については，法的にその行為を制御する措置を講ずるべきとの議論もあり，欧米では無制限アクセスを犯罪行為として規定している例もある。しかしながら一方で，こうした電子的な侵害行為については，行為者の特定が事実上極めて困難であることから，法規制による効果的な抑止には限界があるとの意見も多い。いずれにせよ，侵害を受ける側の防護措置の確立が肝要であり，そのための技術開発や，ユーザー側の対処ガイドライン等の整備が必要である。」(p. 10)。

「一方，電子商取引を安全に行うための暗号・承認技術や，これを利用した種々のアプリケーションについては，他の財・サービスと同様，民間企業の自由な開発と競争により，市場原理を通じて高度化が図られるべきである。政策的な対応の中心は競争原理が円滑に働くような環境の整備に置くべきであり，特定分野で使われる暗号・認証技術について国の標準を定める等の方向付けを行うことは，自由な競争を阻害するため適切ではない。」(pp. 10-11)。

情報発信者の「表現の自由」と，受信者の「知りたくない情報を知らない権利，子供たちに知らせない権利」のバランスをとることも重要になる。電子ネットワーク協議会は，セックス，ヌード，暴力，誹謗，中傷の4点について，ホームページ上のコンテンツを5段階で評価したデータベースを作り，受け手側で選択できるシステムを構築し，平成9年の秋から学校など実験を開始するという。(『日本経済新聞』1997年11月6日)。

【参考文献】
赤木昭夫（1996）『インターネット社会論』岩波書店。
岩澤孝雄・宮澤政夫・鍋田英彦・荒川隆（1995）『経営革新と産業ネットワーク』日科技連。
鵜飼孝造「情報ネットワークから意味創造のネットワークへ―社会運動の新しいかたち―」
　宮本孝二・森下伸也・君塚大学編（1994）『組織とネットワークの社会学』新曜社所収
中小企業庁（1993）『中小企業構造実態調査』。
Creed, W. E. Douglas & Raymond E. Miles (1996) "Trust in organizations: A conceptual framework linking organizational forms, managerial philosophies, and the opportunity costs of controls," in Roderick M. Kramer & Tom R. Tyler eds., *Trust in organizations: Frontiers of theory and research*, Sage Publications.
ダビドゥ，W. & マイケル・ローマン著，牧野昇監訳（1993）『バーチャル・コーポレーション』徳間書房。
Dyer, Jeffrey H. & Wujin Chu (1996) "The determinants of interfirm trust: Evidence from supplier-automaker relations in the U. S., Japan, and Korea," Paper submitted to The Academy of Management 1996 Annual Meeting.
M・P・フォレット著，P・グラハム編，三戸公・坂井正廣監訳（1999）『M・Pフォレット管理の予言者』文眞堂。
フクヤマ，F. 著，加藤寛訳（1996）『「信」無くば立たず』三笠書房。
グッデル，J. 著，杉浦茂樹訳（1996）『ハッカーを撃て！』TBSブリタニカ。
Gulati, Ranjay (1995) "Does familiarity breed trust? The implications of repeated ties for contractual choice in alliances," *The Academy of Management Journal*, Volume 38, Number 1.
林紘一郎（1989）『ネットワーキングの経済学』NTT出版。
林敏彦・大村英昭（1994）『文明としてのネットワーク』NTT出版。
濱口惠俊（1996）『日本型信頼社会の復権』東洋経済新報社。
花田光世・武藤佳恭・菊田昌弘（1995）『CALS産業革命：ネットワーク時代の企業戦略』ジャストシステム。
Handy, C. (1995) "Trust and the virtual organization," *Harvard Business Review*, May-Jun.
Hosmer, LaRue Tone (1995) "Trust: The connecting link between organizational theory and philosophical ethics," *The Academy of Management Review*, Volume 20, Number 2.
井口俊英（1997）『告白』文藝春秋。
石黒憲彦・奥田耕士（1995）『CALS：米国情報ネットワークの脅威』日刊工業新聞社。
石黒憲彦（1996）『電子商取引：日本再生の条件』日刊工業新聞社。
石井淳蔵・奥村昭博・加護野忠男・野中郁次郎（1996）『経営戦略論（新版）』有斐閣。
石井威望（1995）『インターネット進化論』PHP研究所。
亀井義明（1996）『インターネットバブル：その虚と実』情報管理。
Kramer, Roderick M. & Tom R. Tyler ed., (1996) *Trust in organizations: Frontiers of the-*

ory and research, Sage Publications.
公文俊平（1994）『アメリカの情報革命』NEC クリエイティブ．
公文俊平（1996）『ネティズンの時代』NTT 出版．
國領二郎（1995）『オープン・ネットワーク経営』日本経済新聞社．
Likert, Rensis（1967）*The human organization; Its management and value*, McGraw-Hill. （三隅二不二訳（1968）『組織の行動科学—ヒューマン・オーガニゼーションの管理と価値—』ダイヤモンド社）
Likert, Rensis & J. G. Likert（1976）*New ways of managing conflict*, MaGraw-Hill. （三隅二不二訳（1988）『コンフリクトの行動科学—対立管理の新しいアプローチ—』ダイヤモンド社）
ル・ドラン，S., フィリップ・ロゼ著，桑原透訳（1996）『世界ハッカー犯罪白書』文藝春秋．
リーソン，N. 著，戸田裕之訳（1997）『私がベアリングズ銀行をつぶした』新潮社．
ルーマン，N. 著，大庭健・正村俊之訳（1990）『信頼：社会的な複雑性の縮減メカニズム』勁草書房．
ライアン，D. 著，小松崎清介（1990）『新情報化社会論』コンピュータ・エージ社．
松石勝彦（1994）『情報ネットワーク社会論』青木書店．
Mayer, Roger C., James H. Davis & F. David Schoorman（1995）"An integrative model of organizational trust," *The Academy of Management Review*, Volume 20, Number 3.
McAllister, Daniel J.（1995）"Affect-and cognition-based trust as foundations for inter-personal cooperation in organizations," *The Academy of Management Journal*, Volume 38, Number 1.
Miles, Raymond E. & Charles C. Snow（1995）"The new network firm: A spherical structure built on a human investment philosophy," *Organizational Dynamics*.
宮本紘太郎（1996）『アサヒビールの電子メール社内革命』中経出版．
守弘仁志他（1996）『情報化の中の〈私〉』福村出版．
山崎正和（1996）「『信用』と『社交社会』—21 世紀の『社会資本』充実を求めて—」『季刊アステイオン』サントリー文化財団・生活文化研究所．
『日経情報ストラテジー』（1996.11）「電子メールパワー，柔らかなツールが日本企業を変える」，（1996.9）「電子メール 7 つの誤解」，（1995.12）「バーチャルモール（仮想商店街），インターネットが引き起こす流通大革命」，（1996.9）「不正を見抜く情報システム」，（1996.7）「穴だらけの企業情報システム」，（1997.12）「イントラネット最前線，『エクストラネット』に発展，強く柔らかな企業連携へ」，（1996.5）「破壊か，創造か，イントラネット現る」日経 BP マーケティング．
日経産業新聞編（1996）『サイバースペース革命』日本経済新聞社．
大前研一（1995）『インターネット革命』プレジデント社．
太田秀一（1995）『企業を変えるグループウエア』日経 BP 出版センター．
折笠和文（1996）『高度情報化社会の諸相』同文舘．
Powell, Walter W.（1996）"Trust-based forms of governance," in Roderick M. Kramer &

Tom R. Tyler ed., *Trust in organizations: Frontiers of theory and research*, Sage Publications.

ラインゴールド, H. 著, 会津泉訳 (1995)『バーチャル・コミュニティ』三田出版会。

須藤修 (1995)『複合的ネットワーク社会:情報テクノロジーと社会進化』有斐閣。

ストール, C. 著, 倉骨彰訳 (1997)『インターネットはからっぽの洞窟』草思社。

田坂広志 (1996)「e コマースがマーケティングの世界に起こすパラダイム転換」『DIA-MOND ハーバード・ビジネス・レビュー』Oct-Nov.

通商産業省 (1997)「デジタル経済の時代に向けて (案) ―世界的な電子商取引の発展のために―」。

坪田知己 (1994)『マルチメディア組織革命』東急エージェンシー。

鳥居壮行 (1994)『情報セキュリティ:ネットワーク時代の安全と信頼』日本経済新聞社。

山川裕 (1996)『エレクトロニックコマース革命』日経 BP 社。

郵政省電気通信局監修, 電子情報とネットワーク利用に関する調査研究会編 (1996)『高度情報通信社会　日本の帰路』第一法規。

郵政省電気通信審議会通信政策部会 (1997 年 4 月)「情報通信 21 世紀ビジョン―21 世紀に向けて推進すべき情報通信政策と実現可能な未来像―」(中間報告)。

12章 中国企業における組織と個人
―― 組織デザインの観点から ――

はじめに

「改革・開放」路線に沿い「社会主義市場経済化」を進めている中国経済は，10％を上回る高い経済成長を維持しているが，この高成長を支えているのは郷鎮企業や外資系企業などであり，国有企業は依然として深刻な状況にある。94年上半期の工業総生産額に占める国有企業の割合は52％であり，その限りにおいて国有企業は依然として中国経済の中核的な存在といえるものの，そのうち46％の企業は赤字経営といわれる。この国有企業の慢性的な赤字体質を改善するために，国家と企業の分配関係を調整したり，所有権と経営権を分離し経営の自主権を拡大するなどさまざまな改革措置が試行され，法律面の整備も進められてきたが，多くの国有企業の実態は，依然，自主的な経営主体とはほど遠い存在のようである。

本章では，まず天津市で実施した実態調査の結果の一部を用いながら中国企業(特に国有企業)の組織の特徴と問題点を明らかにする。次に，このような組織上の特徴の背後にあって，中国社会における組織と個人の関わり方を特徴づけている側面を検討し，最後に，組織デザインの観点から，中国思想の中に「望ましい組織」をデザインするためのアイディアを求めることの意味を探る。

1. 中国の企業組織の特徴

1.1 「社会保障体系」としての企業

　日本企業の組織はゲマインシャフト的・共同体的な性格を強く持つと言われるが，中国の国有企業は共同生活体としての性格を一層強く持っている。典型的な中国の大型国有企業は，単に生産のための組織であるだけでなく，託児所，幼稚園，学校，病院，警備，掃除，映画館，住宅，行政サービス等，従業員とその家族の日常生活に必要なほとんどの機能を含んだ共同生活体(「単位」)になっている。[4]ただ，ゲマインシャフトや共同生活体という場合，成員相互の感情的融和・相互信頼・全人格的結びつきなどが含意されるが，中国の(特に国有)企業においては，所属企業に対する手段的志向性が強く，また現代中国人一般に強い人間不信感が見られること(千石・丁，1992)などを考慮すると，中国企業の性格をむしろ「社会保障体系」(松戸，1991)と呼ぶのがふさわしいかもしれない。中国企業のこのような性格は，次のような特徴を生み出している。

1) 間接的人員・サービス人員の肥大化

　中国の企業が，単に生産のためだけの組織ではなく，従業員の家族を含め彼らの生活を支える諸活動を担う「社会保障体系」であるということは，必然的に，企業内で生産活動に直接従事しない間接的人員・サービス人員の比率が高くなる傾向がある。われわれの調査では，このような「付属人員」の比率は150の企業全体では8.2％であり，国有企業は8.4％とさらに高いが，中外合資企業では6.5％と低くなっている。

　いずれにしても，このような傾向は機能的な組織としては問題であり，政府も1980年代以降，サービス部門の分離を指導してきているが，財政難等のために必ずしも順調に進展していない。しかし，中国の企業が生産性を上げ，国際競争力を強化していくためには，生産組織としての機能的純化の方向は避けられない。企業改革の進展と職務意識の変化に関する清川雪彦の調査によれば，

「組織内でも能力主義が貫徹するべきであり，また相互の競争も必要である」とするなど，企業が効率性や利益の追求を第一義とする機能的な集団であることはほぼ全員に了解されているが，ひとたび従来の共同体的企業社会の根底に抵触するような問題になると，依然，市場化とは逆行する現状肯定的社会観が支配的になる。たとえば，企業が幼稚園や学校，病院など多くの非生産部門を持つことに対して，これを「切り離すべき」としたのはわずか14.6％であり，「便利で良い」が74.6％，「やむをえない」が10.8％を占めている（清川，1994）。このように，職務意識は確かに変わりつつあるものの，未だ彼らの基本的な職務態度が変わるまでには至っていない。

2） 所属企業への高い一体感と組織過程への低い関与意識・低い昇進意欲

天津市の9つの国有企業従業員の意識構造の調査を行った松戸武彦によれば，調査した従業員たちは，「企業全体に対する態度」では非常に強い企業志向性，企業一体感を表明している反面，「組織過程への関与意識」や「昇進意識」は低いという矛盾した態度を示しているが，これは彼らが所属企業を「社会保障体系」として意味づけていると考えることによって初めて理解できる（松戸，1991）。すなわち，ある組織への帰属意識が高まるケースとして，①組織目標と自己の目標が重なり合い，各種の活動への関与を通じて自己実現欲求が充たされる場合と，②その組織から離れることが当該成員にとって大きなマイナスを意味する場合があるが，社会福祉制度や労働市場が未成熟で，民主集中的な組織原理のもとにある中国の企業労働者の多くは，後者のタイプとして彼らの所属企業を意味づけていると理解されるのである。このような意味づけのもとで，企業を大事だとする想いと，実際の組織過程への低い関心度とが両立することになる。また，工会や党の系列を上がることによっても企業内で影響力を行使できるから，このような形での組織内地位の上昇意欲は強いものの，わずらわしい経営に関与する管理職系列での上昇意欲は，後で述べるように賃金格差が小さいこともあり，必ずしも高くないということになる。

3） 生産発展基金への配分が低い利潤分配方式

　企業の利潤が国家と企業と従業員の間でどのように分配されるかを見ると，われわれが調査した150の企業においては，「国家への利潤納入(所得税などの納入も含む)と企業所得(貸付金償還を含む)の比率」は，1985年には55：36であったが，1989年には40：62となり，企業利潤の比重が高まってきている。次に「企業留保利潤の使用状況」を見ると，生産基金は1985年には41％であったが1990年には35％に低下した。報奨基金は24％，福祉基金は22％である。このように，留保利潤のかなり多くの部分が職工の福祉と報奨金に回され，生産発展基金が低く抑えられていることは，企業が「社会保障体系」として意味づけられていることを物語っている。

1.2　極端な平等主義と官本位の等級思想

　よく知られているように，中国の企業には極端な平等主義がはびこって生産性の向上を妨げている。破産法や労働契約制はあるものの実際に企業を倒産させたり従業員を解雇することは非常に困難であり，その結果，工場が赤字でも失業せず，怠けても解雇されず収入もたいしてかわらないといった状況が生産性の向上を妨げてきた。

　中国企業の極端な平等主義は企業内部の賃金の分配構造に端的に現れている。われわれが調査した150企業の職種別平均賃金(1990年)は，労働者を1とした場合，技術者が1.078，管理職が0.994(1985年は1.026)，服務係が0.951，見習い工が0.732である。このように企業内の賃金格差は極めて小さく，管理者と労働者の間にはほとんど賃金格差が存在しない。また，一般的に男女間の賃金格差も極めて小さいだけでなく，職務意識の差もほとんど無い(清川，1994)。奨励金も働きに応じてではなく平等的に分配されるため，そのインセンティブ効果はほとんど期待できないのが現実である。

　このような平等主義は，歴史的には「均しからざるを憂える」とする中国儒教の「均」主義に由来するものと思われるが，溝口雄三によれば，この「均」

思想は，清末の土地公有論を経て，毛沢東の人民公社運動へと継承され，「公」思想とともに中国社会主義思想の土台となっている(溝口，1989)。中国人の平等主義が，このような儒教的伝統と社会主義理念を基礎とするものであるとすれば，それが容易に変化し難いものであることは想像できる。

　しかし，改革・開放が進み，市場経済化が進展する中で，特に若者を中心に自由競争・能力主義に対する強い期待が芽生え始めている。日本青少年研究所の調査(1988)によれば，「現在の中国では，平等主義が行き過ぎている。経済的にも社会的にも，もっと個人の能力に応じた暮らしができる社会が望ましい」という設問に対して，若年層(16-29歳)の81.6%が賛成し，中年層(30-45歳)も78.6%が賛成している。老年層(55歳以上)で賛成したのは57.4%である。また，千石保等によれば，「不平等だが自由に競争できる社会と，自由に競争できないが平等な社会のどちらを望むか」という質問に対し，中国の若い労働者の72.2%が競争志向を示し，日本の競争志向の57%を大きく上回ったことが紹介されている。もちろんこの数字は，熾烈な競争体験のない，観念だけのタテマエ論という面があり，実際に競争原理や能力主義を導入しようとすると，面子を重んずる中国人の強い抵抗があることも事実である。しかし，タテマエであってもこれだけの若者が自由競争を支持しているということは，たとえば「魯布革の奇跡」[5]が示しているように，面子に配慮した制度を工夫することによって，能力・業績を反映した報酬制度を導入することは不可能ではないであろう(千石・丁，1992)。

　このような極端な平等主義の反面，中国社会には政府や軍隊の行政等級で，全ての組織や個人の社会的地位や役割・待遇をきめる「官本位」主義が封建的官僚制・等級制の名残として存在し，これが企業の中にも浸透し，生産力の発展を阻害している。組織単位の行政等級の如何によって，生産活動，財政支出，機構設置，幹部の割当，人事異動等の権力が左右され，各業界の職員も官級に基づいて区分され，それに応じて政治的待遇だけでなく，会議への参加，書類閲覧，給与，住居，電話，医療保険，告別式の規模に至るまでさまざまな仕事

上・生活上の待遇も規定される(王, 1994)。1952年に毛沢東が官僚主義に反対する闘争の号令を出して以来, たびたび官僚主義反対運動が展開されてきたが, 効果があがっていない。秦の始皇帝以来2千年に及ぶ中央集権体制, 閉鎖的保守的な小農経営と儒教的な専制の土壌に育った封建主義文化, 法を軽視する人治主義の伝統などを考えると, 中国社会にとって官僚主義反対運動は終わりのない戦いのようにさえ思われる。

1.3 二重支配体制

中国企業に特徴的な問題として企業内の二重支配体制がある。ひとつは政府主管部局の監督のもとに企業を管理する工場長であり, もうひとつは中国共産党の指導下に各企業に配置された党組織を通じて活動する企業内党委書記である。主管部局は, 企業の経営が国家の経済政策・計画と合致するよう直接的・間接的な方法で指導・監督し, 工場長はその指導のもとで企業を経営する役割を担っている。一方, 企業内党委書記は, 党の方針や政策, 国家の法令が企業内で遵守されるよう政治思想工作を行うのが基本的な役割であるが, それだけでなく, 企業幹部の任免, 生産経営上の指揮, 従業員の生活全般にわたる指導などにも広範な影響力を持っている。

工場長と企業内党委書記の役割・パワーバランスは非常に微妙であり, その時々の政治・経済状勢によって揺れ動いてきた。毛沢東指導下の政治優先の時代には「党委一元指導体制」が敷かれ党委書記が企業の最高責任者として経営の実権を握っていた。しかし1970年代の末頃から次第に経済優先の傾向が強くなり, 1978年から始まる企業自主権拡大の改革において「党委指導下の工場長責任制」が導入され, 重要事項については党委が決定するが, 日常的な運営については工場長にかなりの権限が与えられるようになった。特に1986年には, 工場長責任制に関する3つの条例(「全民所有制工業企業廠長工作条例」「全民所有制工業企業職工代表大会条例」「中国共産党全民所有制工業企業基層組織工作条例」), また1988年には「全民所有工業企業法」などが公布され, 党委の権

限は政治思想工作面に限定される一方，工場長は企業経営の統一的指揮を行う責任者として位置づけられ，その権限は大幅に強化された。しかし，1989年に天安門事件が起こると再び企業党組織の強化が行われ，企業党委は企業内思想工作の「核心」として人事面での参加権を取り戻すに至った。ところが1992年の鄧小平の「南方視察」を契機に，状勢は再び改革推進に傾き，工場長の権限強化の方向に動いた。しかし，市場経済化が進み社会が激しく変動する中で一部の地域や部門が中央の命令に従わない状況が現れてきたため，94年の共産党第14期中央委員会第4回全体会議では「党建設の強化に関する決定」が採択され，民主集中制の強化，指導者の育成とともに，末端組織の強化が打ち出された。[6]

このような二重支配の実態を明らかにするために，1991年の11月に，天津市において，面接調査により，意思決定権限および影響力・パワーの分布状況を調査した。[7] 調査対象は集団所有制の「自転車ペダル」工場(従業員845人)と国有の「工業ミシン」工場(従業員1,592人)である。意思決定権限の調査では，資金の調達・配分，原材料調達，人事，生産，販売，製品開発，輸出，利潤分配，投資決定等，24の分野における主要な意思決定について，工場長以下各職位(副工場長，職能科室長，車間主任，職能組長，班組長)および主管部門，党委員会，従業員代表等が，それぞれの決定に対してどの程度関与できるかを調べた。決定への関与の度合いは，A：単独決定権，B：共同決定権，C：拒否権，D：協議権，E：提案権，F：情報権の6段階に分けた。この調査結果を集約したのが表12-1と表12-2である。この調査結果から，次のような点が明らかになった。

工場長は確かに財務・生産・人事・販売・成果配分その他企業経営上の主要な意思決定において中心的な役割を演じているものの，彼が単独で決定できるのは，たとえば利潤の一部使用や少額の銀行借り入れそのほかごく限られた分野に限定されている。党委員会や従業員代表がほとんど全ての項目に対して「共同決定権」や「協議権」があると回答している。実質的には工場長が副工場長

表12-1　企業内意思決定権マトリックス(天津自動車ペダル工場)

A＝単独決定権，B＝共同決定権，C＝拒否権，D＝協議権，E＝提案権，F＝情報権

	主管部門	党委員会	従業員代表	工場長	副工場長	職能科室長	車間主任	職能組長	班組長
1. 資金調達		D	B	A, B	B	C, D	F		
2. 資金配分		B	B	B	B	E	D		
3. 原材料調達		D	B	＊A	A	B	E	E	
4. 原材料配分		E	B		B	B	D	E	F
5. 管理者任命	＊C	B	B	E, B	B	E	E		
6. 管理者昇進	＊C	B	B	E, B	B				
7. 職工採用	C	B	B	B	D	E	E		
8. 職工配置		D	B		D, B	B	B	E	E
9. 職工昇進	＊C	B	B	E, B	A, E	B	D	E	E
10. 職工解雇		B	B, C	D	B, E	B	D	B	E
11. 生産品目決定		B	B	A	B, D	B	D	E	F
12. 生産量決定		B	B	A	B, E	B, D	D		F
13. 新製品開発		D, E	B	A	B, E	E, B	D	E	E
14. 販売先決定	＊A	B, D	B		A, B	B	F		
15. 販売価格決定	＊A	D, E	B	＊B	B	B	F		
16. 輸出決定	＊A	B	B	＊A	B	B	F		
17. 外貨使用	A	B, E	B	＊A	D	B			
18. 利潤分配	A	B	B, C		B	A, C			
19. 給与決定		B	B, C	B	B	B	B	F	F
20. 設備投資	＊A	D	B	＊A	B	B	E	F	F
21. 福祉支出決定		B	B, C		B	B	B	E	E
22. 合弁事業化	A	B	B	E	B	E			
23. 企業連合	A	B	B	E	B	E			
24. 組織改革		B	B	E	B	D	E	E	F

意思決定権の説明
A＝単独決定権(その問題を他に相談することなく単独で決定できる)
B＝共同決定権(その問題を決定する場合，必ず他と共同で決定しなければならない)
C＝拒否権(決定権はないが，他で決定したことに対して拒否権をもつ)
D＝協議権(決定権はないが，その問題について協議することができる)
E＝提案権(問題の検討や解決案を提案することができる)
F＝情報権(その決定に関する情報を請求することができる)

出所)　松本芳男(1992)「中国企業の組織・管理構造——天津市の工場調査を中心にして——」『商学集志』(日本大学商学部)，第62巻第2号，p.30

12章　中国企業における組織と個人　287

表12-2　企業内意思決定権マトリックス(天津市工業ミシン)

A＝単独決定権，B＝共同決定権，C＝拒否権，D＝協議権，E＝提案権，F＝情報権

	主管部門	党委員会	従業員代表	工場長	副工場長	職能科室長	車間主任	職能組長	班組長
1．資金調達		D	D	A, B	B	E			
2．資金配分		B	D	A, B	B	D	D		
3．原材料調達		D	E			A	E		
4．原材料配分		D	E			A	A	E	E
5．管理者任命	*A	B	D	B	E, B	E	E		
6．管理者昇進	*A	B	D	B	E, B	E	F		
7．職工採用	指A	D	B		条A	D	E		
8．職工配置		B	E		*A	B	A	D, A	D, A
9．職工昇進		B	B	B	E, B, A	E	E		
10．職工解雇		D	B	B	B	E	E		F
11．生産品目決定	A	B	B	E, B	B	D	E	F	
12．生産量決定		B	E	B	B	B	D		
13．新製品開発		B	B	B	E, B	B	F		
14．販売先決定	F	D	D	A		A			
15．販売価格決定	F	D	B	B	B	E			
16．輸出決定	F	D	B	A		D			
17．外貨使用	D	D	D	金A	用A	E			
18．利潤分配	*D	B	B	A		E	E		
19．給与決定		B	B	E, D, B	D, B	E	E		
20．設備投資		D	B	B	B	D	E		
21．福祉支出決定		B	B	*E, D	D	E			
22．合弁事業化	C	B	B	E, B	B	E	E		
23．企業連合	C	D	B	E, B	B	E	E		
24．組織改革		B	B	E, B	B	E	E		

意思決定権の説明
A＝単独決定権(その問題を他に相談することなく単独で決定できる)
B＝共同決定権(その問題を決定する場合，必ず他と共同で決定しなければならない)
C＝拒否権(決定権はないが，他で決定したことに対して拒否権をもつ)
D＝協議権(決定権はないが，その問題について協議することができる)
E＝提案権(問題の検討や解決案を提案することができる)
F＝情報権(その決定に関する情報を請求することができる)

出所）松本芳男(1992)「中国企業の組織・管理構造――天津市の工場調査を中心にして――」『商学集志』(日本大学商学部)，第62巻第2号，p.31

や担当科長と協議して決定する場合でも，党委員会や従業員代表の同意や承認が必要な場合が多く，経営責任者としての工場長の裁量権を大幅に制約している。主管部門は，直接関与する項目は多くないが，管理者の任命・昇進，職工採用，利潤分配，合弁事業化，企業連合等，重要な人事・経営政策上の決定について，依然，かなり強い影響力を保持している。また，党委員会や従業員代表と工場長の間だけでなく，工場長と副工場長・科長・車間主任等の間に，意思決定権限についてかなり大きな認識上のギャップが存在していることも明らかになった。[8]

次に，組織内で発生するさまざまな問題の解決，紛争処理，部門間調整などについて，トップ，ミドル，ロアーの各管理者，党書記，従業員代表等がどの程度の影響力やパワーを持っているかを調べた。質問項目は，それぞれの所属集団・部門における「仕事の内容・分担」「仕事のやり方の変更」「仕事に関する問題解決」「トラブルの処理」「職務を果たさない人への対応」「集団・部門間での仕事の調整」「人の雇用」「賃金・報酬の増加」「昇進」「解雇」の10項目である。この回答結果をグラフ化したのが図12-1の(1)から(11)である。

全般的な影響力の分布を見ると，国有であるミシン工場では工場長が最も大きな影響力を持つとされているものの全体的に平準化された分布となっているのに対し，集団所有のペダル工場では工場長と車間主任に影響力が集中している。また，賃金・報酬，昇進，解雇を除く各項目でミシン工場のラインが，ペダル工場のラインの上方に位置しており，影響力の総和が国有のミシン工場の方が大きくなっている。

以上見てきたように，工場長は形式的には経営の「中心的地位」に位置づけられているものの，その実際の権限・パワーは必ずしも経営責任者として十分なものとは言い難い。「中国での労働倫理，やる気の鍵は工場長の経営姿勢にある」とする調査結果もあり（千石・丁，1992），工場長を名実共に備わった経営責任者とするために，それにふさわしい権限・パワーを与えることが不可欠である。[9]

12章　中国企業における組織と個人　289

(1) 所属集団・部門内の職工の仕事の内容や分担

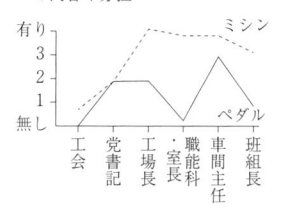

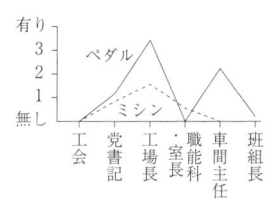

(2) 所属集団・部門内の職工の仕事のやり方の変更

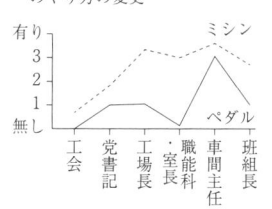

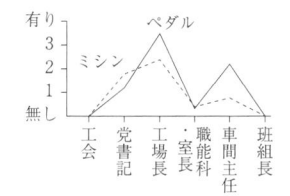

(3) 所属集団・部門内の職工の仕事上の問題解決

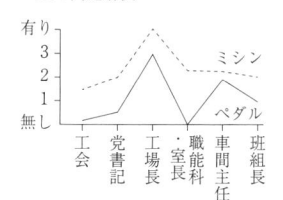

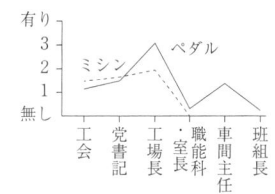

(4) 所属集団・部門内の職工間の紛争処理

(5) 所属集団・部門内の職工が責任を果たさない場合の対応

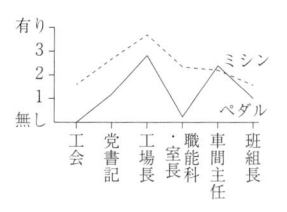

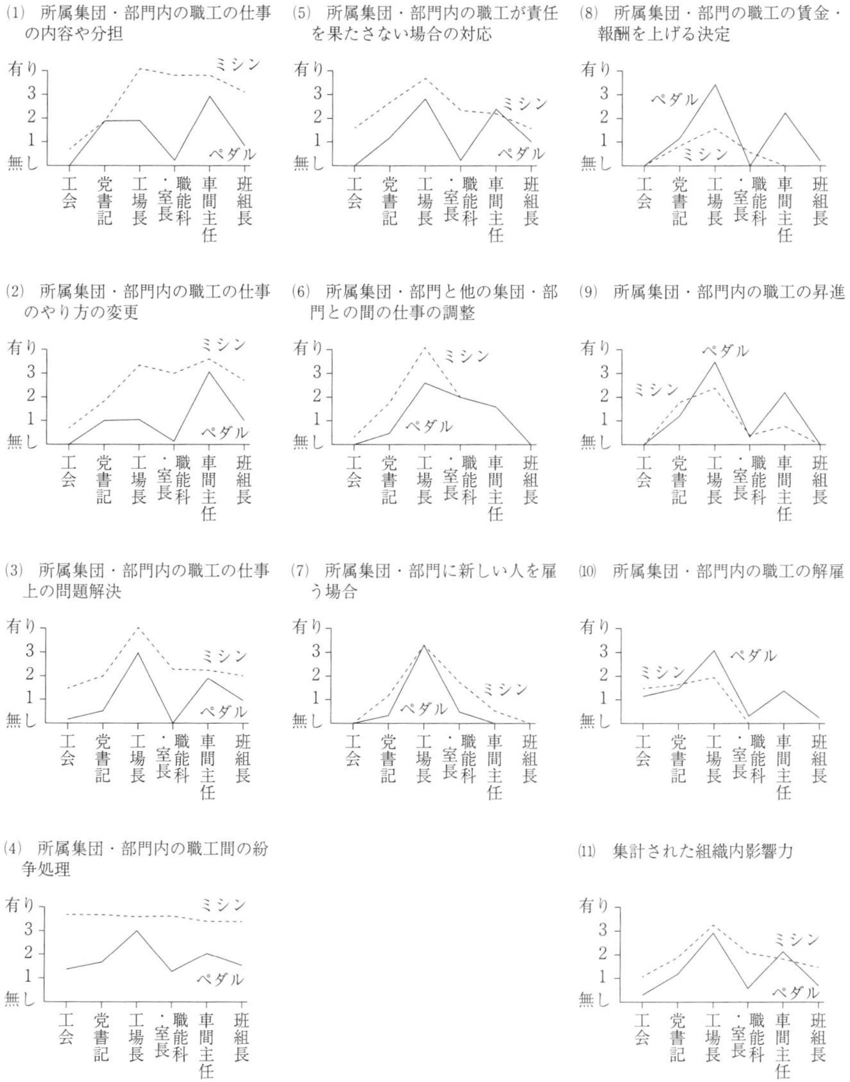

(6) 所属集団・部門と他の集団・部門との間の仕事の調整

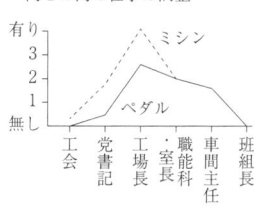

(7) 所属集団・部門に新しい人を雇う場合

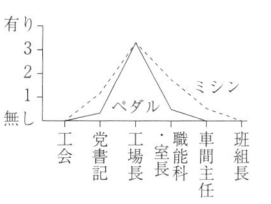

(8) 所属集団・部門の職工の賃金・報酬を上げる決定

(9) 所属集団・部門内の職工の昇進

(10) 所属集団・部門内の職工の解雇

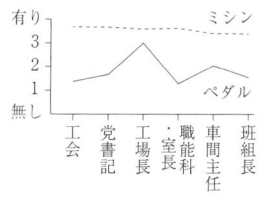

(11) 集計された組織内影響力

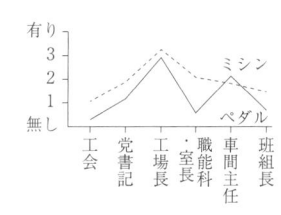

図 12-1　組織内における影響力・パワーの分布

出所）松本芳男(1992)「中国企業の組織・管理構造——天津市の工場調査を中心にして——」『商学集志』（日本大学商学部）, 第62巻第2号, pp.37-38

2. 中国社会における組織と個人

2.1 「縁」ネットワーク社会

園田茂人によれば中国の社会構成原理は「硬い」人間関係としての「関係主義」として特徴づけられる。「硬い人間関係」とは，⑴ 人間関係を取り結ぶ契機が，その人物の属する家族(血縁)および出身地域(地縁)に強く規定され，⑵ 集団内部の凝集力が強く，多くの資源を共有する分だけ，外部に対する排斥および無関心が強く，⑶ そのネットワークが強固な「自我(ego)」を中心に同心円状に広がっていることを意味している(園田，1991)。このような「硬い人間関係」に基づく中国の「関係」は，次のような特徴を持っている(園田，1988)。

⑴ 「関係」には，自我と他我を無意識化させる機能があり，「関係」の存在を前提として「人」が論じられ，所有権の曖昧さに代表されるように，その境界が漠然としている。

⑵ 「関係」を通じて富，権力，威信など莫大な社会的資源が移動し，その結果，ネポティズムが横行する。

⑶ 「関係」によって強い二重倫理が生じ，しかもこの「関係」のネットワークが社会全体に広がりを持たないために団結性の欠如・多中心的無政府主義を生んだり，「関係」のない外の世界に対する無知・無関心・恐怖心が冒険的・想像的精神の欠如や夜郎自大的中華思想等を生む契機となる。

⑷ 「関係」は「面子」というフィルターを通じて自我と他我とを結合する。

⑸ 「関係」は個人を中心にして拡がっており，「場」の共有が必ずしも「関係」の存在を保証しない。

⑹ 「関係」内部では，互いの「面子」を通じて他我が自我に優越する情況を極力避けようとする力学が生じ，結果的に強い平等主義的な横の論理が通用することになる。

このような中国的「関係主義」の思想的源泉は伝統的な血縁中心主義と儒教思想に求められるが，これが社会主義革命を経て変容したものの，私有制否定，

社会的流動性の制限，西洋社会との対決等によって温存・強化されてきたと解される(園田，1988)。こうした私縁的ネットワークとしての中国的「関係主義」は，確かに中国の経済活動を活性化させるうえで一定の役割を演じてきたという面はあるだろうが，反面，その縁故主義，割拠主義，平等主義，官僚主義等により，市場の健全な発展や近代的・合理的組織の確立を阻害していることも事実である。今後は，その閉鎖性，排他性，局地性，権力依存の上下性を打破し，関係性(つながり)の民主化を図ることが課題となるであろう(溝口，1989)。

2.2　自己中心主義と全体優位主義

中国においては個人と組織の関係において，個人よりも全体としての組織・国家などが道義的・原理的に優位性を与えられる傾向が強い。これは，思想的には大同思想，三民主義，共和革命思想などに由来すると思われる。溝口雄三によれば，古代の中国では，「公・私」は，日本の場合と同じように，共同体ないしその首長とその成員に関わるものであったが，国家が成立していく中で，「君・国・官」と「臣・家・民」の間の政治的な関係に整備されていき，その過程で，天の無私・不偏という「天」観念を政治の原理として受け入れ，その結果，公を「平分」，私を「姦邪」・「偏頗」とする道義的な背反・対立を含むに至ったと考えられている。すなわち，中国の公の特質は，朝廷や国家の外側にそれを超えた「天下の公」という観念を持つところにあるが，これを政治や社会のレベルで具体化したのが「天に依拠して生きる天の民」としての「生民」と，「生存や所有などの自然権のかたよりのない充足」を意味する「均」である。「生民」の経済的自然権に政治的民権が加わるのに呼応して，「均」も，単に貧富だけでなく，貴賎，人種，男女などあらゆる「分」の不平等を均しくするという社会的な平等・自由の権利となっていったが，平等なるが故に数の論理が働き，「個人」の自由は「少数者」すなわち「専制者」の自由として斥けられ，自由は団体・総体・国民・国群などの「多数人」の自由であってはじめて容認されることとなった(溝口，1988)。こうして，近代中国においては，「個人の自

由」は「私人の自利」「少数者の専横の自由」と理解され，それは公平・公正に反するもの，全体の生存の権利を犯すものとして否定されることになったと考えられる。

　全体の名において個(私)を否定する傾向は，社会主義革命により一層強化されたと考えられる。たとえば，中国共産党員に対する規律の中で毛沢東は「個人は組織に，少数は多数に，部下は上司に，党全体は党中央に」それぞれ服従することを求めているが，これは単に共産党員のみならず中国人民全体に求められた行動規範と理解される。また，中国共産党が1953年に提起した大衆に対する社会主義教育の中心課題においては，「個人の利益が国家の利益に，目前の利益が長期の利益に，局部の利益が全体の利益に」それぞれ従属するべきことを強調している。文化大革命において強調された「破私立公」(私を破り，公を立てる)というスローガンも，ブルジョア的個人主義や私利追求のみならず，個人的領域一般までをも含む「私」を全面否定し，国家と集団に絶対的な優先権を与えようとするものであった。

　このように，中国においては歴史的に「公が私に，全体が個に優先するべし」とする考え方が強かったように思われるが，これが現代の中国人の意識や行動にどの程度浸透しているかは世代によって異なるようである。中国人の価値観を調査・分析した千石保によれば，確かに革命世代の老人層は依然社会主義イデオロギーに忠実で，国や社会に対する自己犠牲の精神を示しているが，革命思想に挫折した文革世代の中年層は組織や国のために貢献することを拒否し，改革世代の若者もはっきりと自己犠牲を否定している。そして，友人関係についての調査から，中国人はアメリカ人以上に個人主義的あるいは利己主義的であるが，アメリカ人のような社会や公共の利益に対する奉仕，正義や公正さの理念に欠けていると結論している(千石・丁，1992)。

　ロナルド・ドーアによれば，道徳的姿勢・倫理原則としての個人主義には，国家・権威に服従することを拒否する「反国家(権威)主義」，他者への依存を拒否する「自立主義」，より広いコミュニティーとの情緒的一体化を拒否する

「情緒的非集団主義」，自己利益を堂々と肯定する「自己利益追求主義」などのタイプがある（ドーア，1990）。革命的価値観に固執する一部の老人層を除き，多くの中国人は「自己利益追求型」と言えそうである。国家や権威に対して多くの中国人は懐疑的ないし批判的であるが，抵抗するというよりは服従的である。他者への一方的依存は避けるものの，国や組織に対しては依存的である。広いコミュニティーとの情緒的一体化は希薄である。

このように見てくると，中国にあるのは，西洋のような対自化された「強い自己(self)」に基づく「個人主義」ではなく，「強い自我(ego)」に基づく「自己中心主義」と言えそうである。これは，「国家は家のために，家は自分のために」という具合に限りない「私」への「縮小原理」が働くことに中国的人間関係の基本特徴と問題点があるとする指摘とも符合する（園田，1991）。

自己中心主義と全体優先主義が並存するというのは一見奇妙に見える。しかし，全体優先主義というのはあくまで従うべき「行動規範」として求められているのであり，これは，現実に個人の意識レベルでは自己中心主義が強いことの裏返しと考えることができる。現実に自己中心主義が強いからこそ，従うべき規範として全体優先主義が強調されるのであろう。伝統的権威や革命的価値観の風化が進み，改革・開放が進むにつれて，規範としての全体優先主義が後退する一方，自己中心主義がさらに強まることが予想される。全体主義的傾向の後退は望ましいが，あまりにも強い自我に基づく利己主義・自己中心主義の蔓延は，中国社会にとって憂えるべきことである。

3．中国思想と組織デザイン

アジアの時代と言われる21世紀に向けて中国が国際社会の一員としてその確かな役割を果たしていくためには，民主主義，法治主義，機能主義，能力主義など近代(産業)社会の理念を取り入れていくことは不可欠であろう。これを企業組織のレベルで考えれば，たとえば企業の経営権の確立，恣意性を排した規則に基づく業務の運営，個人の職務・権限・責任の明確化と協働意識の高揚，

無責任なカントリークラブ　　　　　　騒然とした無秩序

否定ゾーン
混沌

極端な寛大さ　　　　　　早まった反応
無規制な個人主義　　　　悲惨な実験

肯定ゾーン

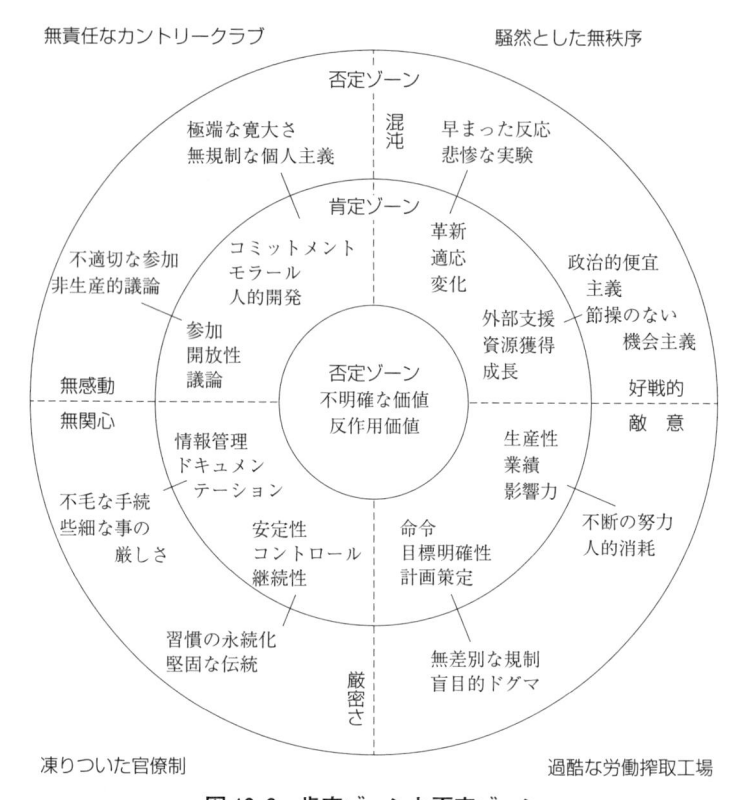

不適切な参加　　コミットメント　革新　　　　政治的便宜
非生産的議論　　モラール　　　適応　　　　主義
　　　　　　　人的開発　　　変化　　　　　節操のない
　　　　　　　　　　　　　　　　　　　　　機会主義
　　　　　　参加　　　　　　　外部支援
　　　　　　開放性　　　　　　資源獲得
無感動　　　議論　　　　　　　成長　　　　好戦的
無関心　　　　　　否定ゾーン　　　　　　　敵　意
　　　　　　　　　不明確な価値
　　　　　　　　　反作用価値
　　　　　　情報管理　　　　　生産性
不毛な手続　ドキュメン　　　　業績
些細な事の　テーション　　　　影響力
厳しさ　　　　　　　　　　　　　　　　　不断の努力
　　　　　　安定性　　命令　　　　　　　人的消耗
　　　　　　コントロール　目標明確性
　　　　　　継続性　　計画策定

習慣の永続化　　　　　無差別な規制
堅固な伝統　　　　　　盲目的ドグマ

厳密さ

凍りついた官僚制　　　　　　　　過酷な労働搾取工場

図 12-2　肯定ゾーンと否定ゾーン

出所）R. E. Quinn, *Beyond Rational Management*, Jossey-Bass, 1988, p. 70

機能的生産システムとしての企業組織の合理化，能力・実績に応じた処遇・報酬制度の確立等が求められるであろう。このように中国の企業組織を近代化・合理化するという議論はしばしば行われるが，中国の思想の中に「望ましい組織」をデザインするためのアイディアを求めてみることも意味があるであろう。ここでは特に「両面思考」と「中庸思想」に注目したい。

　金谷治によれば，中国人のものの考え方の基本型は，ものごとを一面的には見ない「両面思考」(対待)にあるという。ものごとを考えるときに，必ずその

裏側の対者のことも考えて，表からの一面的な見方だけでなく逆の方からも考えるという総合的・相対的な態度である。陰陽の二元的対立関係は，どちらか一方がなければ他方も存在しないという関係，すなわち，反対でありながら相手を必要とする関係で，しかもそれが動いて変化を起こしていく動態的関係である(金谷，1993)。このように，あらゆるものが対で存在し，反対概念の存在価値を認め，同じもの同士ではなく異なったもの同士の結び付きを吉とする考え方は，組織デザインの「パラドックス・アプローチ」に通じる考え方である。

組織デザインのパラドックス・アプローチは，「ほとんど全ての価値は，それと同じように肯定的な対極の価値を持ち，組織を効果的に機能させるには，このような両極性をバランスさせる必要がある」とする考え方である(Quinn, 1988：Quinn & Cameron, 1988：松本，1994)。組織は競合するさまざまな価値の中から適合的な価値を通じて成功を追求すればするほど，それと対立する価値を考慮する圧力も大きくなるが，もしこれらの対立する価値を長い間無視すると，両極性(polarity)の創造的緊張が失われて危機や失敗が生ずることになる。組織は明確な価値や焦点を確立できないと有効性を発揮できないが，ある価値を一面的に追求し対立価値を無視し続けても失敗する。組織の長期的存続は両極性のバランスに依存することになる(図12-2参照)。

この「両極性のバランス」に関して注目されるのが「中庸思想」である。中庸というと「過ぎたるは猶及ばざるがごとし」という論語の言葉が思い起こされるが，基本的な意味は「両端の中」(右と左のほど良い中ほど)ということである。「両端の中」は決して固定的なものではなく，その時々に当てはまる中(「時中」)を維持するには柔軟な融通性が必要とされる。しかも，両端に偏らないということは両端を切り捨てることではなく，むしろ両端を接収しそれを生かすことにより，質的により高い中を得ることである。すなわち，「右でもなく左でもない」というのは，実は「右でもあり左でもある」ということであり，右と左が歩み寄り，質的な高まりを見せて頂点を形成するという円錐型構造で理解されるべきものである(金谷，1993)。

中庸といういかにも保守的で古くさく，あまりに常識的で，概念としても曖昧すぎるという印象がある。確かにそれは多分に曖昧性を含み，卑俗な折衷主義，日和見主義，御都合主義に堕する危険を秘めている。しかし金谷によれば，「対立するものがその対抗性を失わないで『競い立ち』ながら，しかも相手を容認して譲るべきは譲るというあり方，個を貫きながら全体の調和の理想を追求する姿勢，絶えず変動する状勢のなかで広く情報を集めて安定した中を求める態度，そうした複合的なあり方のなかに中庸の真髄はある」(金谷，1993：162)とし，これをひとつの思考形式・ものの考え方として抽象して考えれば現代の実践倫理として極めて貴重な思想であり，それは先の両面思考とともに，「個人と全体」といった現代社会の問題の現実的な解決にとっても最も有効であろうと述べている。

おわりに

中国の伝統思想といえば儒教・仏教・道教に代表されるが，特に政治・経済・組織思想において影響力の大きかったのは儒教であろう。儒教に対する評価は，中国の歴史においても揺れ動いてきたが，今日の日本においても，一方で，アジアNIESの経済発展に触発され，その背景として集団性・共同性，学習・教育重視，倫理規範重視などの面で儒教を積極的に評価するいわゆる「儒教ルネッサンス論」がある反面，その独善性，極端な精神主義と現実無視，尚古主義・停滞性等から儒教思想の危険性を指摘する声もある(村松，1992)。一口に儒教といっても，そこには礼制，哲学思想，政治・経済思想，指導層の責任倫理，学問論・教育論・修養論・道徳論，民間倫理，共同体倫理，個人倫理等多様な側面が含まれており，中国，韓国，日本，ヴェトナム等国によってもそのありようは異なっている(溝口，1989)。これらの中には，当然，封建的・保守的・非合理的で現代に通用しない要素も多く含まれているであろうが，それだからといって儒教や中国思想全体を否定するのではなく，その中に現代にも通用するアイディアを求め，それを創造的に転換し(李，1989)生かしていく

姿勢が必要ではないかと考える。

　溝口によれば，20世紀の資本主義はそれぞれの国や社会のエゴイズムをバネにしてきたが，21世紀は地球規模で全体的調和を考えるべき世紀になるであろうが，自然と人類の調和，人類同士の道徳的共存といった問題は，個人や集団の道義性の確立なしには解決し得ないのであり，「資本主義の発展にどう儒教がかかわるかということより，資本主義の発展が，どう倫理的に正しくあるべきか，資本家や経営者が21世紀の社会の発展に対して，どう道義性を回復するか，そういう道義性の再確立について，儒教思想や儒教倫理がどう有用であるかを論ずることの方が，先決である」（溝口・中嶋，1991：21-22）と述べている。

　組織デザインにおいても，単に有効性や効率性だけでなく革新性・創造性，労働生活の質，正義・公正・社会性等，ますます多元的な価値を考慮に入れることが求められてきており，パラドキシカルなアプローチが必要になってきている。このような観点から，「望ましい組織」をデザインするためのアイディアを儒教を初めとする中国思想の中に求めてみることも意味があると思われる。

【注】
1) 本章は，1994年10月14日・15日に開催された組織学会1995年度年次大会（日本大学経済学部）における報告を基礎にしている。
2) 『日本経済新聞』1994年8月11日。
3) この調査は日本大学商学部の「東アジア研究会」が中国管理科学研究院天津分院の協力を得て，1991年から1992年にかけて実施したもので，次の2つの調査を含んでいる。A調査は，天津市の機械工業に属する150の企業（国有企業が94，集団所有企業が44，中外合資企業が8，その他が4）に対する詳細な調査表による調査で，1990年11月から1991年3月にかけて行われた。主な調査項目は，企業の概況（設立時期，所有形態，経営形態，主要産品，主管部門，企業集団），資産内容，職工構成と賃金総額，人事制度，原材料・燃料・電力消費量，主要財務指標，利潤分配，研究開発活動，経営目的と経営指標などである。B調査は1991年11月〜12月にかけて，「労働者の勤労意識」（6企業）と「企業組織と権限構造」（2企業）について行われた。
4) ヴァンデルメールシュによれば，生産・教育・行政などの機能が一体化され「単位」という現実は，中国社会の産業的変化，社会主義的革命，非常に低い生活水準への適

応と理解される。このような企業における共同体主義的特徴という点で日本と中国の類似点が認められるが，反面，中国では家族が「単位」に完全に同化されているのに対し，日本では労働者が家族から分離して企業共同体に帰属しているという違いが指摘されている（ヴァンデルメールシュ，1987：198-199）。

5）　魯布革（ルフカ）という中国奥地でのトンネル掘を受注した日本の建設会社が，やる気のない労働者に対して解雇も給料を下げることもできず，結局，標準作業量を決め，これを超えた場合に出来高に応じて報奨金を支払うという方法で対応し，結果的に，トンネル掘のスピードで世界記録を樹立した（千石，1988b：34-36。千石・丁，1992：145-151）。

6）　『朝日新聞』1994年10月8日。

7）　この調査については，次を参照されたい。松本芳男（1992）「中国企業の組織・管理構造——天津市の工場調査を中心にして——」『商業集志』（日本大学商学部）第62巻第2号。

8）　たとえば，職工の採用や配置について工場長は人事担当科長が単独決定権や共同決定権を持つと考えているのに，科長自身は単なる提案権や協議権を持つに過ぎないと考えていたり，利潤分配に関して工場長は「単独決定権を持つ」と回答しているのに，党委員会や従業員代表が「共同決定権あり」と回答したりしている。

9）　『日本経済新聞』（1994年12月16日）によれば，中国国家統計局が国有企業1,272社を対象にした経営状況アンケート調査では，約8割の企業が，国から労働者の人事権や投資案件の意思決定権が移管されたと答えており，経営自主権の確立が進みつつあることを伝えている。

10）　中国における個人と集団の関係の模範としてしばしば引き合いに出されるのが雷峰という解放軍兵士である。彼は，社会を大きな機械にたとえれば個人は機械のネジの一つに過ぎないが，自分は永遠に錆びないネジになりたいと語ったという（千石・丁，1992：44-45）。

【参考文献】

関琦著，丸山昇監修・解説，高見澤磨他訳（1991）『中国の政治文化——なぜ民主主義が育たないのか——』田畑書店。

ドーア，ドナルド著，加藤幹雄訳（1990）『21世紀は個人主義の時代か：西欧系譜と日本』サイマル出版会。

エドワーズ，R. ランドル，ヘンキン，ルイス＆アンドリュー J. ネイサン著，斎藤恵彦・興梠一郎訳（1990）『中国の人権——その歴史と思想と現実と——』有信堂。

シュー，F. L. K. 著，作田啓一・浜口恵俊訳（1971）『比較文明社会論——クラン・カスト・クラブ・家元——』培風館。

貝塚茂樹責任編集（1978）『孔子・孟子』中央公論社。

金谷治（1993）『中国思想を考える——未来を開く伝統——』中央公論社。

加地伸行（1990）『儒教とは何か』中央公論社。

金観濤・劉青峰著,若林正丈・村田雄二郎訳(1987)『中国社会の超安定システム——「大一統」のメカニズム』研文出版.
金日坤(1984)『儒教文化圏の秩序と経済』名古屋大学出版会.
清川雪彦(1994)「中国における企業改革の進展と職務意識の変化——天津市の機械工業における意識調査を通して——」『経済研究』(一橋大学)第45巻第2号.
松本芳男(1992)「中国企業の組織・管理構造——天津市の工場調査を中心にして——」『商学集志』(日本大学商学部),第62巻第2号.
松本芳男(1994)「組織デザインの基本問題——3つのキーコンセプトとアプローチ——」『経営学論集』(日本経営学会)第64巻.
松本芳男(1994)「組織価値診断のパラドックス・モデル」『商学集志』(日本大学商学部),第64巻第1〜3号.
松戸武彦(1991)「中国企業労働者の意識構造——所属企業(工作単位)の社会的意味付けをめぐって——」『奈良大学紀要』第19号.
溝口雄三・中嶋嶺雄編著(1991)『儒教ルネッサンスを考える』大修館書店.
溝口雄三(1989)『方法としての中国』東京大学出版会.
溝口雄三(1988)「中国の『公・私』(上・下)」『文学』9月号,10月号.
村松瑛(1992)『儒教の毒』PHP研究所.
森三樹三郎(1988)『中国文化と日本文化』人文書院.
日中経済協会調査委員会(1989)『中国の企業改革』日中経済協会.
岡田武彦(1994)『東洋のアイデンティティ』批評社.
王輝著,橋爪大三郎他訳(1994)『中国官僚天国』岩波書店.
Quinn, R. E. & K. S. Cameron eds., (1988) *Paradox and Transformation: Toward a theory of Change in Organization and Management*, Ballinger.
Quinn, R. E. (1988) *Beyond Rational Management: Mastering the Paradoxes and Competing Demands of High Performance*, Jossey-Bass.
李沢厚著,坂元ひろ子他訳(1989)『中国の文化心理構造——現代中国を解く鍵——』平凡社.
千石保・丁謙(1992)『中国人の価値観』サイマル出版会.
千石保他(1989)『中国における価値観の研究』日本青少年研究所.
千石保(1988a)「中国人2000人の労働意欲調査分析(上),平等原理と依存体質がもたらす"中国病"」『DIAMONDハーバード・ビジネス・レビュー』Aug. -Sep.
千石保(1988b)「中国人2000人の労働意欲分析(下),"中国病"克服のカギ」『DIAMONDハーバード・ビジネス・レビュー』Oct. -Nov.
園田茂人(1991)「『関係主義』社会としての中国」野村浩一・高橋満他編(1991)『もっと知りたい中国Ⅱ,社会・文化篇』弘文堂.
園田茂人(1988)「中国的〈関係主義〉に関する基礎的考察」『ソシオロゴス』12.
戸川芳郎・蜂屋邦夫・溝口雄三(1987)『儒教史』(世界宗教史叢書10)山川出版社.
ウェーバー,M.著,木全徳雄訳(1971)『儒教と道教』創文社.

余英時著，森紀子訳（1991）『中国近世の宗教倫理と商人精神』平凡社。
吉沢南（1987）『個と共同性──アジアの社会主義──』東京大学出版会。
ヴァンデルメールシュ，レオン著，福鎌忠恕訳（1987）『アジア文化圏の時代』大修館書店。

第3部

経営教育の諸課題

13章 異文化経営と経営教育

1. 問題の所在

　本章では，アジアに進出した日系企業が現地の従業員・管理者・労働組合などとの間にどのようなコンフリクトを経験し，それらに対してどのような対応をしているのかをアンケート調査に基づいて明らかにしたうえで，コンフリクトを建設的に解決し異文化経営を展開するには経営教育上いかなる配慮が必要かを考察する。

　日本企業はこれまで，各国政府の輸入規制への対応，貿易摩擦の回避，低廉な労働力の利用などの理由から積極的に生産拠点の海外展開を進めてきた。とくに1985年のプラザ合意以降の急激な円高の進行は，こうした傾向を加速させた。その後90年代に入り，バブル経済の破綻，アジア経済危機，円安などに直面し，ややペースダウンしたものの，海外進出の基調は変わっていない。

　こうした中で，日本企業はこれまで国際競争力の源泉であった「高品質・低価格・高能率のモノづくり」の卓越したノウハウ・生産システムを海外の生産拠点に移植・定着させることに腐心してきた。こうした努力の結果，現在では，国内のマザー工場にひけをとらないほどの品質・能率レベルに達している海外工場も珍しくなくなってきている。

　「カイゼン」に代表されるような生産管理のノウハウの移植・定着はかなり進みそれなりの成果を上げてきているが，雇用・昇進・報酬・配置転換・教育訓練など「ヒト」を対象とした人的資源管理の領域では，依然，試行錯誤が続

いている。というのも，人的資源管理の領域における問題は，それぞれの国の社会的・文化的特性により規定される度合いが強いからである。そこで日系企業は世界各地で，現地の経営制度・慣行と日本型経営の融合による「ハイブリッド型経営」の確立をめざし努力しているわけである。こうした状況は世界中至る所で見られるが，とりわけアジア諸国においては，次のような理由から，特有の難しさがある。

(1) 「侵略者としての日本」と「経済的成功者としての日本」という愛憎なかばするアンビバレントな感情の存在[1]
(2) 近代資本主義メカニズムに適合的な合理的経営システムの未確立

こうした理由から，性急に日本型経営システムを導入しようとするとさまざまなコンフリクトが生じることになる。

2．アジア進出日系企業が直面するコンフリクトとそれに対する対応策

1998年7月，中国，台湾，韓国，タイ，マレーシアのアジア5カ国の日系合弁企業500社（各国100社）に対してアンケートを送付し，109社から回答を得た（回収率22.3％）[2]。対象企業は次の基準に従って選んだ。① 製造業，② 現地従業員100人以上，③ 日系企業の出資比率20〜80％，④ 売上高上位100社。回収した109社の内訳は，中国23社，台湾20社，韓国17社，タイ20社，マレーシア29社であった。回答者は基本的に日系企業の日本人経営者であるが，韓国と台湾については現地人経営者がかなり含まれている。

従業員総数の平均値は，中国が689人，台湾が474人，韓国が336人，タイが441人，マレーシアが725人である。日本人社員数の平均値は，中国が3.4人，台湾が4.1人，韓国が1.9人，タイが5.6人，マレーシアが7.7人である。日本人社員の駐在期間は最高12年（タイ）というケースもあるが，平均すると3.5年である。労働組合のある企業の割合は，中国が81％，台湾が63％，韓国が69％，タイが24％，マレーシアが40％である。離職率は，中国が2.8％，台湾が8.2％，韓国が4.5％，タイが8.8％，マレーシアが8.6％である。

まず「過去5年間において会社が経験した従業員・労働組合とのコンフリクト」について尋ねたところ(複数回答可)，全体としてコンフリクトが一番多く生じているのは「雇用・解雇」にかんするもので75件(14.9％)，次いで「賃金・賞与」が74件(14.7％)であり，以下，「職務規律」(71件，14.1％)，「勤務態度」(70件，13.9％)，「配置転換」(60件，11.9％)，「労働時間」(56件，11.1％)，「権限・責任」(49件，9.7％)，「昇進・昇格」(46件，9.1％)の順となっている。いずれの国においても「雇用・解雇」や「賃金・賞与」を巡るコンフリクトが多いが，「職務規律」「勤務態度」にかんするコンフリクトがマレーシア(15.3％，16.4％)，中国(15.6％，14.6％)，タイ(16.9％，13.0％)などでやや多く，台湾(9.7％，8.1％)，韓国(10.6％，12.9％)ではそれほど多くないことがわかる。

　次に，上記のようなさまざまなコンフリクトに対して，会社がどのような方法で対応したかを見てみよう。「雇用・解雇」にかんするコンフリクトに対しては，「個別話し合い」(31件，41.3％)，「労使協議」(23件，30.6％)など「話し合い」を基調とする対応が，「指示・命令」(9件，12.0％)，「解雇」(7件，6.3％)など強硬な対応を大きく上回っている。国別に見ると，台湾(58.3％)，マレーシア(54.5％)で「個別話し合い」が多く，韓国では「労使協議」(63.6％)が多くなっている。

　「賃金・賞与」にかんするコンフリクトに対しては，「労使協議」(29件，39.1％)，「説得」(12件，16.2％)，「個別話し合い」(11件，14.8％)など「話し合い」基調の対応のほか，「団体交渉」(12件，16.2％)，「指示・命令」(10件，13.5％)など強硬な対応策もかなり用いられている。ただ「団体交渉」という「力による対応」は，韓国(31.3％)，マレーシア(21.7％)ではかなり多いが，中国(0％)，タイ(7.7％)，台湾(9.1％)では少ない。

　「昇進・昇格」にかんするコンフリクトに対しては，「個別話し合い」(21件，45.6％)が一番多いものの，「指示・命令」(16件，34.7％)という強硬策もかなり用いられている。とくに韓国では4件すべてについて「指示・命令」で対応されていることが注目される。一方，中国(60％)，マレーシア(62.5％)では「個

別話し合い」が多い。

「労働時間」にかんするコンフリクトに対しては，「労使協議」(27件，48.2％)で対応するケースが多く，以下「指示・命令」(12件，21.4％)，「説得」(6件，10.7％)，「個別話し合い」(5件，8.9％)，「団体交渉」(4件，7.1％)，「叱責」(2件，3.5％)の順になっている。

「権限・責任」にかんするコンフリクトに対しては，「指示・命令」(19件，38.7％)という強硬な対応と，「個別話し合い」(17件，34.6％)というソフトな対応がほぼ半々ずつとなっており，この２つですべてのケース(49件)の７割以上(73.3％)が対応されている。国別では，中国で「個別話し合い」(4件，50％)が多く，マレーシアで「指示・命令」(9件，50％)が多くなっている。

「職務規律」にかんするコンフリクトに対しては，「指示・命令」(24件，33.8％)で対応するケースが一番多いが，「労使協議」(13件，18.3％)に諮ったり「個別話し合い」(9件，12.6％)，「叱責」(9件，12.6％)，「説得」(5件，7.0％)で対応するケースもある。しかし，「降格」(3件，4.2％)や「解雇」(7件，9.8％)にまで至るケースがあることは注意を要する。

「勤務態度」にかんするコンフリクトに対しても，「指示・命令」(19件，27.1％)による対応が一番多く，以下，「個別話し合い」(16件，22.8％)，「叱責」(13件，18.5％)と続くが，「降格」(3件，4.2％)や「解雇」(10件，14.2％)にまで至るケースがあることは「職務規律」の場合と同様である。

「配置転換」にかんするコンフリクトに対しては，「個別話し合い」(20件，33.3％)と「指示・命令」(18件，30％)がそれぞれ３割程度を占め，以下，「説得」(12件，20％)，「労使協議」(7件，11.6％)，「解雇」(2件，3.3％)，「団体交渉」(1件，1.6％)の順になっている。

それでは，このようなさまざまなコンフリクトやトラブルを回避するために会社はどのようなことに注意したらよいと考えているのであろうか。とくに必要と思われる事柄を３つあげてもらったところ，次のような結果となった。

①「相互の信頼感の醸成」(25.5％)，②「緊密なコミュニケーション・交渉」

(17.3％)，③「職務・権限・責任の明確な規定」(14.4％)——韓国がやや高く(22.4％)，タイがやや低い(10.2％)，④「情報共有の促進」(7.6％)，⑤「経営理念の徹底」(6.7％)——台湾がやや高い(9.8％)，⑥「意思決定への参加機会提供」(6.5％)——中国が低い(2.4％)，⑥「相互の文化への理解増進」(6.5％)，⑧「教育訓練の充実」(6.2％)——マレーシアがやや低い(3.4％)，⑨「労働条件の改善(2.9％)——台湾が高い(6.6％)，⑩「日本型経営システム・慣行への理解増進」(2.3％)——中国が高い(6.8％)，⑩「賃金・賞与の増額」(2.3％)——マレーシアが高い(5.6％)，⑫「懲罰の強化」(1.5％)，⑬「福利厚生の改善」(0.3％)

このようにコンフリクトやトラブルを未然に防ぐには，何よりも相互の信頼感を高めることが重要であり，そのためには緊密なコミュニケーションや情報の共有と並んで，職務・権限・責任の明確化が必要であると考えられている。

ここで，調査した日系企業における経営幹部の構成がどのようになっているかを見ておくことにしよう。現地人がCEO（最高経営責任者）を務めている企業の割合は，5ヵ国平均では37.3％であるが，韓国では85.7％と非常に高く，台湾がほぼ平均値に近く37.5％，中国が31.8％，タイが21.0％，マレーシアが最低で10.7％となっている。取締役に占める現地人の割合は，5ヵ国平均では40.9％であるが，韓国が65.5％と最も高く，以下，台湾(44.8％)，中国(41.1％)，タイ(26.7％)，マレーシア(26.4％)の順になっている。部長クラスになると，現地人が占める割合は，5ヵ国平均で73.0％，課長クラスでは95.7％とかなり高くなる。

現地人経営幹部の中で滞日経験のある人が「かなり／多少いる」とした企業は5ヵ国平均で52.3％であり，「あまり／全くいない」とした企業(47.4％)を若干上回っている。現地人経営幹部が経営計画立案プロセスに「十分／多少参加」している程度は，5ヵ国平均で85.2％となっているが，「十分参加」している度合いが高いのは韓国(88.2％)と台湾(57.9％)である。公式・非公式を含め日本人だけで開く会議が「ほとんど／全くない」のは5ヵ国平均で58.6％であり，「かなり多く／少ないがある」の41.4％を若干上回っている。ただし，タ

イでは「かなり多く／少ないがある」が70％，マレーシアでは54.8％とかなり高い数値になっている。反対に，台湾では「ほとんど／全くない」が90％，韓国も76.5％に達している。

　現地人との会話で使用する言語については，5ヵ国平均で，「日本語」が37.9％，「英語」が37.1％，「現地語」が25.0％となっている。「日本語」の使用が多いのは韓国(68.2％)，台湾(59.3％)，中国(50.0％)の順であり，少ないのはマレーシア(0％)とタイ(19.4％)である。「英語」の使用が多いのはマレーシア(100％)とタイ(54.8％)であり，「現地語」の使用が多いのは中国(42.3％)と台湾(31.3％)である。

　日本の親会社の経営理念や経営方針を現地社員に浸透させる方法として多く用いられているのは「講話形式」(30％)であり，次いで「社内報」(13.4％)と「朝礼」(13.4％)が続き，「ビデオの使用」はまだ少ない(8％)。ただ，「日本の親会社とは関係なく，合弁会社である当社独自の理念・方針で運営している」とする回答が中国，タイ，マレーシアなどで複数見られたことは注目に値する。日本の親会社の経営理念や経営方針が現地社員に浸透している程度が「十分／ある程度浸透」とした割合は，5ヵ国平均で58.7％であり，「あまり／全く浸透していない」の41.3％を若干上回った。浸透度が高いのは台湾(77.8％)と中国(66.7％)で，低いのはマレーシア(41.4％)である。現地人経営幹部や現地人従業員の意見を吸い上げる方法として一番用いられているのは「職場ミーティング」(28.0％)であり，以下，「個人的相談」(23.7％)，「提案制度」(15.5％)，「労使協議会」(12.9％)，「QCサークル」(9.1％)，「苦情処理制度」(3.0％)，「朝礼」(1.7％)の順になっている。中国，タイ，マレーシアなどでは職場ミーティングがかなり多く用いられている。QCサークルの利用度は低く，とくに中国で皆無であった。

　以上で，アジアに進出している日系企業が直面しているさまざまなコンフリクトやそれらに対する企業の対応策，経営幹部の構成，現地人の経営幹部や従業員に対する接し方の一部が明らかになった。そこで次に，先行研究に基づいて，現地の人びとが日系企業や日本人管理者に対してどのようなイメージを持

っているのかを見てみよう。

3．日系企業・日本人管理者に対するイメージと相互の認識ギャップ

　今田・園田らは1991年から1992年にかけて中国，台湾，タイ，マレーシア，インドネシアの日系企業に勤める現地従業員・中間管理者を対象に日本人及び日系企業に対するイメージ調査を行っている。この調査によれば，タイ，マレーシア，インドネシアの東南アジア3ヵ国に共通に見られる日本人イメージとして「勤勉でよく働き，几帳面で，規律正しい」という肯定的イメージが見られる反面，「細かいことにうるさい」「日本人とだけ付き合う」「自分をはっきり表現しない」「日本人のやり方を押しつける」などの否定的イメージがあることが明らかになっている。コミュニケーションを促進することによりいくつかのマイナス・イメージは減少するが，「現地人を差別しない」「現地のやり方を尊重する」「自分をはっきり表現しない」などはほとんど改善されず，マレーシアではかえって悪化していることに注意する必要がある。3ヵ国中，タイの日本人イメージが最悪で，欧米系企業指向も非常に強い反面，日系企業への定着指向も強くなっている。インドネシアの日本人イメージは最も良いが，賃金上昇による転職指向が最も強い。マレーシアでは，雇用の安定性に対する評価が高いと賃金上昇があっても転職しないという意識が強いことが指摘されている。[4]

　中国においては，「勤勉」「几帳面」「コネを重視せず法を順守する」などの肯定的イメージがある反面，「怒りっぽい」「がめつい」「ずるい」など「品位に欠ける日本人」という否定的イメージが（とくに華南の独資企業で）強い。しかも，コミュニケーションの頻度が増してもこうしたイメージが改善されないどころか，良くて現状維持，ほとんどの項目（「賢くない」「器用でない」「現地のやり方を尊重しない」）でかえってイメージが悪化する傾向があるという指摘は注意する必要がある。[5]台湾における日本人のイメージは比較的良好で，接触の増大によりイメージが改善される傾向にあるが，「現地人へのポスト委譲」（昇

進可能性）や「現地への技術移転」についての不満がとくに大きく，企業に対する定着意識は最も弱い[6]。

片岡・三島らは，中国，韓国，マレーシア，フィリピンにおいて，日系進出企業の現地従業員と日本人管理者の間に存在する認識ギャップを調査している。彼らの調査によれば，(韓国を除く)現地従業員は「自分が会社のために私生活を犠牲にしている」と考えているのに対し，日本人管理者は現地人従業員が私生活を犠牲にするとは思っていない。また，(中国を除く)現地従業員は「高い地位を得たい」「勤勉が大切」と考えているのに，日本人管理者は現地従業員は「気ままにのんびりと暮らしたいと思っている」と考えている。職場についても，(韓国を除く)現地従業員は「仕事を越えた広い生活の場所」と考えているのに対し，日本人管理者は現地従業員にとって職場は「賃金を貰うためだけの場所」にすぎないと考えている。仕事の仕方についても，現地従業員は「互いに助け合ってやってゆきたい」と考えているのに対し，日本人管理者は現地従業員は「自分に課せられた仕事だけを自分の責任でやってゆきたい」と思っていると考えている。望まれる仕事についても，(韓国を除く)現地従業員は「能力が発揮できる仕事」としているのに対し，日本人管理者は「高収入の仕事」と考えている。やる気にさせる要因として，現地従業員は「自分の仕事ぶりや能力が認められること」「責任ある仕事を任される(中国のみやや低い)」「仕事の中に新しい技能や知識を身につける機会がある(韓国のみやや低い)」「昇進の可能性がある(中国を除く)」などをあげているのに対し，日本人管理者は，これらの要因も認めているものの，現地従業員が一番重視しているのは「報酬」であると考えている[7]。

調査国の中では韓国の特異な傾向が認められる。たとえば，企業忠誠心の調査で，圧倒的多数が「企業のためには犠牲を払っていない」と回答しているのは韓国だけである。職場・仕事・生き方にかんしても，「職場は立身出世をかけた競争の場」であり，「自分に課せられた仕事を自分の責任でやっていく」という個人主義的指向が強く現れている。望まれる上役像についても，他の国

では「仕事上の教育指導に熱心な上役」が望まれているのに対し，韓国では「仕事よりも面倒見の良い上役」が望まれている。仕事についても，他の3国では「能力を発揮できる仕事」が望まれているのに対し，韓国では「高収入の仕事」が望まれている。意見が対立した場合の対処の仕方では，韓国を除く3ヵ国の従業員は「誠実に説得し，受け入れられなければ諦める」「忍耐強く説得する」と回答しているのに対し，韓国の従業員は「感情的な対立に発展しても徹底的に論争し，決着をつける」「上司の言うことを無視する」と回答している。[8]

4ヵ国の従業員と日本人管理者が共通に感じている違和感として「仕事の進め方」がある。日本人管理者への要望として「仕事に役立つ情報・説明の提供」「部下を励まし援助する」「部下に対する役割・責任・期待などを明確にする」「おおらかに」などがある一方で，現地従業員への要望として「仕事に役立つ情報を自ら探し求める」「上司から指示されなくても，機転を利かし自ら進んで仕事をする」「自分たちの役割・責任・期待などを明確に意識する」などがあげられている。このように，現地従業員が日本人管理者に，もっと仕事にかんする情報を提供し，自分たちのなすべき事をはっきりさせ，自分たちにもっと任せて欲しいと要望しているのに対し，日本人管理者は現地従業員に，もっと仕事に関心を持ち，何事も自分で機転を利かせて仕事をし，任せられるくらいに成長して欲しいと考えているのである。[9]

われわれのアンケート調査でも，現地人の経営幹部や従業員に対する要望事項を調査した。その結果，要望事項の上位3つは「職務知識・技能の向上」(18.1%)，「責任感の強化」(17.4%)，「報告・連絡・相談の徹底」(17.1%)であり，以下，「仕事への主体的取組み」(15.0%)，「職務規律の遵守」(12.1%)，「協調性・チームワークの強化」(10.6%)，「労働意欲の向上」(5.3%)，「日本的な仕事のやり方への理解」(1.9%)，「企業忠誠心の強化」(1.6%)の順になっている。国別に見た場合，中国で「職務規律の遵守」(17.6%)，タイで「責任感の強化」(21.7%)，「報告・連絡・相談の徹底」(21.7%)，韓国で「協調性・チームワークの強化」(18.8%)がやや高くなっている。

アンケート調査の結果を確認するとともに現場の経営者の生の声を聞くために1998年8月，タイ（4社）とマレーシア（3社）の日系製造業7社を訪問し，現地の日本人経営者から意見を聴取した。ここでも，現地人従業員・管理者に対する以下のような不満が寄せられた。「指示や命令を与えないとやらない」「失敗やミスをしても謝らず，責任転嫁をする」「協調性がなく，組織的に仕事をするのが苦手である」「表面的には温厚で表立って相手に反論しないし本音を言わないが，人前で叱ると激怒する」「情報や経験を自己の財産として囲い込み，他の人々と共有しようとしない」「人種縁・血縁・出身地縁・学縁などを重視する」。

こうした不満や前述のような認識ギャップが生じる背景には，それぞれの国の人々の価値観，仕事観，職務・権限・責任の捉え方などについてかなり大きな相違があり，基本的にそれはそれぞれの国の文化によって大きく規定されているという自明の事柄に対する配慮が，お互いに十分なされていないということがある。ここに異文化経営についての経営教育の必要性が存在する。

4．異文化経営教育の必要性

岡本らが東アジア7ヵ国（韓国，中国，台湾，タイ，マレーシア，シンガポール，インドネシア）に立地する日系企業58社について行った調査（1995-96）によれば，62.8％の会社が「言葉上の問題がある」とし，70.8％の会社が「考え方のギャップがある」と回答している。[10]

われわれのアンケート調査でも「現地パートナーと本国（日本）の文化的相違をどの程度感じるか」という質問に対して61.9％の会社が「強く／多少感じる」と回答し，その内59.2％の会社が「文化的相違が業務に大いに／多少支障を来している」と回答している。文化的相違を感じる会社の割合が高いのは韓国（70.6％）であり，以下，中国（64.7％），マレーシア（63.2％），台湾（61.1％），タイ（50.0％）の順になっている。文化的相違が業務に支障を来していると感じている企業の割合が高いのは中国（81.8％）で，以下，台湾（63.6％），マレーシア（58.3％），

韓国(54.5%)、タイ(33.3%)の順になっている。

「現地パートナー会社との企業文化の相違をどれほど感じているか」については、62.3%の会社が「強く／多少感じる」と回答し、その内55.2%の会社がそのために「大いに／多少、業務に支障を来している」と回答している。現地パートナー会社との企業文化の相違を感じる会社の割合が高いのは中国(72.2%)と韓国(70.6%)であり、以下、台湾(63.2%)、マレーシア(57.9%)、タイ(47.4%)の順になっている。企業文化の相違が業務上支障を来していると感じている会社の割合が高いのは中国(78.6%)であり、以下、マレーシア(60.0%)、台湾(54.5%)、タイ(55.6%)、韓国(27.3%)の順である。

企業経営の国際化・グローバル化が進展する中で、これまで日本企業もさまざまな国際化教育に取り組んできた。図13-1は富士ゼロックス社の国際化教育の体系であり、個人・部門・全社レベル、階層別、目的別にさまざまなプログラムが用意されている[11]。これらはいずれも異文化経営の展開にとって必要な内容であるが、ここでは本章と特に関係の深い海外赴任者に対する研修についてだけ見てみよう。

われわれのアンケート調査で「海外赴任前に受けた日本での事前研修」について尋ねたところ、「事前研修が全くなかった」とする回答が35.9%であった。事前研修の内容については、「ビジネスに関してだけ研修があった」のが19.8%、「現地の言語について研修があった」のが15.1%、「現地での安全対策・危機管理について研修があった」のが11.9%であり、「現地の文化・慣習などについても研修があった」のは8.7%にすぎなかった。

国別に見ると、中国では「現地の文化・慣習に関する研修」が4%と低い。台湾では「事前研修が全くなし」が52.6%と高く、「現地の文化・慣習に関する研修」が0%、「安全・危機管理の研修」が5.3%と低くなっている。韓国では「現地の文化・慣習に関する研修」が19.0%と高い。タイでは「安全・危機管理の研修」が18.2%と高く、「現地の言語の研修」が9.0%と低い。マレーシアでは「安全・危機管理の研修」が15.4%と高くなっている。

13章 異文化経営と経営教育 313

4つの教育領域のねらいと主な内容

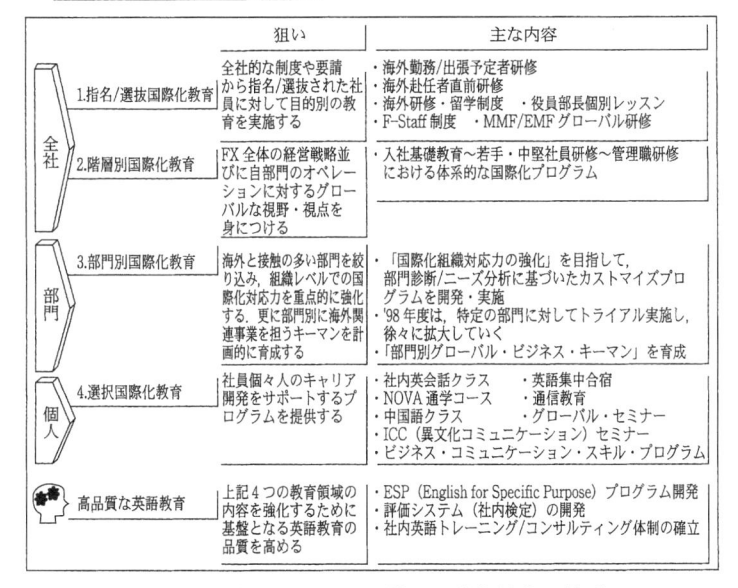

		狙い	主な内容
全社	1.指名/選抜国際化教育	全社的な制度や要請から指名/選抜された社員に対して目的別の教育を実施する	・海外勤務/出張予定者研修 ・海外赴任者直前研修 ・海外研修・留学制度 ・役員部長個別レッスン ・F-Staff制度 ・MMF/EMFグローバル研修
	2.階層別国際化教育	FX全体の経営戦略並びに自部門のオペレーションに対するグローバルな視野・視点を身につける	入社基礎教育～若手・中堅社員研修～管理職研修における体系的な国際化プログラム
部門	3.部門別国際化教育	海外と接触の多い部門を絞り込み、組織レベルでの国際化対応力を重点的に強化する。更に部門別に海外関連事業を担うキーマンを計画的に育成する	・「国際化組織対応力の強化」を目指して、部門診断/ニーズ分析に基づいたカストマイズプログラムを開発・実施 ・'98年度は、特定の部門に対してトライアル実施し、徐々に拡大していく ・「部門別グローバル・ビジネス・キーマン」を育成
個人	4.選択国際化教育	社員個々人のキャリア開発をサポートするプログラムを提供する	・社内英会話クラス ・英語集中合宿 ・NOVA通学コース ・通信教育 ・中国語クラス ・グローバル・セミナー ・ICC（異文化コミュニケーション）セミナー ・ビジネス・コミュニケーション・スキル・プログラム
高品質な英語教育		上記4つの教育領域の内容を強化するために基盤となる英語教育の品質を高める	・ESP (English for Specific Purpose) プログラム開発 ・評価システム（社内検定）の開発 ・社内英語トレーニング/コンサルティング体制の確立

図13-1 富士ゼロックス社の国際化教育の体系

出所）『企業と人材』1997年12月5日，p.41

　「事前研修が全くなかった」という回答が35.9％もあるのは意外な気がするが，この中には「海外勤務は初めてではないので必要なかった」というコメントが付されているケースがいくつかあった。これは，アンケート調査を補完するためにバンコクとクアラルンプールで行った日系企業7社に対するヒアリング調査でも同様であった。訪問した7社中4社の回答が「事前研修は全くなかった」というものであったため，事前研修の必要性の有無を尋ねると，「自分は当地に赴任する前台湾で数年，それ以前はアメリカで数年海外勤務の経験があるので，事前研修の必要性は感じなかった」という説明や，「当社では，初めての海外勤務者に対しては親会社の研修所で語学を中心とした研修がなされている」などの説明があった。また別の日本人経営者は「一般に行われているようなごく短期間の語学研修や，うわべだけの文化的知識の研修では役に立たない。自

分は当地に赴任してから，勤務時間後，語学学校に通い現地語を学習した」と説明した。全体的に，事前研修そのものの必要性は否定しないが，短期間の形式的な研修では有効でないとする意見が多かった。

　海外赴任者に対する研修制度は，わが国の企業の経営の国際化とともに始まり 1970 年代に広く普及した。当初は，カルチャーショックを緩和するために，語学研修や現地社会の事情(歴史・文化・生活慣習その他)などが中心的内容であったが，次第に，海外でのビジネスを効果的に遂行するために必要なプレゼンテーション・スキルや交渉術，貿易・金融・経理・調達・人事など国際業務知識が付け加えられるようになってきた。

　たとえば，セイコー電子工業においては，海外赴任予定者に対して，海外留学制度の他，次のような体系的なコースが用意されている。[12]

(1) 海外赴任者英会話ケース：TOEIC600 点を目標に 150 時間のビジネス英会話訓練，プレゼンテーション，交渉，ミーティングなどの内容を含む。

(2) クロスカルチャー講座：異文化体験シミュレーション，カルチャーショックと異文化への対応，コミュニケーションスタイル，積極的情報授受訓練，自己の価値観を知る，価値観の文化比較，異なる価値観との対応，行動規範訓練。

(3) 海外トレーニー派遣：海外拠点の営業部門において現地指導者により輸出入業務，取引先との連絡，アテンド，その他，特命事項について実習する。

(4) 国際業務コース：海外で管理・経理・営業等を担当予定の赴任者に対し，国際貿易，外国為替，国際金融，国際契約，海外進出戦略，貿易実習等を 6 週間にわたって合宿研修する。

(5) 社外個人レッスン：英語以外の現地語について，日常生活に困らない程度の会話力を習得する。

　さらにきめ細かな研修プログラムを持っているのが日本電気である。[13]同社では，語学研修は能力が不足していると判断される者に対してのみ実施している。

13章 異文化経営と経営教育 315

海外赴任者に対する事前研修は，全員に対し，家族も含めて実施しており，さらに海外勤務からの帰国者に対する研修も実施している。

4.1 海外赴任者マネジメントコース

これは現地での業務遂行と生活適応を目的として，海外における企業活動や社会生活上の基本的・共通的事項，海外での人事・マネジメントの基本スキル，海外拠点の現状等を学習するコースであり，以下のような包括的できめ細かな内容を含んでいる。

《共通セッション》

① 国際人事制度・規程(1時間15分)，② 海外事業概要(現状と今後の事業戦略・課題，1時間)，③ 海外勤務への取り組み方(帰国後間もない海外現地法人トップ経験者からの話，2時間)，④ 健康管理(1時間)，⑤ 安全管理(1時間15分)，⑥ コンプライアンス・プログラム(法令遵守の社内管理規程，45分)，⑦ 企業市民(現地コミュニティとの良好な関係の構築，2時間)，⑧ NECの社会貢献(45分)，⑨ 宗教概要(キリスト教，ユダヤ教，イスラム教，仏教等の概要。宗教が政治・社会・文化・生活・考え方に及ぼす影響，2時間)，⑩ ビジネス・マナーと国際センス(4時間)，⑪ 海外子女教育(2時間)

《対象者別セッション》

① エッセンシャルズ・マネジメント・スキル(現地で部下を持つ可能性のある人に対し，国際的に通用するマネジメントの理論を習得させる。3日間)，② 人事管理(職務記述書作成，採用活動，人事考課，警告・懲戒・解雇など，3日間)

《エリア別セッション》

① 海外拠点の人事・労務事情(1時間)，② 海外勤務経験者との座談会(2時間)

4.2 海外赴任者ファミリーコース

これは海外赴任(予定)者の夫人に対し，社内外の講師・帰国夫人らが，会社の概要，海外勤務者としての心得，海外生活のあり方などをオリエンテーショ

ンし，赴任に向けての不安解消・準備に役立てることを狙いとしており，次のような内容を含んでいる。

① 海外赴任にあたって(勤務者夫人に期待すること)，② 海外における家族の健康管理，③ 海外子女教育，④ 海外生活のヒント，⑤ 海外で安全に暮らすために，⑥ 帰国夫人との懇談会

4.3 海外勤務者帰国コース

これは，海外勤務を終えた帰国者に対して，会社の近況，今後の動向などの情報を提供し，国内勤務にスムーズに移行できるようにするためのもので，次のような内容を含んでいる。

① 人事制度，② 労働条件と勤務制度，③ 経営概況，④ 国内市場の動向

以上のような日本電気の研修プログラムは，海外赴任者のみならず同行する夫人や帰国者に対するプログラムも用意されており，研修内容も宗教や企業市民・社会貢献まで含む非常にきめ細かな先進的内容となっている。ただ，たとえば海外拠点の人事・労務制度・慣行などについての研修が1時間しか用意されていないように，限られた時間の中で研修内容を多様化しようとすると，それぞれのテーマに割り当てられる時間数が少なくならざるをえないという問題が生じる。研修内容の範囲と深さをどのようにバランスさせるかが課題と言えよう。

5．結論と課題

本章では，アジアに進出した日系企業が現地の従業員・管理者との間でどのようなコンフリクトに直面し，それらにどのような方法で対応しているかをアンケート調査とヒアリング調査をもとに検討してきた。経営者の約64％は何らかの事前研修を受けて赴任しているが，研修の有効性については疑問視する声もあった。それは研修内容が相変わらず語学偏重であったり，生活上の「べからず集」的レベルに留まっていることにも一因があると思われる。近年は，

プレゼンテーション・スキルや交渉術など異文化コミュニケーション能力に加え国際的なビジネス知識を含める傾向があるが，宗教・価値観・行動規範など深い文化理解までカバーすることが望ましい。また「行けば何とかなる」とか「海外勤務は初めてではない」などの理由でまったく事前研修を受けないケースが依然かなりあるが，これは改善されるべきであろう。

　国際化教育・異文化経営教育は海外赴任者や国際業務要員に限られた問題ではない。今回の調査では現地人が最高経営責任者を務めている割合は5ヵ国平均で37.3％に過ぎなかったが，現地人幹部が育ちつつあり，いずれは日本からの赴任者は少なくなるであろうし，そうなるべきである。日本本社で働く外国人社員も増え「内なる国際化」が進行することも間違いないであろう。こうした中で，既存の国際化教育・異文化経営教育のあり方を再検討する必要があると思われる。

【注】
1）　今田高俊・園田茂人編（1995）『アジアからの視線―日系企業で働く1万人からみた「日本」―』東京大学出版会，pp. 3-4。
2）　このアンケート調査は日本大学総長指定総合研究「アジアのダイナミズムと世界」Cグループ「国際摩擦の総合的研究―環太平洋諸国との関係を中心として―」のプロジェクト研究の一環として実施された。
3）　今田高俊・園田茂人，前掲書，pp. 22-27。
4）　今田高俊・園田茂人，前掲書，pp. 26-30。
5）　今田高俊・園田茂人，前掲書，pp. 35-40。
6）　今田高俊・園田茂人，前掲書，pp. 47-51。
7）　片岡信之・三島倫八編著（1997）『アジア日系企業における異文化コミュニケーション』文眞堂，pp. 222-227。
8）　片岡信之・三島倫八，同上書，p. 228。
9）　片岡信之・三島倫八，前掲書，pp. 228-240。
10）　岡本康雄編（1998）『日系企業 in 東アジア』有斐閣，p. 68。
11）　『企業と人材』1997年12月5日号，p. 41。なお，富士ゼロックスの国際化教育については，富士ゼロックス総合教育研究所にヒアリング調査させていただいた。記して感謝いたします。
12）　日本能率協会編（1991）『最新教育研修プログラム実例集』日本能率協会マネジメン

トセンター，p.466。
13) 日本電気の海外赴任者向けプログラムについては，人事教育部国際人事部の資料を参照させていただいた。記して感謝いたします。

【参考文献】

アドラー，N. J. 著，江夏健一・桑名義晴監訳，IBI 国際ビジネス研究センター訳（1992）『異文化組織のマネジメント』マグロウヒル。

エラシュマウイ，F. & P. R. ハリス著，寺本義也監訳（1996）『グローバル経営時代のマルチカルチャー・マネジャー』産能大学出版部。

フェラーロ，G. P. 著，江夏健一・太田正孝監訳，IBI 国際ビジネス研究センター訳（1992）『異文化マネジメント―国際ビジネスと文化人類学―』同文舘。

船川淳志著訳，グロービス監修（1998）『多文化時代のグローバル経営』ピアソン・エデュケーション。

今田高俊・園田茂人編（1995）『アジアからの視線―日系企業で働く1万人からみた「日本」―』東京大学出版会。

片岡信之・三島倫八編著（1997）『アジア日系企業における異文化コミュニケーション』文眞堂。

日本能率協会編（1991）『最新教育研修プログラム実例集』日本能率協会マネジメントセンター。

岡本康雄編（1998）『日系企業 in 東アジア』有斐閣。

第14章 経営者能力とその育成

はじめに

　少子高齢化の急速な進行，1ドル70円台(2011年3月)の超円高，中国を初めとする途上国の猛烈な追い上げ，アメリカ経済やユーロ経済圏のゆらぎなど，日本企業はきわめて厳しい環境に直面している。追い打ちを掛けるように発生した3.11の東日本大震災やタイの大洪水は，日本経済・日本企業に甚大な被害をもたらした。このように経営環境が厳しくなればなるほど，「経営者格差」が「業績格差」をもたらす事態が鮮明になる。「企業は人なり」というが，とりわけ「社長の『器』で会社は決まる」(佐山，2008)のである。

　しかし気がかりなことがある。元・産業再生機構のCOOとして41の企業グループの再生に取り組んだ冨山和彦は，その経験を基に著した著書『会社は頭から腐る』の冒頭で次のように述べている。「経営や企業統治を担う人々の質が劣化しているのではないか。産業再生機構で企業再生の仕事に従事し，何より感じたのが，この思いでした」(冨山，2007：217)。

　伊丹敬之も著書『良き経営者の姿』において次のように述べている。「私は90年代に入るころから，日本の経営者の危機を感じ始めていた。……日本は，とくに90年代の日本は，深刻なトップマネジメントの危機を経験してきたと私は思う。『失われた10年』と揶揄される90年代の日本の低迷に対する責任のかなりの部分は，この時代に日本企業の経営トップの地位にいた人たちの器量の小ささにある，と私はかねてから主張してきた」(伊丹，2007b：1-2)。[1]

かつての高度成長期やバブル絶頂期のような恵まれた経営環境の下であれば，凡庸な経営者やノン・プロフェッショナルな経営者であっても，部下たちの御神輿に乗っていれば，それなりの業績を残すこともできた。しかし，今の日本企業が置かれているような状況では，真にプロフェッショナルと言える能力を持つ経営者でなければ，とてもグローバル競争に勝ち残ることなど期待できない。

それでは，これからの経営者に求められる能力とはどのような能力なのであろうか。それは育成したり，測定したりすることができるものであろうか。

1．経営者能力とは何か

経営者能力とは，経営者が企業や各種組織を経営し，望ましい成果を上げるための能力である。しかも，経営者が行う経営という機能は，自分で物を作ったり売ったりして成果を出すのではない。「経営とは，他人を通して事をなすこと」(伊丹，2007b：98)に他ならないから，多くの人びとに働きかけ，望ましい成果を実現するような行動を導く，真の意味でのリーダーシップを発揮できる人でなければならない。

多くの人が，主体的・自発的についていきたいと思うようになるためには，「正当性」と「信頼性」の2つが基礎条件となり，信頼感を生み出すためには，「人格的魅力」と「ぶれない判断」が不可欠であるとされる(伊丹，2007a：110-112)。

経営者が高い成果を実現するために，どのような資質・能力が必要とされるかについては多様な見解がある。「1980年代の社長の条件」を社長，最若手取締役，中堅幹部に調査した結果は以下のとおりであった(坂本，1979：506)。

【社長が選んだ条件】
　①統率力，②決断力，③人柄・人望，④実行力，⑤責任感

【最若手取締役が選んだ条件】
　①先見性，②決断力，③統率力，④実行力，⑤国際感覚

【中堅部課長が選んだ条件】
　①先見性，②決断力，③統率力，④国際感覚，⑤実行力
　若手取締役と部課長が「先見性」を第1位に選んでいるのに社長自身はそれを選んでいないことは興味深い。また社長が「国際感覚」も選んでいないことは，時代の制約であろうか。
　清水龍瑩(1995)は，経営者能力を，「将来構想の構築・経営理念の明確化」「戦略的意思決定」「執行管理」の3つの機能を遂行するための能力であるとし，それはさらに次のような3つの能力に分かれるとしている。
　［企業家精神に関連する能力］
　野心，信念，理想，直感力，洞察力，危機感，決断力，情報収集力
　［管理者精神に関連する能力］
　知識，経験，洞察力，人間尊重，科学的態度
　［リーダーシップ能力］
　哲学，経営理念，健康，持続力，品性，人間的魅力
　ミンツバーグ(H. Mintzberg, 2006)によれば，マネジメントを効果的に実践してゆくためには「アート」「サイエンス」「クラフト」の3つの要素が不可欠であるとされる。
　「アート」は創造性を促進し，直観やビジョンを生み出す要素である。「サイエンス」は体系的な分析・評価を通じて秩序を生み出す要素である。「クラフト」は経験を基礎に実務性を生み出す要素である。
　アート一辺倒だとアートのためのアートを追求する「ナルシシスト型」になり，クラフト一辺倒だと経験に縛られた「退屈型」，サイエンス一辺倒だと人間性に欠ける「計算型」になってしまう。またアートとクラフトだけでサイエンスの要素が欠けると「無秩序型」となり，クラフトとサイエンスだけでアートの要素が欠けると「無気力型」，アートとサイエンスだけでクラフトの要素が欠けると「非実務型」となり，いずれも効果的なマネジメントを展開できなくなる。

ひとつの要素が優勢でも，他の2つの要素が備わっていることが重要であるという。たとえば，アート重視であるが，経験に基礎を置きある程度の分析にも支えられているタイプは「ビジョン型」であり，成功している企業家によく見られる。主としてクラフトとサイエンスを中心とし分析と経験を基礎としているが，ある程度は直観にも依存しているのは「問題解決型」であり，ライン部門の現場管理者に多く見られる。クラフト重視でアートも取り入れているが，破綻しない程度にサイエンスもあるのが「関与型」であり，コーチやファシリテーターなど人間重視の特徴をもつ。興味深いのは，3つの要素のバランスがとれすぎていても特徴がなくなり，うまくいかなくなる恐れがあるということである。

以上のミンツバーグの見解を前提とすれば，マネジメントのプロフェッショナルとしての経営者には，「アート」「サイエンス」「クラフト」の3つの能力が求められることになる。3つの要素のうちいずれかの要素を中心とすることによって独自のマネジメント・スタイルが確立されるが，他の2つの要素も備えている必要がある。

菅野(2005：22-173)も，経営者に求められる能力・スキルを「科学」系スキルと「アート」系スキルに分けている。「科学」系スキルは左脳系の能力で，「マネジメント知識」と「ロジカル・シンキング」から成るいわゆる「形式知」であり，「仕組み化」が容易であり，かなりの部分は部下や外部に委託できるという。これに対し「アート」系スキルは右脳系の能力で，一般的に「リーダーシップ」と表現されるものに該当する「暗黙知」であるが，これをさらに因数分解して，① 強烈な意志(経営者のベースとなる必要条件)，② 勇気，③ インサイト，④ しつっこさ(主に個人として結果を出すために必要)，⑤ ソフトな統率力(組織として結果を出すために必要)などをあげている。

このように多くの論者が経営者に求められる資質・能力を指摘しているが，果たしてこうした資質・能力を持っているかどうか，どの程度持っているかを測定できるのであろうか。

2. 経営者能力は測定可能か

　先に示したような経営者に求められる資質・能力を測定することはできるのであろうか。アメリカではすでに1950年代から，経営者として有望な候補者を早期に発見して育成につなげるという意図の下で，「管理者資質早期発見計画」(Early Identification of Management Potentials)が展開されていた。この研究は次のような考えを前提に実施された(大沢，2004：122-128)。

(1) 経営管理者のなかで成功している人と成功していない人との間には，個人的資質等の条件に差が見られるはずである。

(2) 成功者と同じ条件を備えた候補者は，そうでない人よりも経営管理者として成功する可能性が高いはずである。

(3) これらの個人的特性は，キャリアの比較的早い段階で測定することが可能である。

スタンダード石油会社とその関連会社の経営者を含む管理者443名について，管理能力を予測するさまざまなデータ(「予測変数」)と，経営者・管理者としての成功・不成功の基準となるデータ(「基準変数」)が測定され，両変数間の相関関係が統計的に分析された。結果的に，経営管理能力を予測する個人的資質として有効なデータとして，以下の要因が析出された。

(1) 言語的・非言語的推理能力などの知的能力

(2) 客観性，社交性，情緒安定性などの性格特性

(3) 生育歴，学生時代の活動歴などのバックグラウンド調査データ

　この研究によれば，高度な知的能力としての推理能力が優れた人，情緒的に安定している人，より社交的な人の方が経営管理者として成功する可能性が高いことになる。

　同様の研究はその後，アメリカでも日本でも行われてきたが，はたしてこのような方法で経営者能力が測定できるのであろうか。これらの研究では，経営者・管理者になった人，一定の業績を上げた人たちに共通に見られる資質・特

性が析出されているが，これらの資質・特質を持っているがゆえに経営者・管理者になれた，経営者・管理者として高い業績を達成できたということが検証されているわけではない。

辻村(2001)が指摘しているように，経営者能力はいわば「事後的判定概念」であり事前に経営者能力を測定することはきわめて困難である。極論すれば，業績という結果によってしか経営者能力を判定することはできないとも言える。経営者にとっては「結果が全て」であり，優れた業績を上げた経営者が「高い経営能力を持つ経営者」とされるのが一般的である。もちろん企業業績は経営者にコントロールできない要因によっても左右されるが，最終的には業績により経営者能力を判断せざるを得ないであろう。[2]

3. 経営者能力の育成

しばしば「経営者能力は先天的なものか，育成できるか？」ということが議論される。しかし「経営者能力は先天的なもので，育成できない」と考えたとたん，経営者育成の道は閉ざされてしまうことになる。問われるべきは「育成できるかどうか」ではなく，「どのようにすればより効果的に育成できるか」でなければならない。

3.1 MBA教育

経営者能力の育成ということでまず念頭に浮かぶのはMBA (Master of Business Administration)であろう。経営のプロを育成するための実践的教育として欧米で長い歴史を持ち，MBA取得者の中から多くの経営者を輩出してきている。このような「経営者能力育成と言えばMBA」という一般的な理解に対し，その問題点や弊害を厳しく追及するのがミンツバーグである。彼の著書『MBAが会社を滅ぼす』(2006)における「従来型MBA」に対する彼の批判は次のような点にある。

(1) マネジメントの経験のない学生にマネジメントを教えることはできない。

ミンツバーグは次のように述べている。「組織の管理は複雑で繊細な仕事だ。ありとあらゆる無形の知識が必要とされる。しかしそういう知識は，実際の経験を通じてしか学べない。実体験のない人間にそれを教えようとするのは，時間の無駄というだけではない。マネジメントを貶めることにもなる」(ミンツバーグ，2006：21)。

(2) 分析至上主義(分析あって統合なし)

マネジメントの本質は統合にあるにもかかわらず，MBA教育は財務，会計，マーケティングなどの業務機能の教育に陥っており，「ビジネス教育」ではあっても「マネジメント教育」とは言えない。ミンツバーグによれば「MBAとは『Management By Analysis(分析による経営)』の略である──というのは古くからあるジョークだが，実は笑いごとではまったくない」(ミンツバーグ，2006：53)。

(3) マネジメントの傭兵によるマネジメント実務の腐敗

生産や販売の現場を知らない学生が，MBA取得者というだけで重役室に入り高給を得る仕組みができあがっている。「もっぱら分析の訓練だけを受けて，実際の生産やサービスに携わることなしに『追い越し車線』に乗って出世したエリートのリーダーに社会を任せるわけにはいかない」(ミンツバーグ，2006：94)とミンツバーグは警告する。彼らはどこでも通用するとされるテクニックを携えて高給が得られる職場を渡り歩く傭兵となり，自分の立身出世のために収益を操作し，会社や社員を食い物にする。

3.2 ミンツバーグのIMPM(国際マネジメント実務修士課程)

既存のMBA教育を痛烈に批判するミンツバーグはIMPM(International Masters in Practicing Management)というプログラムを開発・実践してきている。このプログラムの概要は次のようになっている(ミンツバーグ，2006：354-355)。

(1) 参加者は35歳〜45歳の中間管理職以上の現役マネジャーで，所属企業・組織の費用負担で派遣される。

(2) 2週間のモジュールを5回行う。各モジュールでは，5ヵ国を巡回しながら，異なる5つの「マインドセット(思考様式)」を取り上げる。5ヵ国とは，イギリス，カナダ，インド，日本，フランスであり，5つのマインドセットとは，「省察」(自己のマネジメント)，「分析」(組織のマネジメント)，「世間知」(文脈のマネジメント)，「協働」(人間関係のマネジメント)，「行動」(変革のマネジメント)である。

(3) モジュールで学んだことと参加者が所属する環境を結びつけるために，モジュール終了後，チュータリング(個別指導)を受けながらリフレクション・ペーパー(省察レポート)を執筆する。

(4) 第2モジュール開始前には，セルフスタディ(自己学習)により，マーケティング，財務，会計などのビジネスの言語を学ぶ。

(5) 第3モジュールと第4モジュールの間に「マネジャー交換留学」を実施し，参加者がペアを組んで1週間，お互いの職場で過ごす。

(6) 全コースは16ヵ月(64週間)で終了する。

　ミンツバーグによれば上記のような内容をもつIMPMは，参加者の成長だけでなく，行動を通じたインパクト(組織改善)と，教育を通じたインパクト(同僚の教化)という2つのインパクト(影響)を通じて派遣組織に便益・効果をもたらしていると指摘している。

　確かにIMPMプログラムは周到に計画されたスケールの大きな経営者能力育成プログラムであり，参加する個人や所属組織に一定の成果をもたらすことは期待できる。しかし森本(2007)も指摘しているように，このプログラム参加に要する膨大な金銭的費用や長期間にわたり所属組織を離れるコストを考えると，「……組織内で既に育成され，実績を上げて，経営者になることを約束されたエリートに，いわば『仕上げ』の国際的サロンを提供しているだけではないか，との疑念を生み出す。そうであればIMPMは巨大多国籍企業のエリートを対象とした『帝王学』であり，有効であるが限定的で普遍性はきわめて低いと言わざるを得ないのではないか」(森本，2007：8)という指摘も否定できないであろう。[3)]

3.3 企業内研修

近年，経営者の育成をビジネス・スクールのような外部機関に委ねるのではなく，企業内部で実施する動きがあり，「企業内大学」「経営セミナー」「経営

図 14-1　第 2 期(1997 年度)経営セミナー

注1：4つのキーワード(柔軟性，行動力，創造力，専門性)欄の○●は，各講座の目的との関連を示す(○>●)
注2：補講(講義のみ)として技術開発，リスク・マネジメント，リーダーシップ，BPRおよび各社事例

出所）鈴木哲夫(1999)「企業価値創造経営と企業家型経営者の育成」日本経営教育学会編『経営教育研究2―日本企業の多様化する経営課題―』p.13

塾」などさまざまな名称が用いられている。経営者や管理者など社内の人間が講師となったり、外部から講師を招くなどして、自社の戦略ニーズにマッチした仕事能力の育成や企業文化の浸透が図られている。

　企業価値創造経営を追求するHOYAでは、企業家型経営者の育成を目的としてExecutive Resource Development Programを実施してきた(鈴木，1999)。これは，内外にある約50の事業会社の業務執行役員を育成するためのプログラムであり、30代後半から40代前半の若手マネジャーを対象にしている。内容的には、経営のプリンシプルを中心とし、基礎から応用という形でステップを踏んで展開されている(図14-1参照)。各セッションでは、講義で学んだ知識を活用して仮説を立て、グループ討議で同社のケースに落とし込んで議論し、検証する流れになっている。

　HOYAが企業家人材の要件として求めるのは、強い信念・高い志(ビジョン)、先見性と仮説設定力、洞察・決断・実行力、グローバルなリーダーシップであり、こらの要件に照らして優秀と評価された者(10名程度)は、次のジュニアボード・ミーティングにすすむことになる。これは2ヵ月に1回程度開催され、同社の正式なボードにかけられる実際の経営課題を討議することを通じて、戦略的経営意思決定の訓練を行うことを目的としている。

4．人間教育

　伊丹(2007b)やミンツバーグ(2006)も指摘しているように、真のリーダーシップを発揮する経営者には「正当性」や「信頼感」が不可欠であり、それを生み出すのは究極的には人間的・人格的魅力である。この観点から注目される経営者教育として、山城経営研究所が主催するKAE経営道フォーラムと、日本アスペン研究所が主催するエグゼクティブ・セミナーがある。

4.1　KAE経営道フォーラム

　「経営学は経営者能力育成の経営教育である」(山城，1990)という立場からプ

ロフェッショナルとしての経営者を育成する「実践学としての経営学(経営実践学)」を追究した山城章は,経営実践学の研究方法として「KAE の原理」を提唱した。K は知識(Knowledge),A は能力(Ability),E は経験(Experience)であり,経営主体である経営者が,マネジメントの知識(原理)と経験(実際)を基盤にしてマネジメント能力(実践)を啓発することを意味している(図14-2参照)。

　山城は,経営者能力育成は自己啓発による全人教育であるとして次のように述べている。「経営実践の主体者である経営者の能力開発は,単なる知識の教育や,また実際家のスキルなどの訓練にとどまるものではなく,知識 K および経験 E を原理とし,またそれを基盤としつつ全人的に啓発されるものである。…(中略)…つまり全人的なものをいわゆる『知・情・意』で表せば,経営学研究は単なる主知主義的,科学的であるだけではなく,情・意を含めた全人学習ともいうべき能力開発を必要とするのである」(山城,1990：11)。

　山城は,1972 年に山城経営研究所を設立し,1986 年に「KAE 経営道フォーラム」を開講した。これは企業派遣の部長以上のマネジャーを対象とし,半年を 1 期として行われる研修であり,次のような理念・特徴を持っている(西田,2006：4)。

(1) 次代を担うプロフェッショナルな経営リーダーの在り方を学ぶ。
(2) 明日の経営の在り方を探究し,世界に通用する日本経営の確立を目指す。
(3) 社内(業界内)に企業革新・経営革新を起こすきっかけを掴む。
(4) 志を共有したプロフェッショナルな経営者のネットワークを創り,生涯学習と社会的実践に努める。
(5)「教える」のではなく,優れた講師の講演や経験豊かなコーディネーター

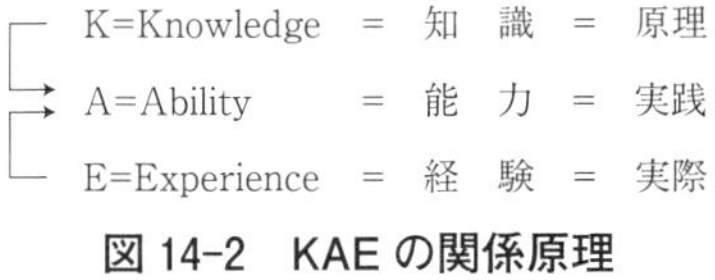

```
┌─ K=Knowledge  ＝ 知 識 ＝ 原 理
├→ A=Ability    ＝ 能 力 ＝ 実 践
└─ E=Experience ＝ 経 験 ＝ 実 際
```

図 14-2　KAE の関係原理

出所) 山城,1990：10

の指導の下でのチーム研究を通じて，飽く迄も，受講生が自ら「物事の本質を学び，気付き，創造して，自己革新を図る」。

具体的には，業種，経営規模，ポジション，世代，性別の異なる混成チームをテーマ毎に編成し，コーディネーターの下で集団的に討議することを通じて，価値観の多様性を学び，自らの価値観（座標軸）を確立する「経営の心と道」を探究している。開講以来すでに第50期を経過し，修了生は2,000名以上に達している。

4.2 日本アスペン研究所の「エグゼクティブ・セミナー」

1949年，アメリカのコロラド州アスペンにおいて開催された「ゲーテ生誕200年祭」において，シカゴ大学総長であったロバート・ハッチンス（Hutchins, R. M.）は「"対話の文明"を求めて」という有名な講演を行った。この講演においてハッチンスは，知識の専門化（specialization）がもたらす人間的価値観の「瑣末化」（trivialization）に対する危機感を表明し，無教養な専門家による脅威こそわれわれの文明にとって最大の脅威であるとして，「人格教育」の必要性と相互理解・尊敬に基づく「対話の文明」を訴えたのであった。

この講演で提起された専門化と細分化，職能主義，効率主義，短期利益主義などの飽くなき追求により失われていく人間の基本的価値観やコミュニケーション，コミュニティなどを再構築するという問題意識がアスペン・セミナーの原点となった。アスペン・エグゼクティブ・セミナーはその中核的事業であり，哲学書や思想書などの古典の精読を媒介にした知的交流の場を提供する「教養主義」を特徴としている。

アスペン研究所は，アメリカ以外に，ドイツ（ベルリン），イタリア（ローマ），フランス（リヨン），インド（グルガオン），ルーマニア（ブカレスト），日本（東京）などに設置されている。日本アスペン研究所は1998年に設立され，「古典」という素材と「対話」という手段を通じて，理念や価値観をもう一度見つめ直し，今日の課題に照らして思索しながら将来を展望するための場を提供し，人々の

リーダーシップ能力の醸成に寄与することを使命としている。

同研究所の会長を務める小林陽太郎は，日本が短期的に経済的な強みを作り出したものの，"技術優先"の世の流れと"即戦力"を求める企業姿勢の中で，日本的瑣末化と専門化がとどまることを知らず進行していることに警鐘を鳴らし，「透徹した洞察力とトータルな視点をもって，獲得した技術知を真に人間的な知に高める方途を探り続けなければなりません。原典や古典に思索の糧を求め，自らの判断と行動，思想の支柱に磨きをかけることを期待しております」（『日本アスペン研究所案内』2009：2）と述べている。

アスペン・エグゼクティブ・セミナーの対象者は，企業の役員・幹部社員，官公庁やNPO・NGOの幹部などであり，5泊6日の日程で開催される。プログラムは「世界と日本」「自然・生命」「認識」「美と信」「ヒューマニティ」「デモクラシー」の6つのセッションで構成されており，人間，文化，社会，自然，世界が直面する問題について，普遍的価値に根ざした対話をしながら思索を深めるようになっている。

セミナー参加者は，約2ヵ月前に配布される500頁ほどのテキストを読んだうえでセミナーに参加する。このテキストは，西洋および東洋の哲学書・思想書のエッセンスを編集したもので，次のような文献が含まれている。

西洋の文献としては，プラトン（Plato）の『ソクラテスの弁明』，アリストテレス（Arithtotle）の『ニコマコス倫理学』，デカルト（R. Descartes）の『方法序説』，カント（I. Kant）の『永遠平和のために』，ベーコン（F. Bacon）の『学問の促進』，ダーウィン（C. R. Darwin）の『種の起源』，ハイゼンベルク（W. K. Heisenberg）の『部分と全体』，旧約聖書，新約聖書，アメリカ独立宣言，トクヴィル（A. Tocqueville,）の『アメリカにおけるデモクラシー』，ロック（J. Locke）の『市民政府論』，カーソン（R. L. Carson）の『沈黙の春』など20数編が含まれている。

東洋の文献としては，『古事記』，孔子の『論語』，道元の『正法眼蔵』，岡倉天心の『東洋の理想』，福沢諭吉の『学問のすゝめ』，和辻哲郎の『鎖国』，坂口安吾の『日本論』など10数編が含まれている。

セミナーの各セッションでは，卓越した見識を持つ各界の「モデレータ」が，参加者間の対話を活性化し，適切な方向に導く役割を演じる。また，学会，実務界，官界の碩学たちが「リソース・パーソン」となり，それぞれの専門分野の立場から，対話の質を高め，節度ある助言を行う。

このように「古典」を素材として自らの思考を鍛え直し，「対話」を通じて他者の思考を理解し，新しい視点や多元的視点を形成することが意図されている。これは，かつて旧制高校で行われていたリベラルアーツに通じるが，単に古典を教養知として身につけるのではなく，古典が伝えるメッセージを現代社会・現実社会と関係づけ，未来を考える視座を得ることが強く意識されている。

以上紹介したような山城経営研究所の「KAE 経営道フォーラム」やアスペン研究所の「エグゼクティブ・セミナー」は，MBA やビジネス・スクールでの実用的な経営教育の対極に位置づけられるものであり，一見，遠回りで実践的でないと思われるかもしれない。しかし，日々，不確実性の大きな状況下で孤独な決断を求められる経営者にとって，大局観と確固たる信念に基づいて行動するための強固な拠り所を提供してくれるのは，まさにこのような全人格的な人間教育なのである。

おわりに

ドラッカー(P. F. Drucker)は『経営者の条件』(2006)の冒頭で次のように述べている。「私がこれまでの 65 年間コンサルタントとして出会った CEO（最高経営責任者）のほとんどが，いわゆるリーダータイプでない人だった。性格，姿勢，価値観，強み，弱みのすべてが千差万別だった。外向的な人から内向的な人，頭の柔らかな人から堅い人，大まかな人から細かな人までいろいろだった」（ドラッカー，2006：2）。

要するに現実の経営者はいずれもそれぞれ個性的な存在であり，多くの論者が指摘しているような「経営者が持つべき資質・能力」を兼ね備えた「理想の経営者タイプ」とは程遠い存在のようである。

特定の資質や能力を持っているからといって経営者になれたり，経営者として成功するわけではない。それは経営者能力というものが特定の資質や能力に因数分解できない総合的能力であるからに他ならない。経営することは不確実性・複雑性・曖昧性の中で，孤独に耐え，道を切り開いていく難儀な仕事である。このような職務・使命を果たすために必要な要件をひとつだけあげれば，何事にも動じない「胆力」ということになるであろう。東洋大学経営力創成研究センターが行ったアンケート調査によれば，「トップ経営者になるための資質」として最も重要とされたのは「胆力（人間としての器）」であった（東洋大学経営力創成研究センター，2011：32）。また，野村総合研究所と野村マネジメント・スクールの調査でも，「次世代経営人財に求められる能力」として，第1位が「決断力・度胸」(54.7%)，第2位が「創造性」(48.2%)，第3位が「責任感・不退転の決意」(36.5%)である（野村総合研究所，野村マネジメント・スクール，2011：49）。

　これらの調査を踏まえれば，経営者育成のためには「修羅場をくぐらせる」ことが不可欠であることが分かる。グループ子会社や海外子会社のトップを経験させ，修羅場を経験させることが経営者育成・経営者能力育成のために重要となると考えられる。

【注】
1）　伊丹も優れた経営者は何時の次代にもいることは認めているが，総量が足りないと言っている。日本企業の社長の多くが，本当に社長らしい仕事をしているのではなく，「社長ごっこ」をしているに過ぎないとさえ述べている。このような社長は，「自分は能力があって社長になった」と思い込み，能力を確かめたくなり，かっこよく業績を上げることを考えるが，それが難しい現実に直面すると，自社の社員をけなし，現場から遊離していくという過ちを犯すとされる（伊丹，2007a：5-7）。
2）　1981年にGE（ゼネラル・エレクトリック社）のCEO（最高経営責任者）になったジャック・ウェルチ（J. Welch）は，1986年までの間に232の事業を売却し，30の工場を閉鎖し，従業員40万人の30％に当たる約12万人の人員整理を断行した。当時，GEの経営状況が順調であったにもかかわらずこれだけの人員整理を行ったウェルチに対して，当時のマスコミは「ニュートロン・ジャック」（建物は破壊せず，中の人間だ

けを殺戮する中性子爆弾のような経営者）というニックネームを与え，批判的な報道を展開した。しかし，在任20年間の間に，巨大企業GEの売上高を5.2倍，純利益を8.4倍，株式時価総額を30倍以上とする業績を残して2001年に退任するときには，ウェルチは「アメリカ最高の経営者」どころか「20世紀最高の経営者」という賛辞さえ贈られた。ベンチャー企業ならいざ知らず，GEのような巨大企業をこれだけ成長させた実績を突きつけられると，このような賛辞も受け入れざるを得なくなる。経営者は業績を上げれば，評価・名声は後からついてくるものなのである。

3） IMPMプログラムの授業料は＄45,000＝約540万円，学位取得費＝＄6,750＝約81万円，期間中の生活費＄12,000＝約144万円，この他，世界を駆け巡る航空運賃等が必要であるという（森本，2007：8）。

4） 山城は「経営道としての経営学」について次のように述べている。「実践の学としての経営学は，『経営道』という言葉で表してもよい。……剣道は，剣術の道をきわめることであり，剣術の能力を高めることである。剣道の実践性を高めるために教育をする。それは能力育成という教育である」（山城，1990：6）。

【参考文献】

伊丹敬之（2007a）『良き経営者の姿』日本経済新聞社。
伊丹敬之（2007b）『経営を見る眼』東洋経済新報社。
大沢武志（2004）『経営者の条件』岩波新書。
菅野寛（2005）『経営者になる　経営者を育てる』ダイヤモンド社。
坂本藤良（1979）『現代経営者の意識と行動』日本綜合教育機構。
佐山展生（2008）『企業価値向上論講義 「社長の器」』日本経済新聞社。
清水龍瑩（1995）「経営者の人事評価Ⅱ―経営者能力―」『三田商学研究』第38巻第4号。
鈴木哲夫（1999）「企業価値創造経営と企業家型経営者の育成―HOYAの事例を通して―」日本経営教育学会編『経営教育研究2―日本企業の多様化する経営課題―』
辻村宏和（2001）『経営者育成の理論的基盤―経営技能の習得とケース・メソッド―』文眞堂。
東洋大学経営力創成研究センター（2011）「日本発経営力の創成と『新・日本流』経営者・管理者教育に関するアンケート調査中間報告書」
冨山和彦（2007）『会社は頭から腐る』ダイヤモンド社。
日本アスペン研究所案内（2009）『アスペン・フェロー』No.18，日本アスペン研究所創立10周年記念号。
野村マネジメント・スクール／野村総合研究所（2011）『トップが語る　次世代経営者育成法』日本経済新聞社。
西田芳克（2006）「刊行に当たって」山城経営研究所『経営の明日を探る』山城経営研究所創立35周年，「経営道フォーラム」開講20周年記念，「KAE情報」精選集・第一集。
松本芳男（2011）「経営者教育の在り方」東洋大学経営力創成研究センター『経営力創成研究』第7号。

森本三男（2007）「経営者教育：MBAコースとその対極」『創価経営論集』第31巻第3号。
山城章（1990）「実践学としての経営学」日本経営教育学会　経営教育ハンドブック編集委員会編『経営教育ハンドブック』同文舘。
Drucker, P. F. (1967) *The effective executive*, Harper & Row.（上田惇生訳（2006）『経営者の条件』ダイヤモンド社）
Mintzberg, H. (2004) *MANAGERS NOT MBAs*, Berrett-Koehler.（池村千秋訳（2006）『MBAが会社を滅ぼす―マネジャーの正しい育て方―』日経BP社）

15章 女性経営者・管理者の育成

1．「女性の戦略的活用」は国家的政策課題

　少子高齢化が急速に進行し，人口が減少しはじめたわが国が，再び力強い経済成長力を取り戻すためには，女性の戦略的活用こそが鍵となるという認識のもとで，第2次安倍内閣ははじめて女性活力・子育て支援を担当する大臣を任命するとともに，成長戦略(アベノミクス)の中で「2020年までに女性(25～44歳)の就業率を73％に」という数値目標を掲げた。

　『平成25年版　男女共同参画白書』によれば，2012年における全就業者に占める女性の割合は42.3％であり，海外主要国と比べて大きな差はないが，管理的職業における女性の割合は11.1％であり，アメリカ(43.0％)，イギリス(35.7％)，フランス(38.7％)など欧米諸国だけでなく，フィリピン(52.7％)，シンガポール(34.3％)などのアジア諸国と比べてもきわめて低い水準にとどまっている。

　このような状況下で，わが国は，2009年，国連女子差別撤廃委員会から政治や雇用の分野において女性の参画促進のための暫定的な特別措置を促進するよう勧告された。これを受けて政府は，2015年までに課長以上の管理職に占める女性の割合を10％以上にするという数値目標を設定し，2010年に閣議決定された第3次男女共同参画基本計画に明示した。

2．日本における女性経営者・管理者の現状

日本に女性の経営者がどれくらい存在しているかについての公式的統計は見当たらないが，民間の調査として次の2つがある。

東京商工リサーチ「全国女性社長」調査(2012)によれば，全国245万社(個人企業を含む)のうち，女性社長(病院，生協などの理事長を含む)は26万4,445人(10人に1人)である。2010年は21万2,153人，2011年は24万3,632人であったから，増加傾向にある。女性社長率は10.7％であり，これも2010年の10.16％，2011年の10.45％からわずかであるが上昇している。産業別にみると宿泊業，飲食業，介護事業，教育関連などのサービス業が10万1,407社(38.3％)で最も多い。ついで小売業4万1,480社(15.7％)，不動産業3万7,059社(14.0％)，建設業2万4,218社，製造業1万9,466社となっている。女性社長(代表執行役を含む)の上場企業は26社であり，サービス業が6社で最も多く，ついで情報・通信が5社，小売りが4社，化学とその他が3社などとなっている。

従来は，親や配偶者から事業を引き継ぐ同族承継パターンが多かったが，最近は，女性の視点を生かしたビジネスを成長事業として育成するため，女性起業家に対して事業奨励金を含む事業支援を行う金融機関も現れ，意欲ある女性の起業が目立ってきていると分析している。

帝国データバンク「全国社長分析」(2013)調査は，企業概要ファイル「COSMOS 2」(約143万社収録)から抽出した107万8,633人の社長を対象に調査している。2012年の女性社長数は8万1,358人で，前年比で2,866人増加した。女性社長比率は7.2％であり，90年の4.5％と比較してわずかながらも上昇傾向にある。売上高1億円未満の中小企業が全体の62.5％を占めるが，売上高100億円以上の大企業でも156人の女性社長が存在している。

2011年賃金構造基本統計調査によれば，労働者100人以上の規模の企業における部長クラスの管理職の5.1％，課長クラスの管理職の8.2％，係長クラスの管理職の15.3％が女性である。課長クラス以上の管理職に占める女性の割合

は7.3%である。100人以上499人以下の企業では，部長クラスの6.8%，課長クラスの10.0%，係長クラスの15.9%が女性であり，課長クラス以上では8.9%が女性である。一方，1,000人以上の規模の企業では，部長クラスの3.5%，課長クラスの6.7%，係長クラスの13.5%が女性であり，課長以上のクラスでは8.9%が女性である。このように規模が大きい企業では，各クラスにおいて女性の比率が低くなっている(伊岐，2012)。

3．女性経営者・管理者が少ない理由

3.1　仕事と家事・育児・介護などの両立の困難さ

　女性の経営者や管理者が少ない原因のひとつは，現在の日本の職場環境においては，女性が仕事と家事・育児・介護などを両立させることがきわめて困難であるからである。2012年7月1日から施行された改正育児・介護休業法では，事業者に対して，3歳未満の子どもをもつ雇用者に対する短時間勤務の措置や所定外労働の免除が義務づけられた。また介護休業(対象家族1人について93日まで)に加えて，介護休暇制度(家族1人について1年あたり5日まで，2人であれば1年あたり10日まで)が事業主に義務づけられた。このように女性が家事・育児・介護などをしながら就業を可能にするための法制度は着々と整備されてきている。

　しかし，制度はあっても利用しにくい状況が改善されなければ意味がない。[1]
厚生労働省「第10回21世紀成年者縦断調査」(2011)によると，正規労働者の場合，育児休業について「利用しにくい雰囲気である」が1割強，「どちらとも言えない」が2割強となっており，心理的に利用しにくい雰囲気がかなり存在していることがうかがわれる。短時間勤務制度と育児のための勤務時間短縮については，育児休業に比べて制度が未整備であると同時に，3割強が「利用しにくい雰囲気がある」と答えている。一方，非正規雇用者の場合，これらの措置が未整備であるが，措置がある場合，それぞれの措置について5割前後の回答者が「利用しやすい雰囲気がある」と答えている。

女性が多様な働き方を選択できるようにする法的制度は整備されつつあるが，これに劣らず重要なのが家事・育児・介護に対するパートナーの積極的な協力である。しかし，わが国の共働き男性の1日における家事関連時間は極めて短い。総務省「社会生活基本調査」(2011)によれば，有業・有配偶者の1日当たり平均家事関連時間は，30〜34歳の年代では，女性が286分であるのに対し，男性はわずか58分にすぎない。「末子が就学前」のライフステージで見ると，女性は366分であるが，男性は67分である。この時期，男性が仕事に使う時間は532分である。このように，共働きの男性が家事・育児などに十分関与できない原因のひとつは「労働時間の長さ」にあることがわかる。[2]

内閣府「男女共同参画社会に関する世論調査」(2012年12月17日)によれば，「男性が家事等に積極的に参加するために何が必要か」という質問に対し，男女各年齢階級とも「夫婦や家族間でのコミュニケーションをよくはかること」と「男性が家事などに参加することに対する男性自身の抵抗感をなくすこと」を上位に挙げている。男性の場合，長時間労働の傾向が強い30歳代を中心に，労働時間短縮の必要性を挙げているのに対し，女性の場合，30歳代では労働時間短縮が3番目に多く挙げられているが，それ以外の年齢階級では上位3位までに入っていない。

女性が仕事と育児を両立させるためにはいわゆる「待機児童」問題の解消も不可欠である。全国の待機児童は2012年10月1日現在で4万6,127人であり，特に大都市部に多い。こうした問題に対応するために「エンゼルプラン」(1994)，「新エンゼルプラン」(1999)などが制定・施行され，2003年から待機児童は減少に転じ，2007年には過去最低となった。しかし2008年には再び上昇に転じた。これは，保育所の新設を契機に，潜在的な保育需要が顕在化したためと考えられる。安倍政権は，2017年までに待機児童をゼロにする政策を掲げており，その実現が望まれている。[3]

3.2 性別役割分担意識

内閣府の「男女共同参画社会に関する世論調査」により,「夫は外で働き,妻は家を守るべきである」という「性別役割分担意識」についてみると,「賛成」(「賛成」+「どちらかというと賛成」)が「反対」(「反対」+「どちらかというと反対」)を上回っている。女性の場合「賛成」(12.4%),「どちらかというと賛成」が36.0%,「反対」が18.4%,「どちらかというと反対」が30.4%である。男性の場合,「賛成」が13.3%,「どちらかというと賛成」が41.8%であり,「反対」

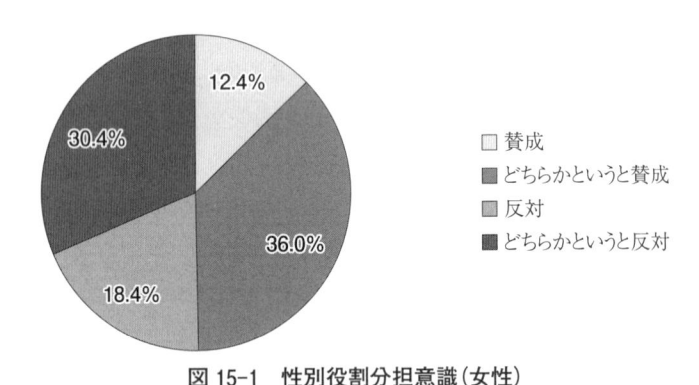

図 15-1 性別役割分担意識(女性)

出所) 内閣府『平成25年版 男女共同参画白書』p.24 から作図

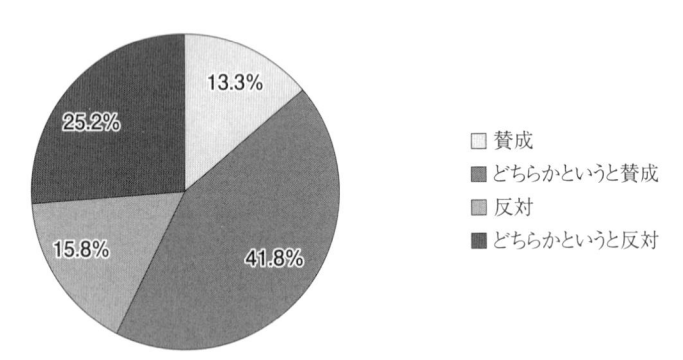

図 15-2 性別役割分担意識(男性)

出所) 内閣府『平成25年版 男女共同参画白書』p.24 から作図

(15.8％)，「どちらかというと反対」(25.2％)である。この数値を見る限り伝統的な性別役割分担意識は依然，かなり強く残っていることがわかる。

3.3 女性の就業意識，昇進意欲

女性自身がもっている就業意識や昇進に対する意識も女性の働き方に大きな影響を与える。国立社会保障・人口問題研究所「第14回出生動向基本調査(独身者調査)」(2010)においては，ライフコースを次のように分類している。

(1) 専業主婦コース：結婚し子どもを持ち，結婚あるいは出産の機会に退職し，その後は仕事を持たない。
(2) 再就職コース：結婚し子どもを持つが，結婚あるいは出産の機会に一旦退職し，子育て後に再び仕事を持つ。
(3) 両立コース：結婚し子どもを持つが，仕事も一生続ける。
(4) DINKSコース：結婚するが子どもは持たず，仕事を一生続ける。
(5) 非婚就業コース：結婚せず，仕事を一生続ける。

女性が理想とする自らのライフコースは，2010年には，②の「再就職コース」が35.2％で，以下，③の「両立コース」(30.5％)，①の「専業主婦コース」

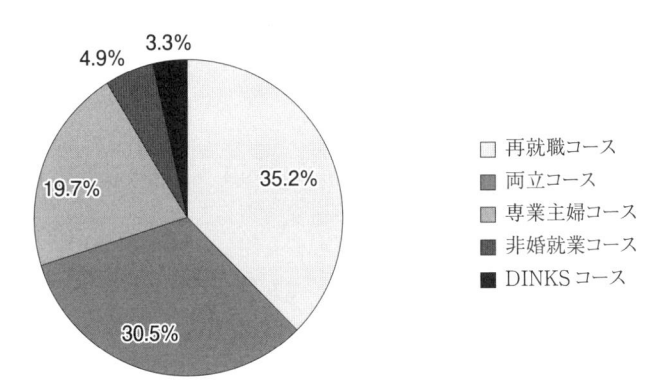

図15-3 女性が理想とするライフコース

出所）内閣府『平成25年版 男女共同参画白書』p.25から作図

(19.7%),⑤の「非婚就業コース」(4.9%),④の「DINKSコース」(3.3%)となっている。女性が予定している自らのライフコースでは,②の「再就職コース」(36.1%),③の「両立コース」(24.7%),⑤の「非婚就業コース」(17.7%),①の「専業主婦コース」(9.1%),④の「DINKSコース」(2.9%)となっており,1997年の数値と比べると,「専業主婦コース」が大幅に減少し,(17.7%→9.1%),「非婚就業コース」(9.3%→17.7%)と「両立コース」(15.5%→24.7%)が増えている。

　女性管理職が少ない理由として「女性が希望しない」「女性に昇進意欲がない」という理由が挙げられることがある。独立行政法人労働政策研究・研修機構「男女正社員のキャリアと両立支援に関する調査」(2011年3月)によれば,課長以上への昇進を希望する者の割合は,男性では一般従業員の5～6割,係長・主任の7割程度であるのに比べて,女性の場合,一般従業員の1割程度,係長・主任の3割程度であり,顕著に低くなっている。

　昇進を望まない理由としては,男女とも「能力がない」「責任が重くなる」を挙げているが,男性の場合,「メリットがないまたは低い」「やるべき仕事が増える」という消極的な理由が女性より多く,女性の場合は,「仕事と家庭の両立が困難になる」「周りに同性の管理職がいない」という理由が多くなる。

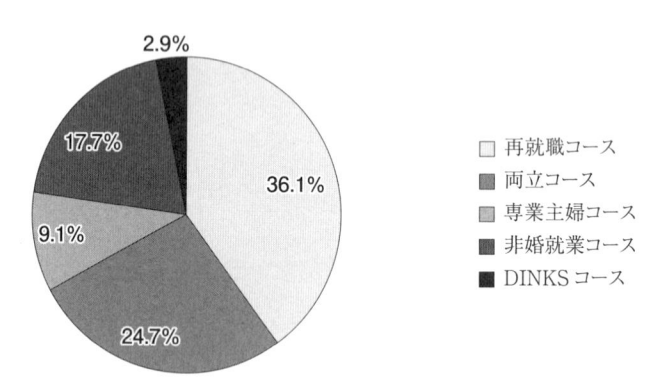

図15-4　女性が予定とするライフコース

出所）内閣府『平成25年版　男女共同参画白書』p.25から作図

昇進に対する意識の男女差が，生物学的な理由に起因するのか，それとも家庭教育や学校教育，社会制度などに起因するのかについてはさらなる検討が必要となる。しかし，先に述べたように，仕事と家庭との両立に対する女性の懸念が払しょくされ，身近にロールモデルとなるような女性管理職が増えてくれば，昇進に対する女性の意識もかなり変化するであろうと思われる。

3.4 企業側の意識・男性管理職の意識

厚生労働省「雇用均等基本調査（企業調査）」(2011)によれば，女性管理職が少ない(1割未満)／全くいない理由は以下のとおりである(複数回答)。

(1) 現時点では，必要な知識や経験，判断力等を有する女性がいない(54.2%)
(2) 現在，管理職に就くための在職年数等を満たしている者はいない(22.2%)
(3) 勤続年数が短く，管理職になるまでに退職する(19.6%)
(4) 女性が希望しない(17.3%)
(5) 家庭責任を多く負っているため責任ある仕事に就けられない(11.6%)
(6) 仕事がハードで女性には無理である(7.9%)
(7) 時間外労働が多い，又は深夜業がある(6.0%)
(8) 全国転勤がある(2.7%)
(9) 上司・同僚・部下となる男性や，顧客が女性管理職を希望しない(1.4%)

このように女性管理職を登用するうえで障害となっているのは，女性の勤務年数が総じて短いことであるが，時間外労働や深夜業務も含めて仕事がハードであること，さらに男性の管理者や同僚などの意識が影響していることがわかる。

3.5 女性のライフステージと昇進時期の関係

厚生労働省「賃金構造基本統計調査」(2012)によると，女性の雇用者数の割合の低下が始まる30〜34歳の時期に昇進が増え始まる時期と重なっている。役職者の人数は，男性の場合，40〜44歳で最大となるが，女性の場合には，

〈女性〉　〈男性〉

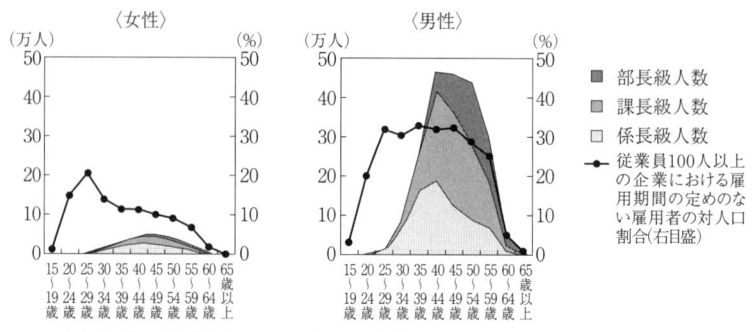

注1：厚生労働省「賃金構造基本統計調査」(2012年)。総務省「労働力調査(基本集計)」(2012年) より作成
注2：役職別労働者数は，従業員100人以上の企業における雇用期間の定めのない者を対象として集計されている
注3：網掛けは，女性の役職者が増加する年齢階級(30〜49歳)を示している

図15-5　女性のライフステージと昇進時期
年齢階級別雇用者数の対人口割合と役職者人数(男女別，平成24年)

出所）内閣府『平成25年版　男女共同参画白書』p.25から作図

45〜49歳で最大となっている。このように出産や育児にあたるため女性の労働力率が減少し始める時期と管理職に昇進する時期が重なっているだけでなく，介護・看護にあたる時期と役員人数が増加する年齢層が重なっていることが，女性管理職が少ない一因となっている。

4．女性経営者・管理者を増加させるために何が必要か？

　前節では，女性経営者・管理者が少ない理由として以下の問題点を指摘してきた。① 仕事と家事・育児・介護などの両立困難さ(介護休業，介護休暇などの取得しづらさ，パートナーの家事・育児・介護への協力不足，「待機児童」問題)，② 性別役割分担意識，③ 女性の就業意識や昇進意欲の低さ，④ 企業側・男性管理職の意識。

　それでは，これらの問題点を解消するためにどのようなことを行う必要があるのであろうか。経済同友会は2012年5月28日に「『意思決定ボード』のダイバーシティに向けた経営者の行動宣言〜競争力としての女性管理職・役員の

登用・活用〜」をまとめ，その中で，次のような施策提言を行っている。
〈経営者が行うこと〉
［短期］
  1．「意思決定ボード」への女性登用・活用を宣言し，数値目標を掲げ，数値目標を含めた現状をIRやCSRレポートなどでも公開する。
  2．経営トップ主導で，推進時期を明記した女性登用・活用推進組織を組み，数値目標に対する成果を測定し，PDCAサイクルを回していく。
［短期〜中期］
  3．軌道に乗るまでの一定期間は，数値目標と達成時期を掲げて推進する（ゴール＆タイムテーブル方式）にてポジティブアクションを行う。[4]

〈企業が行うこと〉
［短期］
  1．"仕事の免除"から"仕事の継続"を支援する両立支援施策へ移行する。
  2．女性登用・活用を中間管理職の評価基準に加え，意識改革を行う。
  3．キャリア段階に応じ，最適なキャリアアップ支援策を実施し，選抜型のリーダーシップ育成機会にも積極的に女性を送り出す。
［短期〜長期］
  4．徹底的な実力主義を貫き，一定の能力が認められれば，女性に対しても重要な職務・職責を与える。
  5．業務，評価の"見える化"を進め，ワーク・ライフ・マネジメントを可能にする働き方を推進する。
［中期〜長期］
  6．男性社員の育児休暇取得率を向上させる。

〈個人が行うこと〉
［短期〜長期］
  1．女性はキャリアを積む決意を持ち，自律的にキャリア形成を行う。
  2．男性は自ら家事・育児に参画する。

〈行政が行うこと〉

[中期]

1. 政府は，引き続き「2020年までに指導的地位に占める女性の割合を30％とする」を目標として掲げ，推進する。
2. 女性の職業選択に中立的な税・社会保障制度への改革を行う。
3. 学校教育の場を，真の意味で，個性を尊重し，性別役割意識から脱皮する場へと転換する。

次に「見える化」に関する動向について検討する。

4.1 女性活用の「見える化」促進

東京証券取引所は2013年4月18日，コーポレートガバナンス報告書の記載要領を改定し，取締役会や監査役会の男女別構成人数，女性役員人数，女性役員の登用への取り組みなどを記載するよう要請した。「わが社は女性の活用を積極的に推進している」という抽象的表現ではなく，女性役員・管理職の人数・比率などを具体的に開示することによって，女性活用への本気度を見てもらい，優秀な女性社員を確保することは企業にとって好ましいことである。

こうした動きの中で，たとえばリクルートホールディングスは，2013年6月5日，ホームページで女性役員の数や管理職比率などを公表した。同社は2012年9月，グループの女性執行役員比率を10％以上にする目標をたてた。同社の女性執行役員は，2012年10月には5人であったが，2013年4月には8人に増加し，比率も6.3％から9.4％に上昇した。このほか，女性管理職に関する日本企業の目標数値を以下に示す。

・日立製作所：2020年度までに2.5倍の1,000人
・イオン：国内主要子会社72社で，部長や店長などの管理職に占める女性の比率を現状の約10％から2016年に30％，20年に50％まで引き上げる。
・NTT東日本：課長級以上の女性を2016年度末までに300人まで増やす。

・東芝：課長級以上に占める女性の比率を 2012 年の 3.7％から，15 年に 5％に引き上げる。
・日産自動車：2016 年までに 10％
・りそなホールディングス：2020 年までに 30％
・大塚家具：2015 年までに 3 割
・三菱東京 UFJ 銀行：2014 年度末までに 300 人
・KDDI：2015 年度までに 2 倍強の 7％

この他，伊藤忠商事では 2013 年 4 月に，大手商社で初めて女性執行役員が登用され，日本航空では 2013 年 6 月，女性初の取締役が選任された。このように，大企業の間で女性役員の登用や，女性管理職の数値目標を公表する例が増えている。

4.2 数値目標設定の是非

前述したように女性管理職を増やすために数値目標を掲げる企業が増えてきているが，反面，数値目標を掲げたことによるさまざまな問題も表面化してきている。『日経ビジネス』の 2013 年 8 月 26 日号では「女性昇進バブル　わが社の救世主か疫病神か」という特集記事を掲載している。ここでは次のような問題点が指摘されている。

(1) 本当に能力があり管理職に昇進した女性に対して，「実力がないのに会社の政策で昇進させてもらった」という嫉妬の声があがり，優秀な女性社員がつぶれてしまった。
(2) 女性優遇という名のもとに「男性差別」が進み，有能な男性社員が退職してしまった。
(3) ロールモデルとなったのが独身か子どものいない「スーパーウーマン」で，男性以上の猛烈な働きぶりを見て，部下の女性社員が自信喪失に陥ってしまった。
(4) 女性支援の仕組みを整えた途端，出産適齢期の女性社員が次々と制度を

使い始め，業務効率が低下した．

旭化成社長(当時)の伊藤一郎は，「女性管理職を増やそうと数値目標を掲げると，目標を達成するための『数合わせ』になってしまい意味がない．大切なのは，総合職として採用した社員は性別に関係なく，経験を踏ませ，幹部候補生に育成していくことである」という趣旨の発言をしている(『日本経済新聞』2013年10月5日)．同社は，1993年度に人財・労務部に「EO推進室(現ダイバーシティ推進室)」を設け，利用者目線で使いやすい制度の設計・運用を行ってきている．たとえば同社の「育児短時間制度・キッズサポート制度」では，出社・退社時間を15分刻みで設定でき，「育児短時間勤務」と「フレックスタイム制度」の併用もでき，子どもが小学校3年生まで対象となっている．また「時間単位年休」では，直属上司の事前の許可さえあれば，年次有給休暇を2時間単位で年5日間分取得できる．また「産前産後休暇」制度は，通常の産前休暇(42日間)か，産後休暇(56日間)の前後に，計14日間休めるようになっており，出産後，育休をとらずにできるだけ早く職場復帰したい人に配慮している．

このような利用者目線でのきめ細かな制度設計・運用を行った結果，1993年度における係長以上の女性管理職は5人に過ぎなかったが，2013年度には370人まで増加してきている．女性の離職率は，93年度に8.5％であったが，2.8％まで低下してきている．

確かに，管理職への昇進は，男女を問わず「能力主義」に基づく「適材適所」が原則であるべきである．しかし，「男女雇用機会均等法」(1986年)施行以来すでに29年が経過しようとしているのに，女性管理職の登用が遅々として進まない現状を鑑みれば，「数値目標でも掲げない限り女性の登用は進まない」というのも事実である．21世紀職業財団会長の岩田喜美枝は，「数値目標とそれを達成するための行動計画を策定することを法律で企業に義務付けてほしい」としながらも，「育成の段階では女性を優遇してはどうか．しかし登用の段階では優遇しないことが不平等感を防ぐうえで重要だ」との見解を示している(『日本経済新聞』2013年8月25日)．

女性管理職登用のための数値目標をめぐる問題を考える場合，次の東芝の事例が参考になる。同社では2004年度の時点で女性役職者比率はわずか0.9％であった(4,596人中42人)。そこで「きらめきライフ＆キャリア推進室」を立ち上げ制度整備と広報に取り組んだ結果，2007年度の女性役職者比率は2004年度の3倍の2.7％まで上昇した。しかし，実力のある女性社員を抜擢しても数値目標があるために，「どうせ下駄をはかせてもらったに違いない」という嫉妬の声が出始めてしまったのである。

そこで東芝は，「女性のためだけの施策」をやめてしまい，推進室の名称も「多様性推進部」と改め，外国籍社員，障害者社員などマイノリティーをも含めた「ダイバーシティー」の推進を目標に掲げ，結果として女性管理職の比率も高めていくアプローチに変更したのである。その結果，2013年度の女性役職者比率は4％まで上昇してきたのである(『日経ビジネス』2013年8月26日号，pp.36-37)。

おわりに

女性の戦略的活用は，まさに日本経済活性化のための国家的政策課題であるにもかかわらず，わが国における女性経営者・管理者の現状は，国際的に見ても極めて低い水準にある。[5] 男女雇用機会均等法施行以来29年が経過しようとしているのに，女性経営者・管理職の登用は遅々として進んでいない。本章では，その原因として，仕事と家事・育児・介護などとの両立困難さ，パートナーの協力不足，長時間労働，待機児童問題，性別役割分担意識の根強さ，女性の就業意識・昇進意欲，女性のライフステージと昇進時期の関係などについて検討してきた。そしてこれらの原因を解消し，女性役職者・管理職を増加するために経営者，企業，男性社員，女性社員などが取り組むべき課題についてみてきた。

取り組むべき課題は多様であるが，特に大きな障害となっているのは，大企業，特に製造業の男性中間管理職の意識であると思われる。NPOやNGO，サ

ービスなどの分野では女性起業家の活躍が目につくが，製造業の大企業では，相変わらず「男性天国」の状態が続いている。6) 一部の企業・経営者は女性の戦略的活用に積極的に取り組み始めたが，トップの「思い」がなかなか中間層にまで浸透していかないのが現状である。7) 経済同友会の提言の中にあるように，中間管理職の評価基準に「女性登用・活用」を加え，彼らの意識改革を促すことも有効であろう。

　女性活用のための制度・仕組みを整備することはもちろん必要であるが，制度の趣旨を生かし，効果的に運用するためには経営者，管理者，男性社員，女性社員，パートナーなどの意識改革が最も重要であり，また最も難しい課題である。会社として女性社員に啓蒙活動，育成プログラムを提供するとともに，家庭教育や学校教育において，早い段階から，女性がリーダーシップを発揮することに対して積極的な姿勢をもてるように育てることも不可欠であろう。8)

【注】
1)　厚生労働省「雇用均等基本調査（事業所調査）」(2011年度)によれば，出産した女性のうち育児休業取得者（申請中を含む）の割合は87.8％であるが，男性は2.6％にとどまっている。厚生労働省「雇用均等基本調査」（平成23年度）によると，常用労働者のうち介護休暇取得者の割合は，女性が0.22％，男性は0.08％である。
2)　OECD（経済開発協力機構）によると，2010年におけるわが国の年間平均労働時間（男女計）は1,733時間であり，加盟34ヵ国中，短い方から19番目である。年代別に見ても，同じ年齢階級における就業時間は前の世代より短くなってきている。
3)　厚生労働省などは，消費税率を8％に引き上げる2014年度に，保育所の整備など待機児童対策に3,000億円を充てる方針を決めた。認可保育所や小規模保育を整備し，2013〜14年度の2年間で保育の受け皿を約20万人分確保する計画である。また共働き家庭などの小学生を放課後に預かる学童保育が，2013年5月1日時点で過去最高の2万1,482ヵ所になったが，依然，待機児童が8,689人おり，需要の伸びに施設整備が追い付いていない状況が明らかとなった（『朝日新聞』2013年10月5日）。
4)　「ポジティブアクション」とは「アファーマティブアクション」の中で，特に女性に対しての是正措置を意味している。具体的には，「クオータ制」「ゴール＆タイムテーブル方式」「女性だけを対象とする研修」「メンター制度」などがある。
5)　国際通貨基金（IMF）の研究報告によると，男女の機会均等への取り組みが行き詰まっているために成長が阻害され，一人当たりの国内総生産（GDP）が27％も押し下

げられている国もあるという。エジプトで働く女性の数が男性に追いつけばGDPは34％も上昇し，日本でも9％の上昇が見込まれている。IMF専務理事のクリスティーヌ・ラガドルは，各国政府は女性の雇用増進のために労働市場の規制，税制，歳出計画を見直すべきであるとして，次のような提案をしている。①世帯収入ではなく個人収入に課税して女性の就業意欲を高める。②質の高い保育，産前産後や育児のための休暇を拡大する。③社会福祉給付を労働参加や職業訓練のような雇用促進プログラムと結びつける。④途上国の農村で水道や交通機関を整備し，女性が使える時間を増やす，⑤男女の所有権と相続税を平等にして，女性も融資や生産資源を容易に獲得できるようにする。(『日本経済新聞』2013年10月7日)。

6) 今一生(2008)『社会起業家に学べ！』(アスキー新書)には，さまざまな分野で活躍する次のような女性の活動が紹介されている。①島根県の老舗旅館「吉田屋」の若女将山根多恵のケース：旅館の営業は金，土，日の3日間で，残りの4日間は，地域の課題を見つけて解決の道筋を探る「地域貢献日」として，たとえば規格外の農作物を再利用する活動や，人手不足の農家のもつ休耕地に農作業に出向く援農隊「NOLO耕作隊」を組織している。②授乳服の製造・販売を通じて女性の生き方を解放する「モーハウス」の代表光畑由佳のケース。③バングラデシュで，ジュート(麻)を使ったおしゃれなバッグなどを生産し，日本を拠点に販売している「マザーハウス」の代表取締役山口絵理子のケース。④カンボジアで児童買春を止めるため雇用・教育支援の活動を展開しているNPO法人「かものはしプロジェクト」の共同代表者のひとりである村田早耶香のケースなどである。

7) 中川有紀子は，女性管理職育成・登用をめぐる経営者と管理職の関係をエージェンシー理論の枠組みを用いて分析する興味深い研究を展開している。次を参照されたい。中川有紀子「女性管理職育成・登用をめぐるエージェンシー理論分析　日米韓3社の事例分析」『経営哲学』経営哲学学会，第10巻2号，2013年8月。

8) フェイスブックのCOOシェリル・サンドバーグの『LEAN IN　女性，仕事，リーダーへの意欲』(日本経済新聞出版社，2013)，南場智子『不格好経営　チームDeNAの挑戦』(日本経済新聞出版社，2013)など，近年，女性経営者の著書が多く出版されるようになってきたことは，女性に対する啓蒙という意味で好ましいことである。

【参考文献】

伊岐典子(2012)「ディスカッションペーパー12-04　企業における女性管理職登用の課題について　人事担当者・女性管理職インタビュー調査から」労働政策研究・研修機構。
大沢真理(1993)『企業中心社会を超えて』時事通信社。
香山リカ(2004)『就職がこわい』講談社。
小松満貴子編著(1988)『女性経営者の時代』ミネルヴァ書房。
今一生(2008)『社会起業家に学べ！』アスキー新書。
シェリル・サンドバーグ著，川本裕子序文，村井章子訳(2013)『LEAN IN』日本経済新聞出版社。

杉田あけみ（2012）「ダイバーシティ・マネジメントの観点からみた製薬業におけるジェンダー平等」（2010年度　島原科学振興会研究助成金研究成果報告書）。
田中夏子・杉村和美（2004）『現場発　スローな働き方と出会う』岩波書店。
内閣府（2013）『平成25年版　男女共同参画白書』。
中川有紀子（2013）「女性管理職育成・登用をめぐるエージェンシー理論分析」『経営哲学』経営哲学学会，第10巻2号。
南場智子（2013）『不格好経営　チームDeNAの挑戦』日本経済新聞出版社。
原ひろ子・大沢真理編（1993）『変容する男性社会　労働ジェンダーの日独比較』新曜社。
本田由紀（2005）『多元化する「能力」と日本社会　ハイパー・メリトクラシー化のなかで』NTT出版。

索　引

あ　行

アイアコッカ, L.　10
アイザックソン　176
IMPM（国際マネジメント実務修士課程）　325
アウトソーシング　149
赤岡功　51
アストングループ　56
アソシエーション　232
アート　321
アニータ・ロディック　182
アルヴィン・ブラウン　109
ANDの才能　161
アンビバレンス　83
アンリ・ファヨール　80
イエ　228
「イエ」型組織　226
ESOP　207
イェーレ, E.　15
一貫性　66
石田梅岩　86
異常科学　27
伊丹敬之　160, 319
EDI　267
井深大　173
異文化経営　302
今井賢一　233
今田高俊　110, 241, 308
今村仁司　93
意味の充実　87
イントラプレナー型人材　133
インフラ型組織　95
ウイリアムソン, O. E.　148
ウェーバー, M.　83, 85
鵜飼孝造　231
内なる国際化　317
占部都美　61
ウルドリッジ, D. E.　106
MBA教育　324
エリート社員　91
「縁」ネットワーク社会　290
ORの抑圧　161
岡本康雄　311
小倉昌男　177
Open system 観　49
open, socio-technical system 観　52
オープン・システム・モデル　96, 163
オープン・ポリシー　124
オルガニック・モデル　105

か　行

会議は踊る症候群　97, 164
介護休暇制度　338
介護休業　338
会社人間　86
快楽肯定主義　88
加護野忠男　55
片岡信之　309
Galbraith, J. R.　54, 65
カンキョー　121
環境不確実性　55
関係主義　290
間人主義文化　227
間人　226
間人モデル　228
カンパニー制　242
「官本位」主義　283
管理原則　47
官僚制組織　85
官僚制組織モデル　96, 162
機会主義症候群　96, 163
機械論的世界観　105
機械論的組織観　81
機械論的組織モデル　108
企業自主権拡大　284
企業内研修　327
企業内党委書記　284
企業の境界　148
企業犯罪　9
企業不祥事　9
基軸価値　95
技術　56
技術決定論　57
北野利信　51
機能的合理性　85
キャメロン, K. S.　83, 159
QWL　193
CALS　266
共同生活体（「単位」）　280
清川雪彦　280
ギルブレス夫妻　85
「均」思想　282-283
近代組織論　52
勤勉の哲学　86
禁欲的労働倫理　86
クイン, R. E.　83, 84, 159, 162
グーテンベルク, E.　26
公文俊平　225

クーン, T. S.　14
クライシスマネジメント　3
クラフト　321
クリードとマイルズ　260
クローズド・システム　108
KAE経営道フォーラム　328
経営経済学方法論　14
経営者格差　319
経営者能力　320
計画・成果主義モデル　163
経験の情報内容　18
形態アプローチ　81
系列　254
欠乏動機　85
ゲマインシャフト　253
原則論アプローチ　80
「公」思想　283
高信頼社会　251
購買代理商社　125
個人主義　292
小松陽一　54
コミュニティー　250
コリンズとポラス　161
コンサマトリー化　93
コンティンジェンシー・アプローチ　81
コンティンジェンシー・セオリー　46
コンプライアンス経営　9

さ　行

サイエンス　321
差異動機　87
斎藤憲　9
サイモン, H. A.　52, 80
三枝匡　129
酒井邦恭　93, 179, 180
坂本百大　107
サターン協約　186
サターン工場　186
サターン・プロジェクト　186
佐藤慶幸　231
サベージ, C. M.　237
ザ・ボディショップ　182
GE　174
ジェネラルモーターズ社　186
塩原勉　228
自己診断チェック・リスト　164
自己組織性　235
自己組織性論　110
仕事観　91
自己実現至上主義　88
仕事中心主義　86

仕事人(プロフェッショナル)　89
市場価値(マーケットバリュー)年俸制　132
システム4(集団参画型組織)　262
システムのヒエラルキー　112
私生活中心主義　88
持続可能な開発　88
持続可能な成長　97
実験主義症候群　96, 163
実証　19
支配の連合　59
自分らしさ　87
清水龍瑩　321
社会学的パラドックス　158
社会型ネットワーク　225
社会資本　250
社会的ネットワーク　222
「社会保障体系」としての企業　280
ジャック・ウェルチ　174
シャープ　170
シャンツ, G.　14
従業員株式所有制度　207
儒教ルネッサンス論　296
手段的合理性　85
状況変数　59
情報処理パラダイム　65
情報処理モデル　54
情報内容　17
情報ネットワーク社会　264
女性の戦略的活用　336
自律的作業集団　198
ジレンマ　83
人的資源モデル　97, 164
人的投資理念　263
信頼　249
「垂直統合型」モデル　150
「水平分業型」モデル　150
鈴木正三　86
スティーブ・ジョブズ　175
スピナー, H. F.　40
スマイルカーブ　120
正確性　18
生活クラブ生協　231
成長志向　85
性別役割分担意識　340
生命操作　107
石門心学　86
説明項　20
千石保　94
千石・丁　280
全体論　82
全米自動車労組(UAW)　186

索　引　355

戦略的選択　84
戦略的経営計画モデル　96
戦略的選択　60
先例墨守症候群　162
相対主義　50
想定　6
想定外　6
創発的構造　58
組織開発　193
組織開発論　53
組織観　94
組織診断　97
組織人　90
組織デザイン　79
組織デザインのパラドックス・アプローチ　295
組織のパラドックス　160
組織モデル　105
組織スラック　59
Socio-technical system論　49
ソニー　173
園田茂人　290, 308
存在命題　17

た　行

大企業病　95
「待機児童」問題　339
代替的理論　21
ダイヤーとチュー　255
大陽工業グループ　179
大和銀行事件　272
大陽工業の分社組織　242
多元論的検証モデル　20
多元論的認識プログラム　35
タスク環境　56
知識創造理論　110
チャンドラー命題　105
中範囲理論　48
中庸思想　294
一寸木俊昭　53
通常科学　14
通常命題　68
貞観の地震　6
低信頼社会　251
テイラー, F. W.　85
適合関係　47
デザインされた構造　58
寺田寅彦　8
デルコ・レミーバッテリー工場　196
電子稟議　265
党委指導下の工場長責任制　284
等結果性　60

統合理論　51
独立法人経営　242
ドラッカー, P. F.　156
取引コスト・アプローチ　148, 149
取引費用　251

な　行

中内功　170
仲良しクラブ症候群　97, 164
二重支配体制　284
日本アスペン研究所　330
ニュー・ユナイテッド・モーター・マニュファクチャリング社（NUMMI）　211
人間観の転換　89
人間機械論　107
認識進歩　14
ネットワーキング　229
ネットワーク　221
ネットワーク運動論　229
ネットワーク構造　252
ネットワーク産業組織論　233
ネットワーク社会論　225
ネットワーク組織　225, 237
ネットワーク組織論　237
ネットワーク編集　236
ネットワーク・モデル　222
ネティケット　270
ネティズン　270
野口悠紀雄　149
野中郁次郎　51
ノリア, N.　240

は　行

ハイアラーキー組織　237
ハイパーテキスト型組織　114
ハイパーネットワーク社会　228
ハイブリッド・モデル　113
パズル解き　25
バーチャル・コーポレーション　242
バーナード, C. I.　52
場のパラダイム　94
早川徳治　170
パラサイト社員　90
パラダイム　14
パラダイムシフト　89
パラドックス　84, 158
パラドックス・アプローチ　84
パラドックス・マネジメント　115
反証　17
反証可能性　16, 18
反証主義　16

ハンディー, C. 160
ヒエラルキーパラダイム 94
東日本大震災 3
ヒクソン, D. J. 56, 82
ビスマルク, O. V. 11
被説明項 20
ピータース＆ウォーターマン 159
批判的合理主義 16
ヒューマン・ネットワーキング 237
平等主義 282
ビル・ゲイツ 176
ピント事件 10
ファイアーアーベント 35
ファブレス 120
ファヨール 85
フィッシャー＝ヴィンケルマン, W. F. 33
フィッツジェラルド, F. S. 162
福島原発事故 3
藤村靖之 136
普遍言明 17
普遍主義 50
普遍性 18
フランシス・フクヤマ 250
フリーアドレス制 142
フリーセン 82
プロテスタンティズムの倫理 86
分社哲学 180
分析麻痺症候群 96, 163
文鎮型フラット組織 142
分類法 82
ペロー, C. 56
方法論的個人主義 108
ポストモダン 87
ホーリズム 108
ボールディング, K. E. 111
堀川哲 107
堀場製作所 178
堀場雅夫 178

ま 行

前川製作所 242
前川正雄 94
マシーン・モデル 105
マズロー, A. 85
マーチ, J. G. 110
松下幸之助 169
松下電器産業(現パナソニック) 169
松戸 280
マートン, R. 52

見える化 346
ミクロ・マクロ・ループ 236
三島倫八 309
ミスミ 92, 121
溝口雄三 282
宮沢健一 233
ミラー 83
ミンツバーグ, H. 156, 321
ムラ 228
村上信夫 9
面子 283
燃え尽き症候群 96, 163
持たざる経営 126
森下伸也 158

や 行

安田隆夫 93, 180
山崎正和 252
ヤマト運輸 177
遊技性 93
有機体論的世界観 106
有機的システム 82
有機的組織モデル 108
有機的・調和的組織観 82
有事 2
ユニットチーム型組織 128
用具の組織観 108
要素還元主義 81, 108
余暇中心主義 88

ら 行

ラカトス, I. 35
リスキーグロース 147
リスク 2
リスクマネジメント 3
リッカート 262
立身出世主義 86
リップナックとスタンプス 229
両面思考 294
理論的命題 68
類型論 82
ルースカップリング 239
レッドテープ症候群 162
労働観 91
労働の人間化 91
ロナルド・ドーア 292
ローボー, J. 84, 162
論理的範囲 17

著者紹介

松本　芳男（まつもと・よしお）

1946年埼玉県生まれ。
早稲田大学商学部・同大学院商学研究科修士課程・博士課程を経て，
現在，日本大学商学部教授
元・日本マネジメント学会（旧称　日本経営教育学会）会長
経営行動研究学会理事

主要著書・翻訳

- 『現代企業経営学の基礎（上・下）新装版』（同文館，2015年）
- 『日本企業の経営力創生と経営者・管理者教育』（東洋大学経営力創生センター編，「第4章　女性経営者・管理者の育成」学文社，2014年）
- 『経営者と管理者の研究』（東洋大学経営力創生センター編，「第6章　経営者能力とその育成」学文社，2012年）
- 『経営組織の基本問題』（「第1章　組織社会の光と影」八千代出版，2003年）
- 『企業と経営』（二神恭一編著，分担執筆，八千代出版，2000年）
- 『経営学原理』（小椋康弘編著，分担執筆，学文社，1996年）
- 『経営学』（共著，早稲田大学出版部，1980年）
- 『東アジアの経営システム比較』（ミン・チェン著，共訳，新評論，1998年）
- 『エクセレントマネジメント』（H. ワイリック著，共訳，マグロウヒル，1982年）
- 『経営組織の理論とデザイン』（E. ガーロフ著，共訳，マグロウヒル，1982年）
- 『現代経営管理思想（下）』（D. A. レン著，共訳，マグロウヒル，1982年）

主要論文

- 「日本企業におけるグローバル人材育成の課題」（『経営力創生研究』東洋大学経営力創生センター，第10号，2014年）
- 「女性経営者・管理者の育成」（東洋大学経営力創生センター編『日本企業の経営力創生と経営者・管理者教育』，学文社，2014年）
- 「有事における科学者・学会の果たすべき使命」（日本マネジメント学会『経営教育研究』第15号第2巻，1012年）
- 「経営者教育の在り方」（『経営力創生研究』第7号，2011年）
- 「マシーン対オルガニックの相剋を超えて―組織デザインの観点から―」（『経営力創生研究』第6号，2010年）
- 「経営者による自己点検・評価モデル」（『経営教育研究』第12号第1巻，2009年）
- 「マネジメントの経営実践論」（『講座　経営教育第1巻　実践経営学』2009年）
- 「経営教育の新たな地平」（『経営教育研究』第10号，2007年）
- 「組織デザインにおけるパラダイム・シフト」（『商学集志』日本大学商学部創設100周年記念号，2004年）
- 「ファブレス経営の光と影」（『情報科学研究』第13号，2004年）

経営学と組織論の探究―松本芳男論文集―

2016年3月1日　第一版第一刷発行

著者　松　本　芳　男
発行所　株式会社　学　文　社
発行者　田　中　千津子

〒153-0064　東京都目黒区下目黒3-6-1
電話（03）3715-1501㈹　振替00130-9-98842
http://www.gakubunsha.com

乱丁・落丁の場合は本社にてお取替えします。
定価はカバー，売上げカード，に表示しであります。

印刷／新灯印刷株式会社
〈検印省略〉

ISBN978-4-7620-2609-6
©2016 MATSUMOTO Yoshio Printed in Japan